应用型本科院校规划教材/经济管理类

Human Resource Management

人力资源管理

主　编　邱立姝
副主编　赵　鑫　曲　悦
主　审　赵经训

哈尔滨工业大学出版社
HARBIN INSTITUTE OF TECHNOLOGY PRESS

内容简介

本书是针对应用型本科院校学生的培养目标及本科教育层次的教学特点而编写的,系统阐述了人力资源管理的基本理论和方法。全书共分九章,主要内容如下:人力资源管理概论、人力资源战略与规划、工作分析、员工招聘与录用、员工的培训与开发、员工职业生涯管理、绩效管理、薪酬管理、劳动关系管理。

本书在基本概念和基本理论讲透的基础上,注重能力和技能的训练。本书可供应用型本科院校人力资源管理专业或其他管理类专业学生使用,也可供从事人力资源管理工作的人员参考。

图书在版编目(CIP)数据

人力资源管理/邱立姝主编. —哈尔滨:哈尔滨工业大学出版社,2011.8(2013.8 重印)

应用型本科院校规划教材

ISBN 978－7－5603－3330－4

Ⅰ.①人… Ⅱ.①邱… Ⅲ.①人力资源管理-高等学校-教材 Ⅳ.①F241

中国版本图书馆 CIP 数据核字(2011)第 121490 号

策划编辑	赵文斌 杜 燕
责任编辑	苗金英
出版发行	哈尔滨工业大学出版社
社　　址	哈尔滨市南岗区复华四道街 10 号　邮编 150006
传　　真	0451－86414749
网　　址	http://hitpress.hit.edu.cn
印　　刷	哈尔滨工业大学印刷厂
开　　本	787mm×960mm　1/16　印张 21.25　字数 462 千字
版　　次	2011 年 8 月第 1 版　2013 年 8 月第 2 次印刷
书　　号	ISBN 978－7－5603－3330－4
定　　价	38.00 元

(如因印装质量问题影响阅读,我社负责调换)

《应用型本科院校规划教材》编委会

主　任　修朋月　竺培国
副主任　王玉文　吕其诚　线恒录　李敬来
委　员　（按姓氏笔画排序）
　　　　　丁福庆　于长福　王凤岐　王庄严　刘士军
　　　　　刘宝华　朱建华　刘金祺　刘通学　刘福荣
　　　　　张大平　杨玉顺　吴知丰　李俊杰　李继凡
　　　　　林　艳　闻会新　高广军　柴玉华　韩毓洁
　　　　　藏玉英

序

哈尔滨工业大学出版社策划的"应用型本科院校规划教材"即将付梓,诚可贺也。

该系列教材卷帙浩繁,凡百余种,涉及众多学科门类,定位准确,内容新颖,体系完整,实用性强,突出实践能力培养。不仅便于教师教学和学生学习,而且满足就业市场对应用型人才的迫切需求。

应用型本科院校的人才培养目标是面对现代社会生产、建设、管理、服务等一线岗位,培养能直接从事实际工作、解决具体问题、维持工作有效运行的高等应用型人才。应用型本科与研究型本科和高职高专院校在人才培养上有着明显的区别,其培养的人才特征是:①就业导向与社会需求高度吻合;②扎实的理论基础和过硬的实践能力紧密结合;③具备良好的人文素质和科学技术素质;④富于面对职业应用的创新精神。因此,应用型本科院校只有着力培养"进入角色快、业务水平高、动手能力强、综合素质好"的人才,才能在激烈的就业市场竞争中站稳脚跟。

目前国内应用型本科院校所采用的教材往往只是对理论性较强的本科院校教材的简单删减,针对性、应用性不够突出,因材施教的目的难以达到。因此亟须既有一定的理论深度又注重实践能力培养的系列教材,以满足应用型本科院校教学目标、培养方向和办学特色的需要。

哈尔滨工业大学出版社出版的"应用型本科院校规划教材",在选题设计思路上认真贯彻教育部关于培养适应地方、区域经济和社会发展需要的"本科应用型高级专门人才"精神,根据黑龙江省委书记吉炳轩同志提出的关于加强应用型本科院校建设的意见,在应用型本科试点院校成功经验总结的基础上,特邀请黑龙江省9所知名的应用型本科院校的专家、学者联合编写。

本系列教材突出与办学定位、教学目标的一致性和适应性,既严格遵照学科体系的知识构成和教材编写的一般规律,又针对应用型本科人才培养目标及与之相适应的教学特点,精心设计写作体例,科学安排知识内容,围绕应用讲授理论,做到"基础知识够用、实践技能实用、专业理论管用"。同时注意适当融入新理论、新技术、新工艺、新成果,并且制作了与本书配套的PPT多媒体教学课件,形成立体化教材,供教师参考使用。

"应用型本科院校规划教材"的编辑出版,是适应"科教兴国"战略对复合型、应用型人才的需求,是推动相对滞后的应用型本科院校教材建设的一种有益尝试,在应用型创新人才培养方面是一件具有开创意义的工作,为应用型人才的培养提供了及时、可靠、坚实的保证。

希望本系列教材在使用过程中,通过编者、作者和读者的共同努力,厚积薄发、推陈出新、细上加细、精益求精,不断丰富、不断完善、不断创新,力争成为同类教材中的精品。

黑龙江省教育厅厅长

2010年元月于哈尔滨

前　言

随着知识经济时代的到来,人的因素越来越受到各个国家、单位及部门的重视,被看做是实现其战略目标的关键因素。我国对人力资源管理认识较晚,但改革开放以来,随着市场经济体制的建立和发展,人们已认识到人力资源与知识资本优势的结合已成为国家及组织的核心竞争力。面对全球经济一体化和国内外市场激烈竞争,任何一个国家及组织要想立足于不败之地,必须重视人力资源的培养、开发和管理。我国近年来在人力资源的培养、开发和管理上有明显的进步,特别是进入21世纪,我国许多从事人力资源管理、培训的专家、学者,不仅将国外人力资源管理理论、经验和技能引入国内,为国内企事业单位应用,而且借鉴国外的先进经验和研究成果,结合本国国情编写了不少人力资源管理培训的教材,同时,在国家统一规划下,我国已形成了人力资源管理专业的本、硕、博的教育体系。但由于我国在人力资源培养、开发和管理上相比国外研究较晚,中西方文化差异较大,国外的经验、理论还有待于"本土化"。为此,近年来国内一些高等院校和从事人力资源管理工作的专家、学者们,特别是国内重点大学,根据国内人才培养、开发、管理和市场对人才的需求,编写了不少教材和相关专业书籍,在人才培养上发挥了较大的作用。本书编者在学习和教学过程中也深受其益。由于国内重点高校多属于科研型或科研教学并重型的高校,学生层次较高,教师属学者型居多,教材的编写起点高,内容覆盖面宽,理论深度较高。因此,针对应用型本科院校,特别是二表三表招生的应用型本科院校,编写出适合该类院校学生培养目标使用的教材,就成为教育战线的当务之急。以邱立姝副教授为主编的本教材编写团队,均是应用型本科院校多年从事人力资源管理专业课教学的一线教师,其中有些人又在企事业单位从事人力资源管理工作多年,他们在人力资源管理工作的实践中,在人力资源理论的学习中,在应用型本科院校人力资源管理课的教学中,对人力资源管理理论的内涵、概念、技能和方法,对编写什么样的教材更适合应用型本科生教学的需要,对企事业单位人力资源管理工作中常用的人力资源管理理论、方法是什么,对企事业单位最需要什么样能力的人才都有自己的理解和体会。为了更有利于开展应用型本科院校的教学工作,使学生不仅在学校能学到人力资源管理的基本理论、方法和技能,而且能将学到的人力资源管理方法、技能很快地应用到实践中,缩短学到用的过渡期,本编写组的成员将自己对人力资源管理的基本理论、概念的理解、体会,以及在人力资源管理工作中的经验和对人力资源管理研究的最新成果融入所编写的教材中,供应用型本科院校教学使用。

本教材编写体例的特点是:

(1)章首首先编入引导案例,此案例所阐述的内容与本章所写的内容密切相关。引入的目的在于使学生在学习本章内容之前先通过阅读案例,引出矛盾或待思考、待解决的问题,唤起学生学习本章内容的兴趣,起到引导学生带着问题学习的作用。

(2)章尾紧接正文处是本章小结。其目的是通过对全章主要内容的概括,归纳出本章知识要点,便于学生抓住重点和加深记忆。

(3)章尾小结之后,对章首的引导案例用本章所讲的理论、方法进行分析,命名为"引例分析",即用本章所讲理论分析章首引导案例中存在的矛盾和问题,找出解决问题的方法或答案,起示范的作用。

(4)引例分析之后,列举出1~2个与本章内容相关的案例,并给出思考或待解答的问题。此类案例命名为"案例演练",供学生模仿"引例分析"课后分组准备,课堂讨论,最后老师点评。其目的是训练学生独立思考问题和解决问题的能力,培养学生团队合作精神,开发学生的聪明才智,培养创新能力。

(5)每章最后给出练习题。练习题题型一般不少于四种,通过各题所问,促进学生消化、理解、熟悉所讲的知识,同时学会从不同角度思考问题、解决问题,训练学生应试能力和解决问题的能力。

本书编写内容的特点是:根据应用型本科院校的学生培养目标和此类学生的特点,教材内容定位在基本概念和基本理论讲透的基础上,内容范围不宜涉猎太广,内容深度不宜太难,注重能力和技能的训练,注重理论联系实际,注重培养学生创新能力。在有关章节中适当插入短小案例,增强趣味性和加深学生对理论的理解;对应用章节一般插入应用举例、常用表格等,有利于缩短学生毕业后走上工作岗位的距离。

本书由邱立姝副教授设定体例结构,拟定编写大纲、组织编写和最后统稿。各章编写分工是:邱立姝编写第一章、第八章;陈冰冰编写第二章;刘巍编写第三章(其中第一节由邱立姝编写);肖琳编写第四章;曲悦编写第五章、第六章,PPT制作;赵鑫编写第七章、第九章。

本书在编写的过程中,阅读、参考和借鉴了国内外许多专家、学者的书籍、报刊资料和网络资料,在此向他们表示衷心的感谢!

由于编者学识有限,时间仓促,疏漏之处在所难免,敬请同行和广大读者批评指正。

联系方式:82326987@QQ.com

编 者

2011年6月

目 录

第一章　人力资源管理概论 ·· 1
第一节　人力资源概述 ·· 2
第二节　人力资源管理概述 ··· 12
第三节　人力资源管理的历史及发展趋势 ·· 24
本章小结 ·· 32
引例分析 ·· 33
练习题 ··· 35

第二章　人力资源战略与规划 ··· 38
第一节　人力资源战略概述 ·· 39
第二节　人力资源战略的制定与实施 ··· 44
第三节　人力资源规划的过程和方法 ··· 47
本章小结 ·· 63
引例分析 ·· 64
练习题 ··· 68

第三章　工作分析 ··· 70
第一节　工作分析概述 ··· 73
第二节　工作分析的内容和步骤 ·· 81
第三节　工作分析的方法 ·· 91
第四节　工作说明书的编写 ··· 100
本章小结 ·· 108
引例分析 ·· 109
练习题 ··· 112

第四章　员工招聘与录用 ··· 114
第一节　员工招聘概述 ··· 116

第二节　员工招聘的程序……………………………………………… 118
　　第三节　员工招聘的途径和选拔方法…………………………………… 126
　　本章小结……………………………………………………………… 141
　　引例分析……………………………………………………………… 141
　　练习题………………………………………………………………… 145

第五章　员工的培训与开发……………………………………………… 147
　　第一节　员工培训与开发概述…………………………………………… 148
　　第二节　员工培训开发的程序…………………………………………… 154
　　第三节　员工培训的类型和方法………………………………………… 162
　　本章小结……………………………………………………………… 170
　　引例分析……………………………………………………………… 170
　　练习题………………………………………………………………… 172

第六章　员工职业生涯管理……………………………………………… 176
　　第一节　职业生涯管理概述……………………………………………… 177
　　第二节　职业生涯相关理论……………………………………………… 180
　　第三节　员工职业生涯规划……………………………………………… 189
　　第四节　组织对员工职业生涯的管理…………………………………… 196
　　本章小结……………………………………………………………… 199
　　引例分析……………………………………………………………… 199
　　练习题………………………………………………………………… 202

第七章　绩效管理………………………………………………………… 205
　　第一节　绩效管理概述…………………………………………………… 206
　　第二节　绩效管理的基本流程…………………………………………… 214
　　第三节　绩效考核的组织与实施………………………………………… 223
　　第四节　绩效管理的考核方法…………………………………………… 231
　　本章小结……………………………………………………………… 240
　　引例分析……………………………………………………………… 241
　　练习题………………………………………………………………… 243

第八章　薪酬管理………………………………………………………… 246
　　第一节　薪酬管理概述…………………………………………………… 248

第二节　薪酬体系决策与薪酬水平定位·················254
　　第三节　基本薪酬设计·······························260
　　第四节　激励薪酬的设计·····························271
　　第五节　福利薪酬的设计·····························275
　　本章小结···281
　　引例分析···282
　　练习题···286

第九章　劳动关系管理···································288
　　第一节　劳动关系管理概述···························289
　　第二节　劳动合同与集体合同管理·····················293
　　第三节　劳动争议处理·······························312
　　本章小结···318
　　引例分析···319
　　练习题···320

参考文献···322

第一章
Chapter 1

人力资源管理概论

【引导案例】

　　第二次世界大战末期,日本广岛遭受了原子弹袭击,该市70%的建筑物被摧毁,30%的人口在爆炸中死亡。根据《美国战略轰炸调查》估计,生产量占广岛工业生产3/4的工厂(其中大多数都在郊区,因而未遭到破坏)可能在30天以内就开始恢复了正常运营。这个城市从灾难中复苏的速度和复苏的成功程度,促使一些经济学家得出了这样的结论:在一国或一地区的实际财富中,以可见的物质资本形式所表现的财富,与以该国或该地区人口中积累下来的知识和技能所表示的财富相比,其比例相对要小一些,而在人民中,蕴藏着巨大的能量,这种能量一旦被激发出来,就会显示出巨大的力量,创造奇迹。

　　日本是个岛国,自然资源贫瘠。从明治维新到第二次世界大战结束前,虽然日本对外发动侵略战争,但日本并不富裕,雇主和工人之间劳资关系还是简单的短期的劳动力买卖关系,雇主对工人的劳动保障和福利很少,工人工作也非常懒惰,但是,日本很注意对国民技能的培训,派人到国外学习先进生产技术,对于这一点,当时日本人和国外人都有记载,一位在19世纪末期到美国东海岸学习现代纺织技术的日本人,五年时间里,给家人写了150封信,谈自己的感想,他说:"我热爱日本,但我不得不说,日本的贫穷是由于日本人懒惰而造成的,他们工作时间饮茶、吃东西,用于休息的时间太多了。"一位20世纪初到日本访问的法国人写道:"日本工人总的来说是懒惰,他们似乎不具备勤奋工作的能力,工人对原材料使用漫不经心,浪费很大,每个欧洲工人都知道小心使用和保护机器,日本人似乎不明白这个道理。"

　　第二次世界大战后,日本为了恢复和发展本国的民族工业、汽车制造业,曾两次派团到国外学习人事管理制度,第一次是1950年,日产(NISSAN)公司决定学习美国人事管理制度,提高生产率。在这次学习中,引入美国企业在雇佣、提拔、训练和调动工人时的评估制度,岗位分析制度,以及人员使用合理化的方法和制度。第二次是1955年,日本劳动生产率组织派团到美国学习,主要任务是学习劳资关系、工资制度、福利政策的管理方式。两次学习后,日本开始了新一轮的用人制度改革。现在日本用人制度模式的特点是:工会制度+终身雇佣制+年功序列制。日本近些年对人力资源的培养和开发特别重视,如:日本松下电器公司是世界一个有名的电器公司,创始人松下幸之助,他告诉员工,当有人问"松下电器公司是制造什么的",应回答"是制造人的地方,兼做电器"。松下幸之助认为:"事业是人为的,而人才可遇不可求,培养人才和用好人才是当务之急,如果不培养人才,不发挥人才的作用,事业成功就没有希望。"日本顾客这样评价松下电器:"其他公司输给松下电器公司,是输在人才运用上。"

(资料来源:张卫星.人力资源管理[M].北京:北京工业大学出版社,2009,改编.)

经过几十年的超速发展,日本到20世纪80年代,经济发展已超过前苏联,已成为世界第二经济大国。日本经济的腾飞由多种因素所致,但日本对人力资源的重视、开发和利用是成功的主要原因。什么是人力资源?人力资源有什么特征?怎样管理和开发人力资源,发挥人力资源的潜能?这一系列的问题正是我们这一章所要讲的内容。

【本章主要内容】
①人力资源的概念、特征及其数量和质量;
②人力资源管理的含义和基本内容;
③人力资源管理的职能、职责和基本原理;
④人力资源管理的历史及发展趋势。

第一节 人力资源概述

一、人力资源的基本概念

(一)人力资源的概念

人力资源这一概念曾于1919年和1921年由约翰·科蒙斯在其两本著作《产业信誉》与《产业政府》中最早使用过,但当时他所指的人力资源和现在我们所理解的人力资源的含义相差甚远,只不过使用了相同的词语而已。我们所理解的人力资源概念,是由美国管理大师德鲁克于1954年在其著作《管理实践》中首先正式提出的。

目前,理论界对人力资源的定义并无一致意见。通常认为人力资源的概念有广义与狭义之分。从广义来说,智力正常的人都是人力资源。从狭义上看,它有多种说法:

第一,人力资源是指能够推动整个经济和社会发展的,具有智力劳动能力和体力劳动能力的人们的总和。

第二,人力资源是指能够推动整个经济和社会发展的劳动者的能力,即处在劳动年龄的已直接投入建设和尚未投入建设的人口的能力。

第三,人力资源是指一个国家或地区有劳动能力的人口的总和。

第四,人力资源是指具有智力劳动能力和体力劳动能力的人们的总和。

上述几种定义的分歧主要体现在两个方面:一是对人力资源数量的界定,即人力资源是否限定在劳动年龄范围内;二是对人力资源内涵的界定,即人力资源是能力还是人口或是人们。

本书采用上述第一种定义,因为它指出资源的有用性,即"能够推动整个经济和社会发展";指出人力资源能创造财富的本质是人所具有的智力劳动能力和体力劳动能力,一般统称为劳动能力;指出人力资源是"人们"的总和,隐含了人力资源由数量和质量两个方面构成的含义。此定义对人力资源数量的界定较广泛,没有劳动年龄的界定,符合人们的认识习惯。

(二)人力资源相关概念

1. 人口资源

人口资源是指一个国家或地区的人口总体,具体的、个体的人是其基本形态。人口资源是基本概念,主要表明的是数量概念。"中国是一个拥有13亿人口的大国"这里的"人口"指的就是人口资源。

$$人口资源 = 人力资源 + 不具有劳动能力的人口$$

2. 劳动力资源

劳动力资源是指一个国家或地区有劳动能力,并在"劳动年龄"范围内的人口总和,即人口资源中拥有劳动能力且在法定劳动年龄范围内的那一部分人,侧重于劳动者的数量。

3. 人才资源

人才资源是指一个国家或地区有较强的管理能力、研究能力、创造能力和专门技术能力的人们的总和。他是人力资源中层次较高的那一部分人。相对于普通劳动力来说,人才资源就是高层次的复杂劳动力。

4. 人口资源、劳动力资源、人才资源与人力资源的关系

①人口资源是基本概念,主要表明的是数量的概念,劳动力资源、人力资源、人才资源都以其为基础。

②人口资源是人力资源得以形成的直接基础。人口资源中除了少数不具有劳动能力的人口外,绝大多数都是具有或将具有劳动能力的人口,这部分构成了人力资源。

③人力资源中处于劳动年龄的那部分人口构成劳动力资源。

④人才资源一定是人力资源,但不一定是劳动力资源。

人口资源、劳动力资源、人才资源、人力资源的关系如图1.1及图1.2所示。

图 1.1 数量关系图

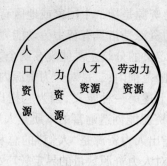
图 1.2 包含关系图

(三)人力资源与人力资本

1. 人力资本的含义

诺贝尔经济学奖获得者西奥多·舒尔茨(Theadre W. Schultz)认为:人力资本是体现在劳动者身上的一种资本类型,它以劳动者的数量和质量,即劳动者的知识程度、技术水平、工作能力以及健康状况来表示,是这些方面价值的总和。

诺贝尔经济学奖获得者加里·斯坦利·贝克尔(Gary Stanley Becker)认为:人力资本不仅意味着才干、知识和技能,而且意味着时间、健康和寿命。

本书认为,人力资本无论从内容上,还是功效上的界定,都属于无形资产,是体现在劳动者身上的资本所具有的价值的凝结。就其实体形态来说,是活的人体所拥有的体力、健康、经验、知识和技能及其他精神存量的总体,可以在未来特定的经济活动中给经济行为的相关主体带来剩余价值或利润收益。从个体角度来说,人力资本表现为存在于人体之中,后天获得的具有经济价值的知识、技术、能力和健康等质量因素之和。以群体角度而言,人力资本表现为存在于一个国家或地区人口群体每一个人体之中,后天获得具有经济价值的知识、技术、能力及健康等质量因素的总和。因此,人力资本可以定义为依附于人体体力和智力所具有的劳动(包括体力劳动和脑力劳动)价值的总和。

2. 人力资源与人力资本的关系

人力资源与人力资本是两个密切相关的概念,二者有相同之处,又有明显的区别。它们在理论渊源、研究对象、分析目的上都是相同的。人力资源是具有一定体力、知识和能力的人;人力资本是通过对人力资源的投资而体现在劳动者身上的体力、智力和技能。可以看出,人力资本理论是人力资源理论的基础,二者都是以人为研究对象,其分析目的都是最大限度发挥人的能力和潜力。我们可以用下面这个实例来理解人力资源与人力资本的关系。

【应用举例1.1】

牧场从"资源"到"资本"的转变

2000年北京出现了11次沙尘暴天气,科学家发现沙尘主要来自内蒙古自治区,内蒙古草原的沙化是根本原因之一。而草原沙化的一个重要原因则在于,草原作为畜牧资源被过度利用而缺少养护。改革开放以后,内蒙古自治区的畜牧业开始打破"大锅饭",转而采取类似于种植业"包产到户"的政策。但不同的是,农民不仅得到了庄稼的产权,也得到了土地的使用权;而牧民只得到了畜群的产权,牧场的产权(包括其中的使用权)则完全归"国家所有"。这样的政策导致牧民只在乎放牧的直接收益,而不考虑牧场的"成本"。换言之,牧场对于牧民来说,只是可利用的资源(而非资本),牧场的损益与牧民没有直接利害关系。牧民在决定是否扩大它的畜群的时候,只需要考虑边际收入是否大于每只羊的单位变动成本即可,即当"边际收入大于单位变动成本"时,牧民就有扩大畜群的动力。事实正是如此,它的后果是牧场的严重退化和不可持续发展。因此有经济学家建议,汲取农业的经验,把牧场的使用权从国家下放到牧民,将牧场从牧民"外部性"资源变为牧民的"内部性"资本。如此,在牧民的成本支出中就会多出一个固定成本(牧场的成本),牧民在计算它的投入、产出的时候就必须考虑牧场的损失的机会成本和可持续发展问题,即只有当"边际收入>边际成本(包括边际固定成本)+机会成本"的时候,它才会有扩大畜群的动力,从而实现了社会资源的优化配置。人力从"资源"到"资本"的转变也具有相似性。

(资料来源:http:www.erpwold.net.)

人力资源是被开发、待开发的对象,正像牧场一样。人力资源得不到合理开发,就不能形成强大的人力资本,也无法解决可持续发展问题。人力资源开发的主要方式是教育投资,教育投资的过程就是人力资本积累的过程。换句话说,人力资本的形成和积累主要靠教育。如果没有教育,人力资源就得不到合理开发。重视教育,就是重视企业的发展,就是在开发人力资源和积累人力资本。也就是说,人力资源得到合理开发和有效配置后,可以转化为人力资本。

3. 人力资源与人力资本的区别

(1)概念的范围不同

人力资源包括自然性人力资源和资本性人力资源。自然性人力资源是指未经任何开发的遗传素质与个体;资本性人力资源是指经过教育、培训、健康与迁移等投资而形成的人力资源。人力资本是指所投入的物质资本在人身上所凝结的人力资源,是可以投入经济活动并带来新价值的资本性人力资源。人力资本存在于人力资源之中。

(2)关注的焦点不同

人力资源关注的是价值问题,而人力资本关注的是收益问题。人力资源关注的是劳动者将自己拥有的能力投入劳动生产中,能创造多少劳动成果,能做出多少贡献;而人力资本关注的是劳动者将自己拥有的无形资产投入经营活动,能索取多少劳动报酬和经济利益。

（3）二者量的规定性不同

人力资源所反映的是存量问题，而人力资本反映的是流量和存量问题。

从投资活动结果角度看，人力资本与存量核算相关联，表现为投资活动的沉积或积累，即人的知识的增多、技能的增强以及健康等情况的改善等。从生产活动的角度看，人力资本又往往是与流量核算相联系的，表现为产出量的变化和劳动者体能的损耗等。

人力资源则主要是指存量的含义，我们通常所说的人力资源往往指一定时间、一定空间内的劳动者所具有的智力和体力劳动能力的总和，是数量和质量的统一，其存量表现为质和量二者之乘积，即人力资源总量。

（4）研究角度不同

人力资源主要是管理领域的概念，是强调人力作为一种经济资源的稀有性和有用性，是指经过开发而形成的具有一定体力、智力和技能的生产要素的资源形式，强调人力作为生产要素在生产过程中的创造能力。人力资源研究的侧重点是管理方法，包括人力资源的获取、开发、使用、考核、激励和薪酬等方面的内容。人力资本则主要是经济领域的概念，其分析内容侧重于价值的研究。人力资本描述了通过投资形成的以一定人力存量存在于人体中的资本形式，强调以某种代价所获得的能力或技能的价值，投资的代价可在提高生产力的过程中以更大的收益收回，其研究内容侧重于对人力的投资与回报。

二、人力资源的特征

人力资源与自然资源、物质资源等相比，具有以下明显特征：

（一）能动性

哲学中谈到"人具有主观能动性"，人的主观能动性决定了人力资源区别于其他资源的最根本的特征——能动性。人力资源在经济活动中是居于主导地位的能动性资源。由于人类活动不同于自然界的其他生物，总是具有目的性、主观能动性和社会意识，人们能够根据外部可能性和自身的条件、愿望，有目的地确定经济活动方向，并相应地选择、运用或适应外界资源。作为劳动者的人不仅能够认识世界，而且能够改造世界，在经济生产活动中总是处于发起、操纵、控制其他资源的位置上。所以，人力资源与其他被动性生产要素相比，是最积极、最活跃的主动性生产要素，在社会生产中居于主体或主导地位。人力资源的能动性是它同其他资源的最根本的区别。

（二）两重性

人力资源既是投资的结果，同时又能创造财富，因此，人力资源的两重性包括生产性和消费性。从生产和消费的角度来看，人力资源的投资、开发和维持是一种消费行为，往往是一种先于人力资本收益的必须性消费行为，没有先前的投资，就不可能有后期的收益。人力资源的使用和创造财富则是一种生产性行为。人力资源在使用过程中，一方面创造了财富，一方面又消费了这些财富,在使用和消耗的同时,人力资源获得了新的经验和知识,提升了人力资源的价值,然后得到提升的人力资源又投入使用,创造了更多的财富。培养是消费性行为,使用是生产性行为。要想使人力资源在使用过程中能创造更多的财富,必须注重对人力资源的培养。

需要注意的是,人们的消费行为具有刚性,只要是有生命的人,无论他是否为社会创造财富,都需要消耗社会生活资料;而人们的生产行为则具有弹性,受到年龄、能力、机会、生产资料等多种因素的影响。另外,人力资源与其他物质资源一样,具有投入产出规律,并具有高增值性,人力资源投资无论对社会还是对个人所带来的收益远远大于其他资源所产生的收益。例如,根据挪威1900~1955年的统计,固定资产投资每增加1%,社会生产量增加0.2%;对于普通劳动者投资每增加1%,生产量增加0.76%;而对智力或较高素质劳动者投资(即通过教育等提高人力资源的质量)每增加1%,社会生产增加1.8%。

(三) 时效性

首先,从生命周期看,人的劳动能力是存在于人的生命体中的,作为个体的人具有生命周期,其中具有劳动能力的时间又是生命周期中的一部分。因此,人力资源的形成、开发、利用都受到时间方面的制约和限制。生老病死是不可抗拒的自然规律,人力资源的存在也随着人的生死而自然存在或灭失。

其次,从人从事劳动的自然时间看,人处在不同时期,其劳动能力也有所不同,作为人力资源,其能够从事劳动的自然时间被限定在其生命周期的中间一段,在不同的年龄段,能从事劳动的能力也不尽相同。

再次,从知识、技术的最佳应用期看,作为人力资源主要内涵的知识和技术是人们实践经验的产物,具有一定的时效性。在一定的时间里,这些知识和技术能够发挥它的最佳应用效用;如果闲置不用,超过一定时限,这些知识和技术就可能因陈旧、老化、过时而变得无用。尤其是在科学技术和信息发达的现代社会,知识和技术的更新换代速度加快,最佳应用期一再缩短,人力资源的时效性更应得到重视。一般来说,25~45岁是科技人员的黄金年龄,37岁达到峰值;医学人才的最佳年龄一般会后移,这是研究领域的业务性质决定的。

最后,从组织的人力资源总体或社会的角度看,人力资源的使用也有培养期、成长期、成熟期和老化期;在各个年龄组人口的数量以及它们之间的联系方面,特别是"劳动人口与被抚养人口"的比例方面,也存在着时间性的问题。因此,任何范围的人力资源开发与管理都需要考虑动态条件下人力资源形成、开发、分配和使用的相对平稳性,尊重其内在的生命周期规律和时效性规律。

(四) 再生性

从人口的再生产和劳动力的再生产来看,人类资源可分为非再生性资源和再生性资源两大类。非再生性资源,例如矿藏,在它的某一部分被开发出来并耗费使用以后,只能使总体减少,绝不可能靠自身恢复。再生性资源一般是生物资源,人力资源就是一种再生性资源,人力资源通过人口的再生产和劳动力的再生产,即人口总体内原有个体的死亡和新个体的出生,以及"劳动力耗费—劳动力生产—劳动力再耗费—劳动力再生产"的过程得以实现。再比如森林,它也是可再生资源,在被开发、使用以后,只要保持其必要的条件,是可以恢复的。

从有形磨损和无形磨损角度看,人力资源的有形磨损主要是指由于人体的疲劳、衰老、体质下降、机能退化等原因造成的劳动能力下降。人力资源的无形磨损主要是指由于个人的知识、技能、经验等相对老化于社会和科技进步等现实而导致的劳动能力下降。人力资源的有形磨损是不可抗拒的,但可以通过医疗和保健来减缓这种磨损的进程。人力资源的无形磨损,人们可以通过不断学习、积极工作、经验积累和充实提高,达到自我更新、自我丰富以及持续的自我开发,从而实现自我补偿,消除或避免无形磨损。因此,人力资源的再生性是受到人类意识和人类活动的能动性影响或支配的,通过终生教育、加强培训、医疗、保健等多种方式,可以在增强人们抵御无形磨损的同时,减弱或抵消一部分有形磨损对人们劳动能力的损害。

(五)社会性

人类劳动是群体性劳动,每个人都在一定的社会和组织中工作和生活,其思想和行为都要受到社会和所在群体的政治、经济、历史和文化氛围的影响,每个人的价值观念也各不相同。人从出生、成长,没有一个阶段能离开社会,社会环境给人留下很深的烙印。反过来,每个人的思想意识、价值观念又会反作用于社会,对社会产生一定的影响。

(六)生物性

人力资源存在于人体之中,是一种"活"的资源,它与人的自然生理特征相联系,这是人力资源最基本的特点。这也就决定了人力资源与其他资源之间的差异。

(七)有限性和无限性

从个体的角度看是有限的,人力资源的"能力"随着人的出生和死亡而存在和灭失。但从人类延续的角度看又是无限的。从知识、技能的延续看,上一代人把知识、技术、能力、经验传给下一代,代代相传,永无止境。从生命延续的角度看,原有个体的死亡和新个体的出生,人类不断生息繁衍。因此说人力资源又有无限性的特征。

(八)资本积累性

人力资源是人的体力、智力、健康等方面的综合体现,是靠不断地投资而形成的,是外界教育、培训、影响和自我学习努力积累的结果。这种活的积累资本,使人力资源具备了反复开发性与不断增值性,譬如,人的智力具有继承性,人的劳动能力随着时间的推移而得以积累、延续和增强。因此,它为人力资源开发主体提供了对人力资源加大投资的依据性,这使得人力资源的开发具有持续性。即人们在工作过程中,还需要不断学习,继续充实提高自己。也就是我们通常所说的"蓄电池"理论。

(九)个体差异性

人力资源的个体差异性不仅表现在性别、年龄、文化程度、专业、技能等方面,还包括价值观、兴趣、性格、智力等方面存在的差异。这种差异性为有针对性地开发人力资源奠定了基础，也为不同开发对策的提出提供了依据。研究差异性，找出规律性，是人力资源开发工作的重要任务。

（十）内耗性

对其他资源而言，是数量越多越好，如自然资源、矿藏资源、资金都是如此。然而，企业拥有的人力资源却不一定是越多越能产生效益。人力资源的内耗性对在组织内部如何去组织、利用与开发人力资源提出了新的要求。

三、人力资源的数量和质量

人力资源包括人的智力、体力、知识和技能，它作为一定人口总体中所拥有的劳动能力的人们的总和，表现为数量和质量两个方面。

（一）人力资源的数量

人力资源的数量从微观上看是以部门和企、事业单位进行划分和计量，一般指员工的数量，是现实的人力资源数量。从宏观上看是以国家或地区为单位进行划分和计量的，一般可以分为现实的人力资源数量和潜在的人力资源数量。它一般会受到人口总量及人口增长状况、人口的年龄构成、人口的迁移、经济和社会发展状况等因素的影响。人力资源数量由潜在的人力资源数量和现实的人力资源数量两个方面构成。

1. 潜在的人力资源数量

潜在的人力资源是指在现实国民经济活动中可以被利用但尚未被利用的人力资源数量，表现为因各种原因未就业的人口。具体包括图1.3中所示的⑤~⑦三个部分。

2. 现实的人力资源数量

现实的人力资源数量是指在现实国民经济活动中已经被利用的人力资源数量，表现为已就业的人口和正在谋求职业的人口。具体包括图1.3中所示的①~④四个部分。

人力资源数量包括以下七个部分：

①处于劳动年龄、正在从事社会劳动的人口，它构成人力资源数量的主体，即"适龄就业人口"。特别指出的是，军队服役人口应包括在就业人口中。从表现看，服役人员（军队、警察）没有创造实物价值，但是，他们提供了公共服务。军队提供国防安全保障，警察提供国内安定秩序的保障，他们是国民经济的一个组成部分。这部分人力资源的投入列入政府公共消费开支项目，在社会和经济发展中起着重要作用。

②尚未达到劳动年龄，已经从事社会劳动的人口，即"未成年劳动者"或"未成年就业人口"。

③已经超过劳动年龄，继续从事社会劳动的人口，即"老年劳动者"或"老年就业人口"。

④处于劳动年龄之内，具有劳动能力并要求参加社会劳动的人口，即"求业人口"或"待业人口"。

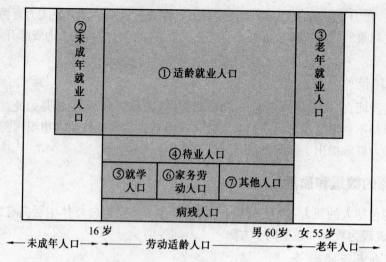

图1.3　人口构成示意图

⑤处于劳动年龄之内,正在从事学习的人口,即"就学人口"。
⑥处于劳动年龄之内,正在从事家务劳动的人口。
⑦处于劳动年龄之内的其他人口。

3. 人力资源率

人力资源率是指人力资源的绝对量占总人口的比例,它是一个反映经济实力的重要指标。人力资源率越高,表明一个国家或地区可以投入经济活动的人力越多,作为单纯消费者的人口越少。企业的人力资源率等于企业人力资源总量与企业总员工数(包括离退休人员和特殊原因不能工作的员工)的比率。该比率越高,企业人力资源可利用率就越高,企业包袱越小,竞争力越强。

(二)人力资源的质量

人力资源质量是指一定范围内(国家、地区、企业等)的劳动力素质的综合反映。人力资源的质量与构成人力资源的单个劳动力素质相关,一般会受到人口的遗传和先天因素、营养因素、教育因素、保健因素等方面的影响,其中教育因素是最重要、最直接的因素,它能使人力资源的智力水平和专业技能水平都得到提高。

1. 衡量人力资源总体质量的指标

人力资源质量从总体上说,是一定范围人力资源所具有的体质、智力、知识、技能和劳动意愿,它一般体现在劳动力人口的体质水平、文化水平、专业技术水平和劳动的积极性上。人力资源质量通常用健康卫生指标(如平均寿命、婴儿死亡率、每万人拥有的医务人员数量等)、受教育程度(如劳动者的人均受教育年限、每万人中大学生拥有量、大中小学入学比例等)、劳动者的技术等级状况(如劳动者技术职称等级的现实比例、每万人中高级职称人员所占的比例等)以及劳动态度指标(如对工作满意程度、工作的努力程度、与他人的合作性等)来衡量。

2. 衡量人力资源个体质量的指标

人力资源个体质量的构成要素如图1.4所示。

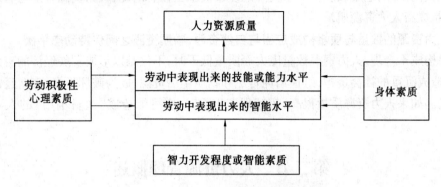

图1.4 人力资源个体质量构成要素图

由图1.4可见,人力资源质量由劳动者个体的身体素质、智能素质和心理素质(劳动态度)构成。在这三者共同作用下,劳动者在劳动中所表现出来的体力、知识、智力和技能水平(主要表现为智能水平和技能水平),即反映了人力资源的质量状况。其中,劳动者的身体素质是决定人力资源质量的自然基础,智能素质是决定人力资源质量的关键,心理素质(以及劳动积极性)则是发挥劳动者体力和脑力的重要条件。随着社会的发展和进步,智能因素对人力资源质量的影响和作用不断提高,体质因素的影响和作用逐渐走低。现代人力资源开发的主要目的是提高人力资源质量,关键是提高劳动者的智能素质。

(三)人力资源数量与质量的关系

一个国家和地区或者企业的人力资源丰富程度不仅要用其数量来计量,而且要用其质量来评价。人力资源数量反映了可以控制物质资源的人数,反映了人力资源量的特性,是人力资源构成的基础,没有它就谈不上人力资源质量;人力资源质量则反映了可以具体控制哪种类型、哪种复杂程度、多大数量物质资源的人员特征,反映了人力资源本质的特性,是人力资源构成的核心,没有它就无法评价人力资源丰富程度以及是否具有可开发和可利用性。

1. 人力资源的数量与质量相比,人力资源质量在当代和未来社会更为重要

人力资源的数量只反映了可以创造物质资源的人数,而数量庞大但科学文化技术素质低下的劳动力大军只能从事传统、低效、简单的劳动,很难形成发展经济的重要源泉和推进现代化的主体力量。而且,过多的低素质劳动力不但不能看做是"丰富的资源",反而会成为国际竞争和未来发展十分沉重的负担。相反,复杂的劳动必须由高质量的人力资源来从事。随着时代的发展,现代化生产体系的科技含量越来越高,劳动越来越复杂,对于人力资源的质量要求越来越高。

2. 人力资源的质量对数量的替代性较强,反之较差,有时甚至不能替代

例如,一个技师可以完成几个低等级工人的工作量(借助先进工具和经验等),而几个低等级工人共同工作,也难以胜任一个技师的复杂技术工作。因此,人力资源开发与管理的关键与核心,是提高人力资源质量。

3. 人力资源的数量与质量构成应当与自然资源、物质资源之间保持动态平衡

如果构成不合理,人力资源数量庞大而质量低下时,不仅难以形成发展经济的有效推动力量,还会造成沉重的社会负担,过量消耗自然和物质生活资源,成为破坏环境、束缚经济发展的消极力量。如果人力资源质量很高,超越现实需要时,则可能造成"大材小用"的人才浪费现象。

第二节 人力资源管理概述

一、人力资源管理的含义

(一)人力资源管理的概念

人力资源管理因其主体、对象和范围不同有宏观和微观之分。宏观人力资源管理是指在一个国家或地区通过制定一系列政策、法律制度和行政法规,采取一些必要措施促使人力资源的形成,为人力资源的形成和开发利用提供条件,对人力资源的利用加以协调,使人力资源的形成和开发利用与社会相协调。微观的人力资源管理是指一个组织对其所拥有的人力资源进行开发和利用的管理。本书所研究的是微观的人力资源管理。

微观的人力资源管理的定义很多,董克用教授将国内外学者对人力资源管理概念的不同观点综合归纳为五类:

第一类,根据人力资源管理的目的进行定义,认为它是借助对人力资源的管理来实现组织的目标。

第二类,从人力资源管理的过程或承担的职能出发进行解释,把人力资源管理看成是一个活动过程。

第三类,揭示了人力资源管理的实体,认为它就是与人有关的制度、政策等。

第四类,从人力资源管理的主体出发解释其含义,认为它是人力资源部门或人力资源管理者的工作。

第五类,从目的、过程等方面出发综合地进行解释。

本书从综合的角度给出如下人力资源管理的定义:人力资源管理是指企业等单位为了获取、开发、保持和有效利用在生产和经营过程中的人力资源,通过运用科学、系统的技术和方法所进行的各种相关的计划、组织、领导和控制活动,以实现企业既定目标的管理过程。

(二)现代人力资源管理与传统人事管理的主要区别

现代人力资源管理是以传统人事管理为基础发展起来的,是超越传统人事管理的管理模式,二者虽然有一些相似之处,但也存在诸多不同。一方面,人力资源管理是对人事管理的继承,人力资源管理的发展历史告诉我们,它是从人事管理演变而来的,人力资源管理依然要履行人事管理的很多职能;另一方面,人力资源管理又是对人事管理的发展,它的着眼点和角度完全不同于人事管理,可以说是全新视角下的人事管理。二者之间的区别可以概括为以下四点:

(1)对人的认识不同

传统人事管理将人力视为成本;人力资源管理认为人力不仅是一种资源,更重要的是一种特殊的资本性资源。

成本也是费用,它是不能创造利润的,在商品价值形成中只能以原值转移到商品价值中,因此,传统的人事管理只注重人力资源的管理和使用,不舍得对其投资;而资本是能够带来剩余价值的价值,资本具有增值性和创造性,因此,现代人力资源管理在科学合理使用人力资源的同时,更注重对他的开发,更舍得投资,为的是获得更高的利润。

(2)重视程度不同

传统人事管理在组织中被当做事务性的管理,而在现代组织中,人力资源管理被提升到战略决策的高度。

传统人事管理被看做是技术含量低、无需专长、无足轻重的工作。人事管理部门属于执行层,无决策权。

人力资源管理则既有中层和低层工作,也在高层发挥作用。在低层方面要完成许多与员工有关的事务,在这一层次上它包含着人事管理的工作;在中层方面要对各部门的工作予以协调和指导;在高层次方面要参与到企业高层决策中,从企业战略目标的确立到企业的人力资源规划。

(3)管理方法不同

传统人事管理是被动的、静态的、孤立的管理;人力资源管理是主动的、动态的管理,其各个环节紧密结合。

在传统人事管理的观念下,员工从开始工作起,便被被动地分配到某个岗位,直至退休。员工进来不容易,要想出去也很困难。有关人事管理中的招聘、录用、工资管理、奖惩、退休等环节的工作被人为地分开,各部门孤立地进行管理。组织中的其他部门和单位,也只重视本部门或本单位拥有的人力资源数量,不管是否有效利用,更谈不上对人力资源的开发。人力资源的浪费、闲置现象极为严重。这种对人力资源进行静态、孤立、被动的人事管理,阻碍了人力资源的流动、开发和合理有效地利用,显然违背了以市场实现对资源合理配置的经济法则。

人力资源管理是建立在市场经济的基础之上的,以人为本,遵循市场经济法则,对人力资源的招聘录用、绩效考评和培训发展等进行全过程的、主动的、动态的管理,其各个环节紧密结合,主动地对人力资源的各个方面进行开发利用,人力资源各个时期的管理规划、培训开发总是与组织各个阶段的人力资源状况和组织目标紧密相连。

人才市场体系的建立,使得人力资源流动渠道畅通,员工进出组织变得容易,辞职或被辞退变得正常,组织能不断地吐故纳新,保持活力。全过程的、动态的、主动的人力资源管理符合市场经济以市场实现对资源进行有效配置的原则,符合经济发展规律,更具有生命力。

(4)基本职能不同

传统人事管理是从事行政事务性的管理;人力资源管理在人事管理的职能基础上增加了着眼于长期效应的战略管理内容,如人力资源规划、人力资源开发、岗位与组织设计、行为管理及职工终身教育等。这些职能的增加使人力资源管理具有计划性、战略性、整体性和未来性。这是人力资源管理的精髓,也是人力资源管理与人事管理最大的区别所在。

二、人力资源管理的基本内容

(一)人力资源战略与规划

企业根据对内部和外部环境的分析制订企业战略目标,科学地分析预测组织在未来环境变化中人力资源的供给与需求状况,制订必要的人力资源获取、利用、保持和开发策略,确保组织在需要的时间和需要的岗位上对人力资源在数量上和质量上的需求,使组织和个人获得不断的发展与长期的利益。

(二)工作分析

为了实现组织的战略目标,人力资源管理部门要根据企业的组织结构,确定各职务说明书与员工素质要求,并结合组织、员工及工作的要求,为员工设计激励性的工作。工作分析的目的是确保人与工作之间的最佳匹配,这是人力资源管理的一项重要的工作。工作分析的信息被用来规划和协调几乎所有的人力资源活动,它是人力资源管理的基础环节。

(三)员工招聘与录用

为企业获取合格的人力资源是人力资源管理的重要活动之一。员工招聘是企业获取合格人才的渠道,是组织为了生存和发展的需要,根据组织的人力资源规划和工作分析对人力资源数量和质量提出的要求,采取科学的方法寻找、吸引具备资格的个人到本企业来任职,从中选拔出适宜人员予以录用的管理过程。

(四)员工培训与开发

培训与开发是教导员工如何完成其目前或未来工作而进行的有计划的学习,为将来工作做好准备。企业通过在职培训、素质和潜能的培育与发掘,帮助员工改善和发挥其知识、技能和素质,提高对组织的归属感和责任感,更好地实现自身价值,提高工作满意度,从而帮助组织减少事故,降低成本,增加人力资源贡献率,提高生产效率和经济效益。

（五）员工职业生涯管理

人力资源管理部门有责任帮助员工制订个人发展计划并定期予以监督和考察。这主要是引导员工将个人发展目标与企业的发展方向相一致、相协调，同时，鼓励和关注员工的个人发展，让员工产生归属感，激发其工作的积极性和创造性。

（六）绩效管理

组织通过绩效计划、绩效辅导、绩效评价与绩效反馈等绩效管理活动，考核员工工作绩效，及时做出信息反馈，一方面，发现绩效不足的员工，找出原因，制订绩效改进方案，提高员工工作技能；另一方面，对考评中表现优秀的员工，企业通过晋升、加薪等多种方式使员工产生满足感和成就感，从而确保员工绩效不断提高的同时，实现企业绩效的提高。

（七）薪酬管理

薪酬管理是人力资源管理活动中最为敏感、最受人关注、技术性最强的部分，它包括基本薪酬、绩效薪酬、津贴、福利等报酬内容的分配和管理，它是组织吸引和留住人才，激励员工努力工作，发挥人力资源效能的最有力的杠杆之一。薪酬管理的原则是对外的竞争性、对内的公平性、对员工的激励性。

（八）劳动关系管理

劳动关系是劳动者与用人组织在劳动过程和经济活动中建立的社会经济关系。一个组织的劳动关系是否健康和融洽，直接关系到人力资源管理活动能否有效开展，直接关系到组织的人力资源能否正常发挥作用。劳动关系的内容包括劳动安全、员工福利、劳动冲突以及相关的法律问题。劳动关系管理就是要协调各种劳动关系，进行企业文化建设，以创造融洽的人际关系和良好的工作氛围。

三、人力资源管理的职能与职责

（一）人力资源管理的职能

人力资源管理部门在为实现企业的目标而对人力资源进行有效管理的过程中，要完成获取、开发、调整、报偿、保持五项职能。

1. 获取

人力资源的获取是人力资源管理工作的首要环节。为了实现企业的战略目标，人力资源管理部门必须对企业内、外环境进行科学的分析与预测，从而制订人力资源规划，然后进行人力资源招聘、选拔、录用，并将他们安排到合适的岗位。

2. 开发

人力资源的开发是进一步培养与提高员工的知识、技能和素质，使其劳动能力得以增强和发挥，最大地实现其个人价值的重要手段。这就涉及组织和个人开发计划的制订、员工的培训、再教育以及员工职业生涯开发、绩效管理等一系列活动的规划与实施。

3. 调整

调整是对人力资源实施动态管理的职能,即根据员工绩效考评、素质评估和企业人力资源配置效果的评估,对组织结构进行调整和对员工实施动态管理,如部门的新建、合并、重组、转型、解散,员工的晋升、调动、奖惩、解雇、离职、退休、裁员等,使组织中人力资源得到合理的配置,以达到系统优化。

4. 报偿

报偿是人力资源管理活动中最具激励与凝聚力的职能,是人力资源管理的核心。它主要是根据员工的绩效考评情况,以及职位价值、技能高低等因素,公平合理地支付给员工与之贡献相称的报酬、奖励和福利等,目的是增强员工的满意感,激发员工的积极性,提高工作效率和组织效率。

5. 保持

保持主要是指建立和维持有效的工作关系。它包括保持员工工作的积极性,保持安全健康的工作环境等。要完成这些方面的职能,一是通过薪酬管理,按照员工的贡献等因素进行收入分配,做到奖惩分明,以激励员工;二是创造健康、安全、高效的工作环境条件,特别是软环境,使员工之间和睦相处、协调共事、取得群体认同,加强员工的归属感。

以上各项职能是相互联系、相互作用的整体。人力资源管理不是各种职能的简单集合,而是通过这些职能来协调和管理组织中的人力资源,从而有效地实现组织目标。

获取职能是其他职能的先决条件,只有根据组织结构的要求,引进相应条件的人力资源,其他四项职能才能得以发挥;人员被录用,完成获取职能后,开发职能便发挥作用,通过对人员进行培训,使其符合岗位的要求;人员培训合格,完成开发职能后,调整职能发挥其作用,将人员安排到相应的组织结构中,即对人力资源进行配置。从此以后的管理过程,调整职能一直在起作用,如协调员工与企业的关系,处理劳动关系,保持员工、部门之间的沟通等;员工完成一定的工作任务后,对员工的工作成果进行评定,并实施相应的奖惩措施,这是报偿职能发挥作用;通过人力资源的评价,对人力资源做出相应调整,即提升、调离、辞退或保留等,这时调整职能又在起作用。

当人力资源进入企业后,开发职能和调整职能一直在起作用。对员工的培训有员工新进入岗位或在接受新的人事变动前的岗前培训,有员工在任职过程中的岗中培训,还有员工接受考评后与任职条件有差距的岗后培训。调整职能让员工在组织中保持良好的沟通,协调人际关系,及时处理人事冲突。

(二)履行人力资源管理职能的人员

(1)小型企业的人力资源管理人员

通常,小型企业的内部结构简单,其职能部门少,往往没有一个专门的人力资源管理部门。当然,小企业也有其人力资源管理的职能需求,只是这一职能通常是由业主或经理来履行的。

有的小企业设有一个管理部或行政部,来负责人力资源管理的职能。但管理部或行政部并不是专门的人力资源管理部门,它兼有其他许多职责,如企业办公室的一切行政工作,包括接待、后勤、保卫、文秘、总机、采购等工作。

(2) 中型企业的人力资源管理人员

对于中型企业来说,人力资源管理的任务重得多,由业主或经理来兼任就难以胜任了,需要有一个独立的人员配置来协调人力资源活动。有的企业设一个人力资源专员(human resource generalists),有的企业称为人事员。人力资源专员或人事员专门负责日常的人力资源活动,如专门负责和协调人员的配置,负责人力资源开发。但这些企业还不存在人力资源专业化问题。人力资源专员或人事员只是把绝大部分时间用在人力资源问题上,但还没有专门从事人力资源管理的任何专门领域的研究。

(3) 大型企业的人力资源管理人员

在大型企业中,人力资源管理职能变得更加复杂,需要设置具有负责行使人力资源职能的人力资源部门,要设置多个人力资源专员或经理,这些企业往往会配备一个或更多的人力资源专家(human resource specialists),人力资源专家在人力资源管理专门领域受过专业训练。人力资源部门将完成人员配置、人力资源开发、薪酬和福利、安全和健康等工作。每一项人力资源职能可能设置一位经理和一些职员。

当然,在这些人力资源管理专门化的企业中,人力资源职能并不是都由人力资源部门来承担的,绝大多数运营经理(或直线经理)也必须经常地履行和涉及许多人力资源职能。

(4) 人力资源管理职能外包

当今,随着经济专业化,出现了许多新的部门和领域,如人才中介机构、培训中心等。这些新的部门的产生,使许多企业或组织需重新检查内部的各种职能,人力资源管理也不例外。在一个组织中,要设置配套的各种专业人力资源管理人员,代价是相当高的,许多中小企业也没有必要在小规模的企业中设置这么多的人员,于是就将人力资源管理的部分职能交由专业公司去完成,这称为人事外包(HR outsourcing managed service)。具体来讲,人事外包就是将人力资源管理中非核心部分的工作全部或部分委托专业公司管(办)理,但被托管人员仍隶属于委托企业,这是一种全面的高层次的人事代理服务。专业公司与企业签订人事外包协议以规范双方在托管期间的权利和义务,以及需要提供外包的人事服务项目。实施人力资源管理职能外包,可以得到外部(社会)专业化的人力资源服务,同时也可以使组织降低人力资源投资风险。目前在我国最为流行的是公司的养老金管理外包。

(三) 人力资源管理的职责

人力资源管理的职责是由人力资源管理专职人员与直线经理共同完成和承担,所有的管理者及普通员工都参与日常性的人力资源管理实践。

直线经理与人力资源管理专职人员在人力资源管理中的主要职责如表1.2所示。

表1.2　直线经理与人力资源管理专职人员在人力资源管理职责上的区别

职能	直线经理职责	人力资源管理专职人员职责
获取	提供工作分析、工作说明和最低合格要求的资料，使各个部门的人事计划与战略计划相一致。对工作申请人进行面试，综合人事部门收集的资料，提出是否录取的意见	工作分析、人力资源规划、招聘、准备申请表、组织笔试、核查背景情况和推荐资料、身体检查
开发	组织员工培训；安排工作丰富化；提供工作反馈信息；帮助员工制订个人发展计划	制订员工培训计划；为员工培训提供服务；帮助员工进行职业生涯规划；对管理者进行管理开发
调整	直接负责员工绩效评估；劳动纪律的监督执行；员工解雇、提升、调动、辞职的决策	绩效评估方法与制度的确定；员工调整政策的制定；直线经理调整决策的审核与贯彻；为离退员工提供咨询和服务，人事调配
报偿	工资、奖惩制度及其他激励措施的实施	工资、福利制度的制定、执行与监督；员工福利及其他特殊需求服务
保持	公平对待员工、沟通，解决抱怨和争端，提倡协作，尊重人格	劳动关系、健康与安全、员工服务

从表1.2可以看出，虽然直线经理有非常重要的人力资源管理的责任，但是他们和人力资源管理专职人员的工作重点却是不同的：

(1) 制度制定与执行的关系

人力资源管理专职人员负责制定相关的人力资源管理制度和政策，直线经理贯彻执行。

(2) 监控审核与执行申报的关系

人力资源管理专职人员要对人力资源制度和政策的执行情况进行指导监控，防止执行过程中发生偏差，同时还要对其他部门申报的有关信息进行审核，从公司整体出发进行平衡；直线经理则要如实地执行相关的制度政策，及时进行咨询，同时要按时上报各种信息。

(3) 需求提出和服务提供的关系

直线经理根据本部门的情况提供有关的需求，人力资源管理部门要及时地提供相应的服务，满足其要求。

从发展趋势看，直线经理的人力资源管理的职责将越来越大，同时人力资源经理的战略地位将提高，更多地从事人力资源规划、绩效和薪酬体系的构建、企业文化建设与组织氛围营造等更有具体价值的工作。

四、人力资源管理的基本原理

人力资源管理和其他管理一样，也必须遵循一定的基本原理。

（一）要素有用原理

要素有用原理的含义是：在人力资源管理中，任何要素（人员）都是有用的，关键是给它创造发挥作用的条件。换言之："没有无用之人，只有没用好之人。"这个原理包括三方面内容：坚信人人有才、承认才各有异、人才贵在适用。

我国国有企业在进行职工"优化劳动组合"时，企业领导者的指导思想并不相同：有的领导认为"淘汰无用之人"，结果导致劳动关系紧张，甚至人人自危，挫伤了职工积极性。有一些领导认为"没有无用之人"，通过优化组合使每个人找到更合适的岗位，发挥所长，或者培训走上新的岗位。后一种做法就是较好地运用了"要素有用原理"。

（二）同素异构原理

同素异构原理本来是化学中的一个原理。最典型的例子是石墨和金刚石，其组成同样是碳原子，但碳原子之间的空间关系不同，结构方式不同，而形成了物理性能差别极大的两种物质，石墨很软，而金刚石则十分坚硬。

把自然界的同素异构原理移植到人力资源管理中，意指同样数量的人，用不同的组织网络联结起来，形成不同的权责结构和协作关系，可以取得完全不同的效果。如果组织结构合理，会产生 1+1>2，即整体功能大于个体功能之和的优势，反之，组织内耗大，不能形成合力，做的是减法，即 1+1<2。

（三）系统优化原理

类同于同素异构原理，同素异构原理指将组织内的不同个体以最优的方式联结起来，使整体功能最大；系统优化原理是指将组织内若干个不同的子系统有机组合起来，使系统的整体功能最强、内耗最小、系统内人员状态最佳、对外竞争能力最强。

（四）能级对等原理

能级这个概念出自物理学。能级，表示事物系统内部按个体能量大小形成的结构、秩序、层次。如物理学中原子的电子层结构，在不同层上的电子具有不同的势能，由于不同能量的电子各在其位，所以才形成了稳定的物质结构，这就是能级对应关系。

将这一原理引入人力资源管理领域，主要是指具有不同能力的人，应摆在组织内部不同的职位上，给予不同的权力和责任，实行能力与职位的对应和适应。

处于组织上层、中层和下层的不同职位，对人员素质能力的要求差别很大。领导层要求有很强的决策能力和丰富的管理知识；管理层要求有很强的管理能力和一定的决策能力；监督层要求有较强的管理能力和丰富的操作知识；而操作层则要求有很强的操作知识和能力。由于人员的实际素质和能力千差万别，实现能级对应是一个十分复杂艰巨的动态过程。

（五）互补增值原理

人作为个体，不可能十全十美，而是各有长短，所谓"金无足赤，人无完人"。但我们的工作往往是由群体承担的,作为群体,完全可以通过个体间取长补短而形成整体优势,达到组织目标。这就是互补增值原理。

增值的客观标准是:1+1>2,甚至>>2。如果1+1=2,则说明没有增值;若1+1<2,则不仅没有实现增值,而且发生了内耗减值。互补的内容主要包括:

(1)知识互补

一个集体中,若个体在知识领域、知识的深度和广度上实现互补,那么整个知识结构就比较全面、比较合理。

(2)能力互补

一个集体中,若个体的能力类型、能力大小方面实现互补,那么整个集体的能力就比较全面,在各种能力上都可以形成优势,这种集体的能力结构就比较合理。

(3)性格互补

一个集体中,若每个个体各具有不同的性格特点,而且具有互补性,如:有人内向、有人外向、有人直爽、有人含蓄……那么,作为一个整体而言,这个集体就易于形成良好的人际关系和胜任处理各类问题的良好的性格结构。

(4)年龄互补

人员的年龄不仅影响人的体力、智力,也影响人的经验和心理。一个集体,根据其承担任务的性质和要求,都有一个合适的人员年龄结构。

(5)关系互补

每个人都有自己特殊的社会关系,包括亲戚、朋友、同学、同乡等等。如果一个集体中,各人的社会关系重合不多,具有较强的互补性,那么,从整体上看,就易于形成集体的社会关系优势。

除此之外还有性别互补、气质互补等,这里不一一介绍了。

(六)激励强化原理

所谓激励,就是提供满足职工各种需要的条件,激发职工的工作动机,使之产生实现组织目标的特定行为的过程。

人是有思想感情的,人的思想感情对其潜力的发挥至关重要。根据管理学家统计研究结果,一个计时工,只要发挥个人潜力的20%~30%即可保住工作岗位,但通过恰当的激励,这些工人的个人潜力可以发挥出80%~90%。显然,激励可以调动人的主观能动性,强化期望行为,从而显著地提高劳动生产率,这就是激励强化原理。

(七)信息反馈控制原理

反馈控制是指决策执行或监督指令作用于对象后,其结果又返回对决策执行或监督过程进行调节的活动。在人力资源管理过程中,各环节、各要素、各变量形成前后相连、首尾相顾、因果相关的反馈环。其中任何一个环节或要素的变化,都会引起其他环节和要素发生变化,最终使该环节或要素进一步变化,形成反馈回路和反馈控制运动,这就是人力资源管理反馈控制原则的基本含义。

(八)弹性冗余原理

"弹性"通常有一个"弹性度",超过这个"度",弹性就要丧失。人力资源也一样,人们的劳动强度、劳动时间、劳动定额都有一定的"度",任何超过这种"度"的管理,会使员工身心交瘁,疲惫不堪,精神萎靡,造成人力资源的巨大损失。人力资源管理过程中必须留有充分余地,保持弹性,不能超负荷和带病运行,此为弹性冗余原则。即,要考虑到劳动者的个体差异,如:体质的强弱、年龄差异、性别差异、性格差异等,使劳动强度、劳动分工、劳动时间、工作定额有适度的弹性,努力营造一个有利于促进劳动者身心健康、提高劳动效能的工作环境。人力资源管理坚持弹性冗余原则,并非鼓励无所作为、消极怠工、怕苦怕累、贪图安逸的思想行为,而是强调在充分发挥和调动人力资源的能力、动力和潜力的基础上,主张松紧合理,张弛有度,使人们更有效、更健康、更有力地开展工作。

(九)竞争协作原理

竞争协作原理是指在管理中,既要引进竞争机制,以激发组织成员的进取心,培养其开拓能力、创新精神,发挥其在促进人力资源管理方面的积极作用,又要强化协作机制,竞争要有度,避免过度竞争造成人际关系紧张,破坏协作,产生内耗,损害组织凝聚力。衡量竞争是否合理的主要标准是,竞争以组织目标为导向,竞争以利益相容为前提,竞争以公平、适度为准则。

(十)信息催化原理

信息是指作用于人的感官,并被大脑所反映的特征和运动变化的状态。不同的事物具有各种不同的特征和运动状态,会给人们带来各种不同的信息。信息催化原理是指人们通过获得和识别自然界与社会的不同信息,来区分不同的事物,认识世界和改造世界,没有信息,就不能很好地开发和管理人力资源。在现代社会,人们能否迅速地捕捉、掌握和运用大量的信息,决定了人们能否在激烈竞争中站在科学技术和现代管理的前列,能否使人力资源的开发跟上飞速变化的形势。

(十一)主观能动原理

人是生产力中最活跃的因素,是最宝贵的资源。人是有生命、有思想、有感情、有创造力的一种复合体,具有主观能动性。人的主观能动性差别极大,因此,强有力地影响了人的素质的差别。这也解释了为什么有的人年少志高,才华横溢;有的人年华虚度,碌碌无为;有的人功高盖世而虚怀若谷;有的人略有所得便目空一切。

(十二)动态优势原理

动态优势原理是指在动态的环境中,用动态的思想和动态的管理方式用好人、管好人,充分开发人的潜力,发挥其主观能动性。一切事物都处在动态变动中,都不是一成不变的,因此,在管理中,要使员工能上能下、能进能出、合理流动,这样才能发挥员工的潜力,调动其积极性,使企业和员工都受益。

【应用举例1.2】

解读思科的人力资源管理

思科的人力资源管理无论在中国还是在美国,都被同行认为是最先进的。在美国《财富》杂志2000年的一次排名中,思科当选为信息产业"最吸引员工的公司"。美国著名的《互联网与计算机》杂志在2000年11月3日也将思科评选为"20世纪90年代最有效公司"。思科的人才管理有许多经典之处,是成功的硅谷企业的一个缩影。

疯狂买人

思科的招聘广告上写着:我们永远在雇人。思科认为,在互联网飞速发展的时代里,最关键的是人才的取得和保留。思科的招人方式遵循高素质、宁缺毋滥的原则。在思科的雇员中,最具特色的是被兼并的公司的员工。

这几年,思科以平均每年兼并10家公司的速度,累计收购了60多家公司,最"繁忙"的时候,思科曾在10天内吃掉4家公司。在新经济时代,通常收购总是伴随着大规模裁员。但是,思科却并不这样做。思科从不大规模解雇员工,在思科首席执行官约翰·钱伯斯看来,收购"最主要买的是人,而不是产品"。有一次,公司想收购一家众人都看好的公司,产品对路,价格也合适,但购并后必须解雇员工。最终钱伯斯还是放弃了。思科在全球现有的近3万名员工中,30%来自被兼并的公司。

钱伯斯80年代曾经做过王安电脑公司的总裁。王安公司的失败导致公司大量裁员,经他之手裁掉的不下千人,这是他在职业生涯中最不愿意看到的,也最不能忘怀的经历,促使他在以后的职业生涯中非常注重避免企业的不良经营导致的裁员。

每次收购公司,钱伯斯都要带领一个"文化考察团"——由人力资源部成员参与的收购班子。买公司的同时买下该公司的技术和人才。思科认为,10多年资产增加不少,但最可贵的增加是人才的增加和保留。

只有考核才能看出水平

对员工的考核是人力资源管理最重要的一项内容,思科认为自己的方法多样,非常先进。

思科认为评估不要一年一次,而要每周每月每季度都评。思科采用目标管理(MBO),MBO每季度进行一次,其他评估模式每周进行一次,而对客户满意度的调查全世界放在一起进行。通过三个方面的评估,构成了一个人的业绩。

思科每年的薪资调整计划根据年度薪资调整考核进行,整个公司的总体加薪比例是根据业绩来制定的。

进入思科的员工接受评估的时间不一样，在思科有三个评估时间：4月、8月和10月，看员工进来的时间靠近哪个时间，他就在那个时间接受业绩评估。这样做还有一个好处，如果所有员工的评估工作一起进行，人力资源部的工作量就很大，分开进行可以在工作量和财务资金上都分散压力。

思科每季度会对每个员工做一个跟踪，有许多表格进行评估。比如一个普通员工，上司每个季度之初都会告诉他3个月内要做的事情。第一个月，思科需要员工自己写上司对自己工作的了解程度。到了第三个月结束后做总结。如果有不足，上司第一个月就应该知道，后面两个月只不过在考核有没有改进不足。

稳稳留住人才

思科留住人才的"秘诀"是：平等、信任、培训、提高。

思科认为，不平等，让员工有做被雇佣者，甚至做奴隶的感觉，还不如高层主管放下架子，与普通员工一起同甘共苦。思科坦承，工资是按职位来分的，每个人之间都不同，但在福利方面，普通员工和高层管理者没有差别。思科的总裁钱伯斯也有专机，却是自己出钱买的，他乘航空公司的飞机出差时都是只坐公务舱，从不坐头等舱，即便是用自己的飞机出差，他也只按一张公务舱的价钱报销，其余自己负担。这种强调"平等"的做法能使员工有"主人"的感觉。

思科认为，总是批评人，会让人郁闷，做事也不会积极，所以思科主张鼓励。鼓励的方式也是有章可循的：总经理和员工定期沟通。定期沟通能使经理层与普通员工建立相互信任的关系。比如说，在工作安排上，思科并不规定非常固定的作息时间，而是相信许多员工即便在家里办公也能办好。这是彼此信任后形成的默契，双方都能形成越来越强的责任心。

思科的培训与其他公司有所不同：

一是，思科从不将某个员工当重点培养。思科认为，"每个人是潜在的经理"，如果感觉哪个员工真的优秀，就会派他到海外做短期的培训，或调到海外去工作，是否真的"优秀"，也就能判断出来了。

二是，在任经理现身说法。思科的培训总体上分为管理培训、互联网学习、销售培训、常用技能培训等等。在中国的培训中，思科中国公司的一位副总裁会现身说法，告诉员工在思科如何成功。员工在最初工作的90天内还要参加在亚太区的一次培训，亚太区总裁每次也会现身说法，亲自讲述8年前他从一个销售人员做到今天高级副总裁的经历。

三是，随时随地接受培训。平常任何时候，思科的员工都可以上公司网页，进行自我培训。公司页面上有详细的培训步骤。在思科所有的培训，都是用互联网来进行的。

（资料来源：http://qg.onjobedu.com/zlgl/25195_2.html.）

第三节 人力资源管理的历史及发展趋势

一、人力资源管理的历史

从管理的发展看,人力资源管理工作在企业管理中很早就已经存在,对人力资源管理发展历史的考察有助于对企业人力资源管理的认识。

(一)福利人事与科学管理(18世纪末~20世纪初)

1. 福利人事阶段

在18世纪后期,英国及其他一些资本主义国家开始了工业革命。工业革命是以机器大工业代替工厂手工业的革命。这场革命导致了两个现象:一是劳动专业化的提高;二是工人生产能力的提高,工厂生产的产品剧增。竞争与发展要求这些工厂进一步扩大规模,但制约扩大规模的主要瓶颈却是企业主们以前从未遇到过的劳工问题,其产生的主要原因在于当时的员工不喜欢工厂的劳动方式,对于工厂劳动的单调性、按时上班、时刻要全神贯注等不习惯,因此企业很难招到足够的工人,特别是技术工人。于是企业被迫采取各种各样的福利措施来吸引工人。如:美国当时"沃尔瑟姆制"工厂就通过建立寄宿所来吸引女工。为增进工人对企业的忠诚、消除一年中的工作单调性和加强个人间的关系,一些企业也不得不采取各种各样的福利措施以留住工人,如经常利用传统的节日组织工人进行郊游和野餐等。罗伯特欧文在自己的工厂中先后做了许多人事管理方面的实验,诸如规定童工的最低年龄,缩短工作日,建立学校、幼儿园和娱乐场所等。对劳工问题的解决措施促进了福利人事的形成与发展。

福利人事在关心工人、改善工人境遇的观念基础上建立了一种有关"工人应如何被对待"的思想体系,然而,福利人事提高生产率的作用在实践中并没有得到显现。

2. 科学管理阶段

从19世纪末到20世纪初,以泰勒的科学管理论为标志,管理学进入了科学管理阶段,泰勒因此被后人称为"科学管理之父"。泰勒认为,劳动组织方式和报酬体系是生产率问题的根本所在。建议劳资双方都应将视角从盈余分配转到盈余的增加上,但如何保证盈余的增加?泰勒提出了一系列原则:

(1)科学管理的中心问题是提高劳动生产率

泰勒认为当时劳资矛盾的根本原因是效率低,工人和工厂主对工人一天干多少活心中无数,而提高生产率的潜力是很大的。正是基于这一认识,泰勒的科学管理研究都是围绕如何提高工作效率而展开的,并且主要集中在定额研究以及人与劳动手段的匹配上。

(2)科学挑选工人

泰勒认为,为了提高劳动生产率,必须为工作挑选"第一流的工人"。第一流的工人就是适合于其工作而又有进取心的人,并对他们进行培训和教育,从而最大限度发挥他们的能力。

这是现代人力资源管理招聘的理论基础。

（3）工时研究与标准化

工时研究是泰勒制的基础，它是通过对工人操作的基本组成部分的测试与分析，确定最佳工作方法、工时定额和其他劳动定额标准。同时，建立各种明确的规定、条例、标准，并使工人掌握标准化的操作方法，使用标准化的工具、机器和材料，使一切工作制度化、标准化、科学化。

（4）差别计件工资制

为了鼓励工人努力工作，泰勒提出了差别计件工资制，即根据工人完成定额的不同而采取不同的工资率，而不是根据工作类别来支付工资。泰勒经过实践证明，实行差别计件工资制效果十分显著，使产量增加 2~3 倍，成本降低很多，从而使工人和企业都感到满意。

（5）职能管理

为了提高劳动生产率，泰勒主张把计划职能与执行职能分开。泰勒的计划职能实际上就是管理职能，执行职能则是工人的劳动职能。计划职能由企业管理当局建立专门的计划部门，专门进行标准化研究，制定标准，下达任务，工人则按计划生产。对于工长对工人的管理，泰勒提出一种"职能工长制"，即将管理工作予以细分，一个工长只承担一项管理职能，每个工长在其业务范围内有权监督和指导工人的工作。

科学管理提出的这一系列管理制度与方法奠定了人事管理学科的基础。

20 世纪 20 年代，泰勒的科学管理思想在美国被广泛采纳。虽然科学管理使企业管理走上了科学化、规范化的道路，极大地推动了生产效率的提高，但是它把人当做一种纯粹的生产工具，没有顾及员工的感受，忽视了企业中成员产生的交往、感情、态度等社会因素对劳动效率所起的作用，激起了工人的反抗，使人力资源的利用受到很大限制。此后，人们开始对泰勒的科学管理及其依赖的假设产生怀疑，也有人开始进行研究，人的工作效率究竟受哪些因素影响？工人除了工资方面的要求外，还有什么要求？行为科学的人事管理由此应运而生。

（二）行为科学的人事管理阶段（20 世纪 20 年代以来）

行为科学实际上是在企业管理中重视人的因素，强调从人的行为的本质中激发出动力，它是作为科学管理的对立面出现的。

著名的霍桑实验体现了对人的因素的关注，可以作为行为科学阶段开端的标志，也促成了人事管理的发展。但这一时期所确定的人事管理内容领域仍是杂乱的，人事管理没有形成一个科学、严格的定义，而是将以人为中心的管理活动合并在一起统称为人事管理。

继梅奥的"霍桑实验"之后，又有许多学者致力于心理学和社会学角度对劳动生产率进行研究，形成人际关系-行为科学学说。

人际关系运动将前期科学管理理论中对人的认识更推进一步，认识到人不仅有获得经济物质回报的需要，还有更深层次的安全、情感的需要。对科学管理理论中关于人事管理的内容作了进一步的补充和完善，揭示了非经济回报和社会回报作为激励手段的重要性，这是一种观念上和理论上的飞跃。20 世纪六七十年代，越来越多各方面的专家介入人事管理工作，使人事管理的职能进一步强化。

（三）人力资源管理阶段（20世纪70年代以来）

20世纪70年代，人力资源管理兴起，逐渐取代了人事管理，人在企业中的地位得到充分肯定。它是由系统理论把泰勒的"科学管理"和"行为科学"综合起来形成的一种新的管理理论。这一阶段，主要是强调系统权变的理论。

20世纪80年代以来，人力资源管理理论不断成熟，并在实践中得到进一步发展，为企业所广泛接受，并逐渐取代人事管理。人力资源管理取代人事管理，这不是简单的名称变化，而是管理理念的根本变革。人事管理是以事为中心，而人力资源管理是以人为中心。在人事管理阶段，工业化时代的标准化、大型化、集中化仍然相当程度地影响和左右着人事管理的思想和方法。随着科学技术的进步和社会的发展，人们的需求发生了重大变化，人们更多地要求个性解放和个性化管理，更多地重视人本身，人是一种资源，而且是人类社会中最为重要的一种资源。人力资源管理不是以事为中心，而是以人为中心，以开发人内在潜能，发挥人的积极性为原则。

（四）战略性人力资源管理（20世纪90年代以来）

进入90年代，人力资源管理理论不断发展，也不断成熟。人们更多地探讨人力资源管理如何为企业的战略服务，人力资源部门的角色如何向企业管理的战略合作伙伴关系转变。战略人力资源管理理论的提出和发展，标志着现代人力资源管理的新阶段。另外，随着经济的全球化趋势，人们也提出了跨文化人力资源管理的概念。在今天的网络化时代，随着网络技术的飞速发展和生产的日益专业化、社会化，人力资源管理已出现网络化的趋势。今天的人力资源管理，无论是理论还是技术，都进入了一个全新的阶段。

前面我们从管理发展的角度将人力资源管理发展史划分为四个阶段。从不同的角度对人力资源管理的发展历史可以有不同的划分，比如：从功能的角度将人力资源管理的发展历程分为档案管理阶段、政府职能阶段、全面的人力资源管理阶段。除此之外还有六阶段理论、五阶段理论、四阶段理论、三阶段理论等，我们需要强调指出，对人力资源管理的发展阶段进行划分，其目的并不在于这些阶段本身，而是要借助这些阶段来把握人力资源管理的整个发展脉络，从而可以更加深入地理解它，我们就不一一介绍了。

二、人力资源管理的发展趋势

（一）重视知识员工的管理

进入21世纪，员工群体最显著的变化是知识型员工的大量出现。在知识经济时代，知识和知识型员工的价值与作用超过了资本，成为经济发展的关键要素。因此，人力资源管理要关注知识员工的特点，其重点是如何开发与管理知识型员工，对知识型员工采用不同的管理策略。

首先，知识型员工拥有知识资本，在组织中有很强的独立性和差异化，"自我"意识较强，他们的工作主要是思维性活动，依靠大脑，劳动过程以无形为主。因此，对劳动过程的监督既没有意义，也不可能，应当授权给员工，给员工一定的工作自主权，企业价值要与员工成就意愿相协调，工作模式要改变，如采用虚拟工作团队模式。

其次，知识型员工的劳动成果多是团队智慧和努力的结果，这使得个人的绩效评估难度较大，而且，劳动成果的复杂性也致使绩效难以度量，因此，企业必须建立与知识员工工作特征相一致的价值评价体系和价值分配体系。

再次，知识型员工的能力与贡献差异大，出现混合交替式的需求模式，需求要素和需求结构也有了新的变化。一方面，在知识型员工的需求模式中，报酬不再是一种生理层面的需求，其本身也是个人价值及社会身份和地位的象征。从某种意义上说，报酬成为一种成就欲望层次上的需求。另一方面，知识型员工出现了新的内在需求要素。如，利润与信息分享需求、终身就业能力提高的需求、工作变换与流动增值的需求、个人成长与发展的需求等。因此，企业在分配激励机制方面，要强调知识和技术的获取对员工价值的增值作用，采取按知分配，这种分配体现在物质与精神两个层面。在物质层面，按知分配要体现在经济利益上，即在薪酬、福利方面体现知识的价值；在精神层面，按知分配要体现在权利享受上，即在更好的发展、培训机会等方面体现知识的贡献。

（二）组织结构网络化

在传统的金字塔式的组织结构中，强调的是命令与控制，这种组织协调监督困难，管理成本高，效率低，官僚主义问题突出。显然，这种组织结构与知识经济时代的信息开放和企业快速应变的要求不相适应。目前，组织结构已日益变得扁平化、开放化，组织层级在逐步减少，少层级的纵向管理已成为发展趋势。另外，更为灵活的具有流动性的"项目本位制"的组织结构已经盛行，员工被安排到不同的项目中，受多个团队领导人领导。网络化组织结构意味着员工素质已有极大提高，具有独立处理问题和解决问题的管理能力；意味着组织的分权趋势，组织成员可以在自己职责范围内直接处理事务；也意味着领导观念的转变，员工可以直接面对社会和顾客，承担为顾客服务的责任，而企业领导者起着指导、支持、激发员工智慧的作用。目前，充分授权、民主管理、自我管理等网络组织的特征已经出现，网络化组织的普及只是时间问题。

（三）管理手段信息化

计算机和网络的发展引起的信息革命给人力资源带来巨大的影响，也给人力资源管理提供了新的手段，表现在：

（1）建立人力资源信息系统

这样，可以将所有员工的信息集中管理，进行统计、归类、记录人力资源的发展过程。建立人力资源信息系统减少了人力资源管理成本，大大地提高了管理效率。例如，美国联合信号公司（Allied Signal Inc.）拥有7.6万名员工，采用计算机人力资源信息网络系统之后，在6个月中减少了大量的人力资源管理部门的冗员,节省了75万美元的费用。再有"名鞋"公司(Famous Foot Wear)在建立计算机人力资源信息网络管理系统后,这个拥有8 500多名员工分布在美国44个州的连锁经营公司,整个人事部门的管理人员只有15名。

(2)利用网络信息资源开发人力资源

人才网成为重要的人才市场形式,企业可以通过网上职业信息库,选择企业所需的人力资源,如网上发布招聘广告、网上培训和开发人力资源、网上考核、网上人事管理等。许多跨国公司的员工遍布全球的许多国家,各地的人力资源信息需要统一的管理和沟通,通过网上人事管理,在美国的公司本部可以马上了解到远在肯尼亚的生产加工基地的人力资源(某员工的工资、福利、工作业绩)情况,并对其进行监督。

(四)人力资源管理部门角色多重化

人力资源管理者的角色主要表现在以下三个方面:

(1)战略伙伴角色

知识和信息技术的不断发展,使人力资源管理事务性操作变得简单快捷,把人力资源管理者从繁琐的行政性事务中解放出来,从而专注于系统性、全局性的战略性事务,帮助高层管理者计划、实施组织变化。人力资源管理者越来越多地参与企业战略,组织业务活动,领导企业变革,建立竞争优势,传播职能技术并担当起员工宣传者和倡议者的角色,并对员工绩效和生产率负责等。因此,人力资源管理部门由原来的非主流的功能性部门逐渐转变为企业经营者的战略伙伴。

(2)服务者角色

在新世纪,人力资源管理者的角色由指挥型向指导型转变,管理的职能也随之发生变化。人力资源管理,向上,为企业的管理决策层提供咨询和建议等服务;向中,对于其他部门的经理,人力资源管理部门应给予培训,推广企业的人力资源管理理念和方法,使各层主管成为内行。同时,企业要把人力资源管理工作的各项指标作为直线经理绩效考评的主要内容,企业各层主管应该主动与人力资源管理部门沟通,共同实现企业目标,而不仅仅在需要招工或辞退员工时,才想到人力资源管理部门;向下,为员工提供指导、咨询服务,诸如为员工提供情感沟通的渠道、职业发展的建议和指导、人际关系问题处理的建议等。人力资源管理部门更像一个中介咨询服务机构,自上而下,围绕企业的目标提供人力资源管理方面的服务。

(3)CEO职位的主要竞争者角色

随着企业对人力资源管理的日益重视和人力资源在现实生活中的重要作用,人力资源管理者在企业中的地位不断上升。CEO职位的候选人从最初的营销人员、财务人员逐步扩展到人力资源管理人员,越来越多的高层人力资源主管会问鼎CEO职位,越来越多的人力资源主管会进入企业董事会。如在20世纪90年代,美国前200家大企业中就有96位人力资源高层主管出任CEO。

(五) 强化人才的风险管理

员工由追求终身就业岗位转向追求终身就业能力,通过流动实现增值,使人才流动具有内在动力。具体表现为:人才流动速度加快,人才流向高风险、高回报的知识创新型企业,集体跳槽与集体应聘成为人才流动的新现象;组织的全球化,必然带来人才流动的国际化。人才流动的交易成本增加,企业人才流动风险增加,公司内部文化的异质性、多元性增强,需要强化人才的风险管理。

第一,要求企业内部要有良好的人力资源环境,对人才流动进行管理。人力资源部门要强化对流动人员的离职调查,除与个人面谈外,还要对其所在的群体和组织进行调查,找出人才流动原因及所反映的组织运行上存在的问题,并提出改进措施。

第二,企业策略联盟与企业并购关注人才联盟和人才并购。也就是说,我们在并购一个企业时,更多的是关心它的管理团队,关注它的人才团队,对所要并购企业的管理团队和人才团队进行科学的分析,对其价值进行评估。

第三,全球范围内的资本、劳动力的流动,使公司内部文化的异质性、多元性日趋增强,文化、民族和群体的差异会影响人们之间的沟通,影响组织内部互动性。因此,人力资源管理需要整合不同的文化,并且从不同的文化中获取有利于组织发展的因素。

克服文化差异和文化冲突的主要途径应该是跨文化培训和深度对话。在跨文化管理中,全球观念、系统观念、多元主义是培养文化开放与宽容的思想基础。有的跨国公司采用向海外派遣高级管理人员的方式进行跨文化培训,使他们能够适应多种文化并存的国际经营环境,培养全球观念。其他的跨文化培训,如文化的敏感性训练、跨文化沟通和冲突处理、地区文化环境模拟等,正日益被人力资源管理部门所采用。

三、中国人力资源管理的发展趋势

人力资源管理已经成为我国经济与社会发展的重要领域。2011年是"十二五"规划的开局之年、新世纪第二个"十年"的首启之年,我国人力资源管理在这一时期会呈现出哪些变化,如何未雨绸缪,并从未来的发展趋势中构建自身的人力资源管理体系,对于人力资源管理工作者极具意义。中国人民大学劳动人事学院人力资源管理系主任石伟教授基于数据分析和5年来纵贯研究的结果,对未来10年我国人力资源管理做出十大趋势预测。

(一) 人力资源管理模式从单纯的战略导向向文化-战略导向迈进

中国人力资源管理模式在过去的10年中已经完成了从事务型到战略型人力资源管理的转变,即从过去那种注重各个模块的单一功能发展到注重整体功能,并将其统辖到组织战略之中。组织文化和战略一样,也是人力资源管理关乎成败的因素。更由于我国特殊的文化环境,人力资源管理模式中融入国家文化和组织文化的新要素之后,连同组织战略一道,构建了极具中国特色的人力资源管理模式。文化-战略导向的人力资源管理——这一中国人力资源管理模式的各个模块之间有机结合,体现出整体、联系和动态的特征。正是有了国家文化、组织文化的导向,中国人力资源管理从战略导向而持续深入地产生变革,进一步向文化-战略导向的模式发展,人力资源管理作为一个整体,对组织效能会产生更为深刻而广泛的影响,未来的10年仍然是人力资源管理从各个功能的分化而向整体化的10年,正是在这一意义上,将其概述从"分"到"合"。

飞速发展的信息技术对人力资源管理领域的整合也提供了技术上的可能。未来10年,e-HR的发展从现在单一功能的人力资源管理出发,将依次构建出一个广阔的电子平台。电子化人力资源管理将从被动反应式向整合式转变。例如,企业不仅会将人员招募交给门户网站,并且会将人员的育、用、留等环节依托于软件服务商、中介公司共同完成,实现资源共享。咨询公司、门户网站将发挥巨大的功能,人力资源管理外包将成为许多中小企业的选择,人力资源管理信息系统将逐渐发展成智能型的决策支持系统,大大提升管理的效率。

(二)从实践驱动走向理论驱动

人力资源管理是个舶来品,前20年中国特色的人力资源管理模式一直只是引进、尝试,理论上也是照猫画虎,或者是新概念的堆砌,人力资源管理更多是实践驱动,理论滞后现象明显,许多急用先学的公司创出的管理模式往往成为人力资源管理的风向标,看一看过去10年的词频,如关键业绩指标、价值链管理、平衡积分卡、全薪酬、执行力等流行词不难发现,指点江山的多是那些企业家或是自命不凡的咨询师。而伴随着中国研究领域的国际化进程,许多既了解前沿理论,又了解中国国情和企业的研究者的出现,人力资源管理工作会越来越规范,从业者素质越来越高,他们会越来越多地从专业文献和研究中获取前沿理论,指导实践,而不是"摸着石头过河",这正是从实践驱动到理论驱动的写照,可概述为从"后"到"先"。

(三)工作分析从注重静态写实到注重动态管理

工作分析是人力资源管理的基础,在过去的十年,职位说明书得以在中国全面推广。但是,调查表明,由于组织面对产品和技术快速变化、全球化竞争等趋势,静态的工作职责和任职资格的写实正在让位于职位扩大化、职位轮换以及职位丰富化,组织中的职位变得越来越难以定义,因此,职位弱化(de-jobbing),即扩大工作职责,鼓励员工超出职位说明书的内容而完成工作成为工作分析未来发展趋势。扁平型组织、工作团队、无边界组织、流程再造会受到更多的推崇,职位说明书将会变成一种更为灵活、实用和动态的程序文件,工作分析选用定量的方法(如胜任力模型)、严格的流程,基本职责依照职位说明书而在实际运用中强调走动管理,现场管理等从"静"到"动"的管理是大势所趋。

(四)人力资源规划从短期到中长期,从计划到战略规划

由于战略性人力资源管理在我国的应用,年度计划和战略规划通常在人力资源管理领域得到普及。而近年来一个重要的趋势是,规划的时间从短期向中长期延伸,如我国的《国家中长期人才发展规划(2010—2020)》、教育发展规划等都开始以10年为单位,这就要求人力资

源未来能着眼于更旷远、更持久的目标。并且,时间的延伸需要组织选用更为科学的预测方法,做好人员的需要和供给方面的预测,制订科学的战略规划而不是短期计划,进而采取更加符合组织要求的人员配置工作。这就是从"近"到"远"的嬗变。

(五) 人员招募从内生型向外源型过渡

在新一轮的思想解放、经济发展中,伴随着国内户籍制度的改革,人员身份管理的弱化,人员流动的加速,劳动力市场化更趋明显,组织的招募途径更加宽广,更多的人选会来自组织外部而不像以前一样,招募大部分立足于内部人选。这一趋势势必使得人员招募的科学性和程序化得以提高,各种人员素质测评、心理测量等选录方式会大量使用。并且由于进人作为人力资源管理重要的"入口",加上中介组织的发展和进步,人员招募领域会向着公开、公正,注重效用方向发展。国际化人才和产业工人的招募是这一转变的先期信号,内生型向外源型凸显的正是石伟教授所概述的从"内"向"外"。

(六) 培训与开发从人才导向过渡到全员导向

和人员招募相似,我国以往对于员工的培训和开发受制于观念和经费的限制,主要围绕在高端上展开。尽管技能型人才、农民工培训等工作取得一定成效,但是培训投入不多,培训效率低、重开发、轻培训等问题一直存在。而在未来的 10 年,随着国家不断整合培训资源,增加投入,在国家、集体和个体层面,培训和开发的力度会增加,全员培训的理念会不断深化。可以预见的是:培训与开发的对象越来越广,培训与开发的方法会更规范,实效越来越强,企业内的培训机构,高校的专门机构及各种培训和开发机构会引来一个新的发展时期,这是从"高"到"低"的必然。

(七) 绩效管理从注重结果到结果与过程并重

由于战略型人力资源管理的推进,绩效考核使得我国不同组织都注重绩效考核,关键业绩指标、平衡计分卡已成为寻常工具,注重结果,注重量化这类"硬性"指标的考核成为主流。GDP、ROI、事业单位"量化考核"等都是这一时期的写照。而在未来的 10 年,比绩效考核含义更广,更有效的绩效管理会全面展开。换言之,绩效管理更多考虑个人与组织而不仅仅是个人与岗位的匹配,绩效管理将会是既重视结果,也注重过程;既考核量化指标,也考察个体的能力、态度等"软性"行为指标;既注重考核、评估,更关注计划、反馈。在这一过程中,绩效管理的指标(如节能减排、绿色 GDP 等),考核主体、程序、方法会更加科学,考核的功能会与其他职能紧密相连而发挥整体功效,绩效管理从"硬"向"软"正发生着深刻的转变。

(八) 职业管理从纵向管理向"纵横交错"式管理发展

过去的职业管理强调的是干一行,爱一行,专一行,且不说真正关注职业管理的组织少,即使有,也是从组织需要的角度出发而对个体进行职业管理。而在 80、90 后进入职场,他们的职业价值观、工作态度和社会文化的变化使得职业管理除了组织对个体要求之外,个体对组织的诉求也日益重要。因此,组织在职业管理中除了注重晋升、降职之外,而会更多考虑个体的个性化需求，从职业生涯管理出发，对个体加以合理的使用是大势所趋。多途径、多通道的职业发展路径，分类分层管理等职业管理手段会更加丰富多样，更加精巧和个体化。高校在这一领域也扮演了主动角色。2010年12月，中国人民大学劳动人事学院在全国高校率先成立了"职业管理"系，中国人民大学规定将职业规划课程从选修而改为必修课，每个在校生三年要修满3个学分的职业管理课程，受到大学生的热捧。可见，职业管理在未来会从企业安排而发展成为集个体、企业、高校等主体共同作用的领域。职业管理从"纵"而"纵横交错"是未来的发展趋势。

（九）薪酬、福利的方式和总量将由少及多

显而易见，尽管我国在薪酬形式、薪酬体系、薪酬构成、薪酬水平及薪酬结构等方面做了许多变革，但是薪酬制度一直都是向经营、管理和技术类人才倾斜，而技能类、普通员工在组织中缺少话语权，薪酬的形式、总量一直维持在较低的水平。有学者发现我国劳动力薪酬占GDP比重逐年下降，国民收入分配不公，贫富差距加大已经是不争的事实。因此，逐步提高居民收入在国民收入分配中的比重，提高劳动报酬在初次分配中的比重成为共识。未来10年，随着国家的重视和组织投入的增加，报酬形式也会增多，报酬总额不断加大。并且，除了使用薪酬、福利作为吸引和留住人员的重要手段之外，组织在未来的薪酬制度设计上会使薪酬、福利在外部更具有竞争性，而在内部则更加公平。从形式上看，员工帮助计划，自助式福利的形式会大范围使用，薪酬设计、给付方式也会灵活多样。

（十）劳动关系从刚到柔，从冲突到双赢

2008年的《劳动合同法》的实施，使得企业劳动关系的发展步入法制化轨道。企业劳动关系的主体正在由国家主体变为企业管理者和劳动者双方主体，企业劳动关系的确立已经由行政手段变为契约手段，劳动者的权益维护有了很大改善。但这一领域一直是人力资源管理的短板。而未来10年正值农民工进城，国家产业和技术升级的关键时期，劳动力市场的供过于求使得劳资冲突仍会继续，因此，规范化、市场化、契约化和法制化是未来发展的方向。可以预见的是，除了法制化体现出的"刚性"之外，随着绿色环保、人权保障理念的深化，许多体现人本思想的"柔性"管理措施，如健康管理、个性化医疗保险等制度会得到更多的普及，劳动关系，包括劳动安全与卫生领域的总体发展趋势是从冲突到双赢，从注重发展到注重人。

（资料来源：http://www.nnrc.com.cn/pxb/ShowDetail.asp?id=4007.）

本 章 小 结

本章较为系统地介绍了人力资源的概念、特征及构成，讲解了人力资源管理的内容、职能、职责和重要性，分析了人力资源管理的基本原理，阐述了人力资源管理的历史和发展趋势，使读者对人力资源管理工作有一个理性和感性的认识。通过本章，可以对人力资源管理工作有一个宏观的认识。

第一章 人力资源管理概论

首先,阐述了人力资源的概念,即人力资源是指能够推动整个经济和社会发展的,具有智力劳动能力和体力劳动能力的人们的总和。为了深入理解人力资源的含义,论述了与人力资源相关的几个概念,即人口资源、劳动力资源、人才资源及人力资本。指出了人力资源的特征,主要包括能动性、两重性、时效性、再生性、社会性、生物性、有限性和无限性、资本积累性、个体差异性、内耗性等。另外,对构成人力资源的数量和质量进行了分析。

其次,概述地介绍了什么是人力资源管理,主要从人力资源管理的定义、内容、职能、职责四个方面回答人力资源管理是什么。

人力资源管理是指企业为了获取、开发、保持和有效利用在生产和经营过程中的人力资源,通过运用科学、系统的技术和方法所进行的各种相关的计划、组织、领导和控制活动,以实现企业既定目标的管理过程。它的主要职能为获取、保持、开发、报偿、调整五个方面,其活动领域包括主要人力资源管理的主要内容,即人力资源战略与规划、工作分析与工作设计、员工招聘与录用、员工培训与开发、员工职业生涯管理、绩效管理、薪酬管理、劳动关系管理。

人力资源管理的职责是由人力资源管理专职人员与直线经理共同完成和承担,所有的管理者及普通员工都参与日常性的人力资源管理实践。

再次,给出人力资源管理必须遵循一定的基本原理:要素有用原理、同素异构原理、系统优化原理、能级对等原理、互补增值原理、激励强化原理、信息反馈控制原理、弹性冗余原理、竞争协作原理、信息催化原理、主观能动原理、动态优势原理。

最后,描述了人力资源管理的历史和发展趋势。

从管理发展的历史来看,人力资源管理的发展历史分成四个阶段:福利人事与科学管理阶段、行为科学的人事管理阶段、人力资源管理阶段、战略性人力资源管理阶段。

在世界范围内,人力资源管理的发展趋势表现在以下几个方面:重视知识员工的管理、组织结构网络化、管理手段信息化、部门角色多重化、人力资源管理部门角色多重化、强化人才的风险管理。

中国未来十年人力资源管理发展趋势是:人力资源管理模式从单纯的战略导向而向文化-战略导向迈进;从实践驱动走向理论驱动;工作分析从注重静态写实到注重动态管理;人力资源规划从短期到中长期,从计划到战略规划;人员招募从内生型向外源型过渡;培训与开发从人才导向过渡到全员导向;绩效管理从注重结果到结果与过程并重;职业管理从纵向管理向"纵横交错"式管理发展;薪酬、福利的方式和总量将由少及多;劳动关系从刚到柔,从冲突到双赢。

引例分析

在章首引导案例中谈到,日本是一个人口密集的岛国,自然资源贫瘠,二战后经过几十年的超速发展,到20世纪80年代,其经济发展超过前苏联,成为世界上第二经济大国,主要原因是日本对人力资源的重视和开发。

日本企业人力资源管理模式最大的特点是"工会制+终身雇佣制+年功序列制"。日本国企中的工会是以企业为单位,不是跨企业或跨行业的组织。企业工会的负责人有不少是企业的管理人员。企业工会在代表员工意志的同时,对企业并不采取敌对的态度。根据日本企业自己的说法,这样的好处有利于企业管理人员与员工的了解和沟通,有利于解决劳资之间的矛盾和分歧。企业和员工形成一个紧密的利益和命运共同体,在企业内部建立一种和谐的劳资关系,有利于促进企业的发展。

日本的终身雇佣制也不是铁饭碗,员工如果严重违反公司规定或法律,也可以被解聘。但对一般能力弱、不太适应本岗位工作的人员,主要是在本企业内调换工作,或经过培训提高业务能力。企业员工一般很少有跳槽的想法,一是因为日本文化就有忠君的思想,忠于天皇,忠于企业;二是在机制上,调动工作也会受到歧视,中途更换工作者,工资平均要损失一半左右,到退休时,其退休收入要比同等情况下没变动工作的员工少三分之一,况且,日本实行年功序列制,主要涉及薪酬和职务晋升两项关键内容。在员工的职业生涯中,职务晋升和调资均与连续工作年限有关,调动工作其薪酬往往要从较低的职位重新算起。年功序列制不仅有利于稳定高层管理人员,对一般员工也是如此。

对企业而言,为了提高生产效率,对员工要不时的进行业务培训、工作调动,更换新的工作,必然要给企业造成一些损失。从外面招聘新的员工也要进行培训,才能上岗工作,这对企业来讲要花出较多的代价,因此,企业一般情况下也不希望员工流动。日本的这种管理模式与中国的"以人为本"、构建"和谐社会"和"和谐企业"的思想是一致的。

十一届三中全会以来,我国为了发展国民经济,增强综合国力,积极主张以人为本、建立和谐社会、和谐企业,调动人员积极性,挖掘人力资本潜能,创造更大价值。经过改革开放三十几年的快速发展,中国经济世界排名由1980年的世界第七位跃居到2009年的世界第三位,中国的综合国力大大增强,在2009年世界金融风暴中,世界经济倒滑,中国经济在若干方面引领世界经济向前发展,2010年中国第二季度GDP总量超过日本,跃居世界第二位,这与中国"以人为本",重视人力资源是密不可分。遗憾的是,现在有些单位或企业依然是传统的人事管理的理念,把人看成是工具人,需要时把你招来,不需要时通过各种理由把你辞掉,这样,不仅伤了辞聘员工的心,即使留在岗位上工作的人也提心吊胆,担心自己的未来,何谈积极性?怎能有高的工作效率?怎能有利于创新?

随着知识经济时代的到来,人的因素越来越成为组织实现自己战略目标的关键因素,不论是什么类型的组织,也不管组织的规模是大还是小,组织中的人都决定着组织的发展未来。因此,人力资源管理势必取代传统的人事管理,在知识经济时代的企业管理中发挥着不可替代的作用。

【案例演练】

得州仪器公司的成功秘诀

美国得州仪器公司是一家全球化的半导体制造商,公司在数字信号处理设备的设计、生产

第一章 人力资源管理概论

方面具有世界领先地位。公司的经营目标是：实行以价值增长、财务稳定性为核心的战略，努力成为位居全球第一的电子公司。得州仪器公司一直把人力资源看成是企业的一项巨大资产，因此，被公认为是资源管理领域的"带头人"。人力资源副总裁帮助公司认识到：对员工技术能力的开发是确保企业长期战略成功的关键，同时，公司的各项经营活动都要接受三个维度的评价：经营成功与否，财务是否改善，人是否适应。

公司的三大主导目标之一就是加强员工开发。为确保人力资源能在企业战略中做出贡献，公司采取了一系列措施，如，提前进行员工开发；共同制定个人开发计划；鼓励员工主动参加某些课程的学习；鼓励员工在公司内部进行流动等。员工开发计划不仅提高了员工对公司的满意度，而且为公司发展储备了管理人才。除此之外，公司十分重视通过招募来吸引适合公司需要的新员工。为此，公司花费了大量的资源，在国际互联网上创建了一个专门的招募网页，以便吸引顶尖人才。

为了确保公司具有一支多元化的员工队伍，公司对人力资源管理中的多元化问题和道德伦理问题进行了研究。为此，公司建立了一个多元化的网络，并制定了相应的监督计划：鼓励决策的道德化，并保持与公司价值观的一致性。在与员工的信息沟通上，人力资源部门也积极帮助员工理解公司对伦理道德的要求。

（资料来源：王惠中.企业人力资源管理[M].上海：上海财经大学出版社，2004.）

思考题：
1. 得州仪器公司获得竞争优势的原因是什么？
2. 得州仪器公司的人力资源管理活动有什么特点？起到了什么作用？
3. 你认为得州仪器公司的人力资源管理活动有哪些可供其他企业借鉴之处？

练 习 题

一、单项选择题

1. 人力资源区别于其他资源的最本质特征是(　　)。
   A. 社会性　　　　B. 能动性　　　　C. 时效性　　　　D. 再生性
2. (　　)是人力资源得以形成的直接基础。
   A. 人口资源　　　B. 劳动力资源　　C. 人才资源　　　D. 人力资本
3. 人力资源是指能够推动整个经济和社会发展的，具有(　　)的人们的总和。
   A. 智力和心力　　　　　　　　　　B. 智力和能力
   C. 智力和经验　　　　　　　　　　D. 智力劳动能力和体力劳动能力
4. 影响人力资源质量的一种最重要、最直接的因素是(　　)，它能使人力资源的智力水平和专业技能水平都得到提高。
   A. 遗传和其他先天因素　　　　　　B. 营养因素
   C. 教育因素　　　　　　　　　　　D. 环境因素

5. 人力资源的两重性特征是指( )。
   A. 生产性和社会性   B. 生物性和能动性
   C. 生产性和消费性   D. 时效性和有限性
6. 人力资源管理中的( )告诉我们,具有不同能力的人,应摆在组织内部不同的职位上,给予不同的权力和责任,实行能力与职位的对应和适应。
   A. 要素有用原理   B. 能级对等原理
   C. 互补增值原理   D. 系统优化原理
7. 下面( )没有体现人力资源管理部门的服务者角色。
   A. 为企业的管理决策层提供咨询和建议
   B. 对于其他部门的经理给予培训
   C. 为员工提供指导、咨询
   D. 设计薪酬方案
8. 与技术、信息等资源的管理相比,人力资源管理具有( )的特点。
   A. 难于管理   B. 不易模仿   C. 易于管理   D. 动态性
9. 人事外包就是将人力资源管理中( )的工作全部或部分委托专业公司管(办)理,但被托管人员仍隶属于委托企业。
   A. 非核心部分   B. 核心部分   C. 日常性   D. 有难度
10. ( )职能是其他职能的先决条件。
    A. 获取   B. 开发   C. 保持   D. 报偿   E. 调整

二、多项选择题
1. 人力资源与其他资源不同,它主要具有( )特征。
   A. 社会性   B. 能动性   C. 时效性   D. 稀缺性   E. 可测量性
2. 企业中承担人力资源管理职责的人员包括( )。
   A. 高层管理者   B. 人力资源管理专职人员
   C. 直线经理   D. 普通员工
3. 现实的人力资源数量是由( )构成的。
   A. 老年就业人口   B. 未成年就业人口
   C. 适龄就业人口   D. 失业人口
4. 人力资源管理的主要职能为( )。
   A. 获取   B. 保持   C. 开发   D. 培训   E. 报偿
5. 从管理发展的历史来看,人力资源管理的发展历史分成( )。
   A. 福利人事与科学管理阶段   B. 行为科学的人事管理阶段
   C. 档案管理阶段   D. 战略性人力资源管理阶段
   E. 人力资源管理阶段

三、判断题

1. 自然界中存在着各种资源,而人力资源是唯一的能动性资源。（　　）
2. 人力资源存在于人力资本中。（　　）
3. 人力资源管理是在人事管理的基础上演变而来的,二者没有本质的区别。（　　）
4. 在劳动年龄范围内,无论由于什么原因没有就业的人口都是潜在的人力资源。（　　）
5. 人力资源管理与技术、信息等资源的管理一样,都具有易被模仿性的特点。（　　）

四、简答题

1. 什么是人力资源管理？人力资源管理与传统的人事管理有哪些区别？
2. 简述人力资源管理专职人员与直线经理的管理工作的区别。
3. 简述人力资源与人力资源本的区别与联系。
4. 简述人力资源与人口资源、劳动力资源、人才资源的关系。
5. 人力资源管理的主要职能有哪些？

五、论述题

1. "没有无用之人,只有没用好之人。"这句话对我们用人工作有何启示？这个道理符合人力资源管理的哪个基本原理？
2. 试述未来十年我国的人力资源管理表现出怎样的发展趋势。

第二章
Chapter 2

人力资源战略与规划

【引导案例】

中美集团是我国最大的民营医疗企业之一,是一家集医疗、科研、制药生物工程技术和中医中药研究开发为一体的大型医疗企业。

集团的高速发展,使员工队伍不断壮大,拥有一批比较优秀的经营管理和技术人才。但是,在经历了一段高速增长后,中美集团出现了企业成长期常见的人力资源约束,突出表现为集团内部中高层管理人才的短缺问题。仅在2003年,中美集团就采用收购、托管、自建等方式经营了多家中美医院,规模迅速扩大。这些医院要采用市场化运作模式实施管理,无法再依靠初创期一主多辅的家长式领导来实现,必须依靠善于管理的专家型团队进行科学决策,同时需要变跟随型管理团队为知识型管理团队,从而提高中间管理层的执行能力,因此对既懂管理又有医学背景的管理人才的需求量激增。

与此同时,与集团的飞速发展相比,内部的管理水平却相对滞后。初创期的人力资源投入相对不足,使得人力资源管理机制尚未健全,出现了一系列与集团的发展阶段和经营战略要求不相匹配的状况,在一定程度上制约了集团的可持续发展。

(资料来源:夏光.人力资源管理:案例·习题集[M].北京:机械工业出版社,2006.)

上述"引导案例"给出了中美集团的现状和需要解决的问题。制定一个什么样的人力资源战略才能符合中美集团在当下的发展战略要求,有利于企业的发展?解决这些问题所涉及的理论知识和技能正是本章要讲述的内容。

【本章主要内容】

① 人力资源战略的概念;
② 人力资源战略的制定和实施过程;
③ 人力资源规划的含义;

④人力资源规划的基本过程；
⑤人力资源预测的方法；
⑥人力资源规划执行的内容。

第一节 人力资源战略概述

企业成功的关键在于人，随着人本管理思想的不断完善和在理论实践上的不断成熟，在现代企业管理中，逐步确立具有时代特色和发展战略的管理理念十分重要。通过解决人的问题，来调动和发挥劳动积极性、创造性，焕发出巨大的热量和智慧，为企业的振兴和发展增添活力。由此看来，人力资源战略对组织的长远发展至关重要。

一、战略

战略（strategy）一词最早是军事方面的概念，战略的特征是发现智谋的纲领。在西方，"strategy"源于希腊语"strategos"，意为军事将领、地方行政长官。后来演变成军事术语，指军事将领指挥军队作战的谋略。在中国，战略一词历史久远，"战"指战争，略指"谋略"。春秋时期孙武的《孙子兵法》被认为是中国最早对战略进行全局筹划的著作。在现代，"战略"一词被引申至政治和经济等领域，其含义演变为泛指统领性的、全局性的、左右胜败的谋略、方案和对策，这正是本书要研究的战略含义。

近代，战略在世界各国先后发展成为军事科学的重要研究领域。现代战略涉及的范围日趋扩大，西方国家陆续提出了"大战略"、"国家战略"、"全球战略"等概念。"战略"一词现已被各个领域所借用，诸如政治战略、经济发展战略、企业战略、军事战略、外交战略、人口发展战略、资源战略等。

二、企业战略

企业战略是指企业为了适应未来环境的变化，寻求长期生存和稳定发展而制定的总体性和长远性的谋划与方略。也就是说，企业战略是企业根据环境的变化，本身的资源和实力选择适合的经营领域和产品，形成自己的核心竞争力，并通过差异化在竞争中取胜。随着世界经济全球化一体化进程的加快和随之而来的国际竞争的加剧，对企业战略的要求愈来愈高。

企业战略是对企业各种战略的统称，其中既包括竞争战略，也包括市场营销战略、品牌战略、融资战略、人力资源战略、企业技术战略、资源战略（除人力资源之外的资源）等等。

三、人力资源战略

（一）人力资源战略的概念及目标

戴尔（Dyer,1984）提出了一个决策性（Decisional）的人力资源战略概念，他把组织的人力资源战略定义为"从一系列人力资源管理决策中出现的模式(Pattern)"。

戴尔和霍德(Hoder,1988)提出了一个更为综合的人力资源战略概念,认为人力资源战略被看做人力资源目标和追求战略目标的综合。

罗纳德·舒勒(Schuler,1992)认为,人力资源战略是阐明和解决涉及人力资源管理的基本战略问题的计划和方案。

库克(Cooker,1992)认为,人力资源战略是指员工发展决策以及处理对员工有重要的、长期影响的决策,是根据企业战略制定的人力资源管理与开发的纲领性的长远规划,并通过人力资源管理活动来实现企业战略目标。它是组织所采用的一个计划和方法,科学使用人力资源,帮助企业获取和维持其竞争优势,并通过员工的有效活动来实现组织的目标。

沃尔里奇(Ulrich,1997)认为,人力资源战略是企业高层管理团队建立的一种策略、组织和行动方案,试图改造人力资源功能。

本书认为,人力资源战略是指企业根据对内部和外部环境的分析制定企业目标,从而制定出企业的人力资源管理目标,并通过各种人力资源管理职能活动来实现企业目标和人力资源管理目标的过程。

人力资源战略的重点是放在人力资源体系上,而不是人力资源的职能上,因此,如果不对组织的内外政策和环境以及法律的影响统筹考虑,就不可能全面彻底地理解人力资源战略的性质。具体来说,人力资源战略是科学地分析预测组织在未来环境变化中人力资源的供给与需求状况,制定必要的人力资源获取、利用、保持和开发策略,确保组织在需要的时间和需要的岗位上,对人力资源在数量上和质量上的需求,使组织和个人获得不断的发展与利益,是企业发展战略的重要组成部分。

人力资源战略是为实现企业总体战略服务的,因此,必须以企业总体战略的要求,来确定人力资源战略的目标。这些目标包括:①根据企业中长期发展的要求,保证其对人力资源总量的需要;②优化人力资源结构,形成合理的人才结构,满足企业各层次、各专业对人才的需要;③提高每个劳动者的素质,使之与其岗位工作的要求相适应,提高职工队伍的整体素质,发挥人力资源的整体效能;④努力把人力转化为人才,促进每个劳动者都能成才,发挥他们的积极性、进取性和创造性,为企业发展和进步做出应有的贡献。

(二)人力资源战略的分类

有关人力资源战略的分类,不同的学者对其有不同的见解,下面介绍几种经典的分类:

1. 根据美国人力资源专家舒勒(1989)的研究,人力资源战略可分为:累积型战略、效用型战略和协助型战略

(1)累积型战略

累积型战略即用长远观点来看待人力资源管理,注重人才的培训,通过甄选来获取合适的人才。以终身雇佣为原则,以公平原则来对待员工,员工晋升速度慢,薪酬以职务及年资为标准,高层管理者与新员工工资差距不大。

(2) 效用型战略

效用型战略即用短期的观点来看待人力资源管理,较少提供培训。企业职位一有空缺随时进行填补,非终生雇佣制,员工晋升速度快,采用以个人为基础的薪酬。

(3) 协助型战略

协助型战略即界于积累型和效用型之间,个人不仅需要具备技术性的能力,同时在同事间要有良好的人际关系。在培训方面员工个人负有学习的责任,公司只是提供协助。

2. 根据美国康奈尔大学的研究,人力资源战略可分为:诱引战略、投资战略和参与战略

(1) 诱引战略

诱引战略即主要是通过丰厚的薪酬去诱引和培养人才,从而成为一支稳定的高素质的员工队伍的战略。在这种战略下,企业与员工的关系主要是金钱关系,工作报酬主要取决于员工努力程度,管理上则采取以单纯利益交换为基础的严密的科学管理模式,企业强调员工对目标的承诺,员工往往被要求做繁重的工作,流动率较高。处于激烈竞争环境下的企业常常采取此战略。

(2) 投资战略

投资战略即主要是通过聘用数量较多的员工,形成一个备用人才库,用以提高企业的灵活性,并储备多种技能的专业人才的战略,如孟尝君之"食客三千"。这种战略注重对员工的支持、培训和开发,视员工为企业最好的投资对象,并力争在企业中营造和谐的企业文化和良好的劳资关系,企业与员工除雇佣关系外,还注重培养员工的归属感,使员工感到有较高的工作保障,进而达到员工的流动率较低。

(3) 参与战略

参与战略即是企业谋求员工有较大的参与决策的机会和权利,使员工在工作中有自主权,管理人员提供相应的必要的咨询和帮助的战略。采取参与战略的企业大都有扁平和分权的组织结构,能够在对竞争者和生产需求做出决策反应的同时,有效地降低成本。

3. 根据史戴斯和顿菲(Stace & Dunphy,1994)的研究,人力资源战略可分为:家长式战略、发展式战略、任务式战略和转型式战略

(1) 家长式战略

家长式战略其主要运用于避免变革、寻求稳定的企业,它的主要特点是:集中控制人事的管理;强调程序、先例和一致性;进行组织和方法研究;硬性的内部任免制度;强调操作和督导;人力资源管理的基础是奖惩和协议。

(2) 发展式战略

发展式战略即当企业处于一个不断发展和变化的经营环境时,为适应环境的变化和发展,企业采用渐进式变革和发展式人力资源战略,其主要特点是:注重发展个人和团队;尽量从内部招募;大规模的发展和培训计划;运用"内在激励"多于"外在激励";优先考虑企业的总体发展;强调企业的整体文化;重视绩效管理。

(3)任务式战略

任务式战略即企业依赖于有效的管理制度的战略,其主要特点是:非常注重业绩和绩效管理;强调人力资源规划、工作再设计和工作常规检查;注重物质奖励;同时进行企业内部和外部的招聘;开展正规的技能训练;进行针对性的人力资源开发。

(4)转型式战略

转型式战略即与彻底变革相配合的战略,其主要特点是:企业组织结构进行重大变革,职务进行全面调整;进行裁员,调整员工队伍的结构,缩减开支;从外部招聘骨干人员;对管理人员进行团队训练,建立新的"理念"和"文化";打破传统习惯,摒弃旧的组织文化;建立适应经营环境的新的人力资源系统和机制。

四、企业战略与人力资源战略

人力资源战略是根据组织战略来制定的,并支持组织战略的实现,是企业战略的重要组成部分。人力资源战略和组织战略之间的相互配合是实现企业目标、提高企业竞争力的关键所在。

(一)企业战略决定人力资源战略

企业的战略分为总体战略、事业层战略和职能层战略。人力资源战略作为企业的职能战略,是在企业战略基础上形成的,企业的战略经营目标和企业文化是建立人力资源战略的依据,是企业人力资源战略实施的前提和环境。人力资源战略的制定和实施必须与企业的愿景、使命和价值观保持高度一致才能促进企业战略目标的实现。企业通过构建核心能力来实现企业的战略目标,而企业核心能力构建需要人力资源战略的支撑;企业的核心人才队伍是企业核心能力形成的载体。企业人力资源战略制定的关键是根据企业的核心能力建设的需要,结合企业的核心价值观,打造一支支撑企业战略目标实现的人才队伍,建立科学的人才培养开发管理机制,保证人力资源效能最大化。

(二)人力资源战略影响企业战略

通过发挥人力资源战略对企业战略的支撑作用,促进企业战略的实现。人力资源战略必须与企业战略相一致,同时人力资源战略的实施推动企业战略的实现,因为人力资源战略的实施可以充分发挥人力资源的价值,发挥人的主观能动性,不断增强企业的竞争力和竞争优势,推动组织战略的实现,使企业健康持续快速发展。

(三)人力资源战略在企业战略管理中的作用

1. 人力资源战略是企业战略的核心

目前的企业竞争中,人才是企业的核心资源,人力资源战略处于企业战略的核心地位。企业的发展取决于企业战略决策的制定,企业的战略决策基于企业的发展目标和行动方案的制订,而最终起决定作用的还是企业对高素质人才的拥有量。有效地利用与企业发展战略相适应的管理和专业技术人才,最大限度地发掘他们的才能,可以推动企业战略的实施,促进企业的飞跃发展。

2. 人力资源战略可提高企业的绩效

企业绩效的实现是通过向顾客有效地提供企业的产品和服务体现出来的。而人力资源战略的重要目标之一就是实施对提高企业绩效有益的活动,并通过这些活动来发挥其对企业成功所做出的贡献。过去,人力资源管理以活动为宗旨,主要考虑做什么,而不考虑成本和人力的需求;现在,经济发展正在从资源型经济向知识型经济过渡,企业人力资源管理也就必须实行战略性的转化。人力资源管理者必须把他们活动所产生的结果作为企业的成果,特别是作为人力资源投资的回报,使企业获得更多的利润。员工的工作绩效是企业效益的基本保障。员工的工作绩效主要取决于员工的工作能力和组织对员工的激励两大因素,而培养员工的工作能力和激励员工的工作积极性正是人力资源战略的重要内容。

3. 有利于企业扩展人力资本形成持续的竞争优势

随着企业间竞争的日益白热化和国际经济的全球一体化,很难有哪个企业可以拥有持续的竞争优势。往往是企业创造出某种竞争优势后,经过不长的时间被竞争对手所模仿,从而失去优势。而优秀的人力资源所形成的竞争优势很难被其他企业所模仿。所以,正确的人力资源战略对企业保持持续的竞争优势具有重要意义。人力资源战略的目标就是不断增加企业的人力资本总和。扩展人力资本,利用企业内部所有员工的才能,吸引外部的优秀人才,是企业战略的一部分。人力资源工作就是要保证各个工作岗位所需人员的供给,保证这些人员具有其岗位所需的技能,即通过培训和开发来缩短及消除企业各职位所要求的技能和员工所具有的能力之间的差距。当然,还可以设计与企业的战略目标相一致的薪酬系统、福利计划、提供更多的培训、为员工设计职业生涯计划等来增强企业人力资本的竞争力,达到扩展人力资本、形成持续的竞争优势的目的。

4. 对企业管理工作具有指导作用

人力资源战略可以帮助企业根据市场环境变化与人力资源管理自身的发展,建立适合本企业特点的人力资源管理方法。如根据市场变化确定人力资源的长远供需计划;根据员工期望,建立与企业实际相适应的激励制度;用更科学、先进、合理的方法降低人力成本;根据科学技术的发展趋势,有针对性地对员工进行培训与开发,提高员工的适应能力,以适应未来科学技术发展的要求等等。一个适合企业自身发展的人力资源战略可以提升企业人力资源管理水平,提高人力资源质量;可以指导企业的人才建设和人力资源配置,从而使人才效益最大化。将人力资源由社会性资源转变成企业性资源,最终转化为企业的现实劳动力。

总之,人力资源战略在企业竞争中起决定性的作用,科学的人力资源战略指引组织打造支撑企业战略实现的核心人才队伍,而只有与企业的竞争战略相适应的人力资源战略才能起到增强企业竞争力的作用。

第二节 人力资源战略的制定与实施

人力资源战略是企业战略的核心,人力资源是企业的核心资源,企业战略实施最终取决于其所拥有的高素质的核心人才队伍。制定和实施科学的人力资源战略是企业打造核心人才队伍,推动企业战略实施,促进企业的飞跃发展的重要途径。因此,人力资源战略的制定与实施过程的有效性,直接影响着企业战略的实施的成败。

一、人力资源战略的制定与实施过程

人力资源战略的制定和企业战略制定的程序一样,包括内外部环境分析、人力资源战略的制定、人力资源战略实施、人力资源战略评估与控制等四个步骤。

(一)内外部环境分析

人力资源战略环境分析包括外部环境分析和内部环境条件分析。外部环境分析主要包括:组织所处地域的经济形势及发展趋势;组织所处行业的演变、生命周期、现状及发展趋势;组织在行业所处的地位、所占的市场份额;竞争对手的现状及增长趋势,竞争对手的人力资源状况,竞争对手的人力资源政策;预计可能出现的新竞争对手。组织外部的劳动力市场状况,政府的人力资源政策、法规对组织人力资源战略的影响等。外部环境的分析通常采取 PEST 分析法进行分析。

内部环境分析主要包括:企业内部的资源、企业所处的生命周期、发展阶段、企业总体发展战略、企业的组织文化,以及企业员工的现状和他们对企业的期望。

(二)人力资源战略的制定

在分析了人力资源战略环境之后,进入人力资源战略的制定阶段。人力资源战略首先要确定人力资源的价值体系,即如何看待人和人的价值的基本理念和基本准则,在这个总的价值体系下确立人力资源战略的总体目标,为与人相关的经营问题和人力资源问题建立行为规范和指南,包括人力资源的基本政策,人力资源总体数量上的平衡,人力资源开发与管理的基本目标等;为了保证人力资源总体战略目标的实现,还需要制定相应的战略实施的保障措施,即人力资源战略实施所需要的政策、人、财、物等各方面的支持和保障;同时,作为企业战略子战略之一的人力资源战略无疑需要配合其他子战略的实施,并需要子战略的配合。因此,人力资源战略的制定必须考虑与其他各个子战略之间的战略平衡。

(三)人力资源战略的实施

人力资源战略的实施是将战略变成可执行的行动方案的转变过程,在转化过程中要制定具体的战略目标、战略实施计划、实施保障计划以及资源的合理平衡、人力资源规划等,使人力资源战略可操作化,把战略变成具体的人力资源管理业务活动。同时要使战略制度化,通过制

度来保证战略的实施,使战略切实落到实处。

战略的实施是人力资源开发与管理的一项重要工作,必须要有保证措施,根据战略实施计划,对照战略目标,组织资源,按计划实施。同时在实施中必须协调好组织与个人间的利益关系。要充分利用组织内部资源与技术资源,推进战略的顺利实施。

(四)人力资源战略的评估与控制

人力资源战略在实施过程中,根据企业战略的变化,人力资源战略环境的变化,必须进行适时的调整,同时要监控战略实施过程中的偏差,及时对其调整,同时要对企业的文化进行调整,以适应战略的实施。战略评估是在战略实施过程中寻找战略与现实的差异,发现战略的不足之处,及时调整战略,使之更符合于组织战略与实际的过程。评估一个人力资源战略需要从两个方面着手:评价人力资源政策与企业战略和目标的协调一致性;判断这些一致性的政策最终对企业的贡献程度。只要不断的调整和评估才能确保战略的有效实施。

二、人力资源战略制定方法

人力资源战略的制定采取SWOT分析法,分别对企业的外部人力资源环境存在的机会和威胁、企业内部人力资源管理的优势和劣势进行分析。

首先用PEST分析方法对企业外部人力资源环境进行分析,环境中存在哪些机会可以被人力资源管理的各个环节(招聘管理、薪酬管理、劳动关系管理)利用,环境中存在哪些威胁应该予以避免,然后是企业内部人力资源管理能力和资源现状的分析,以回答公司目前的人力资源管理有哪些优势和劣势。

通过对环境中的机会与威胁的分析和企业内部优势与劣势的分析,通过SWOT矩阵,把企业面临的外部环境机会和威胁与企业内部的优势和劣势相匹配,得到四类可能的战略选择。结合人力资源管理中人才的"选、用、育、留"来选择人力资源战略。

SO战略:利用企业内部优势,抓住外部环境中的有利机会,"利用战略";

WO战略:利用外部环境机会,弥补和改善企业内部的劣势,"改进战略";

ST战略:利用企业内部优势、躲避外部环境中可能的威胁,"监视战略";

WT战略:主要是使劣势最小化以躲避外部环境中的威胁,"消除战略"。

各种人力资源战略与人力资源管理活动的整合。根据环境分析所确定的人力资源战略,确定人力资源管理活动(人才获取、培训开发、考核评价、薪酬激励)的策略,将人力资源战略变成可执行的人力资源策略,指导人力资源活动的开展。

三、人力资源战略的选择

根据不同的企业战略,组织会选择不同的人力资源战略与之对应,下面介绍几个经典的企业战略与人力资源战略的匹配关系。

（一）与波特的竞争相适应的人力资源战略

匹配对应关系如表 2.1 所示。

表 2.1　与波特的竞争战略相匹配的三种人力资源战略

企业战略	一般组织特点	人力资源战略
成本领先战略	持续的资本投资 严密的监督员工 严格的成本控制，经常、详细的控制报告 低成本的配置系统 结构化的组织和责任 产品设计以制造上的便利为原则	有效率的生产 明确的工作说明书 详细的工作规划 强调具有技术上的资格证明与技能 强调与工作有关的特定培训 强调以工作为基础的薪酬 使用绩效的评估当做控制的机制
差异化战略	营销能力强 产品的策划与设计 基础研究能力强 公司以质量或科技领先著称 公司的环境可吸引高技能的员工、高素质的科研人员或具有创造力的人	强调创新和弹性 工作类别广 松散的工作规划 外部招募 团队基础的培训 强调以个人为基础的薪酬 使用绩效评估作为发展的工具
聚焦战略	结合了成本领先战略和差异化战略组织特点	结合了上述人力资源战略

（二）与迈尔斯和斯诺的企业战略相匹配的人力资源战略

匹配对应关系如表 2.2 所示。

表 2.2　企业战略、组织要求和人力资源战略

企业战略	组织要求	人力资源战略
防御者战略： 产品市场狭窄 效率导向	持续内部稳定性 有限的环境分析 集中化的控制系统 标准化的运作程序	累积者战略： 基于建立最大化员工投入及技能的培养 获取员工的最大潜能 开发员工的能力、技能和知识 关注内部公平
探索者战略： 持续地寻求新市场 外部导向 产品/市场创新者	不断地陈述改变 广泛的环境分析 分权的控制系统 组织结构的正式化程度低 资源配置快速	效用者战略： 基于极少的员工承诺和高技能的利用 雇佣具有目前所需要的技能且可以马上使用的员工 使员工的能力、技能与知识能够配合特定的工作 关注外部公平

续表 2.2

企业战略	组织要求	人力资源战略
分析者战略： 追求新市场 维持目前的市场	弹性 严密和全盘的规划 提供低成本的独特产品	协助者战略： 基于新知识和新技能的创造 聘用自我动机的员工，鼓励和支持能力、技能和知识的自我开发 在正确的人员配置及弹性结构化团体之间作协调 关注内部和外部公平

（三）与奎因的企业经营战略和企业文化相匹配的人力资源战略

匹配对应关系如表 2.3 所示。

表 2.3　与企业经营战略和文化相匹配的人力资源战略

基本经营战略	企业文化	人力资源战略
低成本、低价格经营战略	官僚式企业文化	诱引式人力资源战略
独创性产品经营战略	发展式企业文化	投资式人力资源战略
高品质产品经营战略	家族式企业文化	参与式人力资源战略

第三节　人力资源规划的过程和方法

人力资源是现代企业的核心性资源，任何组织在发展过程中都必须要有与其目标相适应的人力资源配置。由于不断变化的内外环境对组织人力资源配置的影响，组织必须对人力资源的供给和需求进行预测和规划，从而实现组织发展与人力资源的动态匹配，最终实现组织的持续性发展。本节着重阐述组织为实现战略目标应该如何进行人力资源规划，重点介绍人力资源规划的过程和方法。人力资源规划是组织发展战略的重要组成部分，也是组织开展各项人力资源管理工作的依据，发挥着统一和协调各项人力资源管理职能的作用。

一、人力资源规划的定义

人力资源规划（HRP）又称人力资源计划，是为了实现企业的战略目标，根据企业目前的人力资源状况，为了满足未来一段时间企业的人力资源质量和数量的需要，在引进、保持、利用、开发、流出人力资源等方面工作的预测和相关事宜。

在定义中可以看出以下几个要点：

①人力资源规划的最终目的是达到企业战略目标的实现，也就是说，人力资源规划必须在

企业发展战略和经营规划的基础上进行,人力资源管理只是企业经营管理系统的一个子系统,是要为企业经营发展提供人力资源支持的,因而人资源规划必须以企业战略为导向进行。

②人力资源规划对人力资源供需的预测,是从数量和质量两个方面来进行的,企业对人力资源的需求,既包括数量上的需求,也要达到质量上的要求。换句话说,企业对人力资源的供给和需求,不仅要在数量上平衡,还要在人员结构上匹配恰当,这就对人员的质量提出了要求,这也是我们在企业中经常忽略的方面。

③人力资源规划对人力资源的预测活动包括引进、保持、利用、开发和流出等工作,只有进行科学的预测,才能在这些工作上达到预想的结果。

人力资源规划具有很强的必要性。随着企业规模的扩大,人员的增多和经营环境日趋复杂多变,人力资源开发与管理受到越来越多企业内部和外部因素的影响。为降低未来的不确定性,更好地帮助企业应付未来的变化,解决和处理复杂的问题,人力资源管理应首先进行人力资源规划这项工作,这是人力资源管理的基础。有效的人力资源管理规划是通过对企业在不同时期、不同内外环境、不同企业战略目标下人力资源供求的预测,来确保企业对人力资源需求的满足,以保障企业战略目标的实现。换句话说,人力资源规划通过对企业内外人力资源供给和需求的预测,为企业生存、成长、发展、竞争及对环境的适应和灵活反应提供人力支援和保障。

二、人力资源规划的作用

(一)保证企业战略目标的完成

在市场竞争激烈的环境中,企业只有不断地开发新产品、引进新技术,才能确保在竞争中立于不败之地。而不同的企业、不同的生产技术条件,对人力资源的数量、质量和结构等方面的要求是不一样的。人力资源计划是实现企业战略的基础计划之一。企业为实现其战略目标,会制定各个部门各个方面的业务计划,比如,生产计划、财务计划等等,人力资源规划和企业其他方面的计划共同构成企业目标体系;可以说,制定人力资源规划的最终目的就是确保企业实现经营战略,经营战略一旦确定后,下一步就是要有人去执行和完成,人力资源规划的首要目的就是有系统、有组织地规划人员的数量与结构,并通过职位设计、人员补充、教育培训和人员配置等方案,保证选派最佳人选完成预定目标。

(二)能更好地适应环境的变化

现代企业处于多变的环境之中,一方面内部环境发生变化,如管理哲学的变化、新技术的开发和利用、生产与营销方式的改变等都将对组织人员的机构与数量等提出新的要求;另一方面外部环境的变化,如人口规模的变化、教育程度的提高、社会及经济的发展、法律法规的颁布等也直接影响到组织对人员的需求,影响到员工的工作动机、工作热情及作业方式。人力资源规划的作用是让企业能更好地把握未来不确定的经营环境,及时调整人力资源的构成,以适应内外环境的变化,保持竞争优势。

(三)促进企业人力资源管理的开展

在企业的人力资源管理活动中,很多工作都是通过人力规划实现的,例如确定各种岗位的人员需求量、人员如何配置等工作都离不开人力规划。人员规划是企业具体的人力资源管理工作的依据,它为企业组织的招聘、录用、培训、晋升、人员调整以及人力成本的控制等人力资源管理活动提供准确的信息和依据,使企业人力资源管理工作更加有序、科学、准确、客观。

(四)人力资源规划是人力资源管理的各项计划的纽带

人力资源规划作为企业的战略性决策,是企业制定各种人事决策的依据和基础。企业通过人员规划,可以将人员招聘计划、员工培训与开发计划、薪酬福利计划和激励计划等有机地联系在一起,使得各项计划得到有力的实施。

(五)提高人力资源的使用效率

人力资源规划可以控制企业的人员结构,从而避免企业发展过程中因人力资源浪费而造成的人工成本过高,也可以保证企业利用结构科学合理的、稳定的员工队伍实现企业的生产经营目标。主要体现为:第一,它能帮助管理人员预测人力资源的短缺和冗余,对企业需要的人才作适当的储备,对企业紧缺的人力资源发出引进与培训的预警,以纠正人员供需的不平衡状态,减少人力资源的浪费或弥补人力资源的不足;第二,有效的人力资源规划,使管理层和员工明确人力资源开发与管理的目标,充分发挥员工的知识、能力和技术,为每个员工提供公平竞争的机会;第三,它也有助于客观地评价员工的业绩,极大地提高劳动积极性;第四,通过人力资源规划,可以更好地向员工提供适合个人发展的职业生涯发展规划,提高员工生活(工作)质量,开发员工潜能,最终提高组织对人的使用效率。总之,有效的人力资源规划能使企业保持合理的人员结构、年龄结构和工资结构,不会有断层的压力和冗员的负担。

三、人力资源规划的基本过程

企业的人力资源规划包括制定人力资源战略、企业内外环境分析、人力资源预测、制定人力资源规划、实施人力资源规划、评估人力资源规划的效果等六个步骤,缺一不可,各个过程紧密相连,如图2.1所示。

(一)制定人力资源战略

企业的一切工作都是为企业战略的实现服务的,并围绕企业的战略展开,因此,首先要明确企业的发展战略和目标,来确定作为企业战略的重要组成部分——人力资源战略。

(二)企业内外环境分析

对本企业的环境和现状分析,是人力资源规划制定的重要前提、基础和起点,包括外部环境和内部环境。

人力资源管理

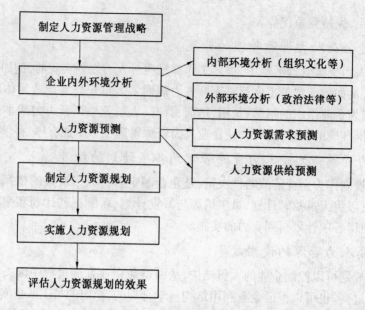

图2.1 人力资源规划的基本过程

人力资源规划的外部环境分析是对影响企业劳动力供求的数量和质量的各种外部环境因素的扫描,如政治环境、经济环境、政策和法律环境、人口环境、社会文化环境等等。特别是对于企业外在人力资源相关调查分析,如劳动力市场的结果,市场供给与需要的现状,教育培训政策与教育工作,劳动力择业心理与整个外在劳动力市场的有关因素与影响因素均需作深入的调查研究。这些信息都是企业人力资源规划制定的基础。

人力资源规划的内部环境分析是对内部人力资源的大盘点,了解企业目前拥有或缺少多少以及什么类型的人力资源。具体来说,首先要调查企业与人力资源相关的基本信息,比如:企业组织结构的设置状况、职位的设置及必要性;企业现有员工的工作情况、劳动定额及劳动负荷情况;企业未来的发展目标及任务计划,生产因素的可能变动情况等。同时需要特别注意对组织内人力资源的调查分析。这一部分通常包括:企业现有员工的基本状况、员工具有的知识与经验、员工具备的能力与潜力开发、员工的普遍兴趣与爱好、员工的个人目标与发展需求、员工的绩效与成果、企业近几年人力资源流动情况、企业人力资源结构与现行的人力资源政策等。

(三)人力资源预测

人力资源预测包括对人力资源的需求和供给的预测。

企业的人力资源需求预测主要是基于企业的发展实力和发展战略目标的实现规划。人力资源部门必须了解企业的战略目标分几步走,每一步需要什么样的人才和人力做支撑,需求数量是多少,何时引进比较合适,人力资源成本分析等内容。然后才能够做出较为准确的需求预测。

人力资源供给预测分为内部人力资源供给预测和外部人力资源供给预测。

在进行内部人力资源供给预测时,要仔细地评估企业内部现有人员的状态和他们的运动模式,即离职率、调动率和升迁率。内部人力资源供给预测包括企业内部现有人员的状态:年龄、级别、素质、资历、经历和技能。必须收集和储存有关人员发展潜力、可晋升性、职业目标以及采用的培训项目等方面的信息。其中技能档案是预测人员供给的有效工具,它含有每个人员技能、能力、知识和经验方面的信息,这些信息的来源是工作分析、绩效评估、教育和培训记录等。人员在企业内部的运动模式,即人员流动状况通常有以下几种形式:死亡和伤残、退休、离职、内部调动等。

外部人力资源供给预测包括:本地区人口总量与人力资源比率、本地区人力资源总体构成、本地区的经济发展水平、本地区的教育水平、本地区同一行业劳动力的平均价格与竞争力、本地区劳动力的择业心态与模式、本地区劳动力的工作价值观、本地区的地理位置对外地人口的吸引力、外来劳动力的数量与质量、本地区同行业对劳动力的需求等。

（四）制定人力资源规划

企业人力资源规划的制定是基于以上获得的信息来开展的,是与企业的发展战略相匹配的人力资源总体规划,是企业人力资源管理体系形成的基础和保证。企业的人力资源体系能否建立起来,建立的如何,取决于企业的人力资源战略规划制定的基本内容是否全面和水平的高低。人力资源战略规划的制定主要涉及的内容包括:与企业的总体战略规划有关的人力资源规划目标、任务的详细说明;企业有关人力资源管理的各项政策策略及有关说明;企业内外部人力资源的供给与需求预测的结果分析;企业人力资源净需求状况分析;企业业务发展的人力资源规划;企业员工招聘计划、升迁计划;企业人员退休、解聘、裁减计划;员工培训和职业发展计划;企业管理与组织发展计划;企业人力资源保留计划;企业生产率提高计划等相关内容。一份完整的人力资源战略规划是企业人力资源管理的基础和核心,企业的人力资源其他管理工作都会时刻围绕着它来不断展开。

（五）实施人力资源规划

人力资源规划的实施,是人力资源规划的实际操作过程,即把企业的发展战略和人力资源规划中的目标和计划进行分解和落实。实施人力资源规划时,必须授权专人负责既定方案的执行,这样能保证人力资源规划方案实现的权利和资源的落实,从而达到人力资源规划的目的,最终实现企业战略发展目标。

（六）监控和评估人力资源规划的效果

在企业人力资源规划的实施执行过程中,需要不断监控人力资源规划的具体落实情况,不断收集人力资源管理方面的资料和信息,查看人力资源规划是否与企业的发展战略相匹配,是否与企业的人力资源体系模块的设计相匹配、人力资源管理的各体系模块建立的合理性和可操作性,同时在企业人力资源管理体系实施和执行的一个相对周期内对人力资源规划实施情况进行必要的分析和评估,并根据企业内外部环境的变化来调整人力资源规划的内容以适应企业整个发展战略的变化。在规划期满后,必须及时对规划的实施效果进行评估,为下一个规划期提供经验和教训。

总之,人力资源规划的目的是通过制订规划来保证企业人力资源战略符合企业战略和不断发展需要。要管理好企业的人力资源,就必须制订相应的人力资源规划,并且要按照科学的程序来制定和实施,最终将人力资源规划的内容变成真实的行动,从而不断提升企业的人力资源管理水平和企业整体管理水平,达到实现企业发展战略目标,提高企业经营绩效的目的。

四、人力资源预测的主要方法

(一)人力资源需求预测的主要方法

用于人力资源需求预测的方法有很多,概括起来有定性预测方法和定量预测方法。定性的预测方法是由预测人员运用自身的智慧、经验和直觉进行预测和判断的一种方法。定量的预测方法是运用数学模型的方法。下面介绍几种常见的人力资源需求预测方法。

1. 德尔菲法

德尔菲法又名专家预测法,是 20 世纪 40 年代末在美国兰德公司的"思想库"中发展出来的一种主观预测方法。德尔菲法分几轮进行,第一轮要求专家以书面形式提出各自对企业人力资源需求的预测结果。在预测过程中,专家之间不能互相讨论或交换意见;第二轮,将专家的观测结果收集起来进行综合,再将综合的结果通知各位专家,以进行下一轮的预测。反复几次直至得出大家都认可的结果。通过这种方法得出的是专家们对某一问题的看法达成一致的结果。

采用德尔菲法需要注意以下几个问题:

第一,专家的人数一般不能少于 30 人,问卷的返回率不低于 60%,以保证调查的权威性和广泛性。

第二,要给各位专家足够的背景资料和信息,这样能保证专家能进行科学的判断和预测。

第三,归纳、整理各位专家的预测结果,再匿名反馈给各位专家,据此提出新的预测结果,这个过程要反复进行几轮,一般问题只需 2~3 轮,重大问题可以增加到 5~6 轮。

2. 经验预测法

经验预测法就是企业根据以往的经验对人力资源进行预测的方法,简便易行。采用经验预测法是根据以往的经验进行预测,预测的效果受经验的影响较大。因此,保持历史的档案,并采用多人集合的经验,可减少误差。现在不少企业采用这种方法来预测本组织对将来某段时期内人力资源的需求。企业在有人员流动的情况下,如晋升、降职、退休或调出,等等,可以采用与人力资源现状规划结合的方法来制订规划。

3. 工作负荷法

这是一种对企业的人力资源需求数量的短期预测方法。用工作负荷分析法进行短期人力资源需求预测的基本步骤是：按照以往的历史数据，对某一特定工作的单位时间（如每年）计算出人均工作负荷量（如产量），根据这个工作负荷量和未来的生产量，决定所需人力的数量，再从工作分析入手，明确企业实际工作量和需要补充的人力。

例如，假设一名销售人员每年能实现 50 万元的销售额，在过去的两年里，企业每年需要 30 名销售人员来完成 1 500 万元的销售额。明年的销售计划是完成 2 000 万元的销售额，那么企业需要增加 10 名销售人员来保证销售计划的完成。由此推算在明年企业销售额的增加或减少时所需销售人员的数量，即所需销售人员数量=销售总额/人均销售额（前提是假设销售人员的人均销售额不变）。

根据这个方法，还可以对其他岗位的人员需求进行预测。例如，预测文秘人员的需求量。假设企业现有秘书人员 9 名，首先计算出现有秘书人员和销售人员的比例，9/30=0.3，再根据增加的销售人员数量来确定增雇秘书人员的数量与之匹配，10×0.3=3（名）。

4. 回归预测法

回归预测法是根据数学中回归原理对人力资源需求进行预测的一种方法，包括一元回归预测法和多元回归预测法。一元回归由于只涉及一个变量，因此建立回归方程时相对比较简单；而多元回归方程涉及的变量较多，因此建立方程要复杂得多，但是它考虑的因素比较全面，预测的准确度往往高于前者。在实际预测时，通常可以借助于计算机软件。

（二）人力资源供给预测的主要方法

为了简便和准确的预测人力资源供给，首先要考虑组织现有的人力资源存量，然后假定人力资源政策不变的前提下，结合组织内外部条件，对未来的人力资源供给数量进行预测。

1. 内部人力资源供给预测的方法

（1）技能清单

技能清单（Skill Inventory）是一张雇员表，该表列出了与雇员从事不同职业的能力相关的特征，包括所接受的培训课程、以前的经验、持有的证书、通过的考试、监督判断能力，甚至包括对其实力或耐心的测试情况。技能清单能体现各种关键能力，可以帮助计划制定者按雇员的职业资格预测其从事新职业的可能性，如表 2.4 所示。

技能清单的主要优点是它提供了一种迅速和准确地估计组织内可用技能的工具，尤其是随着计算机和网络技术的广泛使用，技能清单的制作和使用都越来越便利。除了为晋升或调动决策提供帮助之外，技能清单还可以用于规划未来培训甚至员工招聘工作。技能清单可以用于所有的员工，也可以仅包括部分员工，当然不同员工类型的技能清单，其具体项目可以根据需求进行修改和调整，以反映员工类型的主要特征。例如，管理人员技能清单除了上述七类主要信息外，还应包括管理者过去的绩效、优缺点和提升潜力评估等信息。

表2.4 某公司人员技能清单

姓名		性别		出生年月		学历		
民族		政治面貌		首次参加工作年月		婚姻状况		照片
兴趣爱好					家庭电话			
E-mail					移动电话			
现居住地（详细地址）							邮政编码	
教育经历(时间、学校、专业、职务)		（从高中写起）						
工作经历(时间、工作单位、岗位)								
资格认证								
现任岗位	所在部门							
	岗位名称							
	工作内容							
	薪酬待遇							
	是否满意	（　）非常满意　（　）很满意　（　）一般　（　）不满意						
填表人声明：以上资料未提供或不真实，导致相关工作无法进行，一切后果由本人承担。								
填表人签名					填表日期			

（2）人员替换法

人员替换法是一种专门对组织的中、高层管理人员的供给进行有效预测的方法。它通过对组织中各类管理人员的绩效考核及晋升可能性的分析，确定组织中各个关键职位的接替人员，然后凭借接替人选目前的潜质及其职业发展的需要，考察其职业目标与组织目标的切合度，最终目的是确保组织未来有足够的、合格的管理人员。

人员替换法的具体做法是：首先确定人力资源规划所涉及的工作职能范围；然后确定每一个关键职位上的接替人选；再评价接替人选的工作情况和是否达到晋升的要求；最后了解接替人选的职业发展需要，并引导其将个人的职业目标与组织目标结合起来。

如图2.2所示，假设这是某公司技术部的一部分组织架构图。以张三为例，张三现任技术部经理，他可以从事总工程师的工作，完全适应新职位需要0.5年，也就是半年的时间；此外他

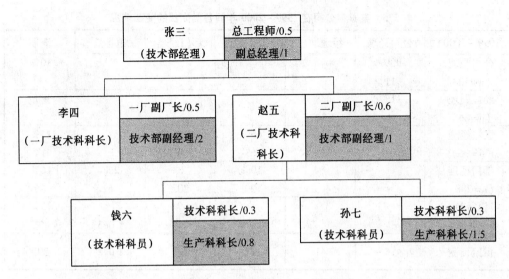

图 2.2　某公司技术部的人员替换图

还可以晋升到副总经理的职位,晋升到这一职位需要 1 年时间。但需注意,人员替换法预测的是潜在的供给,因此张三在 1 年之后不一定晋升到副总经理。其他职位的替换原理同张三。

(3) 马尔可夫模型

马尔可夫模型是根据历史数据,预测等时间间隔点上的各类人员分布状况。此方法的基本思想上根据过去人员变动的规律,推测未来人员变动的趋势。

马尔可夫模型假定:在给定时期内从低一层次向高一层次的转移人数,或从某一类型向另一类型转移的人数比例与这个时期的起始时刻的比例相同,这个比例称为人员转移率。

使用马尔科夫模型进行人力资源供给预测的关键是确定出人员转移率的矩阵表,而在实际预测时,由于受各种因素的影响,人员转移率是很难准确确定出来的,往往是一种大致的估计,因此会影响到预测结果的准确性。马尔可夫模型预测法为组织提供了一种理解人力资源流动形式的分析框架。

马尔可夫模型预测法的应用性强,我们在此不作过多的理论阐述,用一个举例来说明一下马尔可夫模型是如何具体运用的。

企业人员的变动有调出、调入、平调、晋升与降级五种。假设一家零售公司在 1999～2000 年间各类人员的变动情况,如表 2.5 所示。年初公司经理有 12 人,在当年期间平均 90% 的公司经理仍在商店内,10% 的公司经理离职,年初 36 位经理助理有 11% 晋升到经理,83% 留在原来的职务,6% 离职;如果人员的变动频率是相对稳定的,那么在 2000 年留在经理职位上有 11 人(12×90%),另外,经理助理中有 4 人(36×83%)晋升到经理职位,最后经理的总数是 15 人(11+4)。可以根据这一矩阵得到其他人员的供给情况,也可以计算出其后各个时期的预测结果。假设的零售公司的马尔可夫分析,如表 2.5 所示。

表 2.5 某零售公司在 1999～2000 年间各类人员的变动情况

1999～2000	公司经理	经理助理	区域经理	部门经理	销售员	离职
公司经理 （n=12）	90% 11					10% 1
经理助理 （n=36）	11% 4	83% 30				6% 2
区域经理 （n=96）		11% 11	66% 63	8% 8		15% 14
部门经理 （n=288）			10% 29	72% 207	2% 6	16% 46
销售员 （n=1 380）				6% 83	77% 1 063	17% 235
供给预测	15	41	92	301	1 072	291

我们可以计算出，公司经理的岗位需要 12 人，但内部供给的公司经理是 15 人，说明有 3 位经理需要调岗；经理助理的岗位需要 36 人，但内部供给的公司经理是 41 人，说明有 5 位经理助理需要调岗；区域经理的岗位需要 96 人，但内部供给的公司经理是 92 人，说明需要补充 4 位区域经理；部门经理的岗位需要 288 人，但内部供给的公司经理是 301 人，说明有 13 位部门经理需要调岗；销售员的岗位需要 1 380 人，但内部供给的销售员是 1 072 人，说明需要补充 308 位销售员；同时也说明这家零售公司的销售员的流失率很高，提醒该公司应分析其原因，降低员工的流失率，这样得到了内部供给预测的结果。

2. 外部人力资源供给预测的方法

外部人力资源供给预测主要是预测未来几年内的外部劳动力市场的供给情况。其影响因素有宏观经济形势、当地劳动力市场供求状况和行业劳动力市场供求状况。这就要求组织不仅要调查组织所在地域及整个国家范围内的人力资源供给情况，还要调查同行业的人力资源供给情况。外部供给预测是非常复杂的一项工作，但它对组织的人力资源规划具有十分重要的作用。

(1) 直接调查法

组织对自身所关注的人力资源状况进行调查。除了与猎头公司、人才中介公司等专门机构建立长期的、紧密的联系外，还可以与各类院校建立并保持合作关系，密切了解目标生源的情况，以得到为组织所用的人才。

(2) 文献法

根据国家的统计数据或有关权威机构的统计资料来分析社会的总需求量。组织可以通过互联网、媒体以及国家、地区的统计部门、劳动和人事部门发布的一些统计数据及时了解人才市场信息。同时，组织还要随时关注国家和地区的有关人力资源的政策和法律的变动情况。

五、人力资源规划编制的内容

企业编制的人力资源规划的内容各不相同,但一般来讲,一份完整的规划应包括两个方面,即人力资源总体规划和人力资源业务规划。

(一)人力资源总体规划

人力资源总体规划,是指根据人力资源管理的总目标而制定的组织总体人力资源数量、质量及岗位供需状况的安排。具体来说,人力资源总体规划包括:

①规划期内组织的人员需求和人力资源配置的总体框架。
②组织战略规划内组织对各种人力资源需求和供给的预测数量。
③做出这些预测的依据。
④供给和需求的比较结果,它是人力资源规划的目的。
⑤与人力资源管理相关的重要方针、政策和原则,如人才的招聘、培训与开发、晋升、奖惩和福利等方面的方针政策。
⑥确定人力资源投资的预算。

人力资源总体规划统筹、指导其他业务规划,其他业务规划要服从总体规划的安排。

(二)人力资源业务规划

人力资源业务规划是对总体规划的具体实施,也是人力资源管理的具体业务的体现。它包括以下几个方面:

1. 人员补充计划

组织中经常会因为各种原因而出现空缺的职位或新职位,例如,组织规模的扩大、人员的退休、辞职、解聘等。这就需要组织制定必要的政策和措施,以保证空缺职位和新职位能够得到及时的补充,这就是人员补充计划。人员补充计划的目的是合理填补组织中、长期内可能产生的职位空缺,补充计划可能由外部招聘来填充人员缺位,也有可能是由内部晋升达到补充的目的,也就是说,人员补充计划就是通过对组织内部和外部的招聘达到的。

人员补充计划的目标是在类型、数量、层次上对人员素质结构的改善,以达到组织内人员的质和量的平衡。人员补充计划的政策是相关岗位人员的合格标准、补充人员的来源范围、人员的起点待遇等。人员补充计划的预算是在招聘选拔过程中产生的费用。

人员补充计划包含晋升规划(内部补充)和配备规划(水平补充),必然涉及培训规划。

2. 人员配备计划

人员配备计划表示组织中、长期内处于不同职位、部门或工作类型的人员的分布状况。组织中各个职位、部门所需要的人力资源都有一个合适的规模,而且这一规模又会随着环境的变化而发生变化。人员配备计划就是要确定这个合适的规模以及与之对应的人员结构是怎样的,这是确定企业人员需求的重要依据。

人员配备计划的目标是部门的编制、人力资源结构优化、职位匹配、职位轮换。人员配备计划的政策是确定任职条件、职位轮换的时间、频率和范围。人员配备计划的预算是按使用规模、类别和人员状况决定薪酬预算。

3. 人员晋升计划

人员晋升计划是根据企业的人员分布状况、层级结构、未来发展制定人员的晋升政策。晋升表现为员工岗位的垂直上升，企业晋升率的高低和晋升年资的长短，在相当大的程度上决定了员工的晋升机会，对员工的积极性和创造性有直接影响。因此，企业应统筹各方面的影响因素，如工作业绩与晋升年资、企业当前状况与未来发展等，科学确定人员晋升计划，以调动绝大多数员工的积极性和创造性。需要注意的是，人员晋升计划与人员补充计划关系密切，晋升计划的结果是组织内的职位空缺逐渐向下移动，最终积累在较低层次的人员需求上，这就要求组织招聘较低层次人员时必须考虑若干年后的人员配备问题。

人员晋升计划的目标是保持后备人员数量、优化人员结构，提高组织绩效。人员晋升计划的政策是制定相应岗位的晋升标准、晋升比例、妥善安置未晋升人员。人员晋升计划的预算是职位的变化所引起的薪酬变动。

4. 人员培训与开发计划

人员培训与开发计划是企业在对员工所需知识和技术进行评估的基础上，为保证组织的中长期发展所需补充的空缺职位而事先制定的人才储备计划。

企业通过对员工进行培训开发，一方面可以使员工更好地适应工作，为企业的发展储备后备人才；另一方面，培训计划的好坏也逐渐成为企业吸引力大小的重要来源。需要注意的是，人员培训开发计划与人员配备计划有密切的联系，企业应根据可能出现的职位空缺和出现的时间，分阶段、有目的地对员工进行培训。培训包括企业经营班子培训、中层主管培训、学历培训、员工素养培训、技术与技能培训、晋升和轮岗培训、新员工上岗培训等。

人员培训与开发计划的目标是培训的数量和类型、提供内部的人员供给、提高工作效率、塑造组织文化。人员培训与开发需要组织支持员工发展的教育政策、培训计划的安排、培训时间和效果的保证政策等。人员培训与开发的预算是培训开发的投入和脱产培训造成的间接误工费用。

人员培训与开发计划是所有业务规划都会涉及的内容，发生在补充、晋升及配备之前。

5. 薪酬激励计划

薪酬激励计划包括薪酬结构、工资总额、福利项目、激励政策、激励重点等。

薪酬激励计划的目标是劳动供给增加、士气提高、劳动积极性提高、绩效改善。薪酬激励计划的政策是薪酬政策、激励政策、激励方式。薪酬激励计划的预算是增加工资奖金的数额和福利项目的投入。

6. 劳动关系计划

劳动关系计划是关于如何减少和预防劳动争议、改进劳动关系的计划。

劳动关系计划的目标是提高工作效率、员工关系改善、离职率降低、减少投诉和不满。劳动关系计划的政策是民主管理、员工参与组织管理政策、增加沟通机会的团队活动政策。劳动关系计划的预算是开展团队活动的费用、开发沟通管理的费用、对参与管理者的奖励金额及法律诉讼费用。

7. 退休解聘计划

企业需要通过制定退休解聘计划的途径,做好员工的退休工作和解聘工作,使员工离岗过程正常化、规范化。

退休解聘计划的目标是老龄化程度降低、劳动力成本降低、劳动生产率提高。退休解聘计划的政策是制定退休、返聘政策及解聘的相关程序。退休解聘计划的预算是安置费用、返聘津贴。

应用举例 2.1

某公司 2000 年度人力资源管理计划

(一)职务设置与人员配置计划

根据公司 2000 年发展计划和经营目标,人力资源部协同各部门制定了公司 2000 年的职务设置与人员配置。在 2000 年,公司将划分为八个部门,其中行政副总负责行政部和人力资源部,财务总监负责财务部,营销总监负责销售一部、销售二部和产品部,技术总监负责开发一部和开发二部。具体职务设置与人员配置如下:

(1)决策层(5人):总经理1名、行政副总1名、财务总监1名、营销总监1名、技术总监1名。

(2)行政部(8人):行政部经理1名、行政助理2名、行政文员2名、司机2名、接线员1名。

(3)财务部(4人):财务部经理1名、会计1名、出纳1名、财务文员1名。

……

(二)人员招聘计划

1. 招聘需求

根据 2000 年职务设置与人员配置计划,公司人员数量应为 96 人,到目前为止公司只有 83 人,还需要补充 13 人,具体职务和数量如下:开发组长2名、开发工程师7名、销售代表4名。

2. 招聘方式

开发组长:社会招聘和学校招聘;开发工程师:学校招聘;销售代表:社会招聘。

3. 招聘策略

学校招聘主要通过参加应、毕业生洽谈会、在学校举办招聘讲座、发布招聘张贴、网上招聘四种形式。

社会招聘主要通过参加人才交流会、刊登招聘广告、网上招聘三种形式。

4. 招聘人事政策

(1) 本科生：A. 待遇。转正后待遇 2 000 元，其中基本工资 1 500 元、住房补助 200 元、社会保障金 300 元左右(养老保险、失业保险、医疗保险等)。试用期基本工资 1 000 元，满半月有住房补助；B. 考上研究生后协议书自动解除；C. 试用期三个月；D. 签订三年劳动合同。

(2) 研究生：A. 待遇。转正后待遇 5 000 元，其中基本工资 4 500 元、住房补助 200 元、社会保障金 300 元左右(养老保险、失业保险、医疗保险等)。试用期基本工资 3 000 元，满半月有住房补助；B. 考上博士后协议书自动解除；C. 试用期三个月；D. 公司资助员工攻读在职博士；E. 签订不定期劳动合同，员工来去自由；F. 成为公司骨干员工后，可享有公司股份。

5. 风险预测

(1) 由于今年本市应届毕业生就业政策有所变动，可能会增加本科生招聘难度，但由于公司待遇较高并且属于高新技术企业，可以基本回避该风险。另外，由于优秀的本科生考研的比例很大，所以在招聘时，应该留有候选人员。

(2) 由于计算机专业研究生愿意留在本市的较少，所以研究生招聘将非常困难。如果研究生招聘比较困难，应重点通过社会招聘来填补"开发组长"空缺。

(三) 选择方式调整计划

1999 年开发人员选择实行了面试和笔试相结合的考查方法，取得了较理想的结果。在 2000 年首先要完善非开发人员的选择程度，并且加强非智力因素的考查，另外在招聘集中期，可以采用"合议制面试"，即总经理、主管副总、部门经理共同参与面试，以提高面试效率。

(四) 绩效考评政策调整计划

1999 年已经开始对公司员工进行了绩效考评，每位员工都有了考评记录。另外，在 1999 年对开发部进行了标准化的定量考评。

在今年，绩效考评政策将做以下调整：

(1) 建立考评沟通制度，由直接上级在每月考评结束时进行考评沟通。

(2) 建立总经理季度书面评语制度，让员工了解公司对他的评价，并感受公司对员工关心。

(3) 在开发部试行"标准量度平均分布考核方法"，使开发人员明确自己在开发团队位置。

(4) 加强考评培训，减少考评误差，提高考评的可靠性和有效性。

(五) 培训政策调整计划

公司培训分为岗前培训、管理培训、岗位培训三部分。岗前培训在 1999 年已经开始进行，管理培训和技能培训从 2000 年开始由人力资源部负责。在今年，培训政策将做如下调整：

(1) 加强感悟培训。

(2) 管理培训与公司专职管理人员合作发展，不聘请外面的专业培训人员。该培训分成管理层和员工两个部分，重点对公司现有的管理模式、管理思路进行培训。

(3) 技术培训根据相关人员申请进行。采取公司内训和聘请培训教师两种方式进行。

（六）人力资源预算

1. 招聘费用预算

（1）招聘讲座费用：计划本科生和研究生各4个学校。每次费用300元，预算2 400元。

（2）交流会费用：参加交流会4次，每次平均400元，共计1 600元。

（3）宣传材料费：2 000元。

（4）报纸广告费：6 000元。

2. 培训费用

1999年实际培训费用35 000元，按20%递增，预计今年社会保障金总额为×××元。

3. 社会保障费

1999年社会保障金共交纳×××元，按20%递增，预计今年社会保障金总额为×××元。

（资料来源：王蕴，孙静. 人力资源管理. 北京：清华大学出版社，2008.）

六、人力资源规划的实施

（一）人力资源规划的执行者

在传统的人力资源规划工作中，人事管理部门是主要的负责单位。但随着现代企业对人力资源部门工作要求和期待的提升，人力资源部门角色也在逐渐发生着变化，人力资源规划不只是人力资源部门的工作。在执行人力资源规划的过程中，所有管理者，上至总经理下到每个主管以至员工都担当着相应的角色。在人力资源规划中最重要的还是组织高层领导者的重视、动手甚至亲自推动。其实际运作是由各部门主管初步规划，再由人力资源部门汇总，参照公司发展策略与目标、考核人员生产力与人事薪资预算等因素，与各部门协调并达成共识，才向上呈报。因此，人力资源规划的执行者是各层的管理者及员工，具体来说，分别是负责人资规划的高层决策者、HR部门的职能层、组织各职能部门的主管和员工。

1. 负责人资规划的高层决策者

人资规划的高层决策者是人资规划工作的最高执行者，决定着人力资源规划及相关政策的方向。

2. HR部门的职能层

HR部门的职能层在人力资源规划中的角色是：人力资源规划的倡导者，人力资源政策的制定者，人力资源方案的设计者，人力资源政策实施的监督者。

3. 组织各职能部门的主管

组织各职能部门的主管在人力资源规划工作中，营造人资规划的内部环境，实施人力资源政策，执行HR部门制定的人力资源方案。

4. 员工

人力资源规划的最终目的是使企业和员工都得到发展，员工的个人发展规划是在组织的人力资源规划中实现的。优秀的人力资源规划，一定是能够使企业的员工实现长期利益的规划,一定是能够使企业和员工共同发展的规划。

(二)人力资源规划的执行层次

根据人力资源规划执行者分析,人力资源规划工作的执行层次主要有:组织层次、跨部门层次和各职能部门层次。

1. 组织层次

组织层次上的人力资源规划直接影响着整个组织的人力资源管理体系的各个环节,以及人力资源管理的指导方针、政策,进而影响着组织的发展战略,因此组织层次上的人力资源规划必须由组织的高层管理者执行。

2. 跨部门层次

跨部门的人力资源规划可以灵活运用组织内部的成员,但易导致各部门之间产生矛盾和分歧,进而使得组织内部工作出现障碍,因此跨部门的人力资源规划需要副总裁级别的管理者来执行,既可以对各个部门的人力资源规划执行情况进行协调和监督,又能对人力资源规划进行客观的评估。

3. 各职能部门层次

各职能部门包括人力资源、生产、销售、采购、研发等部门,其中人力资源部门和其他部门的人力资源规划执行情况有所不同。

(1)人力资源部门

人力资源部门不但要完成本部门的人力资源规划工作,还要负责指导组织内的其他部门进行人力资源规划内容。人力资源部门不仅需要向其他部门提供人力资源规划的系统执行方案,还要对组织内的各类人才尤其是核心人才提供相应服务,如制定继任者培训计划等等。

(2)其他部门

除了人力资源之外的其他职能部门,人力资源规划均由本部门的主管经理执行,并且在绩效考核中,主管对本部门人力资源规划的控制能力是考核内容的重点之一,控制能力包括培训下属、评估下属、与下属关于规划的反馈沟通等能力。

(三)人力资源规划的实施

人力资源规划的实施是具体落实人力资源规划方案,将规划方案付诸于实践。人力资源规划实施的关键就是要对人力资源规划方案进行分解、计划,使企业中的每个部门和员工都能明确自己的角色、任务和责任。具体而言,企业管理者通过时间、空间和过程三个方面将人力资源规划方案进行分解。

1. 时间方面的分解

将人力资源规划方案按照时间年限分解为较小单位时间内的目标、任务,如将企业五年人力资源规划分解为每一年要达到的目标。这样做的目的在于使企业的目标更加明确化,更易于操作,而且与企业的实际情况结合得更紧密。此外,时间分解也可以使企业时刻了解规划的进度,有利于企业对规划进行监控和评估。企业在进行时间分解时要注意的问题有:一要将整个规划期分解,不能遗漏某一段时间;二要以近期规划为重点;三要保证每一时期的目标之和要稍大于整体规划目标。

2. 空间方面的分解

将人力资源规划整体内容层层分解,落实到每一个部门以及每一位员工。通过空间分解,规划的实施层次更加清晰、明确,部门及员工都能了解自己的工作内容和工作目标,这样更有利于建立起有效的目标体系和职责明确的责任体系。

3. 过程方面的分解

将人力资源规划方案按人力资源主体系统或分系统的实施过程分解为若干环节,并规定每个环节的目标、任务、时间等内容,如将人力资源总体规划分解为人员招聘计划、人员培训计划、人员晋升计划等。

当然,为了更好地实施人力资源规划、提高工作效率,也需要建立一个规划实施的计划体系,这个体系包括中间计划、执行计划和预算计划等内容。

本 章 小 结

人力资源战略与规划的有效性直接关系到组织的长远发展,在组织的运行系统中发挥着重要的作用。本章较为系统地介绍了人力资源战略的概念和分类、人力资源战略与企业战略之间的关系、人力资源战略的制定与实施过程及制定方法,介绍了人力资源规划的概念、作用,重点阐述了人力资源规划的基本过程、人力资源预测方法、人力资源规划的执行内容,介绍了人力资源规划执行的相关理论。

首先,对人力资源战略进行概述。在介绍人力资源战略的概念和分类的基础上,重点分析了人力资源战略与企业战略之间的关系。人力资源战略是指企业根据对内部和外部环境的分析制定企业目标,从而制定出企业的人力资源管理目标,并通过各种人力资源管理职能活动来实现企业目标和人力资源管理目标的过程。人力资源战略的制定和企业战略制定的程序一样,包括内外部环境分析、人力资源战略的制定、人力资源战略实施、人力资源战略评估与控制等四个步骤。

其次,详细阐述了人力资源战略的制定与实施过程及制定方法,根据不同的企业战略选择相应的人力资源管理战略。

再次,介绍了人力资源规划的概念、作用,重点阐述了人力资源规划的基本过程、人力资源预测方法。企业的人力资源规划过程包括制定人力资源战略、企业内外环境分析、人力资源预测、制定人力资源规划、实施人力资源规划、评估人力资源规划的效果等六个步骤,缺一不可,各个过程紧密相连。人力资源预测分为人力资源需求预测和人力资源供给预测。人力资源需求预测的主要方法有德尔菲法、经验预测法、工作负荷法和回归预测法。人力资源供给预测的主要方法有技能清单、人员替换法、马尔可夫模型、直接调查法和文献法。

最后,论述了人力资源规划编制的内容,并且介绍了人力资源规划执行者和执行层次及人力资源规划的具体实施。人力资源规划的内容包括人力资源总体规划和人力资源业务规划。人力资源规划的执行者包括高层决策者、HR部门的各职能层、各职能部门主管和员工。人力资源规划的层次依次是组织层次、跨部门层次和各职能部门层次。人力资源规划的实施从时间分解、空间分解和过程分解三个方面着手。

引例分析

在章首引导案例中谈到,中美集团对2003年出现的缺乏中高层管理人员的问题极为重视,集团领导决定进行人力资源管理变革,以突破中高层人才瓶颈为切入点,构建基于战略的人力资源管理体系,探索适应企业成长期发展要求的战略性人力资源管理模式。现在,我们看看集团领导用我们所学的人力资源战略与规划理论是怎样来设计人力资源变革方案的,即他们的改革思路和框架是什么?他们是怎样开展具体工作的?

一、制定人力资源战略

根据中美集团成长阶段的经营发展战略,在集团人力资源整体工作定位的指导下,制定了成长期人力资源战略的三阶段规划。

第一阶段:搭建体系性构架,夯实管理基础

重点构建战略性人力资源管理体系,夯实人力资源基础工作,初步将各项制度、机制融入人力资源管理体系中来,引进现代化人力资源管理制度和机制,有针对性地开展当前紧迫的工作,着重突破企业成长期人才瓶颈。

第二阶段:系统规划,综合提升

全面推进人力资源管理体系的构建,真正实现对全集团公司的人力资源工作进行综合统筹、分级管理,在整个集团公司内充分形成互动,提升人力资源管理体系的整体运作效果,培养和开发大批核心员工。

第三阶段:完善升级,实施前瞻性管理

根据内外环境变化对人力资源管理体系进行升级、维护,在此基础上,前瞻性地开展人力资源战略管理,形成一批能够管理重量级医疗企业的人才团队,使人力资源成为中美集团的核心竞争力之一,充分发挥人力资源对中美集团整体工作的牵引作用。

二、制定人力资源规划

根据集团经营发展战略与指示精神,集团人力资源部重点进行了以下几个方面的规划:

(1)根据集团的经营发展战略,确定核心岗位的职责及其要求,并确定公司未来的人才需求趋势。

(2)通过研究现有人力资源的配置和利用状况以及工作岗位对人力资源的指示、技能需求的预期变化,制定未来人力资源配置计划。

(3)根据盘点现状以及市场调查情况进行人力资源配备情况分析,在集团内部进行人力资源的优化配置。

（4）经过内外分析，中美集团将成长期人力资源管理的重点管理对象确定为经营管理班子成员、高级管理人才、高级技术人才以及其他掌握企业关键资源的核心员工。

（5）根据以上内容，配合经营战略规划和人力资源战略，制定人力资源获取、开发、保留、激励等具体计划。

三、完善人力资源基础管理平台

（一）搭建招聘体系

目前，集团公司统分结合的人力资源招聘体系已经初步形成，搭建了基于校园、猎头、网络和报刊、杂志等多渠道的招聘平台，初步建立了以集团公司人力资源统一调配和储备为主，支持、指导各企业自主招聘为辅的人力招聘制度，完善了高级专业技术人才和高级管理人才的引进机制。

（二）短期项目考核

针对人才市场中符合集团所需的中高层管理人才供给不足的问题，中美集团探索出"短期项目考核"的管理措施，即每当在成功收购或托管一家医院之后，便成立项目小组，由中美集团多年培养起来的经营院长做组长，带领一批新加入集团的医院院长或运营总监深入这家医院，以较为成熟的市场化医院经营管理标准对该医院的管理状况、医疗水平、服务水平和市场开发状况等运营情况进行系统诊断，并提出相应的解决方案。

这样做的目的，一方面是为了让刚刚加入中美集团的医院管理者和运营总监们迅速了解集团的市场化经营管理模式和医院的实际情况，起到熟悉企业情况和培训的作用；另一方面，则是在组织诊断的过程中对每一名员工加以短期考察，在一种真实的经营管理情境中对员工的管理能力和综合素质进行全面判断，如果员工在这个项目组中表现突出，便会成为集团的核心人力储备和重点培养对象，对其将跟进相应的人力资源管理和开发措施。

（三）长期培养开发

为了结合中美集团实际情况培养具备医学背景的管理人才，集团着力开展了员工的长期培养开发计划，逐步建立了包括新员工入职培训、专业知识、管理技能、企业文化等在内的综合培训体系。集团人力资源部于2003年完成了《中美集团医院经营管理培训资料库》的编辑工作。该培训资料库由近20多个集团培训专题报告组成，为各中美医院的员工培训提供了集团原创的经营管理教材，收到良好效果。

员工的长期培养开发既需要集团自上而下的推进，更需要来自于基层单位领导干部的重视。中美集团要求各医院每年年初把培训计划报集团人力资源部备案，在组织员工接受集团组织的培训项目之外，还要根据自己实际情况组织各种形式的培训学习，并保证培训成果有效转化，以员工的工作行为改变、思想观念转变和绩效改进作为衡量培训效果的重要依据。

另外，为了满足医疗业长远发展的人力资源需求，中美集团还开始探索与国内MBA教育联手培养医疗业高级职业经理人的人才培养模式，主动为MBA院校提供医疗业案例教学基地,为更多的中高层管理人才进入医疗业提供便利的实践条件。

四、建立战略性激励机制

中美集团认为,提高员工的工作效率和工作积极性是提高医疗企业竞争力的核心,因此,基于战略的激励机制必须有效评估人力资源价值,并建立价值分配机制,以最大限度地激发人的内在潜能,依靠发挥人的潜能来支撑企业的使命追求与战略实现。

根据集团战略,中美集团将激励机制的指导原则确定为"效率优先、规范管理",主要通过以下几个方面进行:

(一)建立分层、分类、分步骤的绩效评价体系

中美集团采取了分层、分类、分步骤的管理措施,首先在核心员工范围内建立了以KPI评估为核心的绩效评估体系,将集团的战略分解至核心员工层面。通过客观、科学的绩效评估,将核心员工的工作行为和工作结果约束到集团的发展战略与公司利益上,牢牢把握住创造集团80%核心竞争力的核心员工。

第二步,建立基于岗位层级的绩效评估机制,将全员的业绩评估纳入集团的整体人力资源战略,将集团的战略目标进一步分解到每一个岗位和每一名员工。通过建立这种绩效评估体系将每个人的工作结果的完成情况与企业的发展结合起来,将集团的经济效益和成长发展与员工个人的发展和收入结合起来,同时将企业承担的巨大市场压力充分地分解到每一名员工身上并使之转化成动力,将绩效评估从约束机制转变为激励机制,从而进一步激发员工的工作潜力。

在具体的考核方法上,对高层的考核更强调结果指标和长期指标,对中层管理者的考核主要关注其行为过程,而对医生、护士等医疗专业技术类员工则强调量化的结果指标和患者的满意度。

(二)建立价值分享的薪酬激励体系

薪酬激励体系着力解决的是人力资源价值链中的价值分配问题,如果处理不好,很容易导致整个激励体系的坍塌。中美集团步入成长期后认识到,单纯依靠创业初期的激情和发展愿景是无法实现对员工的长期激励的,建立价值分享的薪酬激励机制成为中美集团构建战略性人力资源管理体系必须解决的问题。

为此,中美集团将薪资结构转变为"基本工资+岗位工资+绩效工资+社会保险+年终奖金+股票期权"的形式,不仅承认员工的个人利益,还努力寻找企业和员工利益的共同点,主动与员工分享企业发展的成果,通过建立价值分享体系来支撑企业战略目标的实现。

此外,集团还准备根据近几年发展的实际情况,补充制定具有本集团特色的企业福利制度,如建立企业年金等,将之作为一种激励员工和增强企业凝聚力的手段,进一步完善薪酬激励体系。

(三)重视建立非物质激励体系

非物质激励属于内在激励,往往更能激发起员工的工作热情和职业自豪感。中美集团的

非物质激励体系主要包括职业晋升机制、精神激励机制和员工参与管理的分权管理机制等几部分,并注重将非物质激励与企业文化结合起来。

1. 职业晋升机制

中美集团员工已经具有一定的职业发展和职务升迁的机会,但显得较为零散并欠缺公平。2004年起,中美集团内部设置了不同的职业发展道路,即经营管理与技术专家两大职业发展体系和若干职业发展分支,使得下属各中美医院内部,无论是经营管理人才还是技术专家人才,都能够在职业发展与社会认可上获得较大程度的满足,从而填补物质激励的不足,加大对人才的吸引力度并保留优秀人才。

2. 精神激励机制

根据企业发展的实际情况和企业使命的要求,设置各种精神激励奖项,如特殊待遇、特殊称号等,从精神上激励员工,满足员工尊重层面的需求。

3. 员工参与管理的分权机制

设立如建议、提案等制度,鼓励员工参与企业的管理与建设,特别鼓励核心员工关心企业的发展,为企业发展献计献策,赋予员工更多的工作自主性和工作权限。同时,在这一过程中也发现了一些具有管理潜质的医生、护士,充实了集团的人才储备,进一步缓解了人才瓶颈。

五、企业文化导航

中美集团自成立之日起便十分重视企业文化的建设。经过多次研究,针对各中美医院成长期存在的实际问题,中美集团将"实现自我价值、造福大众健康"作为首先要确定的企业使命,将之与企业的发展有机联系。在将医院当作企业来经营管理的同时,还注意医疗业自身的特殊性,注重在企业文化中明确中美集团的社会取向和价值取向,主动承担医疗业特有的企业责任,致力于为患者提供高超的医疗水平和优良的医疗服务,造福大众健康。

为了更加详尽准确阐释中美集团企业文化的基本观念,集团文化部门组织编写了《中美集团企业文化手册》,对中美集团企业文化进行了详尽论证,从企业理念入手积极进行制度体制层面建设,利用各种形式使中美企业文化深深植入每一名员工的理念中,同时把员工工作行为的转变程度作为检验其观念转变与否的唯一方法。

【案例演练】

手忙脚乱的人力资源经理

D集团在短短5年之内由一家手工作坊发展成为国内著名的食品制造商,企业最初从来不定什么计划,缺人了,就现去人才市场招聘。企业日益正规后,开始每年年初定计划:收入多少,利润多少,产量多少,员工定编人数多少等等,人数少的可以新招聘,人数超编的就要求减人,一般在年初招聘新员工。可是,因为一年中不时有人升职、有人平调、有人降职、有人辞职,年初又有编制限制不能多招,而且人力资源部也不知道应当招多少人或者招什么样的人,结果人力资源经理一年到头的往人才市场跑。

近来由于3名高级技术工人退休,2名跳槽,生产线立即瘫痪,集团总经理召开紧急会议,命令人力资源经理3天之内招到合适的人员顶替空缺,恢复生产。人力资源经理两个晚上没睡觉,频繁奔走于全国各地人才市场和面试现场之间,最后勉强招到2名已经退休的高级技术工人,使生产线重新开始了运转。人力资源经理刚刚喘口气,地区经理又打电话给他说自己的公司已经超编了,不能接收前几天分过去的5名大学生,人力资源经理不由怒气冲冲地说:"是你自己说缺人,我才招来的,现在你又不要了!"地区经理说:"是啊,我两个月前缺人,你现在才给我,现在早就不缺了。"人力资源经理分辨道:"招人也是需要时间的,我又不是孙悟空,你一说缺人,我就变出一个给你?"……

很多企业都出现过这种情况,以前没觉得缺人是什么大事情,什么时候缺人了,什么时候再去招聘,虽然招来的人不是十分满意,但对企业的发展也没什么大的影响,所以从来没把时间和金钱花在这上面。即使是在企业规模日益扩大以后,也只是每年年初做人力资源定编计划,而对于人力资源战略性储备或者人员培养都没有给以足够的重视,认为中国人多的是,不可能缺人。造成这种现象的原因是:中国市场在20世纪90年代以前处于机会主义时期,企业的成功往往不需要战略,抓机会、抓资源、抢速度、快节奏成为中国企业的制胜之道。中国企业的这种战略无意识状态,使它不需要对组织的人力资源进行长远的规划,即使有战略,竞争战略的模糊性和易变性也使规划无从进行。因此企业并不需要人力资源规划。

随着市场的日益规范,企业的日益壮大,企业出现了发展的瓶颈——缺少人才,想要进一步发展壮大、要长治久安必须依靠源源不断的人才。那么,D集团为什么缺人?如何解决这一问题?

练 习 题

一、单项选择题

1. 人员替换法适应于(　　)的预测。
   A. 基层管理人员　　B. 中、高层　　C. 全体管理人员　　D. 班组长
2. 人力资源战略内部环境包括(　　)。
   A. 组织所处地域的经济形势及发展趋势　　B. 企业内部的资源
   C. 组织在行业所处的地位　　D. 所占的市场份额
3. 人力资源需求预测采取的方法有(　　)。
   A. 经验预测法　　B. 工作负荷法　　C. 回归预测法　　D. 技能清单
4. 下列不属于人力资源业务规划的是(　　)。
   A. 薪酬激励计划　　B. 劳动关系计划
   C. 退休解聘计划　　D. 规划期内组织的人员需求规划
5. 德尔菲法是美国(　　)公司提出来的预测方法。
   A. 伍德公司　　B. 兰德公司
   C. 麦肯锡公司　　D. 德尔菲公司

二、多项选择题

1. 成长型战略包括( )。
   A. 一体化成长战略　B. 密集型成长战略　C. 多元化增长战略　D. 稳定型战略
2. 人力资源战略外部环境包括( )。
   A. 组织所处地域的经济形势及发展趋势　　B. 企业内部的资源
   C. 组织在行业所处的地位　　　　　　　　D. 所占的市场份额
   E. 企业的组织文化
3. 人力资源管理的4P模式包括( )。
   A. 素质管理　　B. 岗位管理　　C. 绩效管理　　D. 薪酬管理
4. 人力资源业务规划包括( )。
   A. 人力资源投资的预算规划　　B. 人员补充计划
   C. 人员配备计划　　　　　　　D. 人员晋升计划
   E. 人员培训与开发计划
5. 人力资源供给预测采取的方法有( )。
   A. 德尔菲法　B. 马尔可夫模型　C. 文献法　D. 人员替换法　E. 技能清单

三、判断题

1. 根据组织层次,企业战略可以分为公司层战略、事业层战略和职能层战略。( )
2. 人力资源战略的重点是放在人力资源的职能上,而不是人力资源体系上。( )
3. 在成本领先战略下,一个公司提供与其竞争者相同的服务或产品,但以一种较低的价格生产它们。通过这样做,该组织就为它的资本和人力资源投资赢得了一种较好的回报。( )
4. 长期计划属于策略性计划,短期计划和项目计划属于战略性计划。( )
5. 内部环境分析主要包括:企业内部的资源、企业所处的生命周期、发展阶段、企业总体发展战略、企业的组织文化,组织在行业所处的地位、所占的市场份额。( )
6. 德尔菲法是20世纪40年代末在美国德尔菲公司的"思想库"中发展出来的一种主观预测方法。( )
7. 德尔菲技术属于人力资源的定性预测方法。( )
8. 人力资源规划的执行者只有人力资源管理部门。( )
9. 培训规划属于人员配备计划。( )
10. 人力资源规划的执行者就是HR部门的职能层人员。( )

四、简答题

1. 简述人力资源战略与企业战略的关系。
2. 简述人力资源战略的制定和实施过程。
3. 人力资源规划有什么作用?
4. 简述人力资源规划的基本过程。

第三章
Chapter 3

工作分析

【引导案例】

天时集团能源有限公司是在中国香港投资的一家能源公司。公司成立于2004年,主要业务为石油勘探开发和开采。

浅海油气田面积350平方公里,属岳东地域,勘探地点在辽河入海口5米以内,已探明储量6 280万吨,预计年产量100万吨,有效开采期60年。目前属先导期,沿海铺设期5~6年,现已投资1 700万元打了两口监测井。

1. 天时集团能源有限公司人力资源现状

首先,从行业角度,天时集团能源有限公司直接面对的竞争是非常激烈的,石油行业发展前景广阔,石油人才特别是具有丰富工作经验的石油人才短缺,石油人才属于特别专业的技能型人才,其他行业的人很难转入,可替代性很小。

而目前大多数石油人才流向了中石油、中海油等大公司。石油行业人才流动性也非常大。像天时集团能源有限公司这样的小型石油公司要想引才、留才、用才,必须制定出独特的人力资源战略。

其次,从公司自身角度,公司设置的组织结构中应有53人、实际到岗人员24人,缺岗29人。而且公司的人力资源部门也尚未形成体系,公司现只有一人专门负责人力资源工作,总经理和行政部的一些员工也参与人力资源的管理。

(1)公司的人力资源战略规划已初步形成。

通过访谈我们了解到,公司总经理对未来的人力资源需求状况作了分析,也明确了不同部门需求的人员大概数量。对于员工的培训公司已有一个大致的计划,每隔一段时间会请一些专业人士为员工开展讲座。当然讲座的内容根据员工的需求而定。但这种分析是总经理根据公司的业务发展所作出的个人判断,人力资源规划还没形成体系,有待进一步完善。

(2)缺乏科学的工作分析和工作评价。

目前公司的缺岗现象十分严重,有些岗位设置和岗位名称上可能也存在不合理的地方。科学的岗位体系的建立,规范的岗位说明书的形成,将是公司人力资源工作必须填补的一个重要部分。

(3)缺乏完整的绩效考核体系。

目前公司可能只是采取了形式上的考核,考核结果没有与薪酬大小相联系,这就在一定程度上影响了员工的工作积极性,导致干多干少一个样、干好干坏一个样的现象。绩效考核本身不是目的,而是一种手段,应该重视考核结果的运用。绩效考核的结果,不是仅仅用来调整薪酬、指导培训,连续的考核结果为员工晋升、调迁提供了依据。

(4)没有系统的薪酬结构体系。

公司员工每月的工资保持不变,每个人的工资水平的高低完全是按照招聘时约定的标准来决定的,可以说每月拿到的基本上属于"死工资";部分员工对于目前的收入不够满意,他们认为自己的付出不能完全得到回报;另外,公司的福利措施还不够完善,大部分员工的保险情况尚未落实。这必将使薪酬的引导和激励功能不能很好地发挥出来,基本上还是大锅饭,加上内部分配中也存在不公平性,所以就导致即使每个人的工资收入提高了,仍有较大比例的员工普遍对收入不满。

2.公司进行工作分析的情况

近年来天时集团能源有限公司各项事业都有了飞速的发展,但是由于历史原因,长期的国营企业体制上的弊端,企业的人力资源管理工作仍然停留在过去的水平,使得企业在用人机制上缺乏灵活性,在激励机制上也有些不合时宜,许多优秀的人才因此而流失。目前企业的人力资源基础工作比较薄弱,还没有建立一套科学的工作分析体系,使得企业定岗定员工作、薪酬激励体系、业绩考核体系很难建立在科学分析的基础上,使得部分岗位存在人浮于事的现象,大大打击了员工的积极性。公司现在只制定了少数岗位的岗位说明书。下面是其中一份:

工程部经理岗位职责

(1)负责本部门各专业日常管理工作;支持与协调本部门与其他部门之间的工作。

(2)制定并组织实施本部门年度工作计划;制定与推进相关业务的技术与项目管理体系。

(3)参与、编制重大工程项目的招、投标文件及监理合同的拟订,审定工程项目的监理实施细则。

(4)参加建设单位的招标和评标工作,组织审查重大工程项目的施工组织设计;参加对工程承包商设计和实施过程的审查及管理,参加合同技术部分的编制以及谈判、评标、验货等工作;参与监理项目的竣工验收工作。

(5) 负责对项目施工的全过程管理，落实工程实施计划，保证工程项目的技术、进度、质量和费用符合承包合同要求；组织制定项目总体规划和施工组织设计的编写。

(6) 编制和审批公司项目施工计划，定期总结分析项目施工任务完成情况，及时解决项目施工活动中遇到的问题。

(7) 对工程进度、质量、责任成本进行监督；对安全生产、文明施工进行管理；组织好验收、竣工工作，对项目的最终结果负责。

(8) 全面完成公司下达的各项任务，负责本项目的生产、质量及管理工作；履行公司对建设单位的工程合同，贯彻实施公司的质量方针和质量目标。

(9) 审核技术部门编制的总体施工、组织、设计、质量、计划及总体施工进度计划。

(10) 监督项目监理工作，严格管理执行监理工程制度，经常检查项目监理组的工作情况。

(11) 帮助协调与建设单位、承包单位的工作关系。

(12) 完成领导交办的其他任务。

(13) 遵循石油合同的规定并在工作中严格执行，保持与合作方的良好沟通与有效的交流。

从以上的工作说明书可以看出，该说明书过于简单，虽然对公司工程部经理岗位的工作职责有一定的描述，但没有脱离岗位责任制的束缚，只是一种岗位职责列举，没有明确工作权限、工作目标、工作特点、任职人资格等信息。没有达到工作分析的高度。

由于公司的人力资源部尚未健全，人力资源管理人才缺乏，如果只依靠本公司的原有力量难以在工作分析上做出一定的突破，因此，公司领导决定聘请咨询公司为他们做工作分析以及其他有关人力资源管理方面的工作，目的就是以人力资源管理为切入点，加强对员工的激励，调动员工的积极性和工作热情，使"事得其人，人尽其职"，提升整个人力资源管理的水平。同时完善各项管理制度，使公司的管理有章可循，走上制度化的轨道。

(资料来源：李娜. 工作分析在天时集团能源有限公司的应用[D]. 北京：北京交通大学，2006.)

上述"引导案例"给出了天时集团能源有限公司由于工作分析的不足而造成的人力资源管理问题，缺乏规范的工作分析是制约该公司进行有效的招聘选拔、绩效考核以及建立完善的薪酬体系的等人力资源管理工作的根本原因。所以必须对企业内的各岗位进行一次彻底的分析，重新明确各岗位的工作内容、工作责任、工作权限以及任职者的资格条件。从而作为以后为空缺岗位招聘人才、定岗定员、绩效考核和薪酬福利激励机制等人力资源管理制度的科学基础。科学的岗位体系的建立，规范的岗位说明书的形成，将是天时集团能源有限公司人力资源工作必须填补的一个重要部分。解决这些问题所涉及的理论知识和技能正是本章要讲述的内容。

【本章主要内容】

① 工作分析的基本概念、常用术语、作用和原则；

②工作分析的基本内容和步骤;
③工作分析的方法;
④工作说明书的编写。

第一节 工作分析概述

人力资源管理的核心是实现人与工作的最佳匹配,而工作分析则为这一目标的实现能打下良好的基础。那么,什么是工作分析?工作分析有什么样的地位和作用?在进行工作分析时应遵循哪些原则?本节将围绕这些问题展开论述。

一、工作分析的定义

(一)工作的概念

"工作"有狭义和广义之分。狭义的工作是指在某一段时间为了某个目的所从事的活动,即任务。广义的工作是指个体在组织中所扮演的角色的总和,通常由一系列专门任务组成。而在工作描述等特定用途中,工作被定义为个人所从事的一系列专门任务的总和。从广义的角度来看,工作有以下几个特点:

1. 工作是组织的细胞

对于每个生物机体来讲,其组织的形成和运作离不开最基本的独立单元——细胞。每个组织由各种各样的工作构成。每个工作在组织中扮演着各自不同的角色,这些角色为组织目标的有效实现担负着各自不同的功能。

2. 工作是责任和权利的统一体

工作是相互联系的一系列任务的组合,而在背后支撑的是一系列与之相对应的责任和权利。完成任务是履行组织所赋予的职责,而权利是履行职责的组织保障。

3. 工作是同类职位(岗位)的总称

在我国,工作、职务、岗位和职位四个概念经常相互通用。从严格的意义上讲,工作和职务 JOB 代表同一个意思,而职位和岗位 POSITION 代表同一个意思。例如一个企业有五个会计,即会计是一个工作(职务),它提供了五个从事会计工作的职位。工作是由许多相同的职位(岗位)所组成,而职位是以某项工作的人数而定,即有多少职位就有多少人员。但在实际工作中,这四个术语经常用来互相替换。

4. 工作是人与组织之间的桥梁

组织的建立是为了实现其短期、中期和长期的目标,而实现这些目标离不开一个最重要的因素——人,要把人和组织联系起来的有效途径是将工作落实到人身上,这样就形成了三者之间的结合。

（二）工作分析的概念

关于工作分析的概念，不同的学者从不同的角度来对其进行界定。综观国内外学者的研究，工作分析主要有以下几种定义：

1965 年，蒂芬和麦考密克（Tiffin & McCormick）的定义：从广义上说，工作分析是针对某种目的，通过某种手段来收集和分析与工作相关的各种信息的过程。

1980 年，高培德和阿特齐森（Ghorpade & Atchison）的定义：工作分析是组织的一项管理活动，它旨在通过收集、分析、综合整理有关工作方面的信息，为组织计划、组织设计、人力资源管理和其他管理职能提供基础性服务。

1996 年格雷.代斯勒（Gary Dessler）从工作分析的具体目的出发对工作分析做出定义：工作分析就是与此相关的一道程序，通过这一程序，我们可以确定某一工作的任务和性质是什么，以及哪些类型的人（从技能和经验的角度）适合被雇佣来从事这一工作。

2002 年，萧鸣政认为：工作分析就是分析者采用科学的手段和技术，直接收集、比较、综合有关工作的信息，为组织特定的发展战略、组织规划，为人力资源管理以及其他管理行为服务的一种管理活动。

综合以上国内外学者对工作分析的定义，工作分析又称职务分析（job analysis），它是指依据战略和组织运行的要求，在确定工作性质的基础上，以便为管理活动提供各种有关工作信息所进行的一系列的信息收集、分析和综合的过程。从宏观层面进行分析与研究，其研究的内容包括企业的组织结构、业务流程和岗位体系；从组织的微观角度，即从具体的岗位出发，其研究的内容是通过系统分析的方法来确定具体岗位的职责、工作范围以及胜任该岗位工作所需要的知识和技能的过程。本书主要从微观的角度研究工作分析。

二、工作分析常用的基本术语

1. 工作要素（job element）

工作要素是工作中不能再分解的最小活动单位，它是形成职责的信息来源和分析基础，比如接听电话，开动机器，加工零件、取出工具等都属于工作要素。

2. 任务（task）

任务是指安排一位职工所完成的一项具体的工作，它可由一个或多个工作要素组成。任务是工作分析的基本单元，并且它常常是对工作职责的进一步分解，是对一个人从事的事情所做的具体描述。比如复印文件，为了达到最终的工作目的，复印员必须从事以下具体行动：启动复印机；将复印纸放入复印机内；将要复印的文件放好；按动按钮进行复印。也就是说复印文件这一任务，是上述四项要素直接组成的一个集合。

3. 职责（responsibility）

职责是指个体在工作岗位上承担的一项或多项任务组成的相关任务集合。比如，监控员工满意度是人力资源经理的一项职责，这一职责由下列五项任务组成：设计满意度的调查问卷;进行问卷调查;统计分析问卷调查的结果;向企业高层反馈调查的结果;根据调查的结果采取相应措施。

4. 职权(authority)

职权是指赋予完成特定任务所需要的权力。即为了保证职责的有效履行,任职者必须具备的对某事项进行决策的范围和程度。它常常用"具有批准……事项的权限"来进行表达,如:具有批准预算外5 000元以内的礼品费支出的权限。

5. 职位(position)

职位是组织根据工作需要为员工个人供职提供的位置,职位也叫岗位。职位与岗位是对应的,但不是一一对应的。岗位是组织根据工作目标所规定的一组任务及相应的责任,职位是相对人而言,岗位是相对事而定(设)。对于确定的岗位,所对应的职位数即为编制数。职位与人是一一对应的。例如,高等院校设有教授岗位,副教授岗位,讲师等岗位,对于教师而言,有教授职位、副教授职位、讲师职位,对于教授或副教授、讲师这一确定的岗位可以有若干名教授、副教授、讲师任职,那么,在这确定的岗位上任职的教授、副教授、讲师数,即为该岗位上的编制数。

6. 职务(job)

职务是同类职位或岗位的总称,指主要职责在重要性和数量上相当的一组职位或岗位的统称,职务也叫工作。职务是对人而言,工作是对事而说。职务对人而言内含地位、职责、权利三层含义。如在政府机关中,厅长、处长等既表明他们的地位,又表明他们工作的职责和权限。

7. 工作族(occupation)

工作族也称工作群、职位族,是指根据工作内容、任职资格或者对组织贡献的相似性而划分为同一组的职位,这些职位具有非常广泛的相似内容。工作族的划分常常建立在职位分类的基础上,比如企业内所有从事技术的职位组成技术类工作族;所有从事销售工作的职位组成销售类工作族。

8. 职(岗)系(series)

职(岗)系是指由工作性质和特征相同或充分相似,而责任轻重和繁简难易程度却不同的一些岗位所构成的系列或群体。职系是最基本的岗位业务分类,一个职系相当于一种专门职业。

9. 职(岗)组(group)

职组是由工作性质相似的若干职系构成的群体,也叫职群。例如,小学教师就是一个职系,而教师就是一个职组。

10. 职(岗)级(class)

职级为同一职系中工作性质、繁简难易程度、责任轻重程度以及所需资格高低程度相同或充分相似的岗位。例如,钳工分为1级到8级八个职级,高校教师分为助教、讲师、副教授、教授四个职级。在同一职系中划分不同的职级,对管理工作有着非常重要的意义,它能划分出不同岗位在工作要求上的差异,使从事相同业务但能力不同的员工具有适合的工作岗位,从而更好地发挥其作用。

11. 职(岗)等(grade)

工作性质不同,但工作繁简难易、责任大小以及所需资格条件等因素充分相同的职级归纳为职等。同一职等的所有职位,不管它们属于哪一个职级,其薪金相同。职系、职组、职级、职等之间的关系如表3.1所示。

表3.1 职系、职组、职级、职等之间的关系

职组	职系	职等 职级	Ⅴ 员级	Ⅳ 助级	Ⅲ 中级	Ⅱ 副高职	Ⅰ 正高职
高等教育	教学			助教	讲师	副教授	教授
	科研			助理工程师	工程师	高级工程师	
	实验		实验员	助理实验师	实验师	高级实验师	
	图书、资料、档案		管理员	助理馆员	馆员	副研究馆员	研究馆员
科学研究	研究人员			研究实习员	助理研究员	副研究员	研究员
企业	工程技术		技术员	助理工程师	工程师	高级工程师	正高工
	会计		会计员	助理会计师	会计师	高级会计师	
	统计		统计员	助理统计师	统计师	高级统计师	
	管理		经济员	助理经济师	经济师	高级经济师	
农业	农业技术		农业技术员	助理农艺师	农艺师	高级农艺师	
医疗卫生	医疗、保健、预防		医士	医师	主治医师	副主任医师	主任医师
	护理		护士	护师	主管护师	副主任护师	主任护师
	药剂		药士	药师	主管药师	副主任药师	主任药师
	其他		技士	技师	主管技师	副主任技师	主任技师
新闻	记者			助理记者	记者	主任记者	高级记者
	播音		三级播音员	二级播音员	一级播音员	主任播音员	播音指导
出版	编辑			助理编辑	编辑	副编审	编审
	技术编辑		技术设计员	助理技术编辑	技术编辑		
	校对		三级校对	二级校对	一级校对		

12. **职业**(profession)

职业是指由不同组织中的相似工作组成的跨组织工作集合。比如教师职业、秘书职业。

13. **职业生涯**(career)

职业生涯指一个人在其工作生活中所经历的一系列职位、工作或职业。例如，某人刚参加工作时是学校的老师，后来去了政府机关担任公务员，最后又到了公司担任经理，那么老师、公务员、经理就构成了这个人的职业生涯。

三、工作分析的目的、意义和作用

（一）工作分析的目的

一个组织的工作涉及人员、工作和环境三方面的因素。有关工作人员的分析包括工作能力、工作条件等方面；有关工作的分析包括工作范围、工作程序、工作关系等内容；有关工作环境包括工作的环境、使用的设备等范畴。而工作分析即为分析工作所涉及的人员、事务、物质三种因素，并形成经济有效的系统，以便于提供就业资料、编定训练课程及解决人与机械系统的配合，以发挥人力资源的有效利用为目的。

工作分析分别涉及有关工作人员、工作职务及工作环境，所以工作人员的分析包括人员条件、能力等，经分析而编制成职业资料(occupation information)，有助于职业辅导(vocation guidance)工作的开展，达到人尽其才的目的。工作职务分析包括工作任务、工作程序步骤及与其他工作的关系，对于员工工作上的任用、选调、协调合作有所帮助，使组织发挥系统的功能，达到适才适职的目的。至于工作环境的分析包括工作的知识技能、工作环境设备，使员工易于应付工作的要求，并使人与机器系统相互配合，从而达到才尽其用的目的。

由以上分析可知，工作人员的分析乃"人与才"的问题；工作职务的分析乃"才与职"的问题；工作环境的分析乃"职与用"的问题。"人与才"、"才与职"、"职与用"三者相结合乃是人力资源的运用，通过组织行为以达到组织目的。

（二）工作分析的意义和作用

现代企业的人力资源管理体系，从整体上来看主要表现出两方面的发展趋势，一方面是强调人力资源管理的战略导向，另一方面是强调人力资源管理系统的内部整合。而工作分析在上述两个趋势中都扮演者关键性的角色。对于前者，工作分析是从战略、组织向人力资源管理过渡的桥梁；对于后者，工作分析是对人力资源管理系统内在各板块进行整合的基础与前提。

1. **工作分析在战略与组织管理中的作用**

工作分析对于企业的战略的实施与组织的优化具有十分重要的意义，如图 3.1 所示，具体表现在以下几个方面：

（1）实现战略传递

通过工作分析，可以明确职位设置的目的，从而找到该职位如何来为组织整体创造价值，

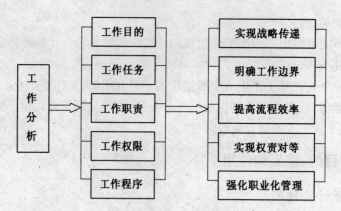

图 3.1　工作分析在战略与组织管理中的作用

如何支持企业的战略目标与部门目标,从而使组织的战略在直线指挥系统上能够得以落实。

(2)明确工作边界

通过工作分析,可以明确界定工作的职责与权限,消除工作之间在职责上的相互重叠,从而尽可能地避免由于工作边界不清导致的扯皮推诿,并且防止工作之间的职责真空,使组织的每一项工作都能够得以落实。

(3)提高流程效率

通过工作分析,可以理顺工作与其流程上下环节的关系,明确工作在流程中的角色与权限,消除由于职位设置或者工作界定的原因所导致的流程不畅,效率低下等现象,从而有效提高组织的流程效率。

(4)实现权责对等

通过工作分析,可以根据工作的职责来确定或者调整组织的分权体系,从而在职位层面上使权责一致。

(5)强化职业化管理

通过工作分析,在明确职位的职责、权限、任职资格等的基础上,形成该职位的工作的基本规范,从而为员工职业化素养的培养打下良好的基础。

2. 工作分析在人力资源管理中的作用

工作分析对于人事研究和人事管理具有非常重要的作用。全面和深入的进行工作分析,可以使组织充分了解工作的具体特点和对工作人员的行为要求,对做出人力资源管理决策奠定坚实的基础。工作分析在人力资源管理中的作用如图 3.2 所示。

(1)制订有效的人力资源规划

每一个单位对于本单位或本部门的工作职务安排和人员配备,都必须有一个合理的计划,并根据生产和工作发展的趋势做出人事预测。工作分析的结果,可以为有效的人事预测和计划提供可靠的依据。在职业和组织面临不断变化的市场和社会要求的情况下,有效地进行人

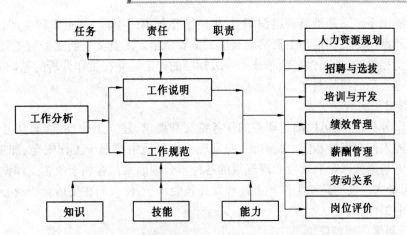

图 3.2 工作分析在人力资源管理中的作用

事预测和计划,对于企业和组织的生存和发展尤其重要。一个单位有多少种工作岗位,这些岗位目前的人员配备能否达到工作和职务的要求,今后几年内职务和工作将发生哪些变化,单位的人员结构应做什么相应的调整,几年甚至几十年内,人员增减的趋势如何,后备人员的素质应达到什么水平等等问题,都可以依据工作分析的结果做出适当的处理和安排。

(2)招聘与选拔合格的人员

通过工作分析,能够明确的规定工作职务的近期和长期目标;掌握工作任务的静态和动态特点;提出有关人员的心理、生理、技能、文化和思想等方面的要求,选择工作的具体程序和方法。在此基础上,确定选人用人的标准。有了明确而有效的标准,就可以通过心理测评和工作考核,选拔和任用符合工作需要和职务要求的合格人员。

(3)设计积极的人员培训和开发方案

通过工作分析,可以明确从事的工作所应具备的技能、知识和各种心理条件。这些条件和要求,并非人人都能够满足和达到的,必须需要不断培训,不断开发。因此,可以按照工作分析的结果,设计和制定培训方案,根据实际工作要求和聘用人员的不同情况,有区别、有针对性的安排培训内容、方案和员工的职业生涯,以培训促进工作技能的发展,提高工作效率。

(4)提供绩效考核的标准

工作分析可以为工作考核和升职提供标准和依据。工作的考核、评定和职务的提升如果缺乏科学依据,将影响干部、职工的积极性,使工作和生产受到损失。根据工作分析的结果,可以制定各项工作的客观标准和考核依据,也可以作为职务提升和工作调配的条件和要求。同时,还可以确定合理的作业标准,提高生产的计划性和管理水平。

(5)建立先进、合理的薪酬管理制度

工作的分析,可以为各种类型的各种任务确定先进、合理的工作定额。所谓先进、合理,就是在现有工作条件下,经过一定的努力,大多数人能够达到,其中一部分人可以超过,少数人能够接近的定额水平。它是动员和组织职工、提高工作效率的手段,是工作和生产计划的基础,也是制定企业部门定员标准和工资奖励制度的重要依据。工资奖励制度是与工资定额和技术等级标准密切相关的,把工作定额和技术等级标准的评定建立在工作分析的基础上,就能够制定出比较合理公平的报酬制度。

(6)改善员工的劳动关系

通过工作分析,不断可以确定职务的任务特征和要求,建立工作规范,而且可以检查工作中不利于发挥人们积极性和能力的方面,并发现工作环境中有损于工作安全、加重工作负荷、造成工作疲劳与紧张以影响社会心理气氛的各种不合理因素。有利于改善工作设计和整个工作环境,从而最大程度地调动工作积极性和发挥技能水平,使人们在更适合于身心健康的安全舒适的环境中工作。

(7)进行科学的岗位评价

工作分析是岗位评价的基础,任何一种岗位评价方法的基础工作都是进行工作分析。只有根据科学的工作分析所获得的资料才能作为进一步评价企业中各个岗位的相对价值,并进一步确定对岗位进行分级评定的依据。

四、工作分析的原则

(一)系统原则

任何一个组织都是相对独立的系统。因此,从组织层面上,根据战略来进行组织结构设计,根据组织结构设计进行职能分解,根据职能分解来做岗位设置。从微观的岗位层面,在工作分析中,应从系统论出发,将每个岗位放在组织系统中,从总体上把握某岗位与其他岗位之间的关系,从总体上把握该岗位的特征及人员的要求。

(二)动态原则

工作分析必须以企业的战略为导向、与组织的变革相适应、与提高流程的速度与效率相配合,以此来推动职位描述与任职资格要求的合理化与适应性。因此,工作分析的结果不是一成不变的,它是一项常规性的工作,要根据战略意图、环境变化、业务的调整,经常性地对工作分析的结果进行调整。

(三)目的原则

在工作分析中,要明确工作分析的目的。根据工作分析的目的,注意工作分析的侧重点。例如工作分析是为了明确工作职责,那么分析的重点在于工作范围、工作职能、工作任务的划分上;如果工作分析的目的在于招聘人才,那么工作重点在于任职资格的界定;如果目的在于决定薪酬标准,那么重点在于工作责任、工作量、工作环境、工作条件等因素的界定。

(四)参与原则

工作分析尽管是人力资源部主持开展的工作。但它需要各级管理人员与员工的广泛参与,尤其是要高层管理者加以重视,业务部门大力配合才能取得成功。

(五)经济原则

工作分析涉及企业组织的各个方面,因此,应本着经济的原则来选择工作分析方法。

(六)人与岗位相结合的原则

工作分析必须以工作为基础,以此来推动职位设计的科学化,强化任职者的职业意识与职业规范。因此工作分析的出发点是从岗位出发,分析其内容、性质、关系、环境以及任职资格等。同时,工作分析又必须充分照顾到任职者的个人能力与工作风格,在强调工作内在客观要求的基础上,适当体现岗位对人的适应,处理好岗位与人之间的矛盾。

(七)应用原则

应用原则是指,一旦形成工作说明书,管理者就应该把它应用于企业管理的各个方面,无论是人员招聘、选拔、培训,还是考核、激励都需要严格按照工作说明书的要求来做。

第二节 工作分析的内容和步骤

工作分析是一项基础性、重要性、复杂性和系统性的工作,在实施过程中,要对整个工作分析活动进行合理地规划和有效地控制,因此要对工作分析的内容和流程有清晰地认识,从而有效地指导企业的工作分析活动。本节将对工作分析的基本内容进行综合分析,并概括出一套比较适用的工作分析的流程。

一、工作分析的内容

将工作分析的内容具体阐述、展开,可以将工作分析的内容理解成为解决7个W和1个H问题的调查。

1. Who——需要什么样的人完成此项工作

对从事某项工作的人的要求,也就是我们常说的任职资格,包括知识技能、工作经历、教育培训、身体素质、心理素质等方面的内容。

2. What——需要完成什么样的工作

指岗位主要从事的工作活动和工作责任。工作活动包括:任职者所要完成的工作活动;任职者的工作活动产出(产品或者服务);任职者的工作活动标准。工作责任包括:管理责任和非管理责任。

3. When——工作要在什么时候完成

指从事所有工作的时间安排和工作活动的频繁程度,具体的就是要说明哪些工作是有固定时间的,一般在什么时间做,并要说明例行性的工作、周期性的工作的具体时间和周期。

4. Where——工作将在哪里进行

是指工作进行的环境,包括工作的自然环境、工作的社会和心理环境以及工作危险性。自然环境包括温度、噪音、亮度等,社会和心理环境可以体现为工作地点的生活便利程度、与他人的交往程度等,而工作危险性主要是指对身体造成的伤害。

5. Why——为什么要完成此项工作

指任职者的工作目的,也就是任职者从事的工作在整个企业中的作用和地位,主要包括工作的目的和工作关系。工作目的主要说明为什么要这样做,它的最终目的是什么,每项任务有什么特定意图。工作关系指出工作指导和被指导的关系，以及晋升通道、协作关系和工作中所接触到的部门内外、组织内外的其他资源。

6. for Whom——员工为谁工作

指任职者的工作要向谁请示和汇报、向谁提供信息或工作结果、监督关系等。

7. Which——完成工作需要哪些条件

指完成工作所需要的物质条件和人力资源条件。物质条件指任职者在完成工作任务的正常情况下,在使用的工具、仪器和设备方面,对操作技能的基本要求。人力资源条件则体现为对任职者的要求,包括经验、教育、培训、知识、生理条件、协调或灵活性、心理能力、智能和社会技能等方面。

8. How——员工如何完成此项工作

指任职者通过怎样的途径从事工作以获得预期的结果,包括任职者从事工作的活动程序与流程、工作中需要哪些机器、工具、原材料、测量仪器及其他设备,工作活动涉及的文件记录,工作中的关键控制点,应该遵循哪些程序、标准和惯例,需要做出哪些决定或决议等等。

二、工作分析的程序或步骤

(一)工作分析的立项阶段

工作分析的立项阶段是工作分析的起始阶段,该阶段的主要任务包括工作分析需求诊断和工作分析立项两项工作。

1. 工作分析需求诊断

(1)发现工作分析需求的预兆

工作分析是人力资源管理中的一项基础性、常规性的工作。作为基础性的工作,在企业建立之初,缺乏运行前提,无法进行正常经营活动,此时需要进行工作分析;在企业制定了发展战略,但缺乏管理支持,而无法真正落实时,也需要进行工作分析。一般来说,当企业出现下列情况之一时,就表明需要进行工作分析:

①组织管理体系、业务流程不畅,导致效率低下。

②客户的需求提高,而目前的产品和服务无法满足顾客的需求。

③缺乏明确的、完善的、书面的工作说明,人们对工作的职责和要求不清楚。

④虽然有书面的工作说明,但与实际工作的情况不符,难以按照说明去实施。
⑤经常出现推诿扯皮、职责不清或决策困难的现象。
⑥刚刚进行了组织机构和工作流程的变革或调整。
⑦当需要招聘某个职位上的新员工时,发现很难确定用人标准。
⑧当需要对员工进行培训时,发现难以制订有针对性的计划。
⑨当需要对员工的业绩进行考核时,发现没有根据职位确定的考核标准。
⑩当需要建立新的薪酬体系时,无法对各个职位的价值进行评估。

(2)成立工作分析筹备小组

在发现了工作分析需求的预兆后,应由企业的高层主管领导牵头组建工作分析筹备小组,其成员包括人力资源部经理、主管以及其他相关部门(财务部、行政部)经理。筹备小组的主要职责是:确认工作分析的需求;制定工作分析的总体原则、预算;建立工作分析的目标导向;确定工作分析的主体;监控整个工作分析过程;确认工作分析的最终结果;推广应用工作分析成果;项目述职。

1)建立工作分析的目标导向。工作分析的目标导向,是指明确规定工作分析的具体目标和工作分析成果的具体用途,以此作为构建整个工作分析系统的依据。工作分析可以分别以组织优化、甄选、培训开发、考核、薪酬为目标导向。目标导向不同,所要达到的目的也不同。强调建立工作分析的目标导向,并不意味着一个工作分析项目只能有一个目标。事实上,工作分析的不同目标导向之间往往是相互交叉的,一个工作分析项目可以胜任 2~3 个具体目标。

2)确定工作分析主体。工作分析主体,就是承担工作分析任务的人员。工作分析的主体有以下几种情况:

①工作分析的主体是任职者。任职者最清楚自己的工作,由自己来做工作分析,既省时又省力。但任职者作为主体也会引出很多问题,如:格式不统一、表达不规范,只写做什么,而做到什么程度则不能表达清楚。

②工作分析的主体是部门主管。部门主管对任职者的工作了解全面、也比较客观,由他们来做工作分析,效果会更好。但实践表明,部门主管工作繁忙,难以按时、按质、按量完成工作分析。

③工作分析的主体是人力资源部门。人力资源部门负责整个企业的人员配置工作,对员工及岗位都有所了解,由他们来做工作分析具有一定的权威性。然而事实表明,人力资源部员工有限,工作繁重,往往工作分析要花很多时间才能做出来。结果是等到最后一个岗位说明完成时,以前的工作已有所改变。

④工作分析的主体是工作分析顾问。工作分析顾问一般来自企业外部的咨询机构,他们要了解组织内部的情况需要花费很长的时间,如果单纯由他们来为企业做工作分析,也是不切实际的。

面对工作分析多主体的问题,可采用综合方式来解决。即专家指导、人力资源部实施、任职者参与、部门配合、领导审批五结合方式。具体步骤为:聘请外部专家作为工作分析顾问,由专家对工作分析进行总体策划;人力资源部门在专家的指导下做具体的工作分析计划;任职者直接参与;部门主管配合,主要对部门任职者提供的资料进行核实和补充;人力资源部门编写工作描述和任职资格;专家修正审批;企业领导进行最后审批。

(3)人力资源管理体系诊断分析

工作分析筹备小组成立后,可以由小组成员采用问卷调查、重点员工访谈等方法,也可以聘请外部专家采用规范、系统的人力资源管理诊断工具,对企业人力资源管理的现状进行诊断,形成诊断分析报告。诊断分析报告应发现企业在人力资源管理中存在的问题,分析问题产生的原因,反映企业进行工作分析的具体需求,阐述满足这些需求的现有条件;预估工作分析过程中可能遇到的困难并拿出解决困难的办法。

2. 工作分析立项

工作分析是一项复杂的系统工程,它的实施需要获得企业高层的批准。工作分析筹备小组要在人力资源管理体系诊断分析报告的基础上,撰写《工作分析立项报告》,向企业高层申请立项。立项也就是要对工作分析的导向进行定位。立项报告应在原则上确定工作分析的目标导向、目的、主要用途、开展方式、外部专家的选聘,以及大致的时间进程和预算等。

(二)工作分析的准备阶段

工作分析的准备阶段是为工作分析的正式展开做好各方面的准备工作。这一阶段的主要工作包括成立工作分析小组、制订工作分析计划、对工作分析人员进行培训和做好其他必要的几项准备工作。

1. 成立工作分析小组

(1)工作分析小组建立的要求

工作分析小组是为了进行工作分析而临时组建的团队,并不是组织的常设机构。工作分析小组是工作分析的指导者和实施者,其工作的好坏直接关系到工作分析的进程和结果。一支高效精干的工作分析小组,应具备以下条件:

①小组成员必须能够客观地看问题,保证工作分析过程中资料收集分析和岗位分析的真实性和有效性。

②小组成员应对整个企业的所有岗位有较为全面的了解。

③小组成员在企业员工中应有一定的影响力,能够调动员工积极性。

④小组成员应具有一定的工作分析方面的知识和相关的工作经验,具有人力资源管理、心理学的一般知识,对工作分析的技术和程序都比较了解。

⑤小组成员应掌握观察、面谈、记录等技巧,具备较强的文字表达能力。

⑥小组成员应具有良好的记忆力、理解力和分析能力。

⑦小组成员应有获得他人信赖与合作的能力。

总之,无论是企业内部专家还是来自于企业外部的工作分析专家都会具有这样或那样的不足,因此,我们在进行专家选择的时候,就要有针对性地进行组合,将企业的工作分析小组的成员结构合理化。有意识地选取不同知识结构、不同工作背景的人来共同组成工作分析小组,这样一方面可以弥补个别专家的能力或知识上的不足,另一方面也为工作分析工作能够取得令人满意的结果提供保障。

(2) 确定工作分析小组成员的数量

工作分析小组一般是由外聘专家、企业内部成员两部分组成,人数一般为 8~15 人不等,其中外部专家一般为 2~5 人不等。具体人数要按实际情况而定。如果工作量多且工作难度较大时,工作分析小组成员的数量可以相对多一些;如果只涉及少量的工作且任务较轻时,工作分析小组成员的数量可以相对少一些。通常情况下,工作分析小组成员的数量是单数,这样有利于工作分析结果的形成。

(3) 建立沟通体系

沟通体系的建立,可使职责分明,有助于避免相互推诿责任的现象产生,从而保证工作分析的效率和质量。工作分析小组成立之后,在正式开始工作分析工作之前,工作分析小组成员要与企业各个方面进行沟通,为工作分析的开展做好充分的准备。整个沟通所涉及的人员包括:

①企业高层管理者。工作分析小组成立之后,工作分析小组成员要及时与企业高层管理者取得联系,了解高层管理者进行此次工作分析的目的和意图,争取高层管理者的支持。只有把握好企业决策者的意图,才能把握工作分析的大方向,从而为工作分析的成功奠定基础。争取高层管理者的支持,是工作分析顺利进行的保证。

②企业人力资源管理部门有关人员。人力资源管理部门是工作分析的组织者和监督检查者,同时也是工作分析的具体参与者。工作分析小组与人力资源部的沟通主要针对工作分析实施过程、对工作分析方案的有关内容进行讨论、工作分析的方式方法等,为工作分析的实施创造一个良好的平台。

③企业有关部门主管。在了解企业进行工作分析的目的和意图之后,工作分析小组还要积极与企业中层管理者和基层管理者取得联系,争取他们的合作。由于工作分析涉及面非常广,部门的支持对工作分析成功与否起着至关重要的作用。在与部门和班组负责人进行沟通时,主要是收集部门的组织结构、岗位构成、人员比例、部门责权等方面的信息,为工作分析工作的开展做好铺垫。

④企业有关部门的员工代表。在工作分析之前,工作分析小组也应到企业的生产一线调研,与一般员工进行简单的沟通。通过这样的沟通,了解企业的工作流程和员工的一些意见和看法,为工作分析做好准备工作。

⑤工作分析的人员对象,即相应的工作者。工作分析小组与工作分析对象进行沟通主要是加强工作分析小组对于即将进行分析岗位的了解,便于日后工作的开展。同时,通过沟通,双方建立起良好的关系,日后实施工作分析打下基础。

⑥工作分析小组成员。这里所说的沟通不仅是指工作分析小组与企业有关部门和人员的沟通,工作分析小组成员之间也要进行沟通。通过沟通,一方面可以使成员对工作分析的有关内容达成一致,另一方面也可以有效协调小组成员之间工作。

2. 制订工作分析计划

实施一个完整的工作分析,往往需要大量的资源,耗费一定的时间和费用,还要得到各个层面人员的配合,因此,在实施之前需要制订一个整体的计划,在具体实施时还需要形成一个具体的操作计划,以便工作分析工作能有条不紊地进行。

(1)工作分析的整体计划

制订工作分析计划时,要使用规范用语,减少因用语不同而造成的误差。一份完整的工作分析整体计划通常应该包含以下内容:

①工作分析的目的和意义。
②工作分析所需收集的信息内容。
③工作分析项目的组织形式和参与人员。
④工作分析实施的过程或步骤。
⑤工作分析实施的时间和活动安排。
⑥工作分析方法的选择。
⑦界定待分析的工作样本或范围。
⑧所需的背景资料和配合工作。
⑨工作分析所提供的结果。
⑩工作分析的费用预算。

(2)工作分析的具体操作计划

工作分析的整体计划,只具有指导意义,而没有操作意义。因此,在具体实施的时候,还需要对整体计划细化,形成一个具体的操作计划。在具体的操作计划中,应该有明确的时间表,这个时间表要说明具体的每一个时间段,每个人的职责和任务是什么。具体包括要开展什么工作、工作的开展时间、工作的持续时间、开展工作的具体地点、参与的人员和各自承担的具体工作、使用的设备、要达到的目的等。

有了这个具体的操作计划,工作就可以按照它来进行了。但是由于不可能预先确定所有的要素,在执行这个计划的时候,还应该根据实际情况做出适当的调整。如果实施过程不再按照计划进行,应及时将有关情况通知相关人员,使其重新进行安排,保证工作正常有效展开。

3. 工作分析人员的培训

为了确保工作分析的效果,在工作分析小组成立后,要对小组中担任收集工作分析信息工作的人员——信息收集员、信息分析员、信息分析专家进行相关培训,这是工作分析的关键环节。

(1) 信息收集员

信息收集员是在工作分析过程中承担信息收集任务的人员。对他们进行培训的着重点集中在沟通技能和分析技能上。沟通技能主要包括书面表达和口头沟通两方面的能力。口头表达技能在与目标职位任职者、主管、经理的交流中尤为重要,其能力将直接影响收集信息的完整性和准确性;书面表达技能主要体现在记录有用的职位信息和书写访谈记录方面。分析技能主要体现在对收集的信息进行加工处理,去除干扰或错误信息等方面。

培训时,主要由外聘专家对工作分析的目的、使用工具的特点进行讲解,对项目用语的标准含义、施测指导语、施测过程的引导和控制进行统一规定,回答成员的质疑,并对有歧义的地方进行讨论和确定。

(2) 信息分析员

信息分析员是比信息收集员高一层次的专业技术人员,他们承担信息分析处理、形成成果的工作。信息分析员除了要具备信息收集员所具有的技能外,还要具备熟练使用各种工作分析的方法的能力,具备敏锐的洞察力、深刻的分析总结能力和高度的责任感。一般来说,信息分析员应由接受过系统化的工作分析、人力资源管理、组织行为学等专业课程训练,并有 2~3 年从事工作分析经验的人员担任。

(3) 信息分析专家

信息分析专家是整个工作分析的核心人物,负责对工作分析进程和结果的控制。他除了具备专业上的最终决策能力以外,还要具备很强的沟通协调、高层运作能力,随时解决工作分析过程中可能发生的技术性、结构性和协调性问题。信息分析专家扮演着专业和管理的双重角色。这种角色技能主要是通过在大量的工作分析实践基础上进行工作分析理论、管理技能等的开发中获取的。

(三) 工作分析的调查阶段

1. 收集有关的背景资料

在工作分析中,背景资料主要包括:

(1) 可供参考的职业分类标准

职业分类是采用一定的标准,依据一定的分类原则,对从业人员所从事的各种社会职业进行全面、系统的划分与归类。我国的职业分为大类、中类、小类和细类 4 个层次。职业细类主要是根据工作分析方法得出的,它是在许多不同组织中进行工作分析结果的总结,因此对于工作分析非常重要。在职业分类词典中,对每个职业的功能按照对资料、人、物的关系进行标准化编码,见表 3.2。

表 3.2 职业功能编码标度

	资料	人	物
复杂 ↕ 简单	0 综合 1 调整 2 分析 3 汇编 4 加工 5 复制 6 比较 7 服务	0 指导 1 谈判 2 教育 3 监督 4 转换 5 劝解 6 交谈—示意 7 服务 8 接受指示、帮助	0 创造 1 精密加工 2 操作控制 3 驾驶、操作 4 处理 5 照料 6 反馈—回馈 7 掌握

【应用举例 3.1】

职业分类词典中关于出纳职位的描述

职业代码:211.362-18 出纳（财务人员）

职责:

1. 收进和支出资金,并保存资金的记录和财务交易中的可转让票据。

2. 接收现金和支票并存在银行中,核对数目,检查支票背书。核对签名和余额之后将支票兑现。将交易的记录输入计算机,并开具计算机生成的收据。安排日常的现金供应,计算将要入账的现金。平衡现金支票,对账。开新账户,提取存款。使用打字机、复印机,准备支票和其他财务文件。

职业特征:GOE:07.03.01   STRENGTH:L   GED: R4 M3 L3   SVP: 5

(资料来源:姚月娟. 工作分析与应用[M]. 大连:东北财经大学出版社,2007.)

在上面的职位描述中职业代码的前三位数字表示的是分类编码。第 4 到第 6 位表示的是对职位所从事的活动的评定,第 4 位表示与资料的关系,第 5 位表示与人的关系,第 6 位表示与物的关系。在上面这个"出纳"职位中,与资料的关系是"汇编",与人的关系是"交谈—示意",与物的关系是"操作控制"。在最后一行中的符号和数字中,"GOE"表示按照职业兴趣、能力倾向等对职业进行的分类,"07.03.01"表示的是"商业细节、财务细节、付出与收进";"STRENGTH"表示职业所需的体力程度,"L"表示轻度体力活动;"GED"表示教育程度,"R"表示推理能力水平,"M"表示数学能力水平,"L"表示语言能力水平,均在 1~6 分之间,6 分表示最高的教育水平,1 分表示最低的教育水平;"SVP"表示从事该职业所需的经验,"5"表示 6 个月到 1 年的经验。

(2)组织中的有关资料

组织中现有的资料,如组织结构图、规章制度、工作流程图、部门职能说明书。组织结构图是用来描述组织各个组成部分之间相互关系的,从组织结构图中,可以看到部门或职位之间的关系,每一个部门或职位应该向谁负责,每一个部门或职位的下属是谁,发生关联的部门和职位有哪些。组织结构图表示的是部门或职位之间的一种静态联系,而工作流程图则表明了部门或职位之间的动态联系。在工作流程图中,我们可以看出在一项工作活动中,某个部门或职位需要接受来自哪些部门或职位发出信息或指令,需要对信息和指令做出哪些处理,需要向哪些部门或职位发出信息或指令等。通过工作流程图,可以比较好地了解工作任务以及工作的关联关系。部门职能说明书规定了组织中一个部门的使命和职能,而工作分析就是要将部门的职能分解到下属的职位上去。

(3)现有的工作说明书或工作描述资料

在很多组织中,并不是第一次实施工作分析,因此组织中一般会有一些现成的工作说明书或工作描述等资料,仍能提供工作职位的一些基本信息做参考。

2. 收集与工作相关的信息

对工作信息的收集通常包括职位名称分析、工作内容分析、工作环境分析、工作任职者的任职资格分析,即工作分析所要收集的信息7W1H。

3. 选择收集信息的方法

每一种收集工作信息的方法都有其独特之处,也有其适合的场所;有其优点,也有其不足之处。并不存在一种普遍适用的或最佳的方法。在进行工作分析时,应该根据具体的目的及实际情况,有针对性地选择一种或几种方法。

工作分析所要达到的目标不同,选择的方法也不同。当工作分析用于招聘时,就应该选用关注任职者特征的方法;当工作分析关注薪酬体系的建立时,就应当选用定量的方法,以便对不同工作价值进行比较。

工作分析的职位不同,选择的方法也不同。有些职位活动以操作机械设备为主,则可使用现场观察法;而有些职位活动以脑力劳动为主,则不易使用现场观察法。

根据工作分析的时间要求,选择不同的方法。例如访谈法,可以较直接地从任职者处获得信息,但它需要花费的时间较多;而问卷法,虽然获得的信息有限,但可以很多人同时回答,效率较高,很适合在时间要求较紧的情况下采用。

(四)工作分析的分析阶段

分析阶段的主要任务是对收集来的与工作分析相关的信息进行统计、分析、研究、归类。目的是获得各种规范化的信息,并最终形成格式统一的工作说明书。

1. 整理资料

将收集到的信息按照工作说明书的各项要求进行归类整理,检查是否有遗漏的项目,如果发现有遗漏的项目,则要返回到上一个步骤,继续进行调查收集。

2. 审查信息

工作分析提供了与工作的性质和功能有关的信息,这些信息必须与从事这些工作的人员以及他们的直接主管进行核对才能避免出偏差。核对工作既有助于确定工作分析所获得的信息是否正确、完整,也有助于确定这些信息能否被所有与工作分析相关的人员所理解。

3. 分析信息

在确认了所收集的信息没有遗漏和错误后,就可以对这些信息进行分析了。要创造性地分析和发现有关工作及工作人员的关键问题,归纳、总结出工作分析必需的材料和要素。

①创造性地发现有关工作和任职人的关键信息。

②归纳、总结出工作分析所需要的材料和要素。

在分析阶段,对各项工作描述可采取ESCII办法,即"删除(Eliminate)→简化(Simplify)→合并(Combine)→改善(Improve)→创新(Innovate)"进行分析。

(五)工作分析的完成阶段

1. 编写工作说明书

编写工作说明书是指通过对工作分析的结果加以整合以形成具有组织法规效果的正式文件的过程。工作说明书是工作分析的最终结果之一,它包含了工作分析所获得的所有信息,并把这些信息以标准化的形式编制成文。其主要的步骤如下:

①按一定的格式编写工作说明书的初稿。

②将初稿反馈给相关的人员进行核实,意见不一致的地方要重点进行讨论。

③经过多次反馈,修正工作说明书。

④形成工作说明书的定稿。

2. 工作分析的评价

工作分析评价就是要对工作分析工作的成效进行评估,以确定其价值,并总结经验教训,为今后更科学、更有效地进行工作分析提供借鉴。对工作分析的评价主要使用下列标准:

(1)灵活性与工作成本收益标准

工作分析越细致,所需要花费的成本就越高。于是,在工作分析的细致程度方面就存在着一个最优化的问题。因此,有许多公司都在减少工作类别的划分,并愿意进行比较灵活的工作描述。当组织的任务、需求发生变化,需要在相同的一类工作中对员工的工作进行调整时,使组织具有很强的灵活性。至于对工作之间的差别进行详尽的描述是否值得,这将取决于组织所面临的特定环境。

(2)可靠性和有效性标准

工作分析的可靠性是指不同的工作分析人员对同一个工作的分析所得到的结果的一致性和同一个工作分析人员在不同的时间对同一个工作的分析所得到的结果的一致性。工作分析的有效性是指工作分析结果的精确性,这实际上是将工作分析结果与实际的工作进行比较。通常检验工作分析有效性的方法是通过多个工作者和管理人员收集信息,并请他们在分析结果上签字表示同意。

3. 工作分析的应用

（1）工作说明书的使用培训

尽管部分任职者参与了职位分析的全过程，但是职位分析最终成果包含了大量技术性、专业性成分，因此职位说明书的使用者进行培训是必要的。一般说来，工作说明书培训方面的应用包含以下三种类型，各自培训内容的侧重点有所不同：

①面向组织全体员工的公开宣讲。主要讲授工作分析的目的、意义、用途以及工作说明书各信息板块的阅读及使用方法。

②各部门内部针对具体职位开展的培训。由工作分析人员参与进行，要明确各具体职位的工作职责、绩效标准、任职资格、学习和培训方向等。

③针对人力资源部职能管理人员的培训。主要包括工作说明书如何运用于薪酬、考核、招聘、培训等人力资源管理功能板块。

（2）工作说明书的修订

一般说来，在稳定的组织中，职位说明书具有相对稳定性，但由于工作分析是在相对集中的时间内完成，对于各信息板块的分析整理难免会有疏漏之处，因此对于工作说明书的管理和使用是一个动态的过程。工作分析的工作人员应在实践过程中，建立工作说明书反馈渠道，不断收集反馈信息，对工作说明书加以完善，同时总结工作分析过程中的缺陷和漏洞，为以后新的工作分析工作积累经验教训。

（3）工作说明书在人力资源管理中的具体应用

工作说明书编制完成后，需要在人力资源管理的实践中进行具体应用，主要应用于职位分类、工作评价、工作设计、绩效评价、员工培训、员工招聘、薪酬管理和人力资源规划等几个方面。

第三节　工作分析的方法

工作分析方法选择的正确与否关系到工作分析的成功与失败。根据工作分析的导向、分析对象的差异，形成了一系列不同的工作分析方法，既有定性的也有定量的方法。而在实践中要充分考虑工作分析方法是否与目的相匹配，是否与所要分析的工作相适合，其成本是否具有可行性。这就需要对各种方法的具体内容、优缺点进行分析，本节将对工作分析的各类方法进行具体介绍。

一、定性分析方法

（一）访谈法

1. 访谈法的概念

访谈法又称为面谈法，是指工作分析人员就某项工作，面对面地询问任职者及其主管以及专家等对工作的意见或看法。访谈法是适用于各类工作的方法，而且是对中高层管理职位进行深度工作分析效果最好的方法。目前访谈法是在国内企业中运用最广泛、最成熟并且最有效的工作分析方法。

2. 访谈法的分类

(1) 按照结构化程度划分

按照结构化程度划分访谈法分为结构化访谈和非结构化访谈。结构化访谈是指在访谈前拟定提纲,访谈时按提纲进行;非结构化访谈是指事前不拟定提纲,随机访谈。通过非结构化访谈可以根据实际情况灵活地收集工作信息,但信息缺乏完备性;通过结构化访谈能够收集全面的信息,但不利于任职者进行发散性思维。在实践中,往往将两者结合使用。

(2) 根据访谈对象

根据访谈对象访谈法可分为:一是个别员工访谈法,主要适用于各个员工的工作有明显差别,工作分析的时间又比较充分的情况。二是群体访谈法,主要适用于多个员工从事同样或相近工作的情况。使用群体访谈法时,必须邀请这些工作承担者的上级主管人员在场或事后向主管人员征求对所收集材料的看法。三是主管人员访谈法,指与一个或多个主管面谈,因为他们对工作分析非常了解,有助于减少工作分析的时间。

3. 访谈法的程序

(1) 准备阶段

在准备阶段,需要做如下工作:制订访谈计划、培训访谈人员以及编制访谈提纲。

①制订访谈计划。访谈计划的内容主要包括:明确访谈目标;确定访谈对象;选定合适的访谈方法;确定访谈的时间和地点;准备访谈所需的材料和设备。

②培训访谈人员。需要对访谈人员做如下培训:一是基本访谈原则、知识、技巧的培训与交流;二是针对本次访谈展开的专项培训,主要是传达访谈计划,明确访谈目的、意义;三是各访谈人员按照分工收集并分析现有的目标职位相关信息。

③编制访谈提纲。编制访谈提纲是为防止在访谈过程中出现严重的信息缺失,确保访谈过程的连贯性。访谈提纲中的问题分为通用性问题(开放式)和个性化问题(封闭式),通用性问题主要列举需要收集的各方面信息,个性化问题主要收集与职位相关的职责和任务,作为启发被访谈者思路的依据。

(2) 开始阶段

此阶段的重点是帮助被访谈者保持信任的心态。

①访谈者应该营造轻松舒适的访谈气氛。

②介绍访谈程序。如果需使用笔录、录音等辅助手段的,应向被访谈者事先说明。

③强调访谈的有关要素。

④做出访谈承诺。

(3) 主体阶段

访谈主体阶段的任务包括:寻找访谈"切入点"、询问工作任务以及工作任务的细节。

(4) 结束阶段

工作分析人员应根据访谈计划把握访谈进程,若需要超过计划时间,(一般不宜超过3小时)应及时与被访谈者及其上司沟通,征得其同意。

在访谈结束阶段,访谈者应就如下问题与被访谈者再次沟通,沟通的问题主要包括:允许被访谈者提问;追问细节,并与被访谈者确认信息的真实性与完整性;重申工作分析的目的与访谈收集信息的用途;提前告知下次访谈的内容;感谢被访谈者的帮助与合作。

(5) 整理阶段

访谈结束后,及时整理访谈记录,为下一步信息分析提供清晰的和有条理的信息记录。

4. 访谈法的优缺点

(1) 优点

①通过访谈双方面对面的交流,能深入广泛地探讨与工作相关的信息:目标职位的特征,任职者的态度、价值观和信仰,以及其语言等技能水平。但无法准确收集任职者思维层面的信息。

②职位分析师能对所提问题进行及时解释和引导,避免因双方对书面语言理解的差异导致收集的信息不准确。这对于阅读有困难的任职者更为重要。

③职位分析师能根据实际情况及时修正访谈提纲中的信息缺陷,避免重要信息的缺失。

④职位分析师能及时对所获得的信息与任职者进行现场确认。现实操作中,在访谈结束时,职位分析师与任职者就访谈成果进行沟通确认,将极大地提高职位分析的效率,必要时,可以由双方签字确认。

⑤对于职位分析有敌对情绪的任职者,可以通过职位分析师的沟通、引导,最大限度使其参与其中,必要时可以更换访谈对象。

(2) 缺点

①职位分析师在访谈过程中容易受到任职者个人因素的影响,导致收集的信息的扭曲,比如种族、性别因素等。

②访谈法会影响任职者的工作甚至组织日常运转。访谈的双方需要充足的时间进行沟通,在大规模的访谈过程中,这个弊端表现得更加明显。

③由于访谈双方的公开性,可能导致任职者的不诚实行为或自利行为,特别是在劳动关系紧张、劳资双方缺乏必要的信任的组织,会极大地影响职位分析的可信度。

(二) 观察法

1. 观察法的概念

观察法是指工作分析人员通过感官或利用其他工具对员工正常的工作状态进行观察记录,获得有关工作内容、工作环境以及人与工作的关系等信息,并通过对信息进行分析、汇总等方式得出工作分析成果的一种方法。

2. 观察法的程序

(1) 观察前的准备

①明确观察目的。观察法所提供信息具有两方面的作用：一是描述,对任职者的个体或群体工作活动、行为和环境等进行客观描述；另一方面是验证,通过实地观察,验证通过其他方法收集来的信息的真伪,对信息进行加工修订。

②明确观察客体。观察的客体主要有个体、小组、团队、组织四个层面。层面定位是指将所要观察的职位置于怎样的环境中来观察。

③选择观察对象。根据职位分析观察法的目的以及客体的定位,我们应从目标职位任职者中选择合适的观察对象。若目标职位任职者较少(3个以内),这些任职者都将是观察对象；若目标职位任职者较多,从经济和便利的角度出发,一般选择3~5位典型的任职者作为观察对象。当然,在选择的同时可以采用"标杆瞄准"(benchmarking)的原则,选取绩效水平较高的任职者作为观察对象。

④选择合适的方法。要确定所选择的方法是结构化的还是非结构化的观察方法。

⑤确定观察的时间和地点。对于周期性工作岗位,观察的时间最好覆盖某一典型的工作周期；另一方面对非周期性的工作岗位,应从多方面收集其典型工作发生的时间段。而观察地点一般应选择在被观察对象左前或右前方3~5米远的地方。

⑥确认设备工具。在观察过程中,如有必要采用一些包括录音机、摄像机等辅助的手段帮助观察员进行记录,则应事先告知其目的和方式。

⑦观察分析人员的选拔与培训。观察目的为描述时,则观察员最好是目标工作任职者中的一人或是任职者的同事；观察目的为验证时,则观察员最好是"外部人"或者是与任职者无利益关系的人。培训的内容主要包括工作分析的目的、特点、研究设计的解释说明、观察法的操作方法及其要点等。

(2) 观察的实施过程

①进入观察现场。在进入工作现场之前,需要做好以下几点工作：

第一,进入现场后,首要的工作是与任职者建立良好相互信任关系。并且观察人员应做出以下承诺：尊重隐私权、保证匿名性、授予拒绝参与权和结果知情权。

第二,简要介绍。观察开始之初,简要重申工作的目的。

第三,安装设备。设备安装应避开任职者,以免对其造成压力。

②现场记录。在观察记录的过程中,观察分析一定要严格遵守观察记录的流程要求,本着严肃、敬业的态度完成对目标职位每个环节的记录工作。现场观察中应注意以下问题：距离适中(便于观察且不影响工作者的位置)、适时交流(观察中疑问可在工作间歇如喝水、短暂休息时交流,但接触不能过于频繁)、及时反馈(两天以后将会丢失部分信息)。

(3) 数据整理与分析

观察结束后应对收集的信息数据进行归类整理,形成观察记录报告。对于结构化的观察结果,应按照计划要求,对收集的数据进行编码、录入计算机,以便分析;对于非结构化调查,则应按照一定的逻辑顺序(如发生时间)进行整理排列,补齐观察过程中的缩写,形成一份描述性的报告,当然也可加入个人的分析判断。

3. 观察法的优点和缺点

(1)优点

①真实性。观察法最主要的优点就在于为职位分析提供了最为直接的第一手资料。

②深度。观察法是能够提供工作外在特征方面最有深度的信息。

③灵活性。观察法可以根据职位分析的实际需要,有选择地收集各种不同的信息。

④有效性。通过观察法可以在工作过程中建立与任职者面对面的交流,在任职者对自我工作表述有障碍时,通过形体语言给予正确的解答,从而避免信息二次加工带来的失真现象。另外在观察过程中有助于加深对相关工作中的术语、行话的理解,以便在以后的访谈和问卷法调查中与任职者产生共鸣。

(2)缺点

①不适用于脑力劳动要求比较高的工作,以及处理紧急情况的间歇性工作,如律师、教师、护士、管理人员等。

②对有些员工而言难以接受,他们觉得自己受到监视或威胁,从而在心理上对工作分析人员产生反感,同时也可能造成操作动作变形。

③不能得到有关任职者资格要求的信息。

(三)工作日志法

1. 工作日志法的概念

工作日志法是要求任职者在一段时间内实时记录自己每天发生的工作,按工作日的时间记录下自己工作的实际内容,形成某一工作岗位一段时间以来发生的工作活动的全景描述,使工作分析人员能根据工作日志的内容对工作进行分析。工作日志法的主要用途是作为原始工作信息收集方法,为其他工作分析方法提供信息支持。

2. 工作日志法的程序

①由工作分析人员设计出详细的工作日志表。

②发放给任职者,让他们按照要求认真填写工作内容与工作过程信息。

③回收工作日志表,并对信息进行分析与整理。

④检查记录和分析结果,可选择任职者的直接主管来承担。

⑤修正、补充进而得到新的分析结果。

【应用举例3.2】

H公司总经理助理工作日志

2011年1月29日

工作开始时间 8:30

工作结束时间 17:30

序号	工作活动名称	工作活动内容	工作活动结果	时间消耗	备注
1	复印	协议文件	4页	6分钟	存档
2	起草公文	贸易代理委托书	8页	75分钟	报上级审批
3	贸易洽谈	玩具出口	1次	40分钟	承办
4	布置工作	对日出口业务	1次	20分钟	指示
5	会议	讨论东欧贸易	1次	90分钟	参与
6	请示	贷款数额	1次	20分钟	报批

(资料来源:林忠,金延平.人力资源管理[M].大连:东北财经大学出版社,2006.)

3. 工作日志法的优缺点

(1)优点

①信息可靠性高,适于确定有关工作职责、工作内容、工作关系、劳动强度等方面的信息。

②所需费用较少。

③对于分析高水平与复杂的工作比较有效。

(2)缺点

①将注意力集中于活动过程,而不是结果。

②使用这种方法必须做到,从事这一工作的人对此项工作的情况与要求最清楚。

③适用范围较小,只适用于工作循环周期短、工作状态稳定、无大起伏的职位。

④无法对日志的填写过程进行有效的监控,易受情绪的影响。

⑤需要占用任职者足够的填写时间,影响正常工作。

⑥如果工作的部分任务发生频率低,在日志法中,有可能因在填写的时间区间内没有发生,而导致重要信息的缺失。

⑦整理信息的工作量大,归纳工作繁琐。

(四)文献分析法

1. 文献分析法的概念

文献分析法是一项经济且有效的信息搜集方法。它是通过对现存的与工作相关的文档资料进行系统性分析,来获取工作信息,由于它是对现有资料的分析提炼、总结加工,通过文献分析法无法弥补原有资料的空缺,也无法验证原有描述的真伪,因此文献分析法一般用于收集工作的原始信息,编制任务清单初稿。

2. 文献分析法的程序

（1）确定信息来源

信息来源包括内部信息和外部信息，内部信息一般要对组织内部以各种不同的形式记录下来的与工作有关的信息进行分析。包括《员工手册》、《公司组织管理制度》、《岗位职责说明》等。外部信息可以从外部类似企业相关工作分析结果或原始信息中获取，并作为原始信息加以利用，但必须注意目标职位与"标杆职位"的相似性。

（2）确定并分析有效信息

首先，快速浏览文献，寻找有效信息点，并使用各种符号或不同的颜色进行标示，以便以后快速查找。然后，针对文献中信息不完整和缺乏连贯性的情况，应及时重点标出，以待补充。

二、定量分析方法

（一）职位分析问卷法

1. 职位分析问卷法的概念

职位分析问卷法（Position Analysis Questionnaire，PAQ）是1972年由美国普度大学教授麦考密克（E. J. McComick）开发的结构化工作分析问卷。它是一种基于计算机的、以人为基础的、通过标准化、结构化的问卷形式来收集工作信息的定量化的工作分析方法。职位分析问卷包括194个项目，其中187项用来分析完成工作过程中员工活动的特征（工作元素），另外7项涉及薪酬问题。194个项目共分为6大部分，聚类为31个维度，每个维度包含若干工作元素组成，每项工作元素都有与之对应的若干等级量表，通过对这些工作元素的评价，以反应目标职位在各维度上的特征。

2. 职位分析问卷收集的六大类信息

①信息输入：从何处以及如何获得工作所需的信息。

②体力活动：执行工作时所使用的身体活动、工具以及方法。

③脑力处理：执行工作所涉及的推理、决策计划和信息处理活动。

④人际关系：执行工作所要求的与他人之间的关系。

⑤工作情境：执行工作的物理和社会背景。

⑥其他特征：其他与工作相关的活动、条件和特征。

3. 职位分析问卷法的使用

（1）确定所需问项

对某一问项工作进行分析时，工作分析人员需确定每一个问项是否适用于待分析的工作。

（2）对有效问项进行评价

根据6个维度对有效问项加以评价（如图3.3所示）。

①信息使用度——工作使用该项目的程度。

②耗费时间——做事情所需要花费的时间比例。

③对工作的重要性——问题所细分出来的活动对于执行工作的重要性。
④发生的可行性——工作中身体遭受伤害的可能性程度。
⑤适用性——某个项目是否可应用于该工作。
⑥专用代码(特殊计分)——用于PAQ中特别项目的专用等级量表(六个级别)。即对每一维度进行评价时,应按照PAQ给出的六个计分标准,确定相应的得分。

信息使用程度:
NA/N(0)=不使用;(1)=极少;(2)=少;(3)=中等;(4)=重要;(5)=非常重要
工作资料来源(请根据任职者使用的程度,审核下列项目中各种来源的资料)
工作资料的可见来源:
  __4__ 书面资料(书籍、报告、方案、说明书等)
  __2__ 计量性资料(与数量有关的资料,如图表、报表、清单等)
  __1__ 图画性资料(如图形、设计图、X光片、地图等)
  __1__ 模型及相关器具(如模板、钢板、模型等)
  __2__ 可见陈列物(计量表、速度计、钟表、画线工具等)
  __5__ 测量器具(尺、天平、温度计、量杯等)
  __4__ 机械器具(工具、机械、设备等)
  __3__ 使用中的物料(工作中、修理中和使用中的零件、材料和物体等)
  __4__ 尚未使用的物料(未经过处理的零件、材料和物体等)
  __3__ 大自然特色(风景、田野、地质样品、植物等)
  __2__ 人为环境特色(建筑物、水库、公路等,经过观察或检查以成为工作资料的来源)

图3.3 关于信息使用程度的评分

从图3.3中可以看出,对"信息使用程度"这一维度的评价,其中书面资料被评定为第4等级,这说明书面材料(如书籍、报告、文章、说明书等)在工作中扮演了重要角色。
(3)形成报告
把对有效项的评价结果输出到计算机中会产生一份报告,说明某项工作在各个维度上的得分情况。

4.职位分析问卷法的优缺点
(1)优点
①同时考虑员工与工作两个变量因素。
②将工作分为不同的等级,用于进行工作评估及人员甄选。
③不需修改就可用于不同组织、不同工作,所以比较各组织间的工作更加容易。

(2) 缺点

① 耗时,并且必须由受过专业训练的工作分析人员填写问卷。

② 工作特征抽象,不能描述实际工作中特定的、具体的任务活动。

(二) 管理职位描述问卷法

1. 管理职位描述问卷法的概念

管理职位描述问卷法 MPDQ(Management Position Description Question)是普希尔(Hemphill)、托诺(W. W. Tornow)和平托(P. R. Pinto)于 1976 年针对管理工作的特殊性而专门设计的,定型于 1984 年,与 PAQ 方法类似。它是指利用工作清单专门针对管理职位分析而设计的一种工作分析方法。它是一种管理职位描述问卷方法,是一种以工作为中心的工作分析方法。这种问卷法是对管理者的工作进行定量化测试,涉及管理者所关心的问题、所承担的责任、所受的限制以及管理者的工作所具备的各种特征。

2. 管理职位描述问卷的结构

MPDQ 作为一套系统性的职位分析方法主要包含以下三个主要功能板块:

(1) 信息输入板块

信息输入板块是管理职位描述问卷的主体部分(如表 3.4 所示),输入板块主要由 15 个部分 274 项工作行为组成。

表 3.4 MPDQ 问卷的组成内容

序号	主要部分	项目释义	题数
1	一般信息	描述性信息,如工作代码、预算权限、主要职责等	16
2	结构图	职位在组织架构中的位置,如上司、平级、下属等	5
3	决策	决策活动描述和决策的复杂程度	22
4	计划组织	战略性规划和短期操作性计划、组织活动	27
5	行政事务	包括写作、归档、记录、申请等活动	21
6	控制	跟踪、控制和分析项目、预算、生产、服务等	17
7	监督	监督下属的工作	24
8	咨询创新	为下属或其他工作提供专业性、技术性咨询指导	20
9	工作联系	内部工作联系与外部工作联系,包括联系对象与目的	16
10	协调	在内部联系中从事的协调性活动	18
11	表达	在推销产品、谈判、内部激励等工作中的表达行为	21
12	商业指标监控	对财务、市场、生产经营以及政策等指标的监控与调节	19
13	KSAs	工作对任职者知识、技术和能力的要求以及所需要的培训活动	31
14	自我评价	上述十项管理功能的时间和相对重要性评价,其中"计划组织"功能分为战略规划和短期计划两方面	10
15	反馈	任职者对本问卷的反馈意见以及相关补充说明	7
	总计		274

（2）信息分析板块

MPDQ 设计的主要目标是开发一套适用于人力资源各职能板块的信息收集系统，为了达到这一目标，MPDQ 收集的工作信息应通过特定的评价维度加以分析。在信息分析板块，MPDQ 针对人力资源管理各职能板块的信息要求和特点，提供了三种评价要素体系：

①管理工作要素体系。它是一套以工作为基础的描述性要素组合，根据工作内容的异同性对管理职位进行描述，包含 8 个要素，即决策、计划组织、行政事务、控制、咨询创新、协调、表达、指标监控。管理工作要素主要用于工作描述、人员配置、工作设计等人力资源管理功能。

②管理绩效要素体系。它是由在大量实证研究的基础上证明对管理绩效有显著影响的 9 项评价要素组成，包括管理工作、商业计划、问题处理、沟通交流、客户、公共关系、人力资源开发、人力资源管理、组织支持、工作知识。重点强调高绩效水平和低绩效水平的外在和内在差异。管理绩效要素主要用于管理人员绩效考核。

③管理评价要素体系。是由 6 项可以明显区分管理工作内在价值差异的评价要素组成，包括决策、解决问题、组织影响、人力资源职责、Know-How、联系，主要用于职位评价和培训开发等。

（3）信息输出板块

在对输入信息进行处理评价的基础上，MPDQ 法通过特殊的计算机处理程序，针对不同的人力资源管理功能板块编制最终的 8 类分析报告，包括管理职位描述、管理工作描述、群体比较报告、个体职位剖析、群体职位剖析、多维度群体绩效剖析、多维度个体绩效剖析、职位绩效评价表。

3. 管理职位描述问卷法的优缺点

（1）优点

管理职位描述问卷法在某种程度降低了主观因素的影响，同时其最终报告大量以图表形式出现，信息充足，简单易懂。

（2）缺点

在分析技术、专业等其他职位时显得不够具体，受工作及工作技术的限制，灵活性差；耗时太长，工作效率较低。

第四节　工作说明书的编写

工作说明书是工作分析活动成果的表达和体现，它包括工作描述和工作规范两部分，也可以分别形成工作描述书和工作规范书两个文件。它是指导任职者如何工作的，不仅可以帮助任职者了解其工作目的，明确其职责和完成工作应具备的条件，还可以为管理人员的决策提供依据。编写工作说明书是工作分析的又一个重要环节。本节将阐述工作说明书的具体内容、编写的注意事项和应使用的规范的表达方式。

一、工作描述书的编写

(一)工作描述的含义

工作描述是对职位本身的内涵和外延加以规范的描述性文件,它是对工作职责、工作活动、工作条件以及工作对人身安全危害程度等工作特性方面的信息所进行的书面描述。

(二)工作描述的组成内容

1. 工作标识

工作标识是用来区别组织中不同岗位之间的标志。它包含两部分内容,即职位的基本信息和工作分析的基本信息。

(1)职位的基本信息

职位的基本信息主要包括:

①工作名称。是指一组在重要职责上相同的职位总称。确定工作名称时应遵循如下原则:

第一,工作名称要比较准确地描述出主要的工作职责。比如"电话接线员"、"设备维修员"。

第二,工作名称要美化,有艺术感。比如"售后技术支持工程师"就要比"售后维修员"要美化得多,"环卫保洁员"要比未经艺术化处理的"卫生员"好听,同时也不失准确性。工作名称的美化不仅会增加工作的社会声望,还可以提高任职者对工作的满意度。

第三,工作名称应该指明工作岗位的相关等级。如"助理工程师"就没有"高级工程师"的岗位等级高。

②工作编码。工作编码主要是为了方便职位的管理,迅速查找出工作岗位的信息,而且能区分各个岗位的所属部门、所属组织,反映出岗位的上下级关系。比如 MS-04-TS-08,MS 表示市场销售部(Market Sales),04 表示普通员工,TS 表示职位属于技术支持类,08 表示市场销售部全体员工的顺序编号。

③所属部门。即岗位所在的部门名称,如"售后技术支持工程师"所在部门为"客户服务部"。

④直接上级/下级的职位名称。一个工作岗位只能有一个直接上级。

⑤定员人数。即该职位的人员编制。

⑥工作等级。工作等级部分反映了该岗位在组织中的地位高低。

⑦工资水平。一般只确定该岗位的工资范围,代表一个工作等级。

⑧工作地点(或工作场所)。是指工作的地理位置。一般可以用工作所在的部门、分部门、工组小组的名称来定义;对于一些特定的岗位,如地区销售专员,则需要找出其在组织中的

工作地点特征标准。

(2)工作分析的基本信息

这些基本信息包括工作分析的时间、工作说明书的编制日期、批准人、工作分析人员人名或者职位代码。

2. 工作摘要

工作摘要是指用简洁的语言表述设置工作岗位的目的、主要职责和工作目标。它能够帮助阅读者快速了解工作岗位的总体性质和中心任务。一般通过对组织战略目标做适当的分解,将其同工作摘要的三个 W——what、within、why 相结合,来确定工作摘要的内容。What——该职位如何对这部分组织目标作出贡献;within——组织整体目标的哪一部分与该职位高度相关;why——如果该职位不存在,组织目标的实现将会发生什么问题。工作摘要的具体写法可以遵循"工作行动+工作对象+工作目的"或"工作依据+工作+工作对象+工作目的"的模式。例如,"销售部经理"的工作摘要可以描述为"根据公司的销售战略,利用和调动销售资源,管理销售过程、销售组织、关系,开拓和维护市场,以促进公司经营目标和销售目标的实现"。

3. 工作职责

工作职责是工作描述的主体,是指组织中存在的岗位需要承担哪些具体的工作责任和任务,以及需要达到什么样的成果。

(1)工作职责描述的书写规则

采用规范的书写格式;必须尽量避免采用模糊性的动词,如"负责"、"管理"、"领导"等;必须尽量避免采用模糊性的数量词,如"许多"、"一些"等,而尽可能表达为准确的数量;必须尽量避免采用任职者或其上级所不熟悉的专业化术语,尤其要尽量避免采用管理学专业的冷僻术语。如确实有采用术语的必要,须在职位说明书的附件中予以解释;当其存在着多个行动和多个对象时,如会在行动动词和对象之间的关系引起歧义,需要进行分别表述。

(2)工作职责描述的书写格式

描述格式一般为:行动或角色(动词)+具体对象+职责目标(成果),即"动词+内容+结果"。例如负责组织制定人力资源战略和人力资源规划,保证公司的发展战略得到有效的人力资源支持。

(3)工作描述的书写次序

在对职责进行描述时,必须根据职责之间的内在逻辑关系确定职责的书写次序。

①并列型逻辑关系:根据职责的重要性排序和时间花费的百分比排序来进行书写安排。职责的重要性和时间花费相比较,排列职责时应优先考虑职责的重要性顺序,其次再考虑时间顺序。

②流程型逻辑关系:根据职责内在流程的逻辑关系来进行安排。

③网络型逻辑关系：先按重要性的顺序对外围过程性职责进行书写，然后对核心总结性职责进行书写。

④混合型逻辑关系：存在着若干组流程，在组与组之间按照重要性来进行安排，在同一组内部按照流程来安排。

4. 工作权限

工作权限是指根据该职位的工作目标与工作职责，组织赋予该职位的决策范围、层级与控制力度。根据权限所指向对象的不同，可以采取如下的描述方式：

①财务权限：批准……元以内的……费用。

②人事权限：批准……类（或级）以下员工的录用、考核、升迁、出差、请假等。

③业务权限：批准……（事项）。

5. 绩效标准

绩效标准是指在明确界定工作职责的基础上，对如何衡量每项职责完成情况的规定。工作职责的考核涉及考核指标与考核标准两个方面。考核指标考虑的是应该从哪些方面衡量工作职责，而考核标准是指这些要素必须达到的最低要求。考核标准有正向和反向标准两种类型。正向标准是从上面的角度考察该职责完成的效果。如目标完成率、计划执行质量、准确性、及时性等；反向标准，是从反面的角度考察职责的完成效果。如差错率、失误率、客户投诉率、矿工率等。

6. 工作关系

工作描述中涉及的工作关系包括该职位在组织中的位置和任职者在工作中形成的关系两部分。该职位在组织中的位置，一般用组织结构图的方式来表达。任职者在工作中形成的关系分为纵向联系和横向联系。纵向联系是指该职位所在的部门内部发生的工作联系，包括与直接上级发生的联系和与直接下级发生的联系；横向联系分为两种：与组织内、所在部门外的工作联系；与组织外的工作联系，指组织以外因工作需要而发生经常性或重要性联系的机构、管理部门、重要客户、服务提供商、中间机构、外部专家、其他单位及个人和具体沟通内容。

7. 工作环境

工作环境是指工作的环境条件和心理环境。

（1）工作的环境条件

①工作的物理环境。即工作的工作地点的湿度、温度、照明度、噪声、振动、异味、粉尘、空间、油渍等，以及工作人员和这些因素接触的时间。

②工作的安全环境。即从事本岗位工作的工作者所处工作环境的工作危险性、劳动安全卫生条件、易患职业病、患病率及危害程度等。

③工作的社会环境。包括工作群体的人数、完成工作要求的人际效应的数量、各部门之间的关系、工作地点内外的文化设施、社会风俗习惯等。

（2）心理环境

心理环境是指由于工作本身或工作环境的特点给任职者带来的压力，主要包括：工作时间的波动性、出差时间的百分比、工作负荷的大小。

二、工作规范书的编写

（一）工作规范的含义

工作规范也称任职资格，是指当某人要承担某一岗位时，在知识、工作经验、生理、心理特征和能力等方面应该具备的最低资格要求。工作规范是对人的要求，而工作描述是针对工作岗位的性质而言的。

（二）工作规范的内容

1. 教育程度

用"学历+专业"的尺度来度量教育程度较为简捷。学历要求是指胜任该岗位所需要的最低学历要求，如中专、大专、本科、硕士、博士等；专业要求是指任职者需要具备什么样的专业才能承担该岗位工作。

2. 工作经验

工作经验可以从三个方面来描述，即社会工作经验、专业工作经验和管理工作经验。社会工作经验指参加工作的工作经验，包括任职者的所有工作经历。专业工作经验指从事过相同岗位、相似岗位的工作经验。管理工作经验指从事管理职位的工作年限。

3. 培训

企业需要设计的培训时间、培训的内容以及培训方式。培训主要分为在岗培训、脱岗培训、自我培训三类，它们都需要以整个企业的培训开发政策、制度和体系为基础。现代的培训体系在设计培训方式、内容以及培训时间的时候，往往都是针对不同的职位层级展开设计的。比如，针对基础岗位的职位知识与技能培训、企业的基础技术与产品知识培训；针对中层管理人员的管理技能培训；针对中高层管理人员的经营管理理念培训。因此，在确定某一职位的培训内容时，往往可以根据其在组织中所处的职位层级，来确定需要进行什么层次的培训。

4. 知识

知识是指胜任岗位应该具备的知识水平和知识结构。主要包括：

（1）基础知识

基础知识指那些与工作相关的基础性理论知识，一般为一级学科或二级学科。

（2）专业知识

专业知识是指充分体现职位独立于其他职位、在短期内不能被其他岗位所替代的专业知识，通常是在工作中不断实践与研究积累的知识。一般情况下，专业知识是岗位核心的知识。

（3）组织知识

组织知识是指本组织的文化、制度、规定等方面的知识。

（4）相关的政策法规知识及其他

政策法规知识即胜任本职位所应当具备的相关政策、法律、法规、规章或条例方面的知识。这部分知识通常包括：政策法规知识以及国内外本行业的发展趋势和国家对经济的宏观调控政策等。

5. 工作技能

工作技能是指与工作相关的工具、技术和方法的运用。工作技能包括两类：一类是通用技能，如公文处理技能、计算机操作技能、外语技能等；另一种是专业技能，指某一特定领域所需的、履行岗位工作职责时必备的技能，可以通过资格证书来衡量。例如，从事会计工作的人员应该有会计从业资格证书，医生要有相应级别的医师执照。

6. 生理、心理特征要求

生理特征要求是岗位的任职者在健康、身高、性别、体重、年龄等方面的要求。心理特征是指一个人心理过程进行时表现出来的稳定性。心理特征要求是指根据岗位的性质和特点，对员工在能力、气质和性格等方面及其发展程度要求所进行的综合分析。

三、工作说明书的编写要求

（一）清晰

整个工作说明书中，对工作的描述清晰透彻，语言表达要清楚明白。任职人员读过以后，可以明白其工作内容，无需再询问他人或查看其他说明材料。避免使用原则性的评价，专业词汇要解释清楚。

（二）具体

工作事项描述要详细具体，措辞要准确，职责范围要明确、可衡量。在措词上，应尽量选用一些具体的动词，如"安装"、"加工"、"传递"、"分析"、"设计"等。工作说明书应指出工作的种类，复杂程度，需任职者具备的具体技能、技巧，应承担的具体责任范围等，考核指标应尽量量化。

（三）简明

工作说明书的语言应力求简单、明确，通俗易懂，避免冗长晦涩的语句。

（四）客观

工作说明书的编写应该从本企业的实际出发，由企业高、中、低层以及咨询专家共同参与，协同工作，根据企业的实际情况编写完成。

【应用举例3.3】

某连锁超市收银员的工作说明书

职位名称:收银员　　　　　　　　　　　　　　　　　　说明书编号 NO：

职位编号	CS15	部门	客服部	部门定员		组别	
直接上级	收银主管	直接下属	无	工资级别		工资标准	
审　核				批　准			

序号	工作内容	工作标准
1	参加晨会，迎宾	1. 准时参加，遵守纪律 2. 汇报工作，提出合理建议及存在的问题 3. 认真听取他人意见，接受上级的指示 4. 做好会议记录，总结落实会议精神
2	到收银台领收银机密码	上机前完成，每日一次
3	总收银室领款	1. 营业前完成 2. 将资金分类放入收银机，并关好收银机
4	收银总台换取零钱	等价换取，备足量零钱
5	打扫收银总台卫生	保证收银设备、收银区的清洁卫生，换班前后各一次
6	营业期间收银，接待顾客	1. 三米微笑，礼貌用语 2. 严格按收银流程操作 3. 确保每一件商品的收款
7	到收银处领取购物袋	保证顾客所购商品购物袋
8	到主管处领取验钞机、磁扣枪、计算器等	1. 及时准时完成 2. 完成签名登记工作
9	接受顾客的咨询、投诉	1. 耐心听取对方要求 2. 及时解决对方提出的问题 3. 严格按规定处理
10	向上级汇报工作及沟通工作事项	1. 每周一次 2. 及时汇报紧急事项 3. 如实进行，接受上级指示、指导
11	完成领导交办的工作	规定要求完成
12	拾、送交孤儿商品	将孤儿商品收集起来，下班后及时送交楼面
13	交接班工作	1. 准确汇报登记本和未完成工作内容及其情况 2. 及时按规定完成接班工作

序号	工作内容	工作标准
14	营业期间,到总收银室交大额票(填写预售款明细表)	点清金额,快速办理,全部上交
15	到总收银室交款(收银员现金核算表)	及时将货款上交,按要求办理
16	做现金差额报告	1. 寻找原因,及时解决 2. 保证数目相符 3. 差错率、短期率每月不超过1%
17	完成突击性工作	按时、按要求完成
18	向领班领取办公用品	遵循以旧换新的原则,节约使用
其他责任	1. 防火、防盗、防损;　　2. 自觉提高自身思想觉悟、反贪污; 3. 向上级举报不良行为;　　4. 设备问题立即报告上级	

收银员任职资格				
性别: 男女均可	年龄: 18~30岁	身高:男:170 cm 女:160 cm	视力: 正常	语言: 普通话标准
知识	1. 教育:高中以上学历,财会或相关专业优先			
	2. 培训:接受计算机操作培训			
	3. 经验:有收银工作经验优先			
	4. 技能:熟悉电脑操作,对本业态部门工作流程及工作方法			
能力	1. 良好的应变、协调、沟通能力			
	2. 快速的数字计算反应能力			
	3. 一定的文字书写、文字表达及语言表达能力			
	4. 较好的观察、总结、分析、判断、决策能力			
	5. 良好的语言表达能力,口齿清楚,声音甜美			
	6. 独立处理问题的能力			
性格特征、兴趣	细心、积极主动、热情大方、兴趣广泛、处事果断、遇事冷静、有良好的服务意识			
身体状况	身体健康、体力充沛			
品质	细致有耐性、心理承受力强、纪律观念强、良好的职业道德、有吃苦耐劳精神及团队合作精神			
涉及知识	基本商品管理知识、一定的财务税务知识、商品知识、计算机知识			

序号	工作内容	工作标准
技术能力	熟悉计算机系统操作，精湛的点钞技术，麻利的收银技术和键盘操作	
使用设备	收银机、验钞机、磁扣枪等收银工具	
身体姿势	站、走：100%	
工作情况	1. 场所：室内 2. 时间：8：30～21：30 3. 交往对象：顾客、同事 4. 其他：精神集中，工作压力大，比较繁琐	
晋升途径	主管	
补充信息	1. 门店的有关管理制度及各部门的工作流程 2. 熟悉门店的布局结构及商品分布	

（资料来源：博锐管理在线《连锁超市职务说明书》http://www.boraid.com/download/soft-view.asp? softid=79037.）

本 章 小 结

工作分析是人力资源管理的一项重要的基础性工作。只有科学全面的工作分析才能保证企业人力资源管理活动的成功、有效。本章较为系统地概括了工作分析的基本概念和原则，明确了工作分析的内容和程序，详细论述了工作分析的方法、工作说明书的基本内容与编写要求，介绍了工作设计的基本理论。

首先，从工作、工作分析的基本概念进行详细阐述，并分析了工作分析中常用的基本术语，主要包括工作要素、任务、职责、职权、职位、工作、工作族、职（岗）系、职（岗）级、职（岗）组、职（岗）等、职业、职业生涯，明确了工作分析的目的和原则，从而为本章的展开从理论和概念上起到了基础作用。

其次，概括了工作分析的内容和程序，使学生从概念上对工作分析有一个整体的认识，对工作分析的过程有一定的了解。工作分析的内容理解成为解决7个W和1个H问题的调查，主要包括工作的目的、工作的内容、责任、权力、工作的时间和地点、工作的环境以及工作任职者的任职资格等方面的问题。工作分析的内容信息为工作说明书的撰写提供的信息。工作分析主要通过立项阶段、准备阶段、调查阶段、分析阶段与完成阶段五个步骤来实现，并重点讨论了工作分析各个阶段的具体工作。

再次，从定性和定量两个方面讨论了工作分析的多种分析方法。定性的工作分析方法主要介绍了访谈法、观察法、工作日志法、文献分析法；定量的工作分析方法主要介绍了职位分析问卷法、管理职位描述问卷法。

最后,讲解了工作说明书的编制。工作分析结果是产生工作分析的文件,即工作说明书,主要包括工作描述和工作规范。

引例分析

在章首引导案例中谈到,天时集团能源有限公司根据市场竞争与企业发展战略的需要,为使公司的管理有章可循,走上制度化的轨道,公司领导决定聘请咨询公司为他们做工作分析以及其他有关人力资源管理方面的工作。缺乏规范的工作分析是人力资源管理问题的根本原因。公司为了完成这项具有战略意义的工作分析任务,必须思考如何运用所学的工作分析理论来设计工作分析方案的,即工作分析的改革思路和框架是什么?他是怎样开展具体工作的?

(一)工作分析项目的准备阶段

1. 明确工作分析项目的目的、制订工作分析的计划

由于公司正处于发展阶段,从以上诊断问题可以看出,公司的人力资源体系尚未形成,由于公司空缺职位较多,此次工作分析的目的应该是为了招聘合适员工提供依据,同时为在岗员工的考核、激励等提供基础标准。根据篇首引导案例,天时集团能源有限公司已经在立项阶段,诊断了公司人力资源方面存在的问题,而接下来项目的时间安排如下:准备阶段(1.5周)、信息收集调查分析阶段(3周)、工作分析的完成阶段(4周)。

2. 向公司传达项目的意义、目的及时间安排

为了取得公司员工的支持,顺利推进项目的实施,项目组成员首先取得公司高层领导的支持,然后在高层领导的配合下召开了动员宣传会议,向公司员工宣讲工作分析的目的、意义及本公司实行工作分析的必要性。并向员工们说明了此次工作分析的大致时间安排。

3. 项目所需调查样本的选取

由于公司的规模不大,在岗人数不多,缺岗现象严重,所以此次针对在岗的所有员工展开调查。对于没有任职人员的岗位,采取其他方法编制职位说明书。

4. 收集公司的背景资料,确定项目所需信息

项目组从总经理那里收集了公司的简介、组织结构图、部门职能说明、公司现有的职位说明或有关职位描述的信息。公司领导讲述了公司的发展规划,并提出希望得到的结果。根据此次工作分析的目的即为空缺职位招聘员工,及已有的关于工作分析的信息,项目组得出需要收集的信息有:岗位的任职资格、年龄要求、性别要求、工作权限等内容。

5. 项目需要采取的方法

(1)选择工作分析方法的考虑因素。

前文提到工作分析有多种方法,包括职位问卷分析法、工作日志分析法、抽样法、面谈法、关键事件分析法等,应根据企业的具体情况灵活运用。

在选择工作分析方法时,还应考虑以下因素:时间成本;工作分析者是否易于掌握;员工是否容易接受;工具是否容易设计;能否用于分析大量员工;信息是否易受扭曲;是否干扰员工的

生产;收集到的信息能否量化、查证。

(2)天时集团能源有限公司确定工作方法的理由。

根据工作分析方法的适用性,结合天时集团能源有限公司的具体情况,工作分析的方法主要采用问卷法和面谈法,理由分析如下:

①天时集团能源有限公司员工的学历在大专、本科以上,在工作分析问卷填答上只要稍加说明,并不会有太大的问题。

②使用自行设计发展的问卷,易于收集所需的资料且容易整理比较。

③由员工亲自填写完问卷后,须交由主管复审,多一道审核程序,确保资料的正确性。

④采用面谈法,做到定量分析与定性分析相结合,同时为问卷设计提供依据。

⑤为避免问卷法资料收集的不足或有误,将与样本员工再次面谈确认。

(二)信息收集调查分析阶段

此阶段的主要任务是对全体在岗员工进行调查,获取信息。

(1)编制工作分析调查表

为了有效地实施对天时集团能源有限公司进行岗位工作分析,在编制工作分析调查表时,首先需要明确工作分析的指标,其次根据工作分析指标设计定性的工作分析表和定量的工作分析表。

(2)设计人员访谈的提纲

仅仅凭借问卷收集到的信息显然是不完整的,为挖掘更深层的信息,需要进行访谈。设计出结构化的访谈提纲有利于控制访谈内容以及对不同访谈者提供的信息进行比较。为便于下一步编制职位说明书,设计的访谈提纲在项目上同职位说明书上的项目基本一致,只是对某些问题进行了细化。

(3)确定访谈的形式

由于公司的岗位以技术人员为主,比如:物探、钻井、地址油藏之类的岗位,这些岗位上的员工的工作地点大部分在海上,也就是在采油现场。他们每周回公司一到两次,访谈的对象根据每天能来公司的员工而定,鉴于以上特点,可采用个别访谈法。

对部门经理以上的管理者,访谈的内容也不局限于访谈提纲所列的内容,不仅限于本职位的工作,还可谈论下属或上级的工作或对公司内部管理的意见和建议。

(4)开展调查

①问卷调查。

问卷调查法步骤:

a. 事先征得样本员工直接上级的同意,尽量获取直接上级的支持;

b. 项目组通过 E-mail 的形式,将调查表发放给每一位在岗员工;

c. 向样本员工讲解职务分析的意义,并说明填写问卷调查表的注意事项;

d. 鼓励样本员工真实客观地填写问卷调查表,不要对表中填写的任何内容心存顾虑;

e. 项目组成员随时解答样本员工填写问卷时提出的问题;
f. 样本员工填写完毕后,项目组成员认真地进行检查,查看是否有漏填的现象;
如果对问卷填写有疑问,工作分析人员应该立即向样本员工进行提问;
问卷填写准确无误后,完成信息收集任务,向样本员工致谢。
②面谈。
项目组进行面谈的步骤如下:
a. 事先征得样本员工直接上级的同意,尽量获取直接上级的支持;
b. 在无人打扰的环境中进行面谈;
c. 向样本员工讲解职务分析的意义,并介绍面谈的大体内容;
d. 为了消除样本员工的紧张情绪,项目组成员尽可能以轻松的话题开始;
e. 鼓励样本员工真实、客观地回答问题,不必对面谈的内容产生顾虑;
f. 项目组成员按照面谈提纲的顺序,由浅至深进行提问;营造轻松的气氛,样本员工畅所欲言;
g. 在不影响样本员工谈话的前提下,进行谈话记录;
h. 在面谈结束时,应该让样本员工查看并认可谈话记录;
i. 面谈记录确认无误,完成信息收集任务后,向样本员工致谢。

(5)对上述信息进行分析

项目组对回收的问卷和面谈的记录进行详细深入分析。对员工所填调查表中重复的岗位职责进行归纳总结。

(三)工作分析的完成阶段

1. 工作说明书的编制

针对每一岗位的分析结果,项目组和样本员工及其直接领导一起审查确认,对不准确的部分进行修改,对有异议的地方进行讨论。按照调查的结果重新设计组织的结构,然后进行职位设置,最后编制此次工作分析项目的最终成果——工作说明书。对天时集团能源有限公司职位说明书的编制包括岗位工作描述和对任职资格的确定。针对天时集团能源有限公司岗位工作的特征,对各个具体工作岗位实施岗位工作描述,主要内容有:工作识别、工作概述、工作职责、工作联系、工作权限、使用的工具和设备、其他(包括工作环境、劳动强度出差情况等)、衡量标准,也就是衡量工作职责完成的数量或质量标准。任职资格主要包括:学历及专业条件、工作经验要求、能力素质要求、专业知识和技能要求、特殊要求。

2. 工作分析的应用反馈

促使天时集团能源有限公司的人力资源管理更加科学化、规范化。职位说明书的制定,将为天时集团能源有限公司内部的绩效管理、薪酬设计、人员招聘、培训等方面提供规范的指导性文件,使人力资源管理有了科学的基础。

【案例演练】

K公司是不足400人的国有企业，从事药品生产，效益在国企里面算相当不错的，公司总部的生产厂区设在B市，全国各主要大城市有销售点。李朋是国企K公司的人事主管，在工作中，她发现部门之间、职位之间的职责与权限缺乏明确的界定，扯皮推诿的现象不断发生；有的部门抱怨事情太多，人手不够，任务不能按时、按质、按量完成；有的部门人员冗杂，人浮于事，效率低下。同时目前的许多岗位不能做到人事匹配，员工的能力不能得以充分发挥，严重挫伤了士气。而在晋升中，上级和下属之间的私人感情成为决定性的因素，有才干的人往往却并不能获得提升。因此，许多优秀的员工由于看不到自己未来的前途，而另寻高就。在激励机制方面，公司缺乏科学的绩效考核和薪酬制度，考核中的主观性和随意性非常严重，员工的报酬不能体现其价值与能力。

在逐步认识到实行规范化、现代化人力资源管理的重要性后，她决定首先在企业里开展岗位规范工作，进行工作分析，编制全公司职工的职位说明书，以求为公司人力资源管理的各环节打一个好基础。另外，作为国企的人事主管，她此举还有一个最直接的目的，就是想以此淘汰掉一大批不合格的人员：谁达不到职位说明书的要求，就老老实实地下岗。但这项工作该如何进行呢？李朋先是联系了几家人事咨询公司，但几次通话后，她觉得这些咨询公司不低的要价是公司领导接受不了的。自己做呢？人事部算上李朋只有三个人，她们都没有专业学历。另外，今年人事部计划招聘一名大学毕业生，就算有了四个人，还是略显人手不够。

思考题：

请帮李朋制订一个工作分析的步骤和程序。制订时要考虑到人手不足的情况下工作步骤怎样简练有效，还要考虑到国有企业的特点。

练 习 题

一、单项选择题

1. "具有支配50万元奖金和20台车的权限"，这是对（　　）的描述。
   A. 职责　　　　B. 任务　　　　C. 职权　　　　D. 职位
2. 工作分析的客体是（　　）。
   A. 工作内容　　B. 工作方法　　C. 工作过程　　D. 工作岗位
3. 下面不属于工作分析结果表述形式的是（　　）。
   A. 工作说明书　B. 工作分析计划　C. 工作描述　　D. 工作规范
4. 工作分析小组成员的数量应为（　　）。
   A. 8～15人并为奇数　　　　　　B. 8～15人并为偶数
   C. 8～15人，奇偶数都可　　　　D. 没有要求
5. 在工作分析人员的培训中，应对信息收集员进行（　　）和（　　）方面的培训。
   A. 书面表达技能和分析技能　　　B. 口头沟通技能和书面表达技能

C. 沟通技能和分析技能　　　　　D. 口头沟通技能和分析技能
6. 运用观察法进行工作分析时,观察者位置的选择应在观察对象的(　　)的地方。
   A. 左或右前方 3~5 米　　　　B. 正对面 3~5 米
   C. 左或右前方 2~5 米　　　　D. 正对面 2~5 米
7. 文献分析法适用于收集工作的(　　)。
   A. 原始信息　　B. 外部信息　　C. 内部信息　　D. 与任职者相关的信息
8. 工作性质不同,但工作繁简难易、责任大小以及所需资格条件等因素充分相同的职级归纳为(　　)。
   A. 职系　　　　B. 职组　　　　C. 职级　　　　D. 职等

二、多项选择题
1. 工作分析应遵循的基本原则主要有(　　)。
   A. 应用原则　　　B. 动态原则　　　C. 目的原则
   D. 经济原则　　　E. 系统原则
2. 根据访谈对象,访谈法可分为(　　)。
   A. 结构化访谈法　　B. 个别员工访谈法　　C. 群体访谈法
   D. 非结构化访谈法　E. 主管人员访谈法
3. 工作权限包括(　　)。
   A. 人事权限　　　B. 财务权限　　　C. 奖励权限
   D. 业务权限　　　E. 职责权限
4. 工作说明书的工作环境包括(　　)。
   A. 物理环境　　　B. 安全环境　　　C. 政治环境
   D. 社会环境　　　E. 经济环境

三、简答题
1. 简答从广义的角度工作的概念和特点。
2. 简答访谈法的程序。
3. 简答职位分析问卷法的优缺点。
4. 简答管理职位描述问卷法的结构。
5. 简答工作说明书的编写要求。

四、论述题
1. 论述组织层面工作分析与岗位层面工作分析的区别。
2. 论述工作分析的程序。
3. 论述访谈法的优缺点。
4. 论述工作说明书的基本内容。

第四章

Chapter 4

员工招聘与录用

【引导案例】

　　NLC化学有限公司是一家跨国企业,主要以研制、生产、销售医药、农药为主,耐顿公司是NLC化学有限公司在中国的子公司,主要生产、销售医疗药品,随着生产业务的扩大,为了对生产部门的人力资源进行更为有效的管理开发,2000年初始,分公司总经理把生产部门的经理——于欣和人力资源部门经理——王建华叫到办公室,商量在生产部门设立一个处理人事事务的职位,工作主要是生产部与人力资源部的协调工作。最后,总经理说希望通过外部招聘的方式寻找人才。

　　在走出总经理的办公室后,人力资源部经理王建华开始一系列工作,在招聘渠道的选择上,设计两个方案:一个方案是,在本行业专业媒体中做专业人员招聘,费用为3 500元,好处是对口的人才比例会高些,招聘成本低;不利条件是企业宣传力度小。另一个方案为在大众媒体上做招聘,费用为8 500元,好处是企业影响力度很大,不利条件是非专业人才的比例很高,前期筛选工作量大,招聘成本高。初步选用第一种方案。总经理看过招聘计划后,认为公司在大陆地区处于初期发展阶段,不应放过任何一个宣传企业的机会,于是选择了第二种方案。其招聘广告刊登的内容如下:

> 您的就业机会在NLC化学有限公司下属的耐顿公司
> 一个职位:对于希望发展迅速的新行业的生产部人力资源主管
> 主管生产部和人力资源部两部门协调性工作
> 　　　　抓住机会!!　　　充满信心!!
> 请把简历寄到:耐顿公司　人力资源部　收

第四章 员工招聘与录用

在一周内的时间里，人力资源部收到了800多封简历。王建华和人力资源部的人员在800份简历中筛选出70封有效简历，经再次筛选后，留下5人。于是他来到生产部门经理于欣的办公室，将此5人的简历交给了于欣，并让于欣直接约见面试。部门经理于欣经过筛选后认为可从两人中做选择——李楚和王智勇。他们将所了解的两人资料对比如下：

姓 名	性别	学历	年龄	工作时间	以前工作表现	结 果
李楚	男	企业管理学士学位	32岁	8年一般人事管理及生产经验	在此之前的两份工作均有良好的表现	可录用
王智勇	男	企业管理学士学位	32岁	7年人事管理和生产经验	以前曾在两个单位工作过，第一位主管评价很好，没有第二位主管的评价资料	可录用

从以上的资料可以看出，李楚和王智勇的基本资料相当。但值得注意的是：王智勇在招聘过程中，没有上一个公司主管的评价。公司通知俩人，一周后等待通知，在此期间，李楚在静待佳音；而王智勇打过几次电话给人力资源部经理王建华，第一次表示感谢，第二次表示非常想得到这份工作。

生产部门经理于欣在反复考虑后，来到人力资源部经理室，与王建华商谈何人可录用，王建华说："两位候选人看来似乎都不错，你认为哪一位更合适呢？"

于欣："两位候选人的资格审查都合格了，唯一存在的问题是王智勇的第二家公司主管给的资料太少，但是虽然如此，我也看不出他有何不好的背景，你的意见呢？"

王建华说："很好，于经理，显然你我对王智勇的面谈表现都有很好的印象，人嘛，有点圆滑，但我想我会很容易与他共事，相信在以后的工作中不会出现大的问题。"

于欣："既然他将与你共事，当然由你做出最后的决定。"于是，最后决定录用王智勇。

王智勇来到公司工作了六个月，在工作期间，经观察：发现王智勇的工作不如期望得好，指定的工作他经常不能按时完成，有时甚至表现出不胜任其工作的行为，所以引起了管理层的抱怨，显然他对此职位不适合，必须加以处理。

然而，王智勇也很委屈：在来公司工作了一段时间，招聘所描述的公司环境和各方面情况与实际情况并不一样。原来谈好的薪酬待遇在进入公司后又有所减少。工作的性质和面试时所描述的也有所不同，也没有正规的工作说明书作为岗位工作的基础依据。

那么，到底是谁的问题呢？

（资源来源：郑晓明.人力资源管理导论[M].北京：机械工业出版社，2005.）

上述"引导案例"描述了NLC化学公司下属耐顿公司的招聘过程和录用决策，可以看出此公司在经过一系列招聘、筛选、录用的整体流程后得到的却是一个失败的结果。那么，究竟在耐顿公司的招聘流程中存在什么问题，又应该如何操作才能保证耐顿公司能够高效招聘呢？

解决这些问题所涉及的理论知识和技能正是本章要讲述的内容。

【本章主要内容】
①员工招聘的定义；
②员工招聘的程序；
③员工招聘的选拔途径；
④员工招聘的选拔方法；
⑤员工选拔的信度和效度。

第一节　员工招聘概述

人力资源管理的一项重要功能就是要为企业获得合格的人力资源，尤其是在人才竞争日趋激烈的今天，能否吸引并选拔到优秀的人才已成为企业生存和发展的关键。因此，人力资源管理的吸纳功能就愈发显得重要，而这项功能正是通过招聘来实现的。作为人力资源管理的一项基本职能活动，员工招聘是人力资源进入企业或者具体职位的重要入口，它的有效实施不仅是人力资源管理系统正常运转的前提，也是整个企业正常运转的重要保证。

一、员工招聘的定义

员工招聘，也称为招募、招收、招雇。人力资源管理对"招聘"一词的解释包含了两层意思：招聘是企业获取人力资源的方法；招聘是选拔最合适员工的过程。具体来看，员工招聘是企业获取合格人才的渠道，是组织为了生存和发展的需要，根据组织人力资源规划和工作分析的数量和质量要求，采取科学的方法寻找、吸引具备资格的个人到本企业来任职，从中选拔出适宜人员予以录用的管理过程。招聘过程实质上就是从应聘者中选择最适合特定工作岗位要求的人员的过程，选择是为了挑选出最合适的员工。

招聘的直接目的就是获取与企业空缺岗位相匹配的人才，实现员工个人与岗位的有效匹配。表面上看是企业主动选择应聘者的过程，实际上是一种企业与应聘者个人之间双向选择和匹配的动态过程。企业选择应聘者，求职者同时也选择企业，在这一过程中，企业和应聘者均扮演着积极的角色。

二、员工招聘的原则

员工招聘工作是人力资源管理的一项基本活动，为了提高招聘工作的效率，招聘到符合标准的员工，企业应在招聘工作中遵循以下原则：

（一）公开原则

招聘单位应将招聘岗位的种类、数量，应聘的资格、条件、考试的方法、科目和时间均面向社会公告周知，公开进行。一方面给予社会上的人才以公平竞争的机会，达到广招人才的目的;另一方面也使招聘工作置于社会的公开监督之下,防止招聘工作中的暗箱操作等不正之风。

(二)竞争原则

通过考试竞争和考核鉴别确定人员的优劣和人选的取舍。为了达到竞争的目的,一要动员、吸引较多的人报考,即建立足够大的预选"后备人才池";二要严格考核程序和手段,以潜在员工的个体能力和技能作为甄选的标准,而不以关系、血缘等作为标准,保证人与组织匹配。

(三)平等原则

对所有报考者一视同仁,为应聘者提供平等竞争的机会。企业不应人为地制造各种不平等的限制或条件(如地域、相貌、民族、性别等方面)和各种不平等的优先优惠政策,根据企业实际需要录用合适的人才。

(四)能级对应原则

被录用人的能力和将要录用的岗位需要相互适应、适合。这里所说的"能",指能力、才能、本事。所说的"级",就是职位、职务、职称。员工招聘录用应当以提高企业效率、提高企业竞争力、促进企业发展为根本目标,为企业人力资源管理确立第一基础。招聘工作,不一定要最优秀的,而应量才录用,做到人尽其才、用其所长、职得其人,这样才能持久、高效地发挥人力资源的作用。

(五)全面考核原则

对应聘人员从品德、知识、能力、智力、心理、过去工作的经验和业绩进行全面考试、考核和考察。因为一个人能否胜任某项工作或者发展前途如何,是由其多方面因素决定的,并不仅仅取决于知识的存量,而且许多岗位所要求的非智力因素在其将来的业绩中起着决定性作用。

(六)效率优先原则

企业在招聘过程中需要花费大量的费用,企业应用尽可能低的招聘成本录用到合适的最佳人选。具体要求在组织招聘工作时要根据不同的招聘要求,灵活地选用适当的招聘途径和招聘手段,在保证招聘质量的基础上,尽可能降低招聘成本。

三、员工招聘工作的分工

在招聘过程中,传统的人事管理与现代人力资源开发与管理的工作职责分工是不同的。在过去,员工招聘的决策与实施完全由人事部负责,用人部门的职责仅仅是负责接收人事部门招聘的人员及安排工作,完全处于被动的地位。而现代组织中,起决定性作用的是用人部门,它直接参与整个招聘过程,并在其中有计划、初选与面试、录用、人员安置与绩效评估等决策权,完全处于主动的地位。人力资源部门只在招聘过程中起到组织和服务的功能。表4.1是关于招聘过程中人力资源部门和用人部门的工作职责分工。

表 4.1　招聘程序中人力资源部门与用人部门职责分工

人力资源部门工作内容和职责	用人部门工作内容和职责
1. 负责增员计划的统计和复核 2. 负责招聘计划的拟订和报批 3. 负责招聘广告的拟订和报批 4. 负责招聘广告的发布 5. 负责应聘信件的登记 6. 负责应聘人员的资格审查和初选 7. 负责笔试、面试等测评活动的组织和公司情况介绍 8. 负责应聘人员的体格检查和背景调查 9. 负责录用通知的寄发 10. 负责劳动合同的签订 11. 负责报到手续的办理 12. 负责试用期的管理 13. 负责招聘活动的评估	1. 负责增员计划的编制和报批 2. 负责新岗位工作说明的撰写 3. 负责笔试考卷的设计 4. 参加面试和其他测评活动 5. 负责候选人员以及最终录用人员的确定 6. 负责试用期的考核 7. 协助招聘活动的评估

第二节　员工招聘的程序

　　在组织进行人员配置的过程中,通过一系列的选拔手段和保留人才的活动,达到不断充实组织各个岗位的目的。员工招聘是一个复杂、完整、连续的程序化操作过程,又是一项极具科学性、艺术性的工作。根据招聘活动本身的规律性,我们可以把招聘过程划分为几个相互独立又相互联系的阶段,招聘程序就是按照这些阶段来进行招聘的计划安排。目前,我国企业员工招聘的程序一般包括以下几个方面:制订招聘计划、发布招聘信息、组织选拔与组织审定(如图 4.1 所示)。

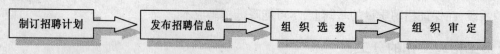

图 4.1　员工招聘的程序

一、制订招聘计划

　　招聘的首要环节是制订计划。根据工作分析确定工作任务、人员要求、工作规范等,这只是工作分析第一层次的目标。招聘需求确定后,还需要结合具体岗位的工作分析和组织总体人力资源规划来制订详细的招聘计划。通过招聘计划把对职位空缺的需求变成一系列目标,并把这些目标具体为相关的应聘者的数量和类型。一般来说,招聘计划的主要内容包括招聘的规模、招聘的范围、招聘的时间和招聘的预算等。

(一)招聘的规模

招聘的规模就是指企业准备通过招聘活动吸引多少数量的应聘者。招聘活动吸引的人员数量既不能太少也不能太多,而应控制在一个合适的规模。企业可以通过招聘录用金字塔模型(如图4.2所示)来确定招聘规模。使用这一模型确定的招聘规模,取决于两个因素:一是企业招聘录用的阶段,阶段越多,招聘的规模相应的就越大;二是各个阶段通过的比例,这一比例的确定需要参考企业以往的历史数据和同类企业的经验,每一阶段的通过比例越低,招聘的规模就越大。

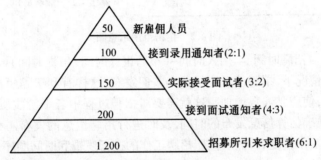

图4.2 招聘录用金字塔模型

(二)招聘的范围

招聘的范围就是指企业要在多大的地域范围内进行招聘活动。从招聘的效果考虑,范围越大,效果相应也会越好,但是随着范围的扩大,企业的招聘成本也会增加,因此对于理性的企业来说,招聘的范围应当适度,既不能太大也不能太小。

企业在确定招聘范围时,总的原则是在与待聘人员直接相关的劳动力市场上进行招聘。这通常需要考虑以下两个主要因素:一是空缺职位的类型。一般来说,层次较高或性质特殊的职位,需要在较大的范围内进行招聘;而层次较低或者比较普通的职位,在较小的范围内进行招聘即可(如图4.3所示)。二是企业当地的劳动力市场状况。如果当地的劳动力市场比较紧张,相关职位的人员供给比较少,那么招聘的范围就要扩大;相反,当劳动力市场宽松时,在本地进行招聘就可以满足需求。

(三)招聘的时间

由于招聘工作本身需要耗费一定的时间,再加上选拔录用和岗前培训的时间,因此填补一个职位空缺往往需要相当长的时间,为了避免企业因缺少人员而影响正常的运转,企业要科学、合理地确定自己的招聘时间,以保证职位空缺的及时填补。一般来说,可以用一个公式计算出招聘所需时间:

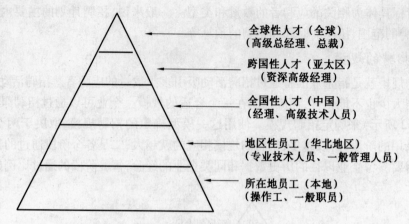

图4.3 招聘范围示意图

招聘时间 = 用人时间-(招聘设计时间+培训时间)

在条件允许的情况下,招聘信息应尽早向人们发布,这样有利于缩短招聘进程,有利于使更多的人获取信息,使应聘人数增加。这就需要对招聘过程中各个阶段所需时间有一个比较准确的了解,以此准确估算信息发布的时间,及时进行招聘信息的发布。有经验的企业,一般都预先编制好招聘工作进度表,然后按照招聘工作的进行逻辑和时间顺序一步一步地实施。

(四)招聘的预算

在招聘计划中,还要对招聘的预算做出估计,招聘的成本一般由以下几项费用组成:

1. 人工费用

人工费用包括公司招聘人员的工资、福利、差旅费、生活补助、加班费等。

2. 业务费用

业务费用包括通讯费(电话费、上网费、邮资和传真费)、专业咨询与服务费(为获取中介信息而支付的费用)、广告费(在电视、报纸等媒体发布广告的费用)、资料费(公司印刷宣传材料和申请表的费用)、办公用品费(纸张、文具的费用)等。

3. 其他费用

其他费用包括设备折旧费、水电费、物业管理费等。

在计算招聘费用时,应当仔细分析各种费用的来源,把它们归入相应的类别中,以避免出现遗漏或重复计算。表4.2为某公司招聘费用预算表。

二、发布招聘信息

招聘决策完成后,就应该迅速发布招聘信息。发布招聘信息就是向可能应聘的人群传递企业将要招聘的信息。企业要将招聘信息通过多种渠道向社会发布,向公众告知用人计划和要求,确保有更多符合要求的人员前来应聘,以供筛选。一般来说,信息发布面越广、越及时,接受到信息的人越多,应聘者就越多,组织的选择余地也就越大,但相应的信息发布费用就越大。反之,则相反。从理论上说,能来应聘的人越多越好,企业挑选余地越大。

表4.2 某公司招聘费用预算表

招聘时间		招聘地点		招聘日期	
招聘人员数量		负责部门		具体负责人	
招聘费用预算					
序号	费用名称	费用金额/元	备 注		
1	材料制作费用	1 200.00	企业广告制作费用、宣传材料制作费用等		
2	报刊招聘费用	1 500.00	在某报纸上刊登招聘广告的费用		
3	网络招聘费用	1 000.00	在某招聘网站上发布职位信息的费用		
4	招聘会参展费用	600.00	参加大型现场招聘会的费用		
5	办公费用	400.00	办公用品、办公设备、水电费用等		
6	人工成本	600.00	招聘人员的工资、福利、补助等		
7	交通费用	100.00	招聘人员的交通费用		
8	食宿费用	300.00	外地求职者的食宿费用		
9	其他费用	300.00	其他各项费用开支及不可预见费用		
	费用合计	6 000.00			
	人均招聘费用				
预算审核人 (签字):			公司主管领导审批 (签字):		
制表人:			制表日期: 年 月 日		

三、组织选拔

组织选拔是指组织根据一定的条件、标准,运用科学的方法和手段,对应聘者进行严格的审查、比较和选择,发现和获得组织所需要员工的过程。组织选拔是员工招聘的关键环节,其目的在于判断求职者未来的工作绩效,录用符合职位要求的人选,淘汰不符合职位要求的人选。

(一)组织选拔的程序

组织选拔过程实际上是一个筛选的过程,这个过程没有标准化的程序,可以因企业规模和工作要求而有所差异。一般来说,组织选拔通常包括对所有应聘者的情况进行的初步的审查、知识与心理素质测试、面试,以确定最终的录用者。

1. 申请与资格审查

求职者的应聘申请是选拔的基础。求职者通常需要填写招聘企业统一印制的应聘申请表。申请表是用来记录求职者个人背景信息的书面材料。资格审查是对求职者是否符合职位的基本要求的一种审查,人力资源管理部门通过审阅求职者的个人简历和应聘申请表对求职者进行审查,挑选出较为优秀的应聘者参加下一轮测试。

企业对求职者提交的所有申请材料(申请表、推荐函、证明材料等)进行资格审查。在资格审查过程中,选拔人员需要作出如下判断:①求职者是否符合招聘的基本条件,如年龄、学历、专业等;②求职者提供的个人信息是否真实,是否需要进行必要的核实与调查;③初步判断求职者是否胜任岗位,以决定求职者是否可以进入下一个选拔程序。一般情况下,为了避免判断失误而导致人才误舍,在资格审查程序应尽量减少淘汰的人数。

2. 面试

面试是一种非常普遍和常用的选拔方法,许多企业将面试的资料作为取舍申请者的依据。面试一直是在评价申请人时采用的主要方法,几乎所有企业实际上都在采用这种方式,并把面试看做是最有决定性的选择程序。通过面试,了解应聘者的语言表达能力、反应能力、个人修养、逻辑思维能力、业务知识水平、工作经验等综合情况,并根据面试情况判断应聘者是否适合企业的用人要求,同时应聘者也可以通过个人期望和现实情况相比较,判断企业是否适合自己的发展。

关于面试的具体内容,本章第三节将详细介绍。

3. 测试

许多企业都把各种形式的测试作为选拔程序的一部分。与面试相比,测试可以客观地甄别申请者的能力、学问和经验。测试因其操作简便,具有比较明确的客观标准,且易评判,以及公正、客观的优点,在人力资源管理中得到了广泛的运用。但测试作为一种比较可靠和准确的选拔手段也有其局限性,测试也许可以准确地预计一个人的工作能力,但却不能说明一个人想把工作做到什么程度。此外,涉及与个性测试及个人爱好有关的问题时,选拔的成败取决于求职者是否诚实。求职者可能有强烈的动机使其对问题作出不真实的回答,或提供他认为是企业所期望的答案。即便是采用设计完善的测试,录用了不合格的人却拒绝了合格的人的错误仍会发生。因此,在选拔过程中不宜单独使用测试,最好是与其他工具结合起来使用。

关于选拔测试的方法,本章第三节将详细介绍。

4. 背景调查

对于申请人的背景和资格的审查,可以从另一个侧面对应聘者进行考察,并可发掘出一些在常规面试中难以发现的信息。这样做可以证实(或提供)有关申请人的工作能力、表现、性格、优点和缺点等信息是否真实。此外,还可以审核申请人的学历、工作经验的证明文件及推荐信。适用于对中高级人才和关键性职位人才聘用。进行背景调查主要有四种方式:①电话调查;②正式商业信函;③传真发信;④与应聘者提供的证明人进行面谈。电话会谈是比较经济和快速的方式。正式商业发信有书面的记录确认,便于归档。而与前单位负责人进行面谈,则可更加深入和全面地了解应聘者的能力及原绩效表现情况,不过成本也最高。

5. 体检

体检是看候选人的身体状况是否适合其所谋求的职务和环境。体检可以保证每一位被录用的员工身体健康、体能符合工作要求,如视力正常、能举起重物、能站立工作等。这样可以避免员工投诉企业的工作环境危害健康而要求赔偿,并且可以防止疾病传染。在选拔过程中,体检一般放在后期进行,因为这项程序费用较高,待其他不合格的申请者被淘汰之后再进行体检,可以降低成本。

6. 试用

许多企业在录用员工时都有试用期,这使得企业可以根据工作业绩评价申请者的能力。试用期长短不一,视工作性质而定。试用可以代替选拔过程的某些程序,或者用来检验其他程序的正确性。这种做法的假设是:如果一个人在试用期圆满地完成了任务,那么其他选拔程序就没有必要使用了。对试用期的员工应进行监控,以确定录用决策是否正确。对在试用期内自动离职的员工应进行面谈,以确定选拔过程中存在的不足。

7. 录用决定

选拔过程的关键程序是作出录用决定,其他程序主要是用来缩小候选人的范围。录用决定是从那些没有被淘汰的人中间作出选择。录用决定不一定要选条件最好的人,而应当选拔条件与空缺岗位要求最接近的人。是否录用由缺员部门的经理作出决定。

企业作出录用决定后要通知应聘者,这也是录用工作的一个重要部分。通知包含两种,一种是录用通知,一种是辞谢通知。录用通知应表达企业对人才的尊重,而辞谢通知需要一定的语言技巧,应本着坦率、诚恳、善意的原则书写。许多企业都忽视了辞谢这一程序,周到的辞谢方式除了能树立良好的企业形象外,还可能对今后的招聘产生有利的影响。

(二)选拔的方法

选拔的方法包括能力过关法和能力互补法两种。

1. 能力过关法

在选拔过程中,申请人必须通过一系列的选拔程序才能被企业录用,如果申请人缺乏某种能力,或某项选拔程序表现欠佳就被淘汰。这种方法假设选拔程序检测的每一种知识、技能或能力,对于履行该职位的职责都是必不可少的,其他方面的能力再强也无法代替或弥补达不到要求的能力。因此,只要有一项选拔程序没有通过,申请人即被淘汰。采用这种方法选拔时,要求申请人具备全面的能力和知识。对于例行工作或企业要面对很多申请人时,淘汰选拔比较合适,可以节约时间和成本。

【应用举例4.1】

录用通知书

_____先生/女士：

　　上周五与您的会面是很愉快的。我们现在很高兴地通知您，经我公司研究，决定录用您为本公司员工，向您提供_____岗位。欢迎您加盟本公司，请您于____月____日____时到本公司_____部报到。

　　我们很希望您能够接受该岗位的工作，我们会为您提供较好的发展机会、良好的工作环境和优厚的报酬。

　　我们希望您能在____月____日之前答复我们。如果您还有什么疑问，请尽快与人力资源部×××联系。联系电话是××××××。期望尽快得到您的答复。

　　此致

_____公司人力资源部
_____年____月____日

报到须知：

报到时请持录用通知书；

报到时须携带本人____寸照片____张；

须携带身份证、学历学位证书原件和复印件；

须携带指定医院体检表。

2. 能力互补法

申请人可能在某方面能力比较差，但如果其他方面的表现相当突出，仍有机会被录用。这时，在决定录用还是淘汰申请人之前，所有的申请人都必须经过所有的筛选程序。这种方法假设申请人某方面的长处可以弥补另一方面的不足。能力互补法着眼于整体考察一个人的能力，以整体表现选择最佳人选。对于较为复杂的或专业性较强的工作，这种方法比较合适。

四、组织审定

组织审定是招聘工作的最后一项工作，对整个招聘与选拔工作要进行检查、总结，评估招聘质量，这也是一项长期的工作。一般来说，组织审定包括招聘成本评估、录用人员评估。这两项评估可以从数量、质量、效率方面对招聘工作进行评价。研究表明，通过不同的招聘渠道和招聘方法，产生的招聘效果是截然不同的。用不同的方法招聘的员工可能表现出不同的工作绩效、不同的流失率与缺勤率等。因此，通过组织审定工作可以发现招聘工作中存在的问题，分析原有招聘策略、招聘方法的成功与不足，以便在将来的工作中进行修正，提高下一轮的招聘工作质量。

（一）招聘成本效益评估

成本效益评估是指对招聘中的费用进行调查、核实，并对招聘预算进行评价的过程，是鉴定招聘效率的一个重要指标。如果成本低,录用人员质量高,就意味着招聘效率高;反之,则意味着招聘效率低。

1. 招聘成本评估

招聘成本是为吸引和确定企业所需内外人力资源而发生的费用,主要包括招聘人员的直接劳务费用、直接业务费用(如招聘会会费、差旅费、代理费、广告费、宣传资料费、办公费等)、间接费用(如行政管理费、临时场地以及设备使用费)。招聘成本既包括在企业内部或外部招聘人员的费用,也包括吸引未来可能成为企业成员的人选的费用,如为吸引高校毕业生所预先支付的委托培养费。招聘单位成本是招聘成本评估的一个重要指标。其计算方法如下:

$$招聘总成本 = 直接劳务费 + 直接业务费 + 间接管理费 + 预付费用$$

$$招聘单位成本 = 招聘总成本 / 录用人数$$

2. 成本效用评估

成本效用评估是指对招聘成本所产生的效果进行分析。主要包括招聘总成本效用分析、招募成本效用分析、选拔成本效用分析、人员录用效用分析。具体计算方法如下:

$$总成本效用 = 录用人数 / 招聘总成本$$

$$招募成本效用 = 应聘人数 / 招募期间的费用$$

$$选拔成本效用 = 被选中人数 / 选拔期间的费用$$

$$人员录用效用 = 正式录用的人数 / 录用期间的费用$$

显然,这些指标越大越好。各公式计算出的比例越大,说明各项费用开支的使用率越高。

3. 招聘收益成本比

对员工招聘的工作进行整体的评估可以通过招聘收益成本比来实现,这是一项经济评价指标,同时也是对招聘工作的有效性进行考核的一项指标。其计算方法如下:

$$招聘收益成本比 = 所有新员工为组织创造的总价值 / 招聘总成本$$

通常,招聘收益成本比例越高,则说明招聘工作越有效,即招聘收益越大,录用员工对企业的贡献越大,并且说明录用人员的素质较高,招聘效果好,实现了企业设定的招聘目标;反之,说明公司可能招入了不合格的员工,不能实现创造价值的目标。

(二)录用人员评估

录用人员评估是指根据招聘计划对录用人员的质量和数量进行评价的过程。

1. 录用人员数量评估

数量评估是对招聘工作的有效性检验的一个重要方面。这一方面的评估指标主要有应聘比、招聘完成比和录用比。这三项指标评估方法如下:

(1)应聘比

$$应聘比 = (应聘人数 / 拟招聘人数) \times 100\%$$

该比率越大,说明组织的招聘信息发布得越广、越有效,组织的挑选余地也就越大,招聘信息发布效果越好,同时说明录用人员素质高的可能性较大;反之,该比率越小,说明组织的招聘信息发布得不适当或无效,组织的挑选余地也越小。

(2) 录用比

$$录用比 = (实际录用人数/应聘总人数) \times 100\%$$

一般该比率越小,表明对企业来说可供选拔的人员越多,实际录用者的素质就可能越高;反之,说明可供筛选者越少,则实际录用者的素质较低的可能性越大。

(3) 招聘完成比

该比率说明新员工招聘计划的完成情况。如果招聘完成比等于或大于100%,则说明在数量上全面或超额完成招聘任务。比率越小,说明招聘员工数量越不足。

2. 录用人员质量评估

质量评估是对员工的工作绩效行为、实际能力、工作潜力的评估,主要是分析评估新员工的素质、能力等是否能满足应聘岗位的要求和组织工作的需要,它是对招聘的工作成果与方法的有效性检验的另一个重要方面。绩效考评是录用人员质量评估的重要方法。

第三节 员工招聘的途径和选拔方法

员工招聘或选拔的过程都是关于个人与企业匹配的活动,只是本质不同。招聘的过程是组织与职缺的特性与个人的需求匹配,由应征者决定是否满足需求。选拔的过程则是求职者的能力与企业所需人才的条件匹配,由企业来决定是否匹配。而无论是招聘或是选拔,其基本含义都在于组织、职务与个人之间的匹配度。对组织而言,若无法吸引和找出合适的人员担任职务,则组织将付出不必要的招聘选拔成本、培训成本和薪资成本等,使组织绩效无法提升。可见,招聘与选拔的重要性是不容忽视的。

一、员工招聘的途径

员工招聘就是通过各种途径和方法获取候选人的过程。招聘工作的成败在很大程度上取决于有多少人来应聘,应聘的人越多,企业选出优秀人才的可能性就越大。员工招聘的目标,就是要吸引尽可能多的符合企业需求的人来应聘。

(一) 招聘的途径

与人力资源供给的来源相对应,员工招聘的途径有两个方面:内部招聘和外部招聘,这也是企业招聘人员的两个来源。职位空缺的填补,无论是经由内部选拔来实现,还是经外部招聘来实现,都各有利弊,两者基本是互补的,如表4.3所示。事实上,内部招聘和外部招聘对组织人力资源的获取具有同等重要的地位。某一项工作究竟是由组织内部人员还是外部人员承担,要视市场供给、组织的人力资源政策和工作的要求而定。

表4.3　两种招聘渠道的利弊分析

	优　势	劣　势
内部招聘	1. 有利于提高员工的士气和发展期望 2. 对组织工作的程序、企业文化、领导方式等比较熟悉，能够迅速地开展工作 3. 对企业目标认同感强，辞职可能性小，有利于个人和企业的长期发展 4. 风险小，对员工的工作绩效、能力和人品有基本的了解，可靠性较高 5. 节约时间和费用	1. 容易引起同事间的过度竞争，发生内耗 2. 竞争失利者感到心理不平衡，难以安抚，容易降低士气 3. 新上任者面对的是"老人"，难以建立起领导声望 4. 容易产生近亲繁殖问题，思想因循守旧，思考范围狭窄，缺乏创新与活力
外部招聘	1. 为企业注入新鲜的"血液"，能够给企业带来活力 2. 避免企业内部相互竞争所造成的紧张气氛 3. 给企业内部人员以压力，激发他们的工作动力 4. 选择的范围比较广，可以招募到优秀的人才	1. 对内部人员是一个打击，感受到晋升无望，会影响工作热情 2. 外部人员对企业情况不了解，需要较长的时间来适应 3. 对外部人员不是很了解，不容易作出客观的评价，可靠性比较差 4. 外部人员不一定认同企业的价值观和企业文化，会给企业的稳定造成影响

（二）内部招聘的来源和方法

内部招聘的来源主要有两种：一是下级职位上的人员，主要通过晋升的方式来填补空缺职位；二是同级职位上的人员，填补空缺职位的方式主要是工作调换或工作轮换。使用晋升的方式来填补职位空缺，有利于调动员工的积极性并有助于其个人的发展，但是容易造成"近亲繁殖"；而工作调换有助于员工掌握多种技能，提高他们的工作兴趣，但是不利于员工掌握某一职位的深度技能，会影响工作的专业性。

内部招聘的方法主要有两种：一是工作公告法；二是档案记录法。

1. 工作公告法

工作公告法是一种内部招聘方法，就是通过向员工通报现有工作空缺，从而吸引相关人员来申请这些空缺职位。工作公告中应包括空缺职位的各种信息，如工作内容、资格要求、上级职位、工作时间以及薪资等级等。

2. 档案记录法

在企业的人力资源部，一般都有员工的个人资料档案，从中可以了解到员工在教育、培训、经验、绩效等方面的信息，通过这些信息，企业的高层和人力资源部门就可以确定出符合空缺职位要求的人员。利用档案记录法的优点是可以在整个组织内发掘合适的工作候选人，同时技能档案包含的信息比较全面，采用这种方法比较便宜和省时。但使用这种方法进行内部招聘时,要注意两个问题:一是档案资料的信息必须真实可靠、全面详细,此外还要及时更新,这样才能保证挑选人员的质量;二是确定出人选后,应当征求本人的意见,看其是否愿意服从调配。

【应用举例4.2】

编号_____

工 作 公 告

公告日期:_____
结束日期:_____
在_____部门中有一全日制职位_____可供申请。此职位对/不对外部候选人开放。
薪资水平:最低_____   中间值_____   最高_____
职责:
参见所附职位说明书
所要求的技能和能力:(候选人必须具备此职位所要求的所有技能和能力,否则不予考虑)
1. 在现在/过去所任岗位上表现出良好的绩效,其中包括:
◆有能力完整、准确地完成任务
◆能够及时地完成工作并能够坚持到底
◆有同其他人合作共事的良好能力
◆能进行有效的沟通
◆可信、良好的出勤率
◆较强的组织能力
◆解决问题的正确态度与方法
◆积极的工作态度:热心、自信、开放、乐于助人和献身精神
2. 可优先考虑的技术和能力:
(这些技术和能力使候选人更有竞争力)

员工申请程序如下:
1. 电话申请可拨打号码_____,每天15:00之前,_____除外。
2. 确保在同一天将已经填好的内部工作申请表连同截至目前的简历一同寄至_____。
对于所有的申请人将首先根据上面的资格要求进行审查。
筛选工作由_____负责。
机会对每个人来说都是平等的!

随着计算机和网络技术的发展,现在很多企业都建立起了人力资源信息系统,对员工的个人信息进行动态化和规范化的管理,利用档案记录进行内部招聘的效率和效果都得到了大幅度的提高。

（三）外部招聘的来源和方法

外部招聘是根据一定的标准和程序，从组织外部寻找员工可能的来源和吸引他们到组织应征的过程。外部招聘的人员来源较多，例如职业学校、学院和大学、竞争对手、退伍转业军人、个体劳动者、老年劳动者等等。在制定招聘计划时，要以招收职位的素质要求为基础，同时考虑企业的发展状况、培训能力、正式上岗的迫切性、人力成本预算等因素，选择恰当的招聘来源。不恰当的招聘来源将导致招聘工作的低效，甚至可能会使不合格的员工进入企业。

由于外部招聘的来源都在企业外部，因此招聘方法的选择显得非常重要，否则潜在的应聘者就无法获知企业的招聘信息。外部招聘的方法主要有以下几种。

1. 广告招聘

广告是企业进行外部招聘时最常用的一种方法。借助广告进行招聘时，需要考虑两个问题：一是广告媒体的选择；二是广告内容的构思。目前通行的广告媒体主要有报纸、杂志、广播电视等，各种广告媒体分别具有自己的优点和缺点，企业应当根据具体的情况来选择最合适的媒体。表4.4是对各种广告媒体的一个简单比较。

表 4.4　各种广告媒体的比较

媒体类型	优　点	缺　点	适用范围
报纸	成本低；广告大小可以灵活选择；发行集中于某一特定的地域；各种栏目分类编排，便于积极的求职者查找	制作质量比较差；集中的招聘广告容易导致招聘竞争的出现；发行对象没有针对性；容易被忽视	潜在的应聘者集中在某一地区并且通常通过阅读报纸找工作
杂志	专业杂志会到达特定的职业群体手中；广告印刷质量好；保存时间长；广告大小也可以灵活选择	发行时间较长；发行地域太广，见效期较长	招募的职位比较专业；时间没有限制；招募的范围比较广
广播电视	容易引起注意；灵活性强；可以将求职者的来源限定在某一特定地域；传递信息更为直接和生动	费用高；传递的信息简单；缺乏持久性，求职者不能回头再了解；不能选择特定的应聘者	当需要扩大影响的时候；需要迅速引起人们的注意；无法使用印刷广告；某一地区有多种类型的潜在应聘者
其他印刷品	在求职者可能采取某种立即行动的时候，引起他们对企业雇佣兴趣；极富灵活性	作用有限；要使此种措施见效，首先必须保证求职者能到招募现场来	在一些特殊场合，如就业交流会、公开招聘会上布置的海报、标语、旗帜、视听设备等；或者求职者访问组织的某一工作地时，向他们散发招募宣传材料

2. 校园招聘

校园招聘是指企业通过在校园中举办招聘会等形式，提前招聘一些即将毕业的大中专院校学生的一种招聘途径。大中专院校的学生,特别是一些名校或紧俏专业的学生,由于他们具备最新的知识、较高的素质和能力并具有较强的可塑性,往往是各大企业争夺的对象,对他们的获取一般都通过校园招聘的途径。最常见、最节省的校园招聘方法是派人到学校开设就业讲座,介绍企业的情况和政策,让学生对企业有更多的了解,吸引学生到企业来应聘。

校园招聘是组织获得潜在管理人员及专业技术人员的一条重要途径,也是宣传企业形象的一种非常便利的手段。但同时要注意到校园招聘持续时间长,确定的候选人要等到毕业才能被雇用;另外,由于毕业生就业之初离职或跳槽的情况比较多,工作稳定性差,组织的招聘、选拔和培训成本较高。

3. 人才中介机构招聘

企业招聘人员可借助各种职业介绍机构,例如猎头公司、职业介绍所、人才交流中心等。

(1) 就业服务机构

就业服务机构是专门进行人力资源搜索、筛选,并向企业提供各类所需人才的机构,它往往担当着双重角色:既为组织择人,也为求职者择业。通过就业服务机构,企业往往可以较快地招聘到合适的人员。企业通过与合适的专业机构进行接触,告知所需工作的资格;专业机构承担寻找和筛选求职者的工作,向企业推荐优秀的求职者以便进一步筛选。在我国就业服务机构是指各种职业介绍所(包括政府主办的公共职业介绍机构、私人或民间的职业介绍所)、人才交流中心等。这种方法一般适用于企业招聘中低层员工。

(2) 招聘洽谈会

人才交流中心或其他人才机构每年都要举办多场人才招聘洽谈会。在洽谈会中,用人企业和应聘者可以直接进行接洽和交流,节省了企业和应聘者的时间。随着人才交流市场的日益完善,洽谈会呈现出向专业方向发展的趋势,如中高级专业人才洽谈会、应届生双向选择会等。洽谈会由于应聘者集中,使企业的选择余地较大,但招聘高级人才还是较为困难。通过参加招聘洽谈会,企业招聘人员不仅可以了解当地人力资源素质和走向,还可以了解同行业其他企业的人事政策和全国各地需求情况。

(3) 猎头公司

猎头公司是指那些以受托招聘为主要业务的公司。在国外,猎头服务早已成为企业求取高级人才和高级人才流动的主要渠道之一。我国的猎头服务近些年来发展迅速,有越来越多的企业逐渐接受了这一招聘方式。猎头服务的一大特点是推荐人才素质高。猎头公司一般会建立自己的人才库,优质高效的人才库是猎头公司最重要的资源之一,对人才库的管理和更新也是他们日常的工作之一,而搜寻手段和渠道则是猎头服务专业性最直接的体现。当然,与高素质候选人才相伴的,是昂贵的服务费,猎头公司的收费通常能达到所推荐人才年薪的30%~35%。但是,如果把企业自己招聘人才的广告费用、时间成本、选拔成本、人才素质差异等隐性成本计算进去,猎头服务或许不失为一种经济、高效的方式。

4. 网络招聘

网络招聘也称在线招聘或电子招聘,它是指利用互联网技术进行的招聘活动,包括信息的发布、简历的搜集整理、电子面试以及在线测评等。它并不仅仅是将传统的招聘业务搬到网上,而是互动的、无地域限制的和具备远程服务功能的一种全新的招聘方式。网络招聘以其招聘范围广、信息量大、可挑选的余地大、应聘者素质高、招聘效果好、费用低等优势,获得了越来越多企业的认可。

目前,通过网络招聘的渠道有:①注册成为人才网站的会员,在人才网站上发布招聘信息,收集求职者信息资料,查询合适人才信息,这是目前大多数企业在网上招聘的方式。由于人才网站上资料库大、日访问量高,企业往往能较快招聘到合适的人才。②在自己公司的主页或网站上发布招聘信息。很多公司在自己的网站上发布招聘信息,以吸引来访的人员加入。③在某些专业的网站发布招聘信息。由于专业网站往往能聚集某一行业的精英,在这样的网站发布招聘信息往往效果更好。④在特定的网站上发布招聘广告。有些公司会选择在一些浏览量很大的网站做招聘广告。

5. 员工推荐

许多企业都采取员工推荐的方法来招聘新员工,员工推荐对招聘专业人才比较有效。员工推荐具有招聘成本小、应聘人员素质高、可靠性强的优点,因此,很多企业认为员工推荐是招聘方法中最好的一种,例如思科公司、微软公司、英特尔公司等,这些公司对推荐成功的员工还给予奖励。但是,这种方法也存在缺点,一旦员工所推荐的人被拒绝,则这个员工可能会产生不满。而且如果引荐的人数过多,容易形成小团体和非正式组织,对组织可能形成致命的伤害。

前述几种外部招聘方法各有优缺点,企业可以根据实际情况选择运用。表4.5 为各种外部招聘方法的详细比较。

表 4.5 招聘方法的比较

招聘方法	适合招聘的工作类型	速度	成本	求职者来源	求职者同工作要求的符合程度
招聘广告	所有	快	中	广	不高
就业服务机构	蓝领工人、低层管理人员	中	中	较广	较高
猎头公司	中、高层管理人员	中	高	较广	较高
校园招聘	管理人员、专业技术人员	慢	低	较广	较高
网络招聘	所有	快	低	广	较高
员工推荐	所有	快	低	不广	高

二、员工招聘的选拔方法

员工选拔是一项为企业把关的工作,是整个招聘过程的关键环节。如果将不合适的人员引进企业,不仅会增加培训等方面的困难,而且会造成过高的人员流动率,增加企业的负担。在长期的人力资源招聘工作实践中,发展了许多实用的选拔方法。当前使用最广泛的、最主要的选拔方法是申请表审查法、面试法、测试法和评价中心技术等。

(一)申请表与简历筛选

对应聘申请表和简历的审查及评价是招聘选拔的初步筛选。目的在于收集关于求职者背景和现在情况的信息,以评价求职者是否能满足最低的工作要求。其基本内容包括应聘者过去和现在的工作经历、受教育情况、培训情况、能力特长、职业兴趣等。

每个应聘者都会向招聘单位递交简历,为什么还需要有申请表呢?这是因为简历主要是应聘者想告诉企业的内容,申请表则主要是企业想了解的内容,二者内容既有重叠,又有区别,对企业各有利弊,配合使用可以互为补充,如表4.6所示。

表4.6 个人简历与申请表的区别

	个人简历	申请表
优点	开放式,有助于创新 允许申请人强调他认为重要的东西 允许申请人点缀自己 费用较小,容易做到	直截了当 结构完整 限制了不必要的内容 标准化程度高,易于评估
缺点	申请人可能略去某些对自己不利的内容 容易添油加醋 标准化程度低,难以评估	封闭式,限制创造性 制作和分发费用较高

(二)面试法

面试是一种最重要最常用的人员选拔方法,其目的是为了使组织通过面对面的交流以找到最合适的人选,同时也为了使应聘者通过求职过程的真实体验找到最理想的职位。

1. 面试

面试,是一种经过精心设计,在特定场景下,通过与应聘者面对面的交谈与观察,了解其有关信息的一种方式。面试是员工选拔最普遍使用的方法。

面试内容包括应聘者的仪容仪表、人生观、社会观、职业观、人格成熟程度、个人修养、求职动机、工作经验、相关的专业知识、语言表达能力、应变能力及决策能力、自我认识能力及协调指导能力、社交能力及分析判断能力、团队意识、责任心等。

2. 面试的类型

按照不同的标准,可以将面试分为不同的类型。

(1) 按照面试的结构化程度,可以分为结构化面试、非结构化面试和半结构化面试

① 结构化面试。结构化面试是指在面试前已设立面试内容的固定框架或问题清单,主考官按照这个框架对每个应聘者分别作相同的提问,并控制整个面试的进行。结构化面试具有规范性、客观性、相对标准性、便于掌握评分尺度等特点,也称为标准化面试。这种面试由于对所有应聘者均按同一标准进行,因而可以提供结构与形式相同的信息,全面分析、比较,同时也减少了主观性,且对考官的要求也较低。但缺点是过于僵化,难以随机应变,因而所收集信息的范围受到限制。

② 非结构化面试。非结构化面试是指事先不拟定谈话形式和内容的框架,以漫谈形式让被试者自由发挥。是一种没有既定的模式、框架和程序,主试者可以"随意"向被测者提出问题,而对被试者来说也无固定答题标准的面试形式。这种面试方法给谈话双方以充分的自由,主试者可以针对被测者的特点进行有区别的提问。非结构化面试形式给主试者以自由发挥的空间,但这种形式也存在一定的局限性,即易受主试者主观因素的影响,面试结果无法量化以及无法同其他被测者的评价结果进行横向比较等。

③ 半结构化面试。半结构化面试是指将结构化面试和非结构化面试结合起来进行的面试,它可以有效地避免结构化和非结构化面试的缺点。半结构化面试包括两种含义:一种是考官提前准备重要的问题,但是不要求按照固定的次序提问,且可以讨论那些似乎需要进一步调查的题目;另一种是指考官依据事先规划出来的一系列问题来对应聘者进行提问,一般是根据管理人员、业务人员和技术人员等不同的工作类型设计不同的问题表格。

结构化面试、非结构化面试和半结构化面试的比较如表4.7所示。

(2) 按照面试的组织方式,可以分为主试团面试和集体面试

① 主试团面试。主试团面试是指由 2~5 个主考人组成主试团,分别对每个应试者进行面试。采取这种方式时,主试团成员需要进行角色分配,各自从不同的角色相互配合。这种方法可以对应聘者做出比较全面的评价,但是比较耗费时间。

② 集体面试。集体面试是指由一个面试者同时对多个应聘者地行面试的方式。当一个职位的应聘人较多时,为了节省时间,让多个应试者组成一组集体面试。这种方法着重考察应试者个性和协调性,它虽然可以节省大量的时间,但是由于面试者要同时观察多个应聘者的表现,容易出现观察不到的情况。

(3) 按面试的氛围设计,可以分为压力面试和非压力面试

① 压力面试。压力面试是指将应试者置于一种认为的紧张气氛中,让应试者接受诸如挑衅性的、敌意的、或是具有攻击性的意想不到的问题,以考察其应变能力、压力承受能力、情绪调整能力等。

表 4.7 三种面试类型的比较

分类	特点	备注
结构化面试	有准备完整的面试题目 严格按顺序依次提问 有明确的测评要素 临场情境性低 时间较长,易显枯燥 资料整合难度:低 评分者一致性:较好 标准化程度:高	初学者比较容易掌握
非结构化面试	事先无特定准备的题目 无测评要素的设置 临场情境性高 高度依赖主持人的经验与背景 资料整合难度:高 评分者一致性:较差 标准化程度:低	多用于心理诊断 未经训练时使用效率低
半结构化面试	有面试提纲及备选问题 有明确的测评要素 操作可灵活变化 资料整合难度:中等 评分者一致性:中等 标准化程度:中等	在招聘选拔中采用最多的面试方法

压力面试通常适用于对需承受较高心理压力的岗位的求职者进行测试。测试时主试者可能会突然问一些不礼貌、冒犯的问题,让被试者会感到很突然,同时承受较大的心理压力。这种情况下,心理承受能力较弱的求职者的反应可能会较异常、甚至不能承受。而心理承受能力强的人员则表现较正常,能较好地应对。

②非压力面试。非压力面试是指在没有压力的情景下考察应试者有关方面的素质。与压力面试相关,非压力面试中,主试者力图创造一种宽松亲切的氛围,使应聘者能够在最小压力情况下回答问题,以获取录用所需要的信息。事实上,除了那些需要真正在压力下工作的岗位外,非压力面试适用于绝大多数的情况。

【应用举例4.3】

HR经理人面试问题大全

1. 影响力

(1)请你举一例说明你曾经使某人做他并不喜欢做的事情。

(2)请描述一下这样一个经历:你使别人参与、支持你的工作,并最终达到了预期目的。

(3)假设你发现你的一位工友做了不道德的事情,你会采取什么样的方法来使这位工友改正他的不道德行为?

(4)假如管理层要对工作程序进行调整,这会对你的工作造成危害。你会采取什么办法来说服管理层不要这样做?

(5)请说说你的这样一个经历:你的一位老板总是在最后一刻才给你布置工作任务。你采取什么办法来改变老板的这种工作方法?

(6)我想知道你是否遇见这样的情形:部门的某位员工不愿意干自己的工作。你采取什么措施来改变这种情况的?

2. 客户服务意识

(1)请讲一次这样的经历:你使一个非常不满的客户改变了看法。是什么问题?你是怎样使客户回心转意的?

(2)讲一次你曾经为了取得与工作有关的目标而做出个人牺牲的经历。

(3)你认为质量和客户服务的关系是什么?

(4)很多人都把客户服务的重点放到处理客户投诉上,你认为这种策略的问题是什么?

(5)给我讲一个你曾经遇到的这样的一个问题:和你打交道的一位客户要求解决问题的方法和公司利益发生冲突。你是怎样解决这个矛盾的?

(6)在客户服务中,公司的政策和规定起着什么样的作用?

3. 团队意识

(1)你认为一个好的团队管理者的最主要特点是什么?为什么?

(2)请你讲出你在团队工作背景下遇到的最具有创造性和挑战性的事情。你用什么方法来鼓励他人和你自己来完成这件事的?

(3)管理人员能否不做任何说明就让员工去干某项工作?为什么?

(4)请讲一下你对团队工作最喜欢和最不喜欢的地方?为什么?

(5)请说出你作为团队者所遇到的最困难的事情。是怎样解决这个困难的?你在解决这个困难中起了什么作用?

(6)请告诉我你在什么情况下工作最有效率?

4. 沟通技能

(1)请讲一个这样的情形:某人说话不清,但是你还必须听他的话,你怎样回答他的问题才好?

（2）一个好的沟通者应该具备哪些条件？

（3）请说一下别人是怎样看你的？

（4）请你讲一下和一个有非常糟糕习惯的人在一起工作的经历。你是怎样使对方改变他的不良行为的？

（5）若让你在公司董事会上发言，你该怎样准备发言稿？

5．工作主动性

（1）说一个你曾经干了些分外工作的经历，你为什么要承担那么多的分外工作？

（2）请讲这样一个经历：你获得了很难得到的一些资源，这些资源对你完成工作目标特别重要。

（3）你前任工作中，都干了哪些有助于你提高工作创造性的事情？

（4）在你前任工作中，你曾经试图解决了哪些与你工作责任无关的公司问题？

（5）讲讲这样的一次经历：在解决某一难题时，你独辟蹊径。

（6）工作中使你最满意的地方是什么？

（资源来源：www.51test.net/show/27504.html.）

（三）选拔测试

选拔测试就是指运用各种科学或经验的方法对应聘者进行评价，从而挑选出那些符合职位要求的人员的过程。选拔测试的方法很多，本书只介绍几种最有代表性的测试方法。

1．知识测试

这种测试用于衡量应聘者是否具备完成职位职责所要求的知识。虽然具备职位所要求的知识并不是实际工作绩效良好的充分条件，但往往是它的一个必要的条件，因此选拔录用中要对应聘者的相关知识进行测试。不同的职位，知识测试的内容也不一样，例如录用会计人员，就要测试与会计有关的知识；录用人力资源管理人员，就要测试人力资源管理知识。

这种测试方法的好处是比较简单，便于操作，不需要特殊的设备；可以同时对很多应聘者进行测试，因此费用也比较低，可以节约大量的时间；相对来说比较公平，受主观因素影响较小。这种方法的缺点在于主要考察的是应聘者的记忆能力，对实际工作的能力考察不够，因此知识测试往往作为一种辅助手段与其他方法一起使用。

2．能力测试

能力是指个人顺利完成某种活动所必备的心理特征，任何一种活动都要求从事者具备相应的能力。能力测试用于衡量应聘者是否具备完成职位职责所要求的能力。能力测试有两种功能：一是判断应聘者具备什么样的能力，即诊断功能；二是测定在从事的活动中成功的可能性，即预测功能。能力测试包括一般能力测试、能力倾向测验和特殊能力测试三种。

3. 性格和兴趣测试

(1) 性格测试

性格指个人对现实的稳定态度和习惯的行为方式,对应聘者的性格进行测试有助于判断他们是否胜任所应聘的职位。目前,对性格测试的方法有很多,主要可以归结为两大类:一是自陈式测试。就是向被试者提出一组有关个人行为、态度方面的问题,被试者根据自己的实际情况回答,测试者将被试者的回答和标准进行比较,从而判断他们的性格。二是投射式测试。该测验主要采用图片作为工具而展开,测试人将一张意义含糊的图和照片出示给应聘者看,并不容其有考虑的时间,要求被测试人很快说出对该图片的认识和解释。由于应聘者猝不及防,又无思考时间,就会把自己的心理倾向"投射"到对图片的解释上,因而结果较为可信。

(2) 兴趣测试

这里的兴趣主要是指职业兴趣,它是指人们对具有不同特点的各种职业的偏好以及从事这一职业的愿望。职业兴趣会影响人们对工作的投入程度,如果应聘者的职业兴趣与应聘的职位不符,就会影响他的工作热情;相反,如果应聘者的职业兴趣与应聘职位相符,他就会积极主动地工作。兴趣测试的方法主要有斯通-坎贝尔测试等。

(四) 评价中心测试

评价中心测试是一种综合性的方法,它使用各种不同的技术对多个心理维度进行评定。它是一种为组织判断和预测那些与组织的工作绩效目标相关联的个体行为,以评价被测者操作能力及管理素质为中心,所进行的一种标准化活动程序,是一种比较全面的测评方法。

评价中心测试主要用于招聘管理人员,常用的方式主要有公文处理、无领导小组讨论、管理游戏、角色扮演等。

1. 文件筐测验

文件筐测验又称公文处理法,适用于中、高级管理人员的能力测评。在这种测评方式中,被评价者被安排处理某一日常工作中常常遇到的各种类型的公文。这些待处理的公文包括各部门送来的各种报告,上级下发的各种文件,与企业相关的部门或业务单位发来的信函等,其内容涉及企业经营管理的各个方面,既有重大决策问题,也有日常琐碎小事。要求被评价者对每一份文件都要作出处理,如写出处理或解决问题的意见、批示,或直接与部门的人员联系发布指示等。被评价者应在规定的时间内把公文处理完。评价者待测评对象处理完后,应对其所处理的公文逐一进行检查,并根据事先拟定的标准进行评价。

文件筐测验可以在很短的时间内全面、准确掌握管理者的能力、潜能以及个性心理特征等岗位关键要素,但也存在缺点,如评分比较困难、不够经济,另外测验的设计、实施、评分都需要较长的时间,投入的精力和费用比较大。

【应用举例4.4】

文件筐测验样例

假定你是某合资电子公司的总经理,以下任务要求你单独完成:

今天是10月20日,由于停电所有管理人员已提前下班,你刚刚从本部回来,已经是下午五点。你的办公桌上有一堆文件,你最好在六点前处理完毕,因为你将去香港参加国际电子产品展览会,机票已经订好,司机六点来接你去机场,你10月24日才能回到你的办公室办公。你公司的主要产品市场需求量很大,正打算扩大生产规模。好,你现在可以开始工作了。

文件一:金总:上月销售部经理陈华离职之后,又陆续流失6名业务主管,销售人员数量严重不足,人力资源部至今没有补充到位,部门内士气低落、人心思动。部门内8名骨干业务主管今天联名要求三日内与您就销售提成额度问题进行沟通,此事如何处置,请指示。

销售部,10.20

文件二:金总:财务部赵杰在划拨款项时出现失误,造成较大损失,按规定应解除合同。现赵杰愿意由个人弥补损失,且赵杰的父亲是我们的重要客户,目前正面临签署明年的购货协议,销售部认为按规定处理赵杰会对协议的签署产生很大影响。此事如何处理?

人力资源部、财务部、销售部,10.18

公文筐测验答题纸

应试者编号:

姓　　名:

竞聘职位:

文件序号:

处理意见:

签名:
年　　月　　日

处理理由:

2. 无领导小组讨论

无领导小组讨论,又称群面,是采用情景模拟的方式对考生进行集体面试。无领导小组讨论主要是通过一定数目的考生组成一组(5~7人),进行一小时左右时间的与工作有关问题的讨论,讨论过程中不指定谁是领导,也不指定被试者应坐的位置,让被试者自行安排组织,评价者来观测被试者的组织协调能力、语言表达能力、分析归纳能力、说服能力、集体意识等各方面的能力和素质是否达到拟任岗位的要求,以及自信程度、进取心、情绪稳定性、反应灵活性等个性特点是否符合拟任岗位的团体气氛,由此来综合评价被试者之间的差别。

无领导小组讨论中,每一个面试者都是平等的,需要通过自己的努力,争取到小组公认的角色,并为小组讨论结果贡献自己的力量。无领导小组讨论的形式有多种。可以是情景性讨论,也可以是无情景性讨论。无情景性讨论一般针对某一个开放的问题来进行,例如"什么样的管理者才是好的管理者?"而情景性讨论则把应聘者放在某个假设的情景中进行。无领导小组讨论还可以是指定角色的讨论或者不指定角色的讨论。

3. 管理游戏

管理游戏是一种以完成某项"实际任务"为基础的团队模拟活动,通常采用小组形式进行,数名被测评者(通常 6~10 人)组合成一个小组,就给定的材料、工具共同完成一项游戏任务,并在任务结束后就某一主题进行讨论交流。在游戏中,每个小组成员各被分配一定的任务,有的游戏还规定了小组成员的角色,不同的角色权限不同,但不管处于什么角色,要完成任务,所有的成员都必须合作;在游戏的过程中,测评者通过观察被测评者在游戏中的行为表现,对预先设计好的某些能力与素质指标进行评价。管理游戏作为评价中心技术的一种测评方式,其复杂程度是评价中心技术中最高的,另外,与其他方式相比,其使用频率相对偏低,但是它的测评效度较高。

4. 角色扮演

角色扮演是要求被试者扮演一个特定的管理角色来处理日常的管理事务,观察他的表现,以了解其心理素质和潜在能力,是一种用以测评人际关系处理能力的情景模拟测试。在这种测试中主试者设置了一系列尖锐的人际矛盾与人际冲突,要求被试者扮演某一角色的情景,去处理各种问题和矛盾,主试者通过对被试者在不同人员角色的情景中表现出来的行为进行观察和记录,确定应聘者的素质潜能。例如,要求他扮演一名车间主任,让他在车间里指挥生产。在测评中要强调了解被试者的心理素质,而不要根据他临时的工作意见作出评价,因为临时工作的随机因素很多,不足以反映一个人的真才实学。有时可以由主试者主动给被试者施加压力,如工作时不合作,或故意破坏,以了解被试者的各种心理活动以及反映出来的个性特点。

三、员工选拔的信度和效度

员工选拔往往是一项复杂的工作,尤其是面对大规模招聘和核心人才的选拔,企业需要投入大量的时间、精力。企业进行员工选拔常用的方法,包括申请表分析、面试、选拔测试和评价中心技术,而在实际操作中,不同类型人才往往采取不同的选拔技术。很多企业期望构建自己完整的选拔体系,可以真正反映公司对特定人才的需求,以便做出正确的决策。那么,员工选拔的信度和效度成为很多企业关心的核心问题。通过对选拔的信度和效度评估,检验选拔过程中所应用方法的精确性与有效性,只有信度和效度达到一定水平的测试,其结果才适于作为录用计划的依据,否则将误导招聘人员,影响其做出精确的计划。可见员工选拔的信度和效度对提高招聘工作质量的影响。

（一）选拔的信度

1. 信度的含义

员工选拔的信度是指选拔员工的稳定性程度，具体指通过某项选拔测试所得结果的可靠性和一致性。可靠性是指一次又一次的测试总是得出同样的结论，它或者不产生毛病，或者产生同样的毛病。应聘者多次接受同一选拔测验或有关测验时，若其结果相同或相近，认为该测验的可靠性较高。总之，稳定性和一致性程度越高，说明选拔方法的信度越高；否则，就意味着选拔方法的信度越低。

2. 信度检测的方法

检测信度的方法一般有三种：再测检验法、平行检验法和半分检验法。再测检验法指对某一应聘者进行测试后，隔一段时间再用同样的测评与选拔工具，按照同样的方法，对于相同的对象再次进行测评与选拔，观察先后所得结果的一致性程度。用这种方法再对应聘者进行测试，两次测试结果的相关程度越高，说明这种选拔测试方法的信度越高。平行检验法指用两种内容、结构、难度等方面相当的测试题目对同一个应聘者进行测试，考查所得结果之间的一致性。例如，对同一应聘者使用两张内容相当的个性测试量表时，可观察两次测试结果是否大致相同。半分检验法是把一种测试方法分成两部分来进行考察，观察各部分所得结果之间的一致性程度，两部分的结果相关程度越高，说明测试方法的信度越高。例如可以把测试题目按奇数和偶数分为两部分。这种方法既省时，又避免了前后两次测评间的相互影响。

（二）选拔的效度

1. 效度的含义

员工选拔的效度是指员工选拔方法测量结果的有效性或者正确性。具体指用人单位对应聘者真正测到的品质、特点与其想要测量的品质、特点的符合程度，因此一项测试必须能测出它想要测定的功能才算有效。在员工选拔过程中，测验效度高是指实际测到应聘者的特征与想要测的特征符合程度高，其结果应该能够正确地预计应聘者将来的工作成绩，即选拔结果与今后的工作绩效是密切相关的；反之，就表明测试方法的效度比较低。

2. 效度检测的方法

检测效度的方法一般有三种：预测检验法、同步检验法和内容检验法。预测检验法反映了测试用来预测将来行为的有效性。通过对应聘者在被雇佣之前的测试分数与被雇佣之后的实际工作绩效进行比较来了解预测效度，两者的相关程度越高，则说明所选的测试方法、选拔方法越有效，进而可用此法来进一步评估、预测应聘者的潜力；相关程度越低或不相关，说明此法在预测人员潜力上效果不大。同步检验法是指对现有员工实施某种测试，然后将测试结果与员工的实际工作绩效考核得分进行比较，若两者的相关数很大，则说明这种测试效度较高。这种测试效度的特点是省时，可以尽快检验某种测试方法的效度，但若将其用到人员选拔测试时，难免会受到其他因素的干扰而无法准确地预测应聘者未来的工作潜力。内容检验法是指将测试内容与实际工作绩效进行比较,两者的相关程度越高,说明这种测试方法效度越高。内容检验法多用于知识测试与实际操作测试中,而不适用于对能力和潜力的测试。

本章小结

本章较为系统地介绍了员工招聘与录用的基础理论与技能。员工招聘与录用是组织人力资源管理工作中一项重要的基础性工作,是组织人力资源形成的关键,是人力资源进入企业或具体职位的重要入口。

首先,介绍了员工招聘的定义、作用和原则。员工招聘是企业获取合格人才的渠道,是组织为了生存和发展的需要,根据组织人力资源规划和工作分析的数量和质量要求,采取科学的方法寻找、吸引具备资格的个人到本企业来任职,从中选拔出适宜人员予以录用的管理过程。员工招聘与录用的有效实施不仅是人力资源管理系统正常运转的前提,也是整个企业正常运转的重要保证。

其次,本章具体介绍了员工招聘的程序。招聘工作要遵循一定的程序,即确定职位空缺、制订招聘计划、发布招聘信息、组织选拔和组织审定。

再次,重点介绍了员工招聘的途径和选拔方法。员工招聘的途径包括内部招聘和外部招聘两个渠道。内部招聘和外部招聘对组织人力资源的获取具有同等重要的地位。员工选拔是整个招聘过程的关键环节。在长期的人力资源招聘工作实践中,发展了许多实用的选拔方法。当前使用最广泛的、最主要的选拔方法是申请表审查法、面试法、测试法和评价中心技术等。

最后,介绍了员工选拔的信度和效度,它对提高招聘工作质量有着非常重要的影响。通过对选拔的信度和效度评估,检验选拔过程中所应用方法的精确性与有效性,只有信度和效度达到一定水平的测试,其结果才适于作为录用计划的依据。

引例分析

在章首引导案例中谈到,NLC化学有限公司下属的耐顿公司招聘员工的整个流程,首先确定招聘需求,然后选择招聘渠道,以外部招聘的方式在大众媒体上发布招聘广告,在众多求职者中,通过简历筛选留下5名候选人进入面试选拔环节,最后,耐顿公司做出录用决策选择了王智勇。看似完整的招聘流程,实际上却得到一个"失败"的结果。耐顿公司也许没有想过:录用王智勇失败的主要原因是企业员工招聘与录用流程不足及招聘中出现的种种失误或错误。企业需要意识到:在招聘、筛选、录用的整体流程中,某一"点"的失误可能会给今后企业人力资源管理工作带来一个"面"的损失。企业如何在"招兵买马"中做好伯乐的角色呢?下面我们看看在引导案例中耐顿公司招聘操作中有哪些不足。

1. 缺乏人力资源规划和招聘计划

一般情况下,企业出现的问题是没有企业的人力资源规划和招聘规划造成的。例如,企业经常会出现人员不足的现象,企业经营战略计划经常因为人员到位不及时而推迟或改变计划,企业现有人员因面临巨大的工作压力而影响工作积极性,造成所需要完成的工作越来越多滞留,导致企业信誉度下降,从而使企业经营能力减弱。如果人力资源管理无法做适当的规划,企业将被迫在一些将发生的事件发生后,而不是之前做出相应的反应,这种反应将不是主动性反应,所以这将是不被预防的。

2. 招聘人力成本效率和招聘渠道的选择误区

耐顿公司在招聘之前没有考虑到招聘成本效率的问题,所以造成一系列的浪费。在招聘渠道的选择上,耐顿公司为了加强企业在市场上的宣传,启用影响力大的媒体,由于大众媒体的广告受众很多,如果太多的人对招聘广告做出反应,将使人力资源部门在招聘工作中失去控制招聘成本、求职者类型、求职者数量等方面的能力,给人力资源部门工作造成一定困难,使企业人力资源管理规划不能正常实现。

3. 忽视外部和内部因素的影响力

耐顿公司总经理和一些企业总裁一样,他们确信:他们所需要的任何人员总可以从人才市场上招聘到。其实企业在招聘和录用过程中会受到企业外部因素、国家相关法律以及外部人才市场的影响;企业内部的文化氛围、企业战略思想、企业目标也是影响企业招聘和录用方式的作用力。此外,技术改进、人员模式及公司行为方式、喜好、态度改变、本地及国际市场的变化,经济环境及社会结构的变化、政府法规政策的修订等,都会对人力资源的招聘工作产生影响。求职者个人因素或多或少影响着他们的择业倾向。

4. 缺少工作分析

看耐顿公司招聘广告词的描述方式,使求职者有一种应聘的冲动,但冲动不能代表其他。求职者需要了解详细的信息时,不知道本岗位是做什么的,公司没有向求职者提到岗位的详尽描述和胜任本岗位的所需的知识、技能、体力等方面要求。这样在简历的接收过程中,会有大量的不适合本岗位的人员进行职位申请,会给员工选拔工作带来一定的麻烦。

另一方面在公司人员面试、筛选、评估过程中,由于缺乏科学的工具作为考评人员素质、水平、技术和业务实力评测手段,面试人的主观看法在评价中所占的比重要远远高于科学的评测方式。由于缺少工作分析,在人员录用过程中没有科学的录用依据,容易造成所入职人员与岗位要求的差距,甚至造成应聘者与岗位完全不相符的尴尬情景。

5. 招聘程序的不规范和无科学性筛选和录用

许多企业和耐顿公司做法基本相同:在招聘程序中许多步骤或科学的甄选方式已经被省略了,案例中求职者李楚和王智勇的面试考核资料中,只有姓名、性别、学历、年龄、工作时间及以前工作表现等基础信息,对人员筛选来说这些资料远远不够的。一般企业在这时候往往通过面试时对求职者的主观印象做出判断,这种判断的客观性和准确性是值得怀疑的。另外,耐顿公司没有通过模拟情景测评方式和其他的量化评定方式来考核求职人员,在面试时这样做会对招聘工作的结果造成影响。

除了这些,还有以下几点不足:忽视求职者的背景资料情况;向求职者宣扬企业不实之处和许诺无效;经理人员的心理偏好影响;没有设立招聘后的评估。

【案例演练】

情景面试案例分析

某企业集团聘请招聘专家为其下属百货公司选拔总经理。在最后阶段,招聘专家对一路过关的四位候选者使用了情景面试的方法。四位候选者被安排同时观看一段录像,录像内容如下:

画面呈现一座小城市,画外音告知这是一个中等发达程度的小县城。镜头聚焦于一家百货商场,时间显示当时是上午9时30分。这时,商场的正门入口处出现了一位身高1米80左右、穿着夹克的年轻小伙子。他走进商场,径直走向日用品柜台。柜台里是一位三十岁出头的女售货员。小伙子向女售货员说:"拿盒牙膏。"女售货员问:"什么牌子?""中华牌。"小伙子答道。女售货员说:"三块八毛!"小伙子掏出钱包,取出一张一百元的人民币,女售货员找给他96元2角钱。然后,小伙子将钱和牙膏收好,走出了商场。

画面重新回到了百货商场正门,时间显示是上午10时整。这时,一位身高1米65左右、穿笔挺西装的小伙子出现在门口,并径直向日用品柜台走去。"同志,要点什么?"女售货员问道。"一支牙刷。"小伙子答道。"什么牌子?"女售货员接着问。小伙子用手指了其中的一种。女售货员说:"两块八毛钱。"小伙子掏出钱包,取出一张十元的人民币递给了女售货员。女售货员给小伙子一只牙刷并找回7元2角钱。然而,小伙子突然说:"同志,你找错钱了,我给你的是一百块钱。""你给我的明明是十块钱呀!"女售货员吃惊地说道。"我给你的就是一百块钱,赶快给我找钱,我还有事情要做!"小伙子提高了嗓门,语气也相当严厉。女售货员急了,声音也提高了八度:"你这人怎么不讲理呢?你明明给的是十块钱,为什么偏要说是一百元呢?你想坑人啊?"这时,日用柜台边已经聚拢了十几位买东西的顾客看热闹。这位小伙子似乎实在难以容忍了,向整个人群说道:"大伙都瞧瞧,这是什么服务态度!你们经理呢?我要找你们经理。"

说来也巧,百货商场的总经理正好从楼上下来,看到这边有人围观,便走了过来。总经理看上去是一位二十八、九岁的年轻人。"怎么回事?"总经理问道。女售货员看到总经理来了,像来了救兵一样,马上委屈地向总经理告状:"经理,这个人太不讲理了,他明明给我的是一张十块钱,硬说是一张一百块钱。"经理见她着急的样子,立即安慰她说:"张姐,别着急,慢慢讲,他买了什么?你有没有收一百块钱一张的人民币?"这位被总经理称为"张姐"的女售货员心情似乎平静了些。"他买的是牙膏,嗷……不,他买的是牙刷。对了,我想起来了,今天,我没收几张一百块钱的人民币,有一位高个儿给了我一百块钱,他买的是牙膏。这个人给我的就是十块钱。"总经理听了张姐的话,眉头有些舒展,转身走向人群中那位身高1米65左右的小伙子,很有礼貌地说道:"很不好意思出现了这种事情。您能告诉我事情的真实情况吗?"小伙子也似乎恢复了平静,同样有礼貌地坚持自己付给女售货员的是一张一百块钱,是女售货员将钱找错了。这时总经理环视了一下人群,然后将视线定格在这位小伙子身上,继续有礼貌地说:

"这位先生,根据我对这位售货员的了解,她不是说谎和不负责任的人,但是我同样相信您也不是那种找茬的人。所以为了更好地将事情弄清楚,我可否问您一个问题?""什么问题"小伙子问道。"您说您拿的是一张一百块钱,请问您有证据吗?"总经理问道。小伙子的眼睛一亮,马上提高了嗓门说:"证据?还要什么证据?不过我想起来了,昨天我算账的时候,顺手在这张钱的主席像一面的右上角用圆珠笔写了2888四个数字。你们可以找一下。"总经理立即吩咐张姐在收银柜中寻找,果真找到了一张主席像一面用圆珠笔写2888的一百块钱纸币。这时,小伙子来了精神,冲着人群高喊:"那就是我刚才给的一百块钱,那个2888就是我写的。不信,可以验笔迹。"

人群开始骚动,顾客们明显表示出对商场的不满。镜头在人群、小伙子、张姐和总经理之间切换。这时录像结束,并在屏幕上弹出两个问题:

> 1. 假如您是该百货商场的总经理,您将如何应付当时的局面?
> 2. 作为总经理,您将如何善后?
> 四位候选者被要求准备10分钟,然后分别向专家组陈述自己的答案,时间不超过5分钟。

十分钟过后,四位候选者分别扮演该百货商场总经理,临场应对这一突发事件,并采取了自己的解决措施。

第一位候选者表示:他首先向那位小伙子道歉,承认他的下属工作失误,然后当众批评女售货员,并如数找给小伙子97元2角。这样做的理由是,90多块钱是小事,影响正常营业、损害公司形象是大事。事件持续的时间越长,对百货公司越不利。至于女售货员所受到的委屈,可以在事后进行心理上的安抚。

第二位候选者解决措施是:她首先诚恳地向那位小伙子和在场的顾客道歉,因为她手下的员工出言不逊,冒犯了顾客。她也主张要将97元2角钱当场如数找给小伙子,但并不是承认自己的员工搞错了,而是奉着"顾客永远是对的"这一理念。并向在场的顾客承诺将继续追查此事,如确系售货员失误要从严处罚,同时向顾客当事人承认错误和赔偿。另外,她还诚恳地要求小伙子为配合百货公司的工作,留下联系方式。

第三位候选者认为:他只要在那位小伙子耳边说上两句话就行了。他的话是:"哥儿们,请跟我到后面看一看,我们有内部录像系统。"他的理由是,整个事件明显是欺诈,对付欺诈的手段就可以以毒攻毒,让其知难而退。

第四位候选者回答的大意是:他要当众揭穿"骗子"的伎俩,并与公安部门配合对之进行打击。他首先私下吩咐保安人员报警,然后向小伙子发问:"您确定您支付的是一百块钱,而不是十块钱,是吗?"得到认可后可进行推理:"既然您支付的是一百块钱,上面又写有2888,那么这张钱上应该有您的指纹。既然您没有支付十元钱,那么,收银柜内今天收到的所有十元纸币上就不会有您的指纹。如果经查证有一张十元纸币上有您的新鲜的指纹,又如何解释呢?"

至此,该集团整个情景面试工作结束。

思考题：
1. 假如你是该集团聘请的招聘专家，请对四位候选人的表现进行分析。
2. 你认为哪位候选人最适合录用？

练 习 题

一、单项选择题

1. 企业在招聘过程中，被录用人的能力和将要录用的岗位需要相互适应、适合，体现了员工招聘的（　　）原则。
   A. 竞争原则　　　　B. 全面考核原则　　C. 能级对应原则　　D. 效率优先原则
2. 企业对招聘效果进行评估时，计算本次招聘的应聘比，应该如何计算？（　　）
   A. 应聘人数/录用人数　　　　　　　　B. 应聘人数/拟招聘人数
   C. 实际录用人数/应聘总人数　　　　　D. 实际录用人数/拟招聘人数
3. 面试时，按照事先拟好的面试框架和问题清单逐步向应聘者提问，应聘者针对问题进行逐项回答的面试，称为（　　）。
   A. 结构化面试　　B. 非结构化面试　　C. 压力面试　　D. 模拟操作面试
4. 以下招聘方式适合招聘高层管理人员的是（　　）。
   A. 就业服务机构　　B. 校园招聘　　C. 招聘洽谈会　　D. 猎头公司
5. （　　）通过对应聘者在被雇佣之前的测试分数与被雇佣之后的实际工作绩效进行比较来了解预测效度，两者的相关程度越高，则说明所选的测试方法、选拔方法越有效。
   A. 同步检验法　　B. 预测检验法　　C. 内容检验法　　D. 平行检验法

二、多项选择题

1. 内部招聘的优点有（　　）。
   A. 风险小，可靠性较高　　　　　　B. 为企业注入新鲜的"血液"
   C. 对企业目标认同感强　　　　　　D. 节约时间和费用
2. 通过报纸广告进行招聘的缺点有（　　）。
   A. 发行时间较长　　　　　　　　　B. 发行对象没有针对性
   C. 发行地域太广，见效期长　　　　D. 制作质量比较差
3. 评价中心法主要用来招聘管理人员，常用的方式主要有（　　）。
   A. 公文处理法　　B. 无领导小组讨论　　C. 角色扮演　　D. 性向测验
4. 员工选拔的信度是指选拔员工的稳定性程度，具体指通过某项选拔测试所得结果的可靠性和一致性。以下选项属于员工选拔信度检验的方法的有（　　）。
   A. 再测检验法　　B. 平行检验法　　C. 半分检验法　　D. 内容检验法

三、判断题

1. 一般认为，"猎头"公司是一种专门为雇主"猎取"普通员工的职业中介机构。（　　）

2. 员工推荐的优点是招聘成本小,可靠性高。（   ）
3. 招聘成本由人工费用和业务费用组成,水电费、设备折旧费不计入其中。（   ）
4. 采用能力互补法进行员工选拔,申请人可能在某方面能力比较差,但如果其他方面的表现相当突出,仍有机会被录用。（   ）

四、简答题

1. 内部招聘和外部招聘各有什么优点?
2. 外部招聘的方法有哪些?

五、论述题

1. 试论述员工选拔的方法。
2. 试论述企业如何进行高效招聘。

第五章
Chapter 5

员工的培训与开发

【引导案例】

恒伟股份有限公司是国内知名的大型家电生产厂家,其代表产品恒伟微波炉除在国内市场上占有很大份额以外,还远销到欧洲、非洲、东南亚等地。公司进行股份制改造后,现有人员3 400人左右。自公司股票公开上市以后,公司的发展非常迅速。1997年底,公司与中国科技大学商学院合作,对组织结构进行了重新设计,从各个管理岗位上精简下了200多人,使得机构更加富有效率。1998年,公司又与中国科技大学商学院合作,研究公司下一步人员培训该如何做的问题,其目的是将公司建成学习型组织,将公司的发展建立在人员素质的普遍提高之上。因为目前国内微波炉行业的竞争已经白热化,几家大型微波炉厂家竞相角逐。如何在未来获得竞争优势,是每个微波炉厂家都面临的课题。恒伟在进行ISO 9001认证前后已进行了多年的培训,并对部分管理人员进行了MBA的课程培训,但公司总感到已有的培训效果不理想,培训总是缺乏主动性,常常跟着业务变化及公司大的决策变动而变化,计划性较差,随时性和变动性很大。而且公司也感到将来竞争优势的取得要依靠人员素质的大幅度提高,同时在公司的经营与发展中也遇到了一些现实的问题,希望能够通过培训加以解决。有鉴于此,公司决定开展为期三年的公司全员大培训。

在培训计划的制订方面,每年年底各个部门、各分厂及车间分别上报自己下一年度的培训计划,由人力资源部汇总,并根据公司整个培训的资源与发展需要进行一定的调整,从而制订出下一年度的培训计划。但在执行培训计划时,还会根据公司业务经营的需要进行适时的调整与改变。公司还与安徽大学合作,建立恒伟经济学院与恒伟未来学院,每年都要为公司人员,尤其是中高层管理人员进行培训。

培训存在和面临的问题:

(1) 中层管理人员工作繁忙,工作量大,对他们进行培训是一个难题,即培训与提高没有时间进行。如公司在1997年初实施的中层管理人员MBA培训,由于他们都是各部门的骨干,所以很多人常常没有时间参加,效果自然也就不理想。公司对管理人员进行培训还面临一些其他困难,部门之间的工作职责与人员的专业都不一样,放在一起培训,缺乏针对性;单独培训成本又太高。

(2)技术人员分为两块,一块在技术研究与开发部,另一块则是分布在车间里,其中车间技术人员重在解决在车间的技术问题,并且两类人员还会相互流动。对这两类人员的培训该不该有所区别呢?此外,还有新老技术员的培训差异问题。

(3)公司的一线员工有正式工与临时工。临时工大多是农民,流动性很强,对他们的培训往往由于频繁的流动而无法收回成本。

(4)销售人员常年在外分散于全国各地。由于公司其他部门岗位轮换到销售部门的部分人,对公司的文化有一定的认同感;但另一部分新进入公司的员工,一般只接受一个月的业务培训与文化教育,对恒伟没有很深入的体验和认识。当他们在工作中遇到问题,需要学习新的知识与技能时,由于工作地点比较分散,很难进行集中培训,这就导致一些问题反复出现而得不到解决。例如有的问题在同一个地方反复出现,有的问题在此地解决了,在彼地又出现。

(5)对成批进来的员工可以集中培训,但对分散的、零星进来的员工却不能对他们进行及时的培训,只能等人数凑到一定数量以后再进行集中培训。这会产生有些人进厂以后很长时间对企业都不甚了解的情况。

由于过去的培训系统性不强,效果不理想,计划常常因情况变化而变化,没有形成一个培训方面的有效制度,激励与监督机制也没有建立起来,培训往往有走过场的感觉。培训完了没有效果。到底怎样培训才能达到理想的效果,一直是困扰公司的难题。

(资料来源:梁梁,古继宝.企业管理案例研究[D].安徽:中国科技大学商学院,2007.)

上述"引导案例"给出了恒伟公司的现状。那么,恒伟公司的培训出现上述问题的根本原因是什么?问题的根源在哪里?培训应遵循什么样的原则?要改善目前的问题应该从哪些方面入手呢?解决这些问题所涉及的理论知识和技能正是本章要讲述的内容。

【本章主要内容】
①员工培训与开发的定义、意义、原则以及分类;
②员工培训开发的培训需求分析、培训计划制订、培训计划实施、培训效果评价;
③员工培训的类型和方法;

第一节 员工培训与开发概述

一、员工培训开发的定义

传统意义上讲,培训与开发在定义上很难划分,因为二者实质是一样的,都是要通过改善员工的工作业绩来提高企业的整体绩效,只是二者的侧重点略有不同,培训更多的是一种侧重短期目标的行为,目的是使员工掌握目前所需要的知识和技能,并能迅速地将其运用到本职工作中来,更短的时间为企业带来经济价值;而开发往往是一种侧重长期目标的行为,目的是使员工掌握将来所需要的知识和技能,以应对未来工作中可能会出现的新的问题。

需要指出的是,随着培训与开发在企业发展中的地位逐渐提高,员工培训与员工开发之间的界限已经日益模糊。对于企业组织而言,培训与开发都是注重员工个人与组织当前和未来发展需要相匹配的重要的人力资源开发工作,都是企业为了使员工获得与工作有关的知识和技能,或改善员工工作动机、态度和行为,提高员工的绩效及员工对企业目标的贡献,所做的有计划、有系统的工作。因此,本章的学习中,我们把其当做一个概念来理解,即:培训开发是指企业有计划地通过各种培养与训练,使员工具备完成现在或者将来工作所需要的知识、技能,并改变他们的价值观念、行为规范,以提高员工在现有或将来职位上的工作业绩,并最终实现企业整体绩效提升的一种系统性和连续性的活动。

二、员工培训开发的意义

企业在市场经济的竞争中立于不败之地,首要考虑的就是如何使自身获得竞争优势,而企业对于员工的培训与开发,便显得尤为重要。具体体现在如下几方面:

(一)有助于企业适应外部环境的变化,满足市场竞争的需要

企业的发展是内外因共同作用的结果,从外因来看,企业所处的环境都是在随时变化的,作为企业,就要在充分了解外部环境变化的同时,利用并抓住外部环境所赋予的各种机遇和条件;从内因上看,企业也要不断地通过内部的调整、变革以适应外部环境的变化。外因通过内因起作用,企业要在市场竞争中健康稳步地发展,其关键就在于企业内部的机制问题,而如何提高员工的素质、调动员工的积极性和创造性等问题,也就成了问题的关键,即企业只有不断地对员工进行培训与开发,才能使其在跟上时代发展的同时,适应技术及经济更新的需求。

(二)有助于企业提高工作绩效

接受过培训的员工,不仅能更好地掌握新技术和新方法,提高工作质量和工作效率,进而提高企业效益,也能在工作中减少失误,减少消耗和浪费,降低因失误造成的损失,而且还能够更彻底地理解企业的方针、政策和管理要求,对企业进行的监督、指挥和协调工作有更高的认识。

(三)有助于满足员工自身发展的需要

员工都有一种追求自身发展的需要,这种需要表现在希望学习新的知识和技能,希望接受具有挑战性的任务,并从中得到成就感和满足感,希望获得晋升的机会等等,而这些需要,都离不开培训,而且对于多数员工来说,能够在工作中获得更为宽广的知识层面和更为合理的知识结构,对其自身未来的发展也有着重要的影响,同时,培训对担负一定责任的各级领导者来说

更为重要。他们知识面的拓展、视野的开拓、领导水平的提高和决策能力的增强,都需要有效的培训才可以获得。

（四）有助于建立优秀的企业文化,提高企业素质

近年来,企业文化对形成企业内部凝聚力和外部竞争力所起到的积极作用,越来越受到人们的重视。在本章前面的有关培训开发的定义中,我们给出培训开发不仅仅是使员工具备完成现在或者将来工作所需要的知识、技能,同时也是通过培训开发改变员工的价值观念和行为规范,对于员工知识和技能的培训,是为保障企业正常运行,而对于员工价值观念和行为规范上的培训,则是企业文化建设层面上的内容。中昌集团董事长周忠昌先生曾经说过这样一段话:"一个企业三年没有倒闭靠的是创业的激情;一个企业十年没有倒闭靠的是规范的管理;一个企业十五年、二十年没有倒闭靠的是企业文化。"要提高企业竞争力,就要重视教育培训和文化建设,充分发挥企业文化对企业发展的巨大推动作用。

三、员工培训开发的原则

企业在进行培训开发活动时,为保证培训工作顺利有效地达到既定目标,就需要对员工培训开发进行定向的规范和指导,具体应当遵循以下几项基本原则:

（一）服务企业战略和规划的原则

战略规划是企业的最高经营纲领,对企业开展各项工作都具有指导意义,培训开发作为人力资源管理的一项重要职能,自然也要服从并服务于企业的战略和规划,培训开发各个环节的实施,都要以企业的战略和规划为依据,并且从企业的战略高度出发,为企业实现发展方向做好人才保证工作。

（二）讲求实效原则

培训开发的目的之一是提高员工和企业的工作绩效,因此培训开发就应该讲求实效,学以致用,不能只注重形式而忽略内容。培训的内容要做到理论联系实际,做到在培训结束后,员工能够将在培训过程中所学到的知识有效地应用到实际工作中,不能只参加培训,却不见效果。否则不仅造成培训开发的资源浪费,也违背了培训开发本来的意义。

（三）差异化原则

培训的差异化,要做到培训内容的差异化和培训人员的差异化。从培训内容上说,既要包含基本的工作知识和技能,也要包括价值观念、行为规范等精神道德层面的内容,同时还要积极地推广企业文化,做到专业知识技能和企业文化并重,以便形成统一、和谐的工作集体,进而提高劳动生产率。从培训人员上说,要做到全员培训与重点提高相结合,全员培训是指面向所有员工,对其进行相应的培训,以提高全员素质;重点提高则是指按照职级的高低安排先后次序,在培训中尽量向关键职位进行倾斜,特别是中高层管理人员和技术人员,这样既能突出重点,又能有效科学地利用培训资金。

（四）目标原则

目标理论指出，对人们的激励大多是通过设置目标来实现的，目标具有引导员工工作方向和努力程度的作用，因此应当重视目标在激励过程中的作用。对员工的培训开发也应遵循这一原则，即在培训的过程中，科学合理地设置目标。目标的设置首先必须具体、明确，其次目标的设置既不能太难也不能太容易，通俗地说也就是让员工"跳一跳就能摘到桃子"。

（五）严格考核和择优奖励原则

严格考核与择优奖励都是培训中不可缺少的环节。前者是保障培训的顺利开展以及培训的质量，后者是为了调动受训者的积极性，两者都是导致培训的实施能够良性循环的条件之一。

（六）效益原则

企业作为一种经济性组织，它的所有行为都是以经济效益最大化为出发点展开的，因此，对任何一个理性的企业来讲，进行培训开发同样要坚持效益原则，都要以最小的资金投入换取最大的价值收益。也就是说在费用一定的情况下，要使培训的效果最大化；或者在培训效果一定的情况下，使培训的费用最小化。

四、员工培训开发的分类

为了有助于我们加深对培训开发的理解，我们往往将培训开发按照不同的标准，划分出不同的类型，具体划分如下：

(1) 按照培训对象的不同，可以分为新员工培训和在职员工培训

新员工培训是指对刚入职的员工进行培训，在职员工培训指对已经上岗并正在从事本岗位工作的员工进行培训。由于两者所处的工作阶段以及对本岗位的工作认知不同，因此这两类培训之间存在着较大差异，新员工培训相对来说较为简单，大多是一些基础性质的培训，在职员工培训则相对复杂一些，通常所讲的培训开发往往是针对后者进行的。

(2) 按照员工所处层次不同，在职员工培训又可以分为基层员工培训、中层员工培训和高层员工培训

由于这三类人员在企业中的位置不同，承担的责任和义务不同，对企业的作用也不同，因此这三类培训的开展，应该区别对待，要有所侧重，有所针对，不能千篇一律，以免影响培训效果。

(3) 按照培训与工作关系不同，可以将培训开发划分为在职培训、脱产培训和半脱产培训

在职培训也称不脱产培训，指员工不离开工作岗位，在实际工作中接受培训，这种培训方式经济实用且不影响工作与生产，能够最大限度地为企业节约成本，但在组织性、规范性上有所欠缺。脱产培训指员工离开工作岗位，专门通过培训机构或相关院校进行培训，这种形式的优点主要是员工的时间和精力集中，没有工作压力，知识和技能水平会提高较快，但在针对性、实践应用性以及培训成本等方面往往有所欠缺。半脱产培训是在职培训与不脱产培训的一种

结合，其特点是介于两者之间，可在一定程度上取长补短，较好地兼顾培训的质量、效率与成本等因素。但两者如何恰当结合，却是一个难点，需要企业在实施过程中根据实际情况来选择。

（4）按照培训性质的不同，可以将培训划分为传授性培训和改变性培训

传授性培训是指对员工进行其本来所不具备的知识技能的培训，例如对于新引进的生产设备，员工不知如何使用，通过培训可以使他能够正确操作。改变性培训是指改变员工原本具有的内容的培训。例如员工知道如何操作新引进的生产设备，但在操作过程中存在误差，通过培训使他掌握正确的操作方法。

（5）按照培训内容不同，可以将培训开发划分为知识性培训、技能性培训和态度性培训

知识性培训指以学习各种有用知识并运用知识进行脑力活动为主要内容的培训，例如学习语文、数学、外语等基础知识，与员工本职工作相关联的理论、专业知识等；技能性培训指以工作技术和工作能力为主要内容的培训，例如培训员工如何操作生产设备，如何驾驶汽车等；态度性培训指以工作态度为主要内容的培训，它主要涉及对员工的价值观、行为规范，以及个人行为活动方式等内容和项目的教育与培训，例如培训员工树立正确的职业道德观念，纠正员工不端正的工作态度等。

【应用举例5.1】

西门子的人才培训

德国西门子股份公司为员工设计了各种各样高效的培训，从内容上看主要分为以下三种：新员工培训；大学精英培训；员工在职培训。

新员工培训。新员工培训又称第一职业培训。在德国，一般15岁到20岁的年轻人，如果中学毕业后没能进入大学，要想工作必须先在企业接受3年左右的第一职业培训。在第一职业培训期间，学生要接受双轨制教育：一周工作5天，其中3天在企业接受工作培训，另外2天在职业学校学习知识。这样，学生不仅可以在工厂学到基本的熟练技巧和技术，和伙伴们一起在日常的工作实践中学到很多东西，而且可以在职业学校受到相关基础知识教育。西门子早在1922年就拨专款设立了专门用于培训工人的"学徒基金"。

大学精英培训。西门子每年在全球接收3 000名左右的大学生，为了利用这些宝贵的人才，西门子也制订了专门的计划。西门子注意加强与大学生的沟通，增强对大学生的吸引力。1995年4月，西门子在北京成立了"高校联络处"，开始与高校建立稳定而持久的伙伴关系，加强与高校教师、学生及各院系、研究所的联系和沟通。

进入西门子的大学毕业生首先要接受综合考核，考核内容既包括专业知识，也包括实际工作能力和团队精神，公司根据考核的结果安排适当的工作岗位。此外，西门子还从大学生中选出30名尖子进行专门培训，培养他们的领导能力，培训时间为10个月，分三阶段进行。

第一阶段，让他们全面熟悉企业的情况，学会从INTERNET上获取信息。

第二阶段,让他们进入一些商务领域工作,全面熟悉本企业的产品,并培养他们的团队精神。

第三阶段,将他们安排到下属企业(包括境外企业)承担具体工作,在实际工作中获取实践经验和知识技能。

员工在职培训。西门子人才培训的第三个部分是员工在职培训。西门子公司认为,在世界性的竞争日益激烈的市场上,在革新、颇具灵活性和长期性的商务活动中,人是最主要的力量,知识和技术必须不断更新、换代,才能跟上商业环境以及新兴技术的发展步伐。西门子管理教程和西门子员工再培训计划,其中管理教程培训尤以独特和有效闻名。西门子员工管理教程分五个级别,各级培训分别以前一级别培训为基础,从第五级别到第一级别所获技能依次提高,其具体培训内容大致如下:

第五级别——管理理论教程

培训对象:具有管理潜能的员工

培训目的:提高参与者的自我管理能力和团队建设能力

培训内容:西门子企业文化、自我管理能力、个人发展计划、项目管理、了解及满足客户需求的团队协调技能

培训日程:与工作同步的一年培训;两次研讨会和一次开课讨论会

第四级别——基础管理教程

培训对象:具有较高潜力的初级管理人员

培训目的:让参与者准备好进行初级管理工作

培训内容:综合项目的完成、质量及生产效率管理、财务管理、流程管理、组织建设及团队行为、有效的交流和网络化。

培训日程:与工作同步的一年培训、为期五天的研讨会两次和为期两天的开课讨论会一次

第三级别——高级管理教程

培训对象:负责核心流程或多项职能的管理人员

培训目的:开发参与者的企业家潜能

培训内容:公司管理方法,业务拓展及市场发展策略、技术革新管理、西门子全球机构、多元文化间的交流、改革管理、企业家行为及责任感

培训日程:一年半与工作同步的培训;为期5天的研讨会两次

第二级别——总体管理教程

培训对象:必须具备下列条件之一:管理业务或项目并对其业绩全权负责者;负责全球性、地区性的服务者;至少负责两个职能部门者;在某些产品、服务方面是全球性、地区性业务的管理人员。

培训目的:塑造领导能力
培训内容:企业价值、前景与公司业绩间的相互关系、高级战略管理技术、知识管理、识别全球趋势、调整公司业务、管理全球性合作
培训日程:与工作同步的培训两年;每次为期6天的研讨会两次
第一级别——西门子执行教程
培训对象:已经或者有可能担任重要职位的管理人员
培训目的:提高领导能力
培训内容:根据参与者的情况特别安排
培训日程:根据需要灵活掌握

(资料来源:刘文军,宋宏涛.西门子公司的人才培训[J].行政人事管理,2000(4).)

第二节 员工培训开发的程序

员工培训开发是人力资源部门的重要职能之一,培训开发的效果,无论对员工本身,还是企业的绩效,都有着十分重要的影响。而培训活动的成本从费用、时间和精力上说,都是相对可观的,所以要有效并经济地做好这项工作,就要把它视为一项系统工程,即采用一种科学、系统的方法,使培训活动在符合企业战略规划的同时,最大程度地实现员工个人及其工作和企业本身三方面的优化。

一、员工培训工作的流程

员工培训工作的流程是一个由各个环节构成的循环系统,如图 5.1 所示的人力资源培训系统模型便显示了这样一个系统,该系统可以大体分为四个环节,分别是:培训需求分析、培训计划制订、培训计划实施、培训效果评价。这四个环节有机地结合在一起,构成了员工培训工作的整个流程。

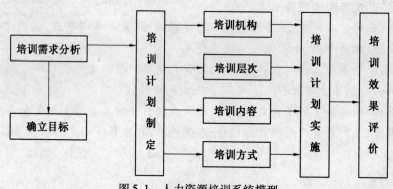

图 5.1 人力资源培训系统模型

二、员工培训的需求分析

员工培训工作的开展并不是盲目的,只有当企业存在某方面的需求时,该项工作才有必要实施,否则进行培训就失去了意义。因此,在实施培训开发之前,必须对培训的需求做出分析,以此来保障实现更好的培训效果。

培训需求分析主要从以下三方面入手,即组织分析、任务分析、个人分析,整个培训需求的分析可以用图 5.2 表示。

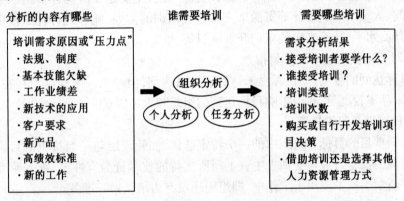

图 5.2　培训需求分析示意图

(一)组织分析

在之前的学习中,我们了解企业的发展,是内外因共同作用的结果,那么当企业出现一些问题,需要通过培训去解决问题时,企业就要首先分析一下自身的外部环境和内部条件,明确企业的战略规划,以及需要具备什么样的人才,需要满足客户什么样的要求等问题,然后对企业目前的状况进行评估,找出问题的症结所在,进而解决企业出现的问题。

组织的外部环境关系到企业发展的战略和方向,影响企业通过什么手段来经营,并由此决定对人力资源数量、质量和结构的需求。法规及制度对许多企业的培训需求有着广泛的影响,企业要生存和发展,就必须要适应社会环境,在政府的法律法规及制度下运行,同时又要分析市场竞争、基本的技术水平,以及企业外部的资源状况等外部因素对培训需求的影响,而进行这种分析单靠培训部门是不够的,因此,对现有员工的能力进行分析,可以发现他们是否具有企业发展所需要的能力,如果还存在差距,就应该对他们进行培训。当然,也存在差距过大、不能通过培训方法解决的情况,那就要考虑从外部进行招聘。

组织的内部条件同样会影响企业发展的战略和目标。内部条件分析中最重要的是要分析组织运行的效率。发现问题后,就需要确定到底是通过加强管理来解决,还是通过培训来解决,从而最终确定是否需要进行培训以及培训时需要侧重的内容。

具体来说,组织分析通常包括以下内容:

(1)组织的发展目标分析

包括短期目标、中期目标和长期目标。它们决定总体培训需求。

(2)组织现有人力资源分析

判定现有雇员的知识和技术基础,可以选定几组具体的指标,如学历、知识、背景、资历、职称等来评价。

(3)组织的培训资源分析

培训需求分析必须弄清组织拥有的培训资源状况,主要是要准确评价组织是否拥有适宜的经费、时间、人员、知识、设计等资源来支持有关培训的需要,能够允许什么范围、什么对象、什么形式、什么水平、什么来源的培训开发项目等。

(4)相对于期望的效率和质量指数

判定目标达到的程度,如目标尚未达到或虽已达到,但却在一定程度上存在不足,如服务质量问题、废品率较高等,找出影响目标达到的组织和人员因素。

(5)评价培训的组织环境

如果培训项目的目标和组织中的一个特定群体,如管理层与一般员工的目标有冲突或在培训中被培训的技术行为与受训者主管上司所支持的技术行为有冲突,则表明受训者不大可能把培训中新学的技术应用于工作中,即组织还没有为培训做好准备。

总之,培训需求的组织分析必须进行认真全面的调查研究,既要看到知识、技术方面的问题,又要重视思想、言行方面的问题。必须保持预见性,依据对组织过去和现状统计数据的分析,预测组织未来在业务、产品、技术、销售、组织结构上可能发生的变化,以发展的眼光去评价组织的培训需求。

(二)任务分析

任务分析的主要对象是企业的各个职位。通过任务分析要确定各个职位的工作任务,各项任务的工作标准,以及达到这些标准需要具备哪些知识、技能和态度。我们知道任务是对一个人从事的工作所给出的具体描述,那么任务分析的最终目的也就是要确定员工的培训内容、标准及要求。

在进行任务培训时,大体可以按照以下四个步骤进行:

①通过有效的方法,列出一个职位所要履行的所有工作任务的初步清单。

②查证并确认初步清单的准确性和有效性,并进行相应的确认。

③对每项任务所要求的标准做出明确的界定,尽量用可量化的标准描述,例如"每小时生产30个"。

④确定完成每项工作任务所需要具备的知识、技能和态度。

(三)个人分析

个人分析是在员工个体水平上进行的,侧重点在于确定哪些员工需要培训以及培训的内容、培训的程度是什么,这就需要首先设定出绩效考核的指标和标准,然后根据员工目前的工作绩效与设定出的指标进行比较,当绩效水平下降或者低于标准时就形成了培训需求的"压力点",此时,企业就要对员工绩效不佳的原因进行分析,以拿出更为适当的培训方案。总之,个人分析就是针对员工在知识、技能、态度这三个方面的分析,要在分析这三方面内容的基础之上来具体确定或回答哪些员工需要培训,需要培训什么,他们是否做好了受训准备等重要问题。

三、员工培训计划的制订

在企业进行了相应的培训需求分析之后,下一步的工作便是制订员工的培训计划,以此来指导培训的具体实施。

（一）设置培训目标

在制订员工的培训计划之前,首先要设置培训目标,通过培训目标为培训计划提供明确的方向和依循的构架。

培训目标可以分为若干个层次,从某一培训活动的总体目标到分级目标直至培训的每堂课程的具体目标,越来越具体。同时,设置培训目标必须要与企业的培训宗旨相一致,要切合实际,要有书面表达,并且培训的结果是可以测评的。

培训目标主要有以下几大类:

(1)知识培训目标

即受训者在培训中需要获取哪些可应用于工作的概念、理论、常识,并达到透彻理解、灵活掌握、与实际相结合。

(2)技能培训目标

即受训者在培训中需要掌握的与本职位工作相关联的具体的操作训练,例如某个生产设备的正确使用,工作中出现的人际交往、沟通能力等。

(3)态度培训目标

即受训者在培训中需要确立的态度或需要转变的态度等主观能动因素,其中也包括受训者需要建立的价值观念、职业操守和行为准则。

（二）培训计划制订

培训计划制订是培训目标的具体化和操作化,即根据培训目标所提出的要求,具体确定进行哪些项目的培训以及与培训相关联的诸多事宜等,如培训项目的形式、学制、培训课程的方案、大纲、教学材料、培训时间、地点、设施、培训者、培训对象、培训的方法及费用等内容。其中,以下几项内容在整个培训计划中是应该详细说明的:

1. **培训的时间**

多数企业所进行的员工培训都属于在职培训,这就需要考虑什么时间是最合适的时间,什么时间培训能够不影响工作,如果受训者是企业的重要成员,那么什么时间不会因为培训打乱企业的正常运转,不会给别的成员的工作带来影响,培训如需合作,那么什么时间可以保证受训者与其他人员步调一致,如需相应的培训设备,什么时间可以不受设备限制等。诸如此类的问题,都需要在培训计划制订时加以考虑,否则就会增加不必要的培训成本,甚至导致培训失败。

2. 培训的地点

培训的地点是指培训需要在什么地方和什么环境进行。通常合适的地点有助于创造有利的培训条件,建立良好的培训环境,进而增进培训的效果。同时,培训地点的选择,又受培训方式的制约,例如采取授课法,需要适当的教室;采取讨论法,需要合适的会议室;采取游戏法,则应当选择活动空间足够的地方。此外,地点的选择还要考虑培训人数及经费等因素。

3. 培训的方法和费用

培训的方法有很多,不同的方法有不同的特点,同时也会带来不同的效果,企业应该结合自身的情况以及预期的效果选择合适的方法。同时,不同的培训也需要不同的费用支出,这往往是多数企业所关注的重点之一。因此在培训计划中应做好培训的预算,例如场地费、教材费、培训者或培训机构的培训费等,以避免培训在中期因资金的投入及周转问题无法顺利实施。

此外,制订科学的培训计划,还需要兼顾许多具体的情景因素,例如企业的类型、规模、发展规划、员工的知识层次、结构、国家的法律法规、市场的供需情况、企业自身的文化等,最关键因素则是企业领导的管理价值观和对培训重要性的认识。

【应用举例5.2】

××企业年度培训计划报告

一、上年度培训工作总结

 1. 上年度培训计划整体完成情况良好,各部门均按照年初制订的培训计划对部门内部人员进行了相关培训,培训目标基本达成,各项培训计划完成率达到100%,有力地支持了企业经营目标的实现。

 2. 上年度培训费预算为_____万元,实际使用_____万元,培训费预算达成率_____%。

 3. 上年度在培训过程存在着培训内容针对性、目的性不强及重点不突出等问题。

二、本年度培训需求分析(略)

三、本年度培训工作计划与目标

 1. 做好新员工入职培训工作,根据公司年度人员需求计划,本年度内共举办_____次新员工入职培训,培训考核合格率达_____%以上。

 2. 做好中基层管理人员及储备管理人员的培训工作,计划组织部门经济系列培训_____次,培训考核合格率达到_____%以上,基层主管培训_____次,储备管理人员培训_____次,培训考核合格率达到_____%以上。

 3. 组织营销部、市场部、技术部、生产部及其职能部门的专业知识培训各个_____次,培训考核合格率达到_____%以上。

4.因企业发展的需要,组织相关员工参加外派培训与本年度的_____月~_____月进行,若员工临时需要参加的,根据实际情况,公司另做安排。

四、本年度培训费用预算

根据制订的培训计划及企业实际情况和上年度培训费用支出情况。人力资源部将本年度培训费用总预算初步核定为_____万元,其中,新员工入职培训费用预算为_____万元,中层管理人员培训预算为_____万元,基层主管人员培训预算为_____万元,储备管理人员培训预算为_____万元,各部门专业知识技能培训预算为_____万元,外派培训预算为_____万元。

五、培训计划安排

1.培训项目与内容

本年度企业的培训项目与内容安排如下表所示。

企业本年度培训计划表

培训项目	培训重点	培训实施时间	培训实施部门
新员工入职培训	了解企业的整体状况,增强员工对公司的认同感和归属感,以便更快地胜任未来的工作	每一阶段:_____月~_____月 每二阶段:	企业的培训学院、人力资源部及各职能部门
部门经理系列培训		_____月~_____月	企业的培训学院、人力资源部
基层主管系列培训	提升其管理能力,提高企业的管理效率	_____月~_____月	企业的培训学院、人力资源部
储备管理人员系列培训		_____月~_____月	企业的培训学院、人力资源部
专业知识技能培训	提升岗位专业技能	各职能部门自行安排	企业的培训学院、人力资源部
外派培训	提升专业知识技能,储备企业骨干和中高层管理人才	_____月~_____月 根据实际情况而定	外部相关院校和企业

2.培训计划制订及执行过程中,需相关部门配合做好以下工作。

(1)各部门需根据部门本年度工作计划,切实找出部门培训需求,并将需求详细填入《部门培训需求调查表》。

(2)各部门经理可从个人在工作中实际遇到的问题着手,找出自己目前做需改进或完善的地方,并填写《中层管理人员培训需求调查表》。

(3)人力资源部根据各部门培训制订培训费用预算后,需财务部提供配合与支持。

六、培训效果评估					
培训实施结束后,人力资源或各职能部门应对培训实施效果展开评估,评估的方式可以采取评估调查表、测试、工作模式等方式进行。					
相关说明					
编制人员		审核人员		批准人员	
编制日期		审核日期		批准日期	

四、员工培训计划的实施控制

制订好科学的培训计划,接下来便是培训计划的实施控制阶段,该阶段是员工培训系统关键的环节。在实施员工培训计划时,培训者要完成许多具体的工作任务。要保证培训的效果与质量,必须把握以下几个方面内容:

(1)选择和准备培训场所

选择什么样的培训场地是确保培训成功的关键。首先,培训场地应具备交通便利、舒适、安静、独立而不受干扰,为受训者提供足够的自由活动空间等特点。其次,培训场地的布置应注意一些细节:检查空调系统以及临近房间、走廊和建筑物之外的噪音;场地的采光、灯光与培训的气氛协调;培训教室结构选择方形,便于受训者看、听和参与讨论;教室的灯光照明适当;墙壁及地面的颜色要协调,天花板的高度要适当;桌椅高度适当,椅子最好有轮子,可旋转便于移动等;教室电源插座设置的数量及距离也要适当,便于受训者使用;墙面、天花板、地面及桌椅反射或引音能保持合适的音响清晰度和音量。最后,注意座位的安排,即应根据学员之间及培训教师与学员之间的预期交流的特点来布置座位。一般扇形座位安排对培训十分有效,便于受训者相互交流。当然,也可根据培训目的与方法来布置教室,例如培训主要是获取知识,讲座和视听演示为主要培训方法,那么传统教室的座位安排就比较合适。总之,选择和准备培训场所应以培训效果为目的。

(2)课程描述

课程描述是有关培训项目的总体信息,包括培训课程名称、目标学员、课程目标、地点、时间、培训的方法、预先准备的培训设备、培训教师名单以及教材等。它是从培训需求分析中得到的。

(3)课程计划

详细的课程计划非常重要,包括培训期间的各种活动及其先后次序和管理环节。它有助于保持培训活动的连贯性而不论培训教师是否发生变化;有助于确保培训教师和受训者了解课程和项目目标。课程计划包括课程名称、学习目的、报告的专题、目标听众、培训时间、培训教师的活动、学员活动和其他必要的活动。

（4）选择培训教师

员工培训的成功与否与所选择的培训教师有着很大关系。特别是新世纪的员工培训，教师已不仅仅是传授知识、态度和技能，甚至对受训者的职业生涯都有着极其重要的影响。因此，选择培训教师，首先，要求教师要有良好的品质和职业道德；其次，要有完备的知识；第三，要有丰富的经验；第四，有效的沟通，包括良好的表达能力，为人热情且受人尊敬。另外，培训教师的选择途径也是值得企业商榷的问题，所谓的选择途径，不外乎内部选拔和外部聘请，作为企业，要结合两者的优缺点进行衡量。例如外部聘请，优点在于培训者比较专业，具有丰富的培训经验，没有束缚，可以带来新观点和理念，与企业没直接关系，员工比较容易接受，而缺点则是对企业情况不了解，培训针对性不强，责任心可能不强，并且费用通常较高。内部选拔的培训者的情况则与此相反，两者互为补充。因此，企业应根据具体情况选择培训者。一般来说，通用性的培训可以从外部选培训者，而专业培训则需从内部选择培训者。

（5）选择培训教材

培训的教材一般由培训教师确定。教材有公开出版的、企业内部的、培训公司的以及教师自编的四种。培训教材应该是对教学内容的概括与总结，包括教学目标、练习、图表、数据以及参考书等。

（6）确定培训时间

适应员工培训的特点，应确定合适的培训时间，何时开始、何时结束、每个培训的周期培训的时间等等。

（7）拟订并下发培训通知

该通知的拟定及下发要由企业的管理机构以正式、严肃的方式进行，并在通知内强调培训的各种注意事项，如培训宗旨、纪律、考核方式，也可适当加入奖惩制度。

五、员工培训的评价

员工培训与开发活动的最后一个环节，就是对员工培训进行评价，这一环节不仅是对之前所有步骤是否达到预期效果的一个检验，更主要的是它能够为今后的培训提供一个富有价值的参考，以便于针对之前培训中所存在的不足进行相应的改进与优化。我们说培训是一个循环的系统，那么培训的评价就是促使这一系统良性循环的助力。理解培训的评价，需要从以下两个方面入手：

（一）培训评价的标准

培训评价的标准就是指应该从哪些方面来衡量培训是否成功，而如何来确定是否成功则需要涉及以下四个方面，即柯氏四层次评估模型：

（1）反应

即受训者在完成这一培训项目后的反应，受训者是否感到培训对自己有帮助，是否满意，包括受训者对培训项目、培训者和知识获取方面的感觉。

（2）学习效果

即受训者对所讲授知识的掌握程度,受训者是否真正牢记并理解对他们进行培训的理论和技能。

（3）行为变化

即受训者在参加培训之后所引起的与工作相关的行为发生的变化,受训者在工作中是否改进了原有的行为,培训所得到的收获是否影响了后期的行为。

（4）培训后果

即受训者行为的变化是否积极地影响了组织的结果,是否通过培训纠正了原有的错误的行为、价值观念、工作态度等。

（二）培训评价的设计

培训评价的设计就是指应当如何来进行培训的评价,包括设计评价的方式、进行评价的内容、步骤和选择评价的方法。

1. 评价的方式

①培训后测试。就是在培训结束后对受训人员的培训效果进行测试。

②对受训人员进行培训前后的对比测试。

③将受训人员与控制组进行培训前后的对比测试。

2. 评价的内容

进行培训评价时应对培训目标、方案设计、场地设施、教材选择、教学的管理以及培训者的整个素质等各个方面进行评价。因此,评价内容包括:评价培训者、评价受训者、评价培训项目本身三方面。

3. 评价的步骤

评价的步骤一般包括:首先是收集数据,如进行培训前和培训后的测试、问卷调查、访谈、观察、了解受训者观念或态度的转变等;其次是分析数据,即对收集的数据进行科学处理、比较和分析、解释数据并得出结论;最后是把结论与培训目标加以比较,提出改进意见。

4. 评价的方法

培训评价的方法有很多,在进行具体的评价时应当根据评价的内容来选择合适的方法,以保证评价的正确有效性。涉及反应方面的评价时,可以采取问卷调查法、面谈法和座谈法等方式;涉及学习效果的评价时,可以采取考试法、演讲法、讨论法和演示法等方式;涉及行为变化及培训后果的评价时,更多的是要采取行为观察法、评估中心法等方法。

第三节　员工培训的类型和方法

企业在进行员工的培训与开发时,具体的形式是多样化的,能够运用的方法也有很多,对于企业进行的不同的培训,可以根据培训的需要和可能、培训的内容以及培训的对象等因素,合理地选择相应的方法。下面就企业进行培训与开发时,所采用的比较常用的方法做简单的介绍。

一、员工培训的类型

一般意义上说,企业的培训与开发存在着两种性质不同的培训类型,一种是代理性培训,一种是亲验性培训。所谓代理性培训,是指受训者学习到的并不是他们在实践中直接获得的第一手知识和技能,而是别人获得后经过总结传递给他们的第二手乃至若干手的间接性经验、阅历和结论。这种培训在传授知识及技能方面效率很高,尤其在信息时代,人们不可能也没有必要凡事亲力亲为,事事去体验、证实,反而通过接受别人归纳之后的信息来获取可靠的知识更便捷、实用。亲验性培训,是指受训者通过自己切身的、直接的经验来学习的,所掌握的是自己直接的第一手经历和技能。这种培训有利于受训者能力的增强,并且所获得的知识、技能等信息往往比间接获取的要扎实、牢固,更容易被受训者消化吸收。

我国目前在培训方面比较常见的形式都是培训者在课堂上比较系统、层次分明地讲授理论及概念,学员们则跟随着培训者的思路学习,同时课后按照要求复习课堂所学,并按时完成培训者布置的作业,最后在培训结束时参加相应的考核。这类培训都属于代理性培训。亲验性培训的方式则相对丰富,例如案例讨论、现场演练、工作模拟、互动游戏、岗位轮换、角色扮演、心理测试等。

二、员工培训的方法

(一)代理性培训

1. 授课法

这是目前我国员工培训中比较常见,也是比较基本的一种培训方法,就是通过培训者在课堂上以讲授或者演讲的方式,并辅以相应的教学设备对受训者进行培训。例如1957年,麦当劳为了使所有加盟者对标准化有充分认识,决心开设一个全天候的训练中心,因而在一个店里的地下室建造了一间教室,配备了必要的教学器材,并且聘请全天专职的教师任教。这样,1961年2月麦当劳成立了著名的汉堡大学。麦当劳采用的这种培训方法就是讲授法。这种方法的优点在于:可以同时对人数较多的培训人员进行培训,平均成本较低,同时培训者能够很好地控制整个培训过程,使受训者按照统一的步调接受培训。但其缺点也是比较明显的:受训者的个体差异无论其文化程度、工作性质如何相同,都会在不同情况表现出这样或那样的差异,这就导致同一批接受培训的员工,对待同一门课程时,所消化的内容及取得的成绩是不同的,而授课法主要是一种单向沟通的方式,其中的对话、提问和研讨的机会较少,缺乏反馈、互动,受训人员大多是处在被动的接受知识的一方。因此,这种方法大多用于一般性的、基础性的知识的培训。

2. 传递法

这也是一种目前应用比较广泛的代理性培训方法,这种方法由传递方与学习方两方构成,主要是指学习方在传递方的言传身教之下,通过对传递方的观察和体验,以及在个人的参与和互动行为过程中,进行培训与开发的一种方法。这类方法在生活中比较常见,例如厨师行业、美发行业的"师徒关系",国内外一些大型企业如摩托罗拉、华为所采用的"导师制",一些组织中类似师徒关系的"师兄弟"等。这类方法比较节约成本,而且有利于工作技能的迅速掌握,并且可以让学习者在学习的过程中获得收入,同时还有利于形成良好的人际关系,但问题在于这类方法实施的效果受师父的因素影响较大,传递知识的过程还有可能影响到师父的正常工作,降低其工作效率,还容易形成固定的工作思路,不利于创新。因此这种方法大多应用于需要手工艺的领域中。

3. 网络培训法

近些年,随着计算机和网络技术的发展及应用,利用网络进行培训的方法日渐兴起,这种方法突破了以往传统的培训模式,打破了培训的时间和空间的限制,培训者和受训者不必再面对面地进行培训,带来培训开发的重大突破。比较常见的方式有网上培训、虚拟培训、远程学习等。

(1) 网上培训

这种培训是指通过企业的内特网、外特网或者因特网对学员进行培训,培训者只需将培训课程储存在培训网站上,分布在世界各地的学员均可以利用网络浏览器进入该网站接受培训。瑞士雀巢公司是驰名世界的食品工业巨头,其足迹遍布全球,在世界各地共拥有万名员工。雀巢公司为实现其各地子公司人员"本土化"的目标,特别重视开发人力资源,尤其重视对公司在职人员的培训。公司总部设有培训中心,为公司各类员工提供培训。为适应职业培训与人力资源的新形势,目前该中心开设了电子学习(E-learning)远程网络教育课程。雀巢公司请一家软件公司专门设计了特别课程,通过网络迅速向世界各地的员工传授食品工业的知识、了解发展动向、交流经验、提高效率和业务能力,尤其是财务监督方面的课程已作为这种网络教育的特别项目。全球的雀巢公司员工通过上网,听老师授课,并可下载授课内容备空闲时学习。每期网上课程都有考核,成绩合格者方可获得该期学习的结业证书。雀巢公司电子学习远程网络教育课程已在25个地区推出,利用网络参加学习的员工人数增加很快,未来的几年将有30%的雀巢公司员工通过电子学习网络接受职业培训和知识更新教育。根据形式发展,雀巢公司将继续发展网络教育,增设网上辅导课程,扩大网上授课范围,以满足广大员工参加职业培训的需要。

(2) 虚拟培训

虚拟培训是指利用虚拟现实技术(也就是高性能计算机硬件与软件及各类先进的传感器的一种集成技术),生成实时的、具有三维信息的人工虚拟环境。培训学员通过运用某些设备接受和响应该环境的各种感官刺激而进入其中,并可根据需要通过多种交互设备(如头盔、数据手套和刚性外骨架衣服等)来驾驭该环境以及用于操作的物体,从而达到提高培训对象各种技能或学习知识的目的。虚拟培训特别适用于军事人员、飞行器驾驶员、空中交通管制人员、汽车驾驶员、医务工作人员、体育运动员等方面人才的培训,他们能从这种培训中获得感性知识和实际经验。摩托罗拉公司在其旨在让雇员学会操作寻呼机自动装配设备的高级生产课程上采取了虚拟现实的培训方式。在培训课上为每个雇员配有一台显示屏,使学员可以看到实际的实验场所、机器人、工具及装配操作等虚拟世界。受训者能听到真实的声音,也能看到实地场景,因此感觉就像在现场使用设备。而且,机器设备也能对雇员的行动(如打开开关或拨号)有所回应。

(3) 远程学习

远程学习又称远程教育,是指通过计算机和网络技术使不同地域的人能够达到同步学习、接受教育的目的。远程学习适用于为分散在不同地域的公司提供关于新产品、政策、程序的信息以及技术培训和专业讲座。远程学习通常采用两种技术使人们之间进行双向沟通。一种是受训者的同时性学习,即通过培训设备受训者可以同培训者(位于其他地方)和其他使用个人计算机的受训者进行沟通。这包括电话会议、录像会议及文件会议(员工可以通过计算机来合作制定一份文件)。远程学习的另一种方式是通过个人计算机进行的个人培训。只要拥有个人计算机,员工就可以随时接受培训。这种方式可以包括网络培训等多媒体培训方式。通过公司的内部网、录像、教学软件可以分发课程材料和布置作业。而培训者和受训者之间则可以通过电子信箱、公告栏和电子会议系统进行沟通。录像远程会议通常会配备电话,可以让观看录像的受训者能通过电话向培训者提问。公司还可以通过卫星网络来开展专业课程和教育课程的培训,使员工可以获得大学文凭和工作资格认证。

网络培训法相比传统的培训方法具有很多明显的优势,例如减少组织培训所需要的交通费、场地费、教材费等费用,同时还可以增强课堂教学的趣味性,从而提高学员的学习效率,另外,网上培训的进度安排比较灵活,学员可以充分利用空闲时间进行,而不用中断工作。但网络培训法也有其弊端,例如网络培训系统建设初期,需要大量的资金购买相关培训设备和技术,这对于中小企业来说,存在着较大的困难,另外某些培训内容也不适用于网络培训方式,同时在沟通互动方面,网络培训也有其不足。因此,选择网络培训法进行员工培训的企业,需要注意结合本企业的实际情况,利用现代科学技术的同时也不能忽略传统的培训方法,要做到因地制宜、因时制宜,多种培训方法相辅相成。

(二) 亲验性培训

1. 案例分析法

案例分析法作为亲验性培训类型中的一种方法,是目前应用于教学和培训中使用最为普遍的一种方法,它是通过将那些描述现实工作情形和真实经营管理的事件,以案例的形式拿到培训中来,再由受训者对案例中所给出的问题进行分析、判断,最终给出最佳解决方案,从而达到训练员工分析和解决企业实际问题能力的目的。

典型的案例分析法应用于教学和培训中，通常分为三个阶段，即个人学习、小组讨论及全班的课堂讨论。个人学习是后两个阶段的先决条件，即受训者必须首先认真自学，通常先浏览一遍案例材料，了解案例中所描述的事件梗概，然后精读第二遍，掌握细节后，再从中找出问题、列出主次、分析原因、拿出对策，最后对自己所给出的若干对策做出权衡，确定其中的最佳方案。在整个分析案例的过程中，受训者务必摆脱旁观者的身份，要进入角色，以案例中的主要当事人的角度去思考问题。小组讨论则是一个重要的环节，它不仅可使受训者之间交流观点，达成共识，集思广益，而且可以在查找文献、处理数据等方面分工协作，在培养受训人员个人决策能力的同时，也培养其团队沟通和协调能力。最后一个环节，全班的课堂讨论，即全体教学和培训参与人员的集体交流，这一环节是在小组讨论的基础之上，更加广泛地获取更多的意见和主张，能够使得之前所有受训者拿出的所有解决方案在这一环节里再一次交流，让案例所提出问题的解决方案精益求精。同时在该环节中，培训者不仅仅是讲解，也是在学习听讲和理解，受训者也不仅仅是学习，也可以讲解演说和传授，既为受训者开辟一个讲台，也为培训者提供一个不断学习和提高的机会，达到教学相长的良性状态。

目前世界上最有名的案例设计来自哈佛大学。早在1980年，哈佛法学院教授克里斯托弗·朗戴尔发明了个案研究方法，将法院的判例作为个案。以后这种方法逐渐发展到医学、商业和社会工作方面。现在哈佛大学的案例研究法的做法是：讲师先将故事作简要的介绍，并描述问题发生所需要的条件或可能的状况，学生自行想过一遍以后，再看资料，这样有利于激发学生的想象力和发现案例的吸引力，然后由学生个人从个案中寻找答案。由于每个学生的想法不同，可能提出许多不同形式的解决方法，而学员在训练中可以互相观摩学习。

2. 角色扮演法

角色扮演法在西方比较普及，但在我国却很少在实践中被使用。它是指在一个模拟的工作环境中，先设置某一管理情景，然后指派给受训者一定的角色，并为其提供有关的背景信息，让他们承担角色职责的一种培训方法。目的是给受训者提供不同的待人处事的观点和练习处理各种人际关系的技巧，寻求在情绪激动下解决问题的可能方法。

角色扮演的情景具有高模拟性，与案例分析法相比，首先它要求学员要更自发地投入角色，更认真地参与情节，即进入角色，自发地即兴表演，如对话、交往、主动采取行动或被动做出反应等。其次它更注重的是对于受训者在待人接物、沟通交际方面的能力培养，它给受训者提供人们的真实言行，而不是理论地分析人们会怎样或应该怎样说和做的观察机会，也为人们提供了新行为方式的试验机会。同时，角色扮演还能够真实的让人了解和体验他人的处境、难处及思维方式、所处立场，学会设身处地并换位思考，既能使人从交往的对手角度看待问题，又能使人看到自己或他人在日常行为中的不足。

3. 工作模拟法

工作模拟法又称仿真模拟法，是指利用受训者在工作过程中实际使用的设备或者模拟设备以及实际面临的环境来对他们进行培训，让他们依据模拟现实中的情境做出及时反应，分析实际工作中可能出现的各种问题的一种培训方法。

这种方法的优点在于：由于受训者所处的模拟环境以及使用的模拟设备都与实际工作比较接近，因此受训者能够迅速的掌握工作中所应具备的技能，实践性非常强，同时受训者在接受模拟操作时所表现出来的各种行为及能力，都能反映出如果他在真实工作岗位上会发生的真实情况，从而使得受训者在接受模拟培训时及时发现自身的问题，并有针对的学习掌握正确的技能和行为，修正不正确的技能和行为，以避免在实际工作中因存在某方面的不足而造成不必要的损失。缺点是：由于工作模拟法所涉及的培训器材多为实际设备的复制品，该复制品的仿真程度越高，其造价就越昂贵，并且随着工作环境信息的变化还需要经常更新，尽管近些年来人们在情景模拟领域中广泛使用虚拟现实技术，使用能够为受训者提供三维空间学习体验的计算机技术，但其培训费用仍然较高，并且该模拟培训不可能做到与真实的工作完全一致，也存在培训的转化问题。这种培训比较适合那些出现错误的代价和风险比较高的组织和工种，例如军队、宇航员、飞行员等。

4. 团队建设法

团队建设法，是指用以提高团队或群体绩效为目的培训方法，目的在于提高受训者的技能和团队的有效性。团队建设法让受训者共享各种观点和经历，建立群体统一性，了解人际关系的力量，并审视自身优缺点及同事们的优缺点。它包括冒险性学习、团队培训和行动学习。

（1）冒险性学习

冒险性学习也称野外培训或户外培训，指注重于利用有组织的户外活动来开发团队协作和领导技能的一种团体建设培训方法。它最适用于开发与团队效率有关的技能，如自我意识、问题解决、冲突管理和风险承担。另外还包括一些费力的、富有挑战性的体育活动以及有组织的个人和小组户外活动，如爬墙、攀绳、有保险的蹦极、登梯及利用其他辅助设施从两座塔之间的钢丝上走过。

冒险性学习获得成功的关键之一是要求团队全体成员共同参与练习，在练习中体验发现妨碍群体有效性的那些障碍和问题，然后对之进行讨论和正确认知；关键之二是必须根据拟对参训者开发的技能来设计和组织冒险学习的内容；关键之三是要有一位经验丰富的指导者在练习后，组织参与者讨论在练习中发生的事情及其与工作情景的联系，讨论体验和学到的东西以及如何把其应用于工作实践中去。例如，信任跳练习就是要求受训者站在桌子或较高的平台上向后仰倒，落入团队成员怀中。若受训者不愿仰倒，说明不够信任团队成员。练习完成后，指导者询问受训者以确认其恐惧来源，并将这种恐惧与具体的工作事件联系起来。

（2）团队培训

团队培训是指将单个人的绩效协调在一起工作，从而实现共同目标的一种培训方式。一个团队或群体成功与否，取决于其成员个人决策活动中的相互协调、处理潜在危机情况的思想准备，以及团队的绩效等三个方面的要素，其中团队绩效又取决于团队成员的知识、态度和行为三个要素。

团队培训旨在调适群体或团队成员个人的知识、态度和行为,通过协调个体的活动和绩效来促进团队绩效的提高,从而有效实现团队的共同目标。这对于必须分享信息、协同工作、个人行为与群体绩效密切相关的集体和情况是非常有用的。

团队培训主要有交叉培训、协作培训和团队领导技能培训三种。交叉培训是指让团队成员熟悉并实践其他人的工作,以便在有人离开团队时,其他人能够补位承担起相应的工作。协作培训是指促使团队成员共享信息、分担决策责任、协调行动、合作工作,从而实现团队绩效最大化的培训内容与方式。团队领导技能培训的主要对象是团队领导者或指导人员,主要培训内容包括:如何协调团队成员的活动、如何解决内部冲突、如何培养各种团队技能等。

团队培训一般可采用多种方法。可利用讲座或录像向受训者传授沟通技能,也可通过角色扮演或仿真模拟给受训者提供讲座中强调的沟通技能的实践机会。

(3)行动学习

行动学习是指给团队或工作群体一个实际工作中面临的问题,让他们合作解决并制订出一个行动计划,然后由他们负责实施这一计划的培训方式。一般情况下,行动学习包括6~30名团队成员,还可包括不同部门的代表、顾客和经销商等。群体的构成可以不断变化,有时是在群体中包括一个有问题需要解决的顾客;有时群体中包括牵涉同一个问题的各个部门的代表;有时是群体中的成员来自多个职能部门又都有各自的问题,并且每个人都希望解决各自的问题。

这种方法由于其"行动"涉及的是员工实际面临的问题,有助于发现妨碍团队有效解决问题的非正常因素,并有利于学习与培训成果向实践高效转化,因此在欧洲已被广泛采用。

【应用举例5.3】

韩国企业培训方法多

目前,越来越多的企业开始重视员工培训。但是有些企业安排了专门的时间,花了大笔的金钱,聘请专家给员工讲课,效果却并不太好。怎么才能让新员工迅速适应新的工作环境,发挥最大的作用?怎么才能让员工不断补充知识,使企业保持领先地位呢?

演绎领导事迹,体验公司历史

在韩国,新员工刚进入公司的第一年内要接受各式各样的培训,以尽快了解公司情况,适应企业文化。

学习公司的历史,是每个新员工的必修课。但如果只是翻阅厚厚的公司历史书、听人讲解,他们往往会昏昏欲睡。为了改进这种既浪费时间又没有效果的学习,三星公司引入了被称为"三星戏剧"的新方式。在这个活动中,新员工会依次扮演三星前总裁李秉喆等高层领导人物,亲自体验三星的历史。SK电信则让新员工从网上和报纸上收集与公司历史和经营哲学相关的内容,装订出《SK新闻》。这样,新员工对公司历史有了感性的认识,企业自豪感也油然而生。

野外拉练,培养个人毅力

很多韩国企业为了培养员工吃苦耐劳、团结协作的精神,还想出了野外拉练的法子。他们认为拉练对培养个人毅力和自信心很有帮助,使员工在今后的工作和生活中能够承受各种压力。

每年夏天,现代汽车集团的现代摩比斯(MOBIS)公司都要组织新员工在韩国东海岸山区进行为期三天的培训活动。这些新员工被分成几个组进行竞赛,其中最艰难的项目就是山地拉练。他们在清晨6点出发,抵达目的地后,傍晚6点前必须返回驻地。虽然单程直线距离只有20公里,但由于有些路段是未开发的原始山路,队员们不得不手脚并用,到达终点时已是精疲力竭。每个组的成员还要互助合作,搭建帐篷,埋锅造饭,解决自己的吃住问题。

在这些活动中,一个人的疏忽就可能导致整个组的失败,所以处处要求大家团结协作,培养了新员工的团队精神。

拆装汽车,了解本公司的产品光有对公司的热爱和强健的体魄还不够,一个合格的职员必须对自己企业的产品和市场有相当的了解。韩国企业在这方面的培训也各具特色。

现代汽车集团特别重视对新职员进行生产知识的培训,不管是技术部门还是管理部门的新职员,都要到工厂生产线上实际参与汽车的装配。此外,新职员不仅要在公司的研究所学习有关汽车构造的基础知识,每个人还要把教学车的主要部分亲自拆装一遍。通过这样的学习,新职员对大部分零配件的特征和作用就有了感性认识,对主要车型也有了一定的了解,为以后的工作打下了基础。

三星电子在销售培训中,要求每两名销售人员为一组,身上除了三星的产品,不准带一分钱。他们必须设法在10小时内卖掉手中的三星产品,最快并以最高价格卖出产品的员工,就得到最高分数。如果卖不出去,这一天不但要饿肚子,连坐车回家的钱都没有。这样的培训不仅训练了销售人员的实际营销能力,也可以从中发现灵活机智、富有才干的人才。

坚持学习,不断充实自己

除了新员工培训,企业还要对职工进行各种后续教育,不断补充新的专业知识,让员工了解公司经营策略、行业最新动态。

为了更好地扩展海外市场,韩国几乎每个大企业都开设了外语课程,由公司聘请老师,在业余时间授课。为了让学习更有趣味,他们想了很多办法。现代汽车集团为了配合中国业务的发展,不仅开办汉语学习班,举办中国风情展览,放映中国纪录片,公司食堂还推出了中国菜,让员工从各个方面了解中国。LG电子组织了"中国知识俱乐部",吸引了200多名员工加入。

现代MOBIS还鼓励员工到世界各国游历学习。他们制订了"背囊旅行计划",每3个员工自愿组合为一队,确定本队的目的地之后,把准备好的材料上报公司进行评比。公司资助最佳的12支队伍每队相当于15万元到20万元人民币的活动资金。在为期2周的自助旅游之后,各队还要把自己的收获整理出来,发表在公司内部的刊物上。"背囊旅行计划"不仅使员工了解了世界各地的风土人情,发挥了个人能动性,也锻炼了团队合作精神,一举多得。

针对培训出勤率不高的问题,三星电子通过网上授课,使员工可以在方便的时间里学习,并且参加考试。但是如果在规定的时间内没有通过考试,那么培训费用就得由员工自掏腰包了。为了鼓励员工多读书,现代汽车集团定期发放推荐图书目录,有兴趣的员工可以免费订阅,但是读完之后必须上交读后感。

三星等韩国大企业每年用于培养人才的经费高达6 000多万美元,人均投资相当于美国、西欧国家大中企业的2倍。从他们的经验中可以看出,只有重视对员工的培训,企业才会生机勃勃。

(资料来源:吴建琳.韩国企业培训方法[N].环球时报,2003-03-19(20).)

本章小结

员工的培训与开发,是企业人力资源管理中非常重要的一个环节,在新环境、新形势下,员工的培训与开发,是提高员工素质,拥有高素质人才队伍,帮助企业获得竞争优势的重要工作方面;同时也是开发企业人力资源潜能,帮助员工实现自身价值,提高工作满意度,增强对企业责任感和归属感的重要内容。本章较为系统地介绍了人力资源管理中有关员工培训与开发方面的基本理论。

首先,对培训开发的定义进行了详细的阐述,对培训与开发的划分进行了说明,并对员工培训开发的意义、遵循的原则和基于不同种划分标准进行的员工培训开发的分类加以详细说明。

其次,对员工培训开发的程序进行了讲解。从员工培训开发的流程,到需求分析,到计划的制订、实施控制,然后说明对于员工培训开发如何来进行评价。其中,培训需求分析主要从组织分析、任务分析、个人分析三方面入手;培训计划的制订要首先考虑设置培训目标,同时侧重制订培训的时间、地点、方法以及费用;在实施控制环节,要把握选择和准备培训场所、课程描述、课程计划、选择培训教师、教材、确定培训时间、拟订并下发培训通知等影响培训效果和质量的一些主要方面;员工培训评价环节,主要介绍培训评价的标准以及如何进行培训的评价。

最后,介绍员工培训的类型和常用的方法。根据性质的不同,培训的类型可划分为代理性培训与亲验性培训。培训的方法主要介绍代理性培训和亲验性培训,其中代理性培训包括授课法、传递法、网络培训法;亲验性培训包括案例分析法、角色扮演法、工作模拟法、团队建设法等。

引例分析

在章首引导案例中谈到,恒伟公司目前在员工培训方面存在很多问题,造成这一现状的根本原因在于企业没有建立一套科学合理的员工培训体系,而现存问题又无法通过原有的培训机制去解决。

在本章的学习中,我们了解员工的培训可以划分为四个步骤:培训需求分析、培训计划制定、实施培训、培训评价。恒伟公司人员众多、岗位复杂、工作繁忙,因此公司在进行培训需求分析时,就应从组织分析、任务分析、个人分析这三方面展开细致的调查,只有正确全面的了解培训需求,才能保证整个培训的开展顺利进行。第二个步骤,培训计划的制定,这一环节是在确定培训需求的基础上进行的,制订计划要考虑到与工作的互相衔接,同时设置好培训目标,并根据目标制定相应的培训时间、地点、培训的方法及费用的预算等,其中培训的时间和地点应考虑企业各部门、各岗位的实际工作情况,避免类似恒伟公司中层管理人员因工作繁忙影响培训效果的实现,另外在选择培训方法时,也应考虑各层面的人员工作情况,例如技术人员的两块之间可以选择互动性较强的方法,散于全国各地的销售人员,则应选择基于互联网技术的培训方法,而对于新入职的员工来说,成批的与分散的都应区别对待,成批的可适当考虑授课法、案例分析法等,分散入职的员工,则可运用传递法。在培训实施这一环节,相应部门也应加大监管力度,保障培训的效果和质量。最后,培训结束时,企业要运用合理的评价方法,对整个培训进行评价,总结之前的经验,及时反馈,以便在今后的培训工作中吸取经验教训,使未来的培训工作取得更好的效果。

【案例演练】

摩托罗拉的员工培训

摩托罗拉规定每年每位员工至少要接受40小时与工作有关的学习。摩托罗拉大学是摩托罗拉内部专门设置的教育培训机构,摩托罗拉的教育培训系统主要由四部分组成,即培训需求分析、培训设计与采购、实行培训和培训评估。相应的,摩托罗拉大学设置四个职能部门:客户代表部、课程设计部、培训信息中心及课程运作管理部。

摩托罗拉的培训工作是以客户为导向的,摩托罗拉大学客户代表部的主要职责是与各事业部的人力资源组织紧密合作,分析组织员工工作现状与组织理想目标之间的差距,判断这些差距中哪些是可以通过培训解决的,并以此确定组织的培训需求,提供组织发展的咨询和培训方案。比如,某事业部明年的战略是要申请通过ISO 9000质量系统认证,那么客户代表部就将与该事业部的有关部门合作,对该事业部质量系统方面的培训需求进行分析:首先从理想的状态来看,通过ISO 9000系统认证的相关人员都应该具有该方面的知识和经验,熟知该系统认证的过程;然后对该事业部现有的相关人员该方面的知识与经验进行分析,确定他们现有的水平;理想与现实之间的差距就是该事业部当前或认证前亟待解决的问题。依据这个"差距",制定出相关的培训方案。

当摩托罗拉客户代表部从各事业部获取了第一手客户培训需求后,会提出一整套培训方案。摩托罗拉的课程设计部应用专门的课程设计模型来设计课程或项目,其领域涵盖了管理、质量、工程、技术、文化、语言等方面。课程的设计还对课程的学习方法、学习效果的评估作出规定或建议以保证培训课程的有效实施。

培训结束后,摩托罗拉对培训效果进行评估,具体分为四个方面:

(1)考查学员对所学课程的反应如何,其目的在于考查学员对课程的满意度。例如,在摩托罗拉,每个员工参加培训后都要填写一份课程评估表,其中的问题包括学员对教师、教材、时间安排等各项问题进行评估,并给予建议。

(2)考查学员对课程内容的掌握情况。为了不给学员带来不必要的负担,摩托罗拉采取许多灵活、有趣的方式对学员学习情况作出评估,如游戏活动等。

(3)考察学员是否将所学的知识转化为了相应的能力。由知识转化为能力需要时间,因此对能力的评估需要一个较为先进的评估方法。例如,为了配合摩托罗拉在华四大业务方针之一的加速管理人员本土化进程,设计发展了"中国强化管理培训"。学员在即将接受培训前,要接受多项评估以确定其培训前的能力水平,接受培训后3至6个月,进行再次能力评估,通过两次评估结果的对比分析,就可确定培训对学员能力发展所带来的影响和作用。

(4)投资回报率,即考查培训投资为各事业部及员工个人所带来的效益。例如,摩托罗拉公司于1992年推出一个旨在培训一批具有丰富经验的专业技术人才的计划,在其领域内推广、应用解决问题的技能和改进质量系统,从而取得产品在设计、制造、服务等各方面的不断进步。

摩托罗拉大学一直不断地完善这套员工培训与培养系统,并通过这套系统,不断加强与各事业部的伙伴合作关系,并努力致力于更好地解决公司各事业部业务及培训发展的需要,努力成为摩托罗拉所需人才培养的热土。

(资料来源:郑晓明.人力资源管理导论[M].北京:机械工业出版社,2005.)

思考题:
1. 结合摩托罗拉公司培训需求的具体操作,说明该公司培训需求分析分别从哪几方面入手。
2. 摩托罗拉公司的培训效果评估分为几个层次?具体是如何操作的?

练 习 题

一、单项选择题

1.培训具有(　　)。

　　A.滞后性　　　　B.超前性　　　　C.后延性　　　　D.前续性

2.企业进行培训的最终目的是(　　)。

　　A.员工技能的提高　　　　　　　　B.企业绩效的提高

　　C.员工行为的改变　　　　　　　　D.企业文化的形成

3.企业在进行培训工作时,首要的环节是(　　)。

　　A.培训需求分析　　B.培训计划制订　　C.培训计划实施　　D.培训效果评价

4.(　　)是指对一个人从事的工作所给出的具体描述。

　　A.目标　　　　　B.任务　　　　　C.职责　　　　　D.权力

5. ( )不能通过培训的方式解决。
   A. 企业中企业文化的形成和人际关系的改善
   B. 员工工作方法的提高
   C. 员工对企业的薪酬和福利的不满
   D. 企业管理水平的提高
6. 培训需求分析的基本目标就是( )。
   A. 确认培训对象   B. 确认培训内容
   C. 确认培训方式   D. 确认应有状况同现实状况之间的差距
7. 通过书面问卷的形式间接地收集研究材料的方法是( )。
   A. 面谈法   B. 问卷调查法   C. 行为观察法   D. 座谈法
8. 关于代理性培训和亲验性培训表述错误的是( )。
   A. 代理性培训在传授知识及技能方面效率很高
   B. 代理性培训传授的都是间接性经验
   C. 亲验性培训是受训者直接参与所接受的培训
   D. 亲验性培训效果优于代理性培训
9. 在企业培训中,( )是应用最普遍的培训方法。
   A. 授课法   B. 案例分析法   C. 角色扮演法   D. 网络培训法

二、多项选择题

1. 企业进行培训开发的意义在于( )。
   A. 有助于企业适应外部环境的变化,满足市场竞争的需要
   B. 有助于企业提高工作绩效
   C. 有助于企业划分主要矛盾和次要矛盾
   D. 有助于满足员工自身发展的需要
   E. 有助于建立优秀的企业文化,提高企业素质
2. 按照培训内容的不同,可以将培训开发划分为( )三类。
   A. 知识性培训   B. 技能性培训   C. 传授性培训
   D. 态度性培训   E. 改变性培训
3. 培训需求分析主要从( )入手。
   A. 组织分析   B. 任务分析   C. 态度分析
   D. 个人分析   E. 成果分析
4. 一个完整的培训计划必须包括( )。
   A. 培训目标和培训对象   B. 培训内容和培训形式
   C. 培训师和培训时间   D. 培训地点和培训组织
   E. 培训方法和培训技术

5. 培训评价中四层框架体系是指( )。
   A. 反应,即受训者在完成这一培训项目后的反应
   B. 学习效果,即受训者对所讲授的知识的掌握程度
   C. 态度层次,即通过培训,员工的态度是否发生转变
   D. 行为变化,即受训者在参加培训之后所引起的与工作相关的行为发生的变化
   E. 培训后果,即受训者行为的变化是否积极地影响了组织的结果

6. 企业培训法中的案例分析法的优点,主要体现在( )方面。
   A. 案例准备的时间较短
   B. 参与性强,变学员被动接受为主动参与
   C. 将学员解决问题能力的提高融入知识传授中
   D. 教学方式生动具体,直观易学
   E. 学员之间能够通过案例分析达到交流的目的

7. 以下关于企业培训评价的说法错误的是( )。
   A. 企业培训评价是对之前的培训进行的总结,拿出数据即可
   B. 企业培训评价的最终目的是为今后的培训提供一个富有价值的参考
   C. 培训评价工作本身也是要花费成本的,可视企业实际情况决定是否进行评价
   D. 培训评价并不是培训结束之后的事情,其贯穿整个培训过程
   E. 培训评价所得出的结论一定与培训目标相适应

8. 对学员进行基于网络的培训和现实培训相比较,有( )的优越性。
   A. 无须将学员从各地召集到一起,大大节省了培训费用
   B. 适用于人际交流的技能培训
   C. 在网上培训方式下,修改培训内容时,无须重新准备教材或其他教学工具,费用低
   D. 网上培训可充分利用网络上大量的资源,增强课堂教学的趣味性
   E. 网上培训的进程安排比较灵活,而不用中断工作

9. 作为代理性培训的方法之一,授课法的局限性有( )。
   A. 对内容和教师的要求较高
   B. 单向传授不利于教学双方互动
   C. 培训的时间较为灵活
   D. 教师水平直接影响培训效果,容易导致理论与实践相脱节
   E. 传授方式较为枯燥单一,不适合成人学习

三、判断题

1. 如不进行培训,其损失小于培训花费的成本,说明目前还不需要或不具备条件进行培训。( )

2. 员工培训是企业的一种投资行为,和其他投资一样,也要从投入与产出的角度考虑效益的大小。(　　)
3. 培训工作是否取得成功,起决定性作用的在于培训需求工作是否有效。(　　)
4. 针对不同情况可选择不同培训方法,最好的方法是把几种可供选择的方法综合起来,制定包含多样性的培训策略。(　　)

四、简答题
1. 员工培训开发需遵循哪些原则?
2. 简述员工培训开发的流程。
3. 培训评价中的四层框架体系是什么?

五、论述题
联系实际论述员工培训开发对企业有哪些重要意义。

第六章
Chapter 6

员工职业生涯管理

【引导案例】

　　某省级电信企业分公司网络运维部小张工作积极肯干，勤于思考，深得省公司企业发展部赵总的赏识，一年前赵总力将小张从其所在市公司借调到省公司工作，支撑省公司新职能战略管理的力度。小张工作十分努力用心，仅在一年中，就深入参与省公司年度战略规划的制定工作，并向省公司提交了多篇电信企业竞争环境的分析报告，工作获得了不小的成绩。

　　小张的直接主管刘经理是一位精通业务的技术骨干，但却对下级工作挑剔，经常不分场合的批评员工，对于本是借调并且内向寡言的小张更是多番指责。刘经理苛刻的工作作风虽受到小张等多名下属的抱怨，但是大家对这位顶头上司也只能沉默屈从，小张本人更是兢兢业业、如履薄冰。

　　小张借调时值一年，省公司进行中层领导的竞聘上岗。在省公司职能部门任职多年的赵总要到分公司去竞聘老总，刘经理也要重新参加部门主管的公开竞聘。小张则处于职业发展何去何从选择中，自己原定两年的借调期目前时已过半，虽然工作业绩与个人能力受到赵总的赏识，但是赵总如果到地市分公司竞聘成功，小张将直接面对苛刻严厉的直接领导——刘经理，小张很难预料自己留在省公司的发展前途。如果此时小张以两地分居为由，向赵总申请缩短借调期，回到原单位继续本职工作，工作轻车熟路，既受老领导器重，又可以与家人团圆。然而如此一来，小张在省公司企业发展部的工作成绩，掌握的关于企业发展战略方面的知识与技能便失去了意义。他觉得通过参与公司战略规划项目，能够站在企业最前沿关注公司环境的变化，了解最新的技术动向、市场动向，这些是自己在网络部技术岗位所接触不到的。

　　小张现在很矛盾，究竟是回市公司网络部去发展，还是坚持留在省公司呢？

小张的问题是电信企业中一个典型的年轻骨干员工不知如何确定自己职业发展方向的例子。因为对年轻的小张而言今天站在哪里并不重要,但是重要的是他下一步迈向哪里。

小张当前面临的问题可以总结为以下几个方面:

公司人力资源部没有提供对员工个人的职业生涯方面的咨询与辅导,小张缺乏对个人发展与企业发展之间找到结合点的咨询建议;

小张的领导赵总和刘经理缺乏关注下属职业发展的意识,仅考虑对员工工作上的要求,不考虑怎样帮助员工在完成工作的同时实现自身的价值;

公司缺乏对交流借调员工生活上的关注;

公司缺乏对企业发展过程中形成的空缺岗位人员进行培训引导的计划。

(资料来源:吴国华.人力资源管理实验实训教程[M].南京:东南大学出版社,2008.)

上述"引导案例"中小张所面临的问题,集中体现了当前社会环境下诸多企业中年轻员工对职业生涯管理的强烈需求。针对类似问题,从人力资源管理的角度,我们应该如何处理呢?采取哪些办法才能够既保证组织的发展不受影响,同时个人的问题又能得到妥善解决呢? 解决这些问题所涉及的理论知识和技能正是本章要阐述的内容。

【本章主要内容】
①职业、职业生涯、职业生涯管理的含义;
②个性与职业匹配理论、发展阶段理论、职业锚理论;
③员工职业生涯规划;
④组织对员工职业生涯的管理。

第一节 职业生涯管理概述

一、职业的含义

职业是社会成员参与社会分工,利用专门的知识和技能,为社会创造物质财富和精神财富,获取合理报酬,作为物质生活来源,并满足精神需求的工作。理解这一概念,可以从以下几个含义入手:第一,与人类的需求和职业结构相关,强调社会分工;第二,与职业的内在属性相关,强调利用专门的知识和技能;第三,与社会伦理相关,强调创造物质财富和精神财富,获得合理报酬;第四,与个人生活相关,强调物质生活来源,进而满足精神生活。

从这一概念中我们可以看出,职业是社会与个人或组织与个体的结合点,通过这个结合点的动态相关形成了人类社会共同生活的基本结构。也就是说,个人是职业的主体,但个人的职业活动又必须在一定的组织中进行。组织的目标要依靠个体通过职业活动来实现,同时个体则通过职业活动对组织的存在和发展做出贡献。因此,职业活动对员工个人和组织都具有重要的意义。从个人的角度说,职业不仅是谋生的手段,也是个人存在意义的价值体现,对组织而言，只有使员工选择了正确的职业并获得相关职业上的成功，组织的目标才能得以实现。

二、职业生涯的含义

（一）职业生涯

职业生涯，又称职业发展，始于20世纪60年代，90年代中期从欧美传入中国，最早对职业生涯系统研究的是美国麻省理工学院的施恩教授。职业生涯是指一个人一生的工作经历，特别是职业、职位的变迁及工作理想的实现过程。职业生涯是人力资源管理的一项重要活动，它与工作分析、人力资源计划、招聘与选拔、绩效管理、培训等都有着密切的联系。

职业生涯有两方面含义：一是对员工而言，每个人都有从工作中得到成长、发展和满意度的愿望和要求，为了实现这种愿望和要求，他们不断追求理想的职业，设计着自己的职业目标和职业计划；二是从组织角度来说，对员工制订个人职业计划应重视和鼓励，并结合组织的需求和发展，给员工以多方面的咨询和指导，通过必要的培训、工作设计、晋升等手段，帮助员工实现个人职业目标。

职业生涯分为外职业生涯和内职业生涯。外职业生涯是指由接受教育开始，经工作、直至退休的活动；内职业生涯是指个人对职业追求的一种主观愿望以及期望的职业发展计划。

（二）职业生涯的性质

职业生涯具有以下性质：

(1) 独特性

每个人都有自己的职业条件、职业理想和职业选择，有为职业所作的种种努力活动，从而有着自己与别人相区别的、独特的职业生涯历程。

(2) 发展性

每个人的职业生涯，都是一种发展、演进的动态过程。

(3) 阶段性

每个人的职业生涯发展过程，可以分为不同的时期或阶段。

(4) 终生性

每个人的职业生涯作为一种动态发展的历程，是根据个人在不同阶段的需求而不断蜕变与成长，直至终身。

(5) 整合性

由于个人所从事的工作或职业，往往会决定他的生活形态，而且职业与生活两者之间又很难区分，因此，职业生涯应具有整合性，涵盖人生整体发展的各个层面，而非仅仅局限于工作或职位。

(6) 互动性

人的职业生涯，都是个人与他人、个人与环境、个人与社会互动的结果。人的"自我"观念,人的主观能动性,个人所掌握的社会职业信息、所掌握的职业决策技术,对其职业生涯有着重要的影响。

三、职业生涯管理的含义

职业生涯管理,是指组织和员工个人对职业生涯进行设计、规划、执行、评估和反馈的一个综合性的过程。通过员工和组织的共同努力与合作,使每个员工的生涯目标与组织发展目标一致,使员工的发展与组织的发展相吻合。因此,职业生涯管理包含个人角度和组织角度两个方面:

第一,从员工个人角度讲,职业生涯管理就是一个人对自己所要从事的职业、加入的组织以及在职业发展道路上想要达到的高度等做出相应的规划,并为实现自己的职业目标而积累知识、储备能量、开发技能的过程。它一般是通过选择职业,选择工作组织,选择工作岗位,在工作中提升技能、职位以及充分实现个人的自我价值等来实现。个人可以自由地选择职业,但同时任何一个具体的岗位,都有其职位要求,即对担任这一岗位的人员的知识水平、技能结构、身体状况、形象气质等各方面给予规定,因此并不是任何一个人都能按照自己的主观意愿选择某一项职业,职业同时也存在对人的选择。一个人在择业上的自由度很大程度上取决于其自身所具备的条件,如何能更好地发挥自身所具备的条件,做到扬长避短,便成为人们在择业时首要考虑的问题,因此,人们越来越重视职业生涯的管理,只有科学有效地进行管理,才能使自我的潜能充分转化为现实的价值。

第二,从组织的角度讲,职业生涯管理是组织对员工的职业生涯进行管理,集中表现为帮助员工制定职业生涯规划、建立各种适时的培训、给予员工必要的职业指导、促使员工职业生涯的成功。组织是个人职业生涯得以存在和发展的载体。同样,组织的存在和发展依赖于个人的职业工作,依赖于个人的职业开发与发展。在人才竞争激烈的今天,如何吸引并留住优秀员工是人力资源管理面临的难题,如果一个人的职业生涯规划在本组织不能实现,那他就很有可能离开去寻找新的发展空间,所以员工的职业发展不仅是其个人的行为,也是组织的职责。因此,许多组织越来越多地将精力投入到对员工的职业生涯管理中来,尽可能地为员工提供帮助和机会,以使他们不仅能够形成较为现实的职业目标,而且能够有效地实现这一目标。

要深入理解组织职业生涯管理的内涵,我们还需要注意以下三个方面的问题:

第一,组织职业生涯管理是组织为员工设计的职业发展与职业援助规划,与员工个人职业生涯规划有明显的不同。个人职业生涯规划是以自我价值实现和增值为目的的,而组织职业生涯管理则是从组织的角度出发,根据组织发展对职业的需要,通过帮助员工在职业目标上的努力,进而谋求组织的持续发展。同时,由于组织职业生涯管理是由组织发起的,因此相较于个人的职业生涯管理,具有较强的专业性和系统性。

第二,组织职业生涯管理必须满足个人与组织的双重需要,实现二者的共同目标。职业生涯管理一方面着眼于帮助员工实现个人职业生涯目标,满足员工职业发展的需要,同时,在满足员工职业发展需求的前提下，还必须满足组织自身职业发展的需要。二者互为前提，无法满足组织需要的职业生涯管理将导致职业生涯管理失去动力而终止，同样无法满足员工个人基本职业发展需求的职业生涯管理也将导致这一活动失败。

第三，组织职业生涯管理的形式多种多样，涉及的内容十分广泛。凡是组织对员工职业活动的帮助，均可列入职业生涯管理的范畴中来。其中既包括针对员工个人的培训、开发，也包括针对组织的诸多职业发展政策和措施，因此，一套系统有效的职业生涯管理制度和体系要涉及企业管理与员工发展的诸多方面的内容，是一项较为庞大的系统工程。

第二节 职业生涯相关理论

一、个性与职业匹配理论

人的个性与职业，是相互关联的一对范畴，个人进行职业选择的同时，也就是职业对于个人的选择。要较好地完成职业选择，并获得职业生涯的成功，必须以二者相互适应、相互匹配为前提。

个性与职业匹配理论主要是研究不同的个性类型与职业环境类型之间的关系，该理论最早由美国心理学教授约翰·霍兰德提出。

霍兰德认为人的个性类型、职业兴趣与职业密切相关，兴趣是人们活动的巨大动力，凡是从事自己感兴趣的职业，都可以提高人们的积极性，促使人们积极地、愉快地从事该职业，且职业兴趣与人的个性类型之间也存在很高的相关性。霍兰德把人的个性类型分为六种：实际型、调研型、艺术型、社会型、企业型和常规型，相应的，把职业环境类型也分成同样名称的六大类。

六种人的个性类型与职业环境类型相对应如下：

（一）实际型

共同特征：愿意使用工具从事操作性工作，动手能力强，做事手脚灵活，动作协调；偏好于具体任务，不善言辞，做事保守，较为谦虚；缺乏社交能力，通常喜欢独立做事。

典型职业：喜欢使用工具、机器，需要基本操作技能的工作。对要求具备机械方面才能、体力或从事与物件、机器、工具、运动器材、植物、动物相关的职业有兴趣，并具备相应能力。如：技术性职业（计算机硬件人员、摄影师、制图员、机械装配工、维修工、安装工人、矿工、电工、司机等），技能性职业（木匠、厨师、技工、修理工、农民、牧民、渔民、一般劳动等）。

（二）调研型

共同特点：思想家而非实干家，抽象思维能力强，求知欲强，肯动脑，善思考，不愿动手；喜欢独立的和富有创造性的工作，知识渊博，有学识才能，不善于领导他人；考虑问题理性，做事喜欢精确，喜欢逻辑分析和推理，不断探讨未知的领域。

典型职业:喜欢智力的、抽象的、分析的、独立的定向任务,要求具备智力或分析才能,并将其用于观察、估测、衡量、形成理论、最终解决问题的工作,并具备相应的能力。如科学研究人员、教师、工程师、电脑编程人员、医生、系统分析员、化学、冶金、电子、无线电、电视、飞机等方面的工程师、技术人员等。

(三) 艺术型

共同特点:有创造力,乐于创造新颖、与众不同的成果,渴望表现自己的个性,实现自身的价值;做事理想化,追求完美,不重实际,具有一定的艺术才能和个性;善于表达、怀旧、心态较为复杂。

典型职业:喜欢的工作要求具备艺术修养、创造力、表达能力和直觉,并将其用于语言、行为、声音、颜色和形式的审美、思索和感受,具备相应的能力。不善于事务性工作。如艺术方面(演员、导演、艺术设计师、雕刻家、建筑师、摄影家、广告制作人),音乐方面(歌唱家、作曲家、乐队指挥),文学方面(小说家、诗人、剧作家)。

(四) 社会型

共同特征:喜欢与人交往、不断结交新的朋友、善言谈、愿意教导别人;关心社会问题、渴望发挥自己的社会作用;寻求广泛的人际关系,比较看重社会义务和社会道德。

典型职业:喜欢要求与人打交道的工作,能够不断结交新的朋友,从事提供信息、启迪、帮助、培训、开发或治疗等事务,并具备相应能力。如:教育工作者(教师、教育行政人员),社会工作者(咨询人员、公关人员)。

(五) 企业型

共同特征:追求权力、权威和物质财富,具有领导才能;喜欢竞争、敢冒风险、有野心、有抱负;为人务实,习惯以利益得失、权利、地位、金钱等来衡量做事的价值,做事有较强的目的性。

典型职业:喜欢要求具备经营、管理、劝服、监督和领导才能,以实现机构、政治、社会及经济目标的工作,并具备相应的能力。如项目经理、销售人员、营销管理人员、政府官员、企业领导、法官、律师。

(六) 常规型

共同特点:尊重权威和规章制度,喜欢按计划办事,细心、有条理,习惯接受他人的指挥和领导,自己不谋求领导职务;喜欢关注实际和细节情况,通常较为谨慎和保守,缺乏创造性,不喜欢冒险和竞争,富有自我牺牲精神。

典型职业:喜欢要求注意细节和精确度、有系统、有条理,具有记录、归档、据特定要求或程序组织数据和文字信息的职业,并具备相应能力。如:秘书、办公室人员、记事员、会计、行政助理、图书馆管理员、出纳员、打字员、投资分析员等。

霍兰德这一理论的实质在于工作者的个性类型与职业类型相适应。他认为,个性类型与职业环境的匹配是形成职业满意度、成就感的基础。人们会寻找适合自己的职业环境来充分发挥自己的能力、价值,表达自己的态度以及承担问题和责任。同一类型的工作者与同一类型的职业互相结合,便达到适应状态,这样有利于工作者找到适宜的职业岗位,使其才能与积极性得以发挥。

同时,个性与职业是否匹配在职业发展过程中也发挥着重要作用。对于个人而言,需要根据自身的性格特征选择合适的职业;对于组织而言,管理者需要了解组织成员的性格特征,根据其性格特征合理安排工作岗位,推动组织发展,并在实现组织目标的同时,使员工的优势和特长得到充分发挥,促进其素质的提高和自身价值的实现。

二、发展阶段理论

(一)萨柏的职业生涯阶段理论

萨柏是美国一位有代表性的职业管理学家。萨柏的职业生涯发展阶段理论是一种纵向职业指导理论,重在对个人的职业倾向和职业选择过程本身进行研究。萨柏以美国白人作为自己的研究对象,把人的职业生涯划分为五个主要阶段:成长阶段、探索阶段、确立阶段、维持阶段和衰退阶段。

1. 成长阶段(0~14岁)

主要任务:成长阶段属于认知阶段。在这个阶段,孩童开始发展自我概念,学会以各种不同的方式来表达自己的需要,且经过对现实世界不断地尝试,修饰他自己的角色。这个阶段发展的任务是:发展自我形象,发展对工作世界的正确态度,并了解工作的意义。这个阶段共包括三个时期:

(1)幻想期(10岁之前)

儿童从外界感知到许多职业,对于自己觉得好玩和喜爱的职业充满幻想和进行模仿。

(2)兴趣期(11~12岁)

以兴趣为中心,理解、评价职业,开始作职业选择。

(3)能力期(13~14岁)

开始考虑自身条件与喜爱的职业是否相符合,有意识地进行能力培养;开始对各种可选择的职业进行某些现实性思考。

2. 探索阶段(15~24岁)

主要任务:主要通过学校进行自我考察、角色鉴定和职业探索,完成择业及初步就业。人们也尝试去寻找自己的职业选择与他们对职业的了解,以及通过学校教育、休闲活动和业余工作中所获得的个人兴趣和能力匹配起来,并从伙伴、朋友和家庭成员处收集关于职务、职业生涯及职业信息。探索阶段可分为三个时期。

(1)试验期(15~17岁)

综合认识和考虑自己的兴趣、能力与职业社会价值、就业机会,开始进行择业尝试。

(2)过渡期(18~21岁)

正式进入职业,或者进行专门的职业培训,明确某种职业倾向。

(3)尝试期(22~24岁)

选定工作领域,开始从事某种职业,对职业发展目标的可行性进行实验。

3. 确立阶段(25~44岁)

主要任务:获取一个合适的工作领域,并谋求发展。这一阶段是大多数人职业生涯周期中的核心部分。确定阶段可分为两个时期。

(1)尝试期(25~30岁)

个人在所选的职业中安顿下来。重点是寻求职业及生活上的稳定。

(2)稳定期(31~44岁)

致力于实现职业目标,是个富有创造性的时期。

这一阶段可能会发现自己偏离职业目标或发现了新的目标,此时需重新评价自己的需求,处于转折期。

4. 维持阶段(45~64岁)

主要任务:维持阶段属于升迁和专精阶段。个体仍希望继续维持属于他的工作职位,同时会面对新的人员的挑战。这一阶段发展的任务是维持既有成就与地位。

5. 衰退阶段(65岁以上)

主要任务:逐步退出职业和结束职业,开发社会角色,减少权利和责任,适应退休后的生活。

员工在职业生涯的不同时期会遇到不同的问题,合格的管理人员应该制定政策和计划,以及帮助员工处理这些问题,这样才能够有效地解决问题,帮助员工渡过难关。

(二)金斯伯格的职业生涯阶段理论

美国著名的职业指导专家、职业生涯发展理论的先驱和典型代表人物——金斯伯格研究的重点是从童年到青少年阶段的职业心理发展过程。他将职业生涯的发展分为幻想期、尝试期和现实期三个阶段。

1. 幻想期

处于11岁之前的儿童时期。儿童对大千世界,特别是对于他们所看到或接触到的各类职业工作者,充满了新奇、好玩的感觉。此时期职业需求的特点是:单纯凭自己的兴趣爱好,不考虑自身的条件、能力水平和社会需要与机遇,完全处于幻想之中。

2. 尝试期

11~17岁,这是由少年儿童向青年过渡的时期。此时起,人的心理和生理在迅速成长发育和变化,有独立的意识,价值观念开始形成,知识和能力显著增长和增强,初步懂得社会生产和生活的经验。在职业需求上呈现出的特点是:有职业兴趣,但不仅限于此,更多地和客观地审视自身各方面的条件和能力;开始注意职业角色的社会地位、社会意义,以及社会对该职业的需要。

3. 现实期

17岁以后的青年年龄段。即将步入社会劳动,能够客观地把自己的职业愿望或要求,同自己的主观条件、能力,以及社会现实的职业需要紧密联系和协调起来,寻找合适于自己的职业角色。这一时期所希求的职业不再模糊不清,已有具体的、现实的职业目标,表现出的最大特点是客观性、现实性、讲求实际。

(三)格林豪斯的职业生涯发展理论

美国心理学博士格林豪斯的研究侧重于不同年龄段职业生涯所面临的主要任务,并以此为依据将职业生涯划分为五个阶段:职业准备阶段、进入组织阶段、职业生涯初期、职业生涯中期和职业生涯后期。

1. 职业准备

典型年龄段为0~18岁。主要任务:发展职业想象力,对职业进行评估和选择,接受必需的职业教育。

2. 进入组织

18~25岁为进入组织阶段。主要任务是在一个理想的组织中获得一份工作,在获取足量信息的基础上,尽量选择一种合适的、较为满意的职业。

3. 职业生涯初期

处于此期的典型年龄段为25~40岁。学习职业技术,提高工作能力;了解和学习组织纪律和规范,逐步适应职业工作,适应和融入组织;为未来的职业成功做好准备,是该期的主要任务。

4. 职业生涯中期

40~55岁是职业生涯中期阶段。主要任务是需要对早期职业生涯重新评估,强化或改变自己的职业理想;选定职业,努力工作,有所成就。

5. 职业生涯后期

从55岁直至退休为职业生涯的后期。继续保持已有职业成就,维护尊严,准备引退,是这一阶段的主要任务。

(四)施恩的职业生涯发展理论

美国麻省理工学院斯隆管理学院教授、著名的职业生涯管理学家施恩立足于人生不同年龄段面临的问题和职业工作主要任务,将职业生涯分为9个阶段:成长、幻想、探索阶段;进入工作世界;基础培训;早期职业的正式成员资格;职业中期;职业中期危险阶段;职业后期;衰退和离职阶段;离开组织或职业——退休。

1. 成长、幻想、探索阶段

一般0~21岁处于这一职业发展阶段。主要任务:

①发展和发现自己的需要和兴趣、能力和才干,为进行实际的职业选择打好基础。

②学习职业方面的知识,寻找现实的角色模式,获取丰富信息,发展和发现自己的价值观、动机和抱负,作出合理的受教育决策,将幼年的职业幻想变为可操作的现实。

③接受教育和培训,开发工作世界中所需要的基本习惯和技能。在这一阶段所充当的角色是学生、职业工作的候选人、申请者。

2. 进入工作世界

16~25岁的人步入该阶段。首先,进入劳动力市场,谋取可能成为一种职业基础的第一项工作;其次,个人和雇主之间达成正式可行的契约,个人成为一个组织或一种职业的成员,充当的角色是应聘者、新学员。

3. 基础培训

处于该阶段的年龄段16~25岁。与上一正在进入职业工作或组织阶段不同,要承担工作,成为一名有效的成员。

4. 早期职业的正式成员资格

17~30岁处于这个发展阶段。面临的主要任务是:

①要承担责任,成功地做好与第一次有关的任务。

②发展和展示自己的技能和优势,为以后的晋升和进入其他领域打好基础。

③根据自身的才干和价值观,根据组织中的机会和约束,从新评估自己当初追求的职业,决定是否留在现在的岗位上。

5. 职业中期

25岁以上。主要任务:

①选定一项专业或进入管理部门。

②保持自己专业的技能性,在自己选择的领域内继续学习。

③承担责任较大,确定自己的地位。

6. 职业中期危险阶段

35~45岁。主要任务:

①从自己的实际出发真实的评价自己的能力、动机和价值观。进一步明确的职业抱负及个人前途。

②就接受现状或者争取看得见的前途作出具体选择。

③建立与他人友好的关系。

7. 职业后期

40岁到退休。主要任务:

①成为一名良师,要学会发挥影响,指导、指挥别人,对他人承担责任。

②选拔和培养接替人员。

③扩大、发展、深化技能,或者提高才干,以担负更大范围、更大的责任。

8. 衰退和离职阶段

40 岁到退休。主要任务：

①学会接受权力、地位、责任的下降。

②学会接受和发展新的角色。

③评估自己的职业生涯，着手退休。

9. 退休

主要任务：

①适应角色生活方式和生活标准的急剧变化，保持一种认同感。

②保持一种自我价值观，运用自己积累的经验和智慧，以各种资深角色，对他人进行传、帮、带。

（五）职业生涯发展的"三三三"理论

"三三三"理论将人的职业生涯分为：输入阶段、输出阶段、淡出阶段。输入是指对知识、信息、经验的输入。输出是指输出服务、知识、智慧和其他产品。淡出阶段是指精力渐衰，但阅历渐丰。经验渐多，逐步退出职业，适应角色的转换。

三、职业锚理论

（一）职业锚的来源

职业锚理论产生于美国麻省理工大学斯隆管理学院施恩教授领导的专门研究小组，是对该学院毕业生的职业生涯研究中演绎成的。斯隆管理学院的 44 名 MBA 毕业生，自愿形成一个小组接受施恩教授长达 12 年的职业生涯研究，包括面谈、跟踪调查、公司调查、人才测评、问卷等多种方式，最终分析总结出了职业锚（又称职业定位）理论。施恩认为，职业生涯发展实际上是一个持续不断的探索过程。在这个过程中，每个人都在根据自己的天资、能力、动机、需要、态度和价值观等慢慢地形成较为明晰的与职业有关的自我概念。随着一个人对自己越来越了解，这个人就会越来越明显地形成一个占主要地位的职业锚。

职业锚是指当一个人面临职业选择的时候，他无论如何都不会放弃职业中至关重要的东西或价值观。正如"职业锚"这一名词中"锚"的含义一样，职业锚实际上就是人们选择和发展自己的职业生涯时所围绕的中心，是企业和个人进行职业生涯决策时的核心因素，是判断人们是否达到职业成功的标准。职业锚对组织而言，建立在职业锚理论基础上，切实针对组织成员深层次职业需要的人力资源管理。职业锚对个人而言是个人职业选择的依据，并为人的全部职业生涯设定了发展方向，是影响个人才能发挥的决定性力量。

（二）职业锚的类型

施恩在 1978 年提出了五种类型的职业锚，分别是技术/职能型职业锚、管理型职业锚、自主/独立型职业锚、安全/稳定型职业锚、创业型职业锚。随后大量的学者对职业锚进行了广泛研究,越来越多的人加入了研究的行列,20 世纪 90 年代,又发现了三种类型的职业锚:服务型职业锚、挑战型职业锚、生活型职业锚。将职业锚增加到八种类型:

1. 技术/职能型职业锚

技术/职能型的人追求在技术/职能领域的成长和技能的不断提高,以及应用这种技术/职能的机会。他们对自己的认可来自于他们的专业水平,他们喜欢面对专业领域的挑战。他们通常不喜欢从事一般的管理工作,因为这意味着他们不得不放弃在技术/职能领域的成就。相反他们总是倾向于选择那些能够保证自己在既定的技术或功能领域中不断发展的职业。

2. 管理型职业锚

管理型的人追求并致力于工作晋升,倾心于全面管理,独立负责一个部分,可以跨部门整合其他人的努力成果。他们想去承担整体的责任,并将公司的成功与否看成自己的工作。具体的技术/职能工作仅仅被看做是通向更高、更全面管理层的必经之路。管理型的人总是认为自己具备以下三个方面的能力:①分析能力;②人际沟通能力;③情感能力。

3. 自主/独立型职业锚

自主/独立型的人希望随心所欲安排自己的工作方式、工作习惯和生活方式。追求能施展个人能力的工作环境,最大限度地摆脱组织的限制和制约。他们宁愿放弃提升或工作发展机会,也不愿意放弃自由与独立。

4. 安全/稳定型职业锚

安全/稳定型的人追求工作中的安全与稳定感。他们因为能够预测到稳定的将来而感到放松。他们关心财务安全,例如退休金和退休计划。稳定感包括诚实、忠诚以及完成老板交待的工作。尽管有时他们可以达到一个高的职位,但他们并不关心具体的职位和具体的工作内容。

5. 创业型职业锚

创业型的人希望用自己能力去创建属于自己的公司或创建完全属于自己的产品(或服务),而且愿意去冒风险,并克服面临的障碍。他们想向世界证明公司是他们靠自己的努力创建的。他们可能正在别人的公司工作,但同时他们在学习并寻找机会。一旦时机成熟了,他们便会走出去创立自己的事业。

6. 服务型职业锚

服务型的人一直追求他们认可的核心价值,例如帮助他人,改善人们的安全,通过新的产品消除疾病等。他们一直追寻这种机会,这意味着即使变换公司,他们也不会接受不允许他们实现这种价值的变动或工作提升。

7. 挑战型职业锚

挑战型的人喜欢解决看上去无法解决的问题,战胜强硬的对手,克服无法克服的困难障碍等。对他们而言,参加工作或职业的原因是工作允许他们去战胜各种不可能。他们需要新奇、变化和困难,如果事情非常容易,他马上会变得非常令人厌烦。

8. 生活型职业锚

生活型的人喜欢允许他们平衡并结合个人的需要、家庭的需要和职业的需要的工作环境。他们希望将生活的各个主要方面整合为一个整体。正因为如此,他们需要一个能够提供足够的弹性让他们实现这一目标的职业环境。相对于具体的工作环境、工作内容,生活型的人更关注自己如何生活、在哪里居住、如何处理家庭事情等。生活型的人甚至可以牺牲他们职业的一些方面,如提升带来的职业转换,他们将成功定义的比职业成功更广泛。他们认为自己如何去生活、在哪里居住、如何处理家庭事情及在组织中的发展道路是与众不同的。

职业锚实际上是内心中个人能力、动机、需要、价值观和态度等相互作用和逐步整合的结果。在实际工作中,通过不断审视自我,逐步明确个人的需要与价值观,明确自己擅长所在及今后发展的重点,最终在潜意识里找到自己长期稳定的职业定位,即职业锚。

(三)职业锚的应用意义

经过近30年的发展,职业锚已成为许多个人职业生涯规划的必选工具和公司人力资源管理的重要工具。

个人在进行职业规划和定位时,可以运用职业锚思考自己具有的能力,确定自己的发展方向,审视自己的价值观是否与当前的工作相匹配。只有个人的定位和要从事的职业相匹配,才能在工作中发挥自己的长处,实现自己的价值。尝试各种具有挑战性的工作,在不同的专业和领域中进行工作轮换,对自己的资质、能力、偏好进行客观评价,是使个人的职业锚具体化的有效途径。

对于企业而言,通过雇员在不同的工作岗位之间的轮换,了解雇员的职业兴趣爱好、技能和价值观,将他们放到最合适的职业轨道上去,可以实现企业和个人发展的双赢。

【应用举例6.1】
丰田公司的"职业锚"运用

日本丰田公司在运用员工的"职业锚"方面给了我们有益的借鉴。丰田对于岗位一线工人采用工作轮调的方式来培养和训练多功能作业员,这样既提高了工人的全面操作能力,又使一些生产骨干的经验得以传授。员工还能在此过程中发现自己的优势在哪里,从而进行准确定位,找到真正适合自己的岗位。一旦员工确立了自己的职业锚,工作起来将会更具积极性和主动性,效率将会有很大提高。

丰田采取五年调换一次工作的方式对各级管理人员进行重点培养。每年1月1日进行组织变更,一般以本单位相关部门为调换目标,调换幅度在5%左右。短期来看,转岗需要有熟悉操作的适应过程,可能导致生产效率的降低,但对企业长久发展来看则是利大于弊。经常的有序换岗还能给员工带来适度的压力,促使员工不断学习,使企业始终保持一种生机勃勃的氛围。

(资料来源:张卫星.人力资源管理[M].北京:北京工业大学出版社,2009.)

第三节 员工职业生涯规划

从个人的角度而言,职业生涯规划是指员工根据对自身的主观因素和客观环境的分析,确立自己的职业生涯发展目标,选择实现这一目标的职业,以及制订相应的工作、培训和教育计划,并按照一定的时间安排,采取必要的行动实施职业生涯目标的过程。个人职业生涯规划一般包括自我评估、职业生涯的机会分析、制定职业生涯规划与规划的实施和修正四方面内容。

一、自我评估

自我评估是心理学中自我意识的一个方面,是指人对自身条件、素质、才能等各方面情况的一种判断。员工对自我评估得当与否,将直接影响到生活中的学习效能、职业选择和事业奋斗中的自信心。正确地进行自我评估一般可以通过两种渠道:直接自我评估和间接自我评估。

直接自我评估,首先要认识到自己的自然条件,包括健康状况、心理状态、情感特点、兴趣倾向、知识水准、专业特长、智力情况、能力特点,还可以测定一下自己的智商指数、气质类型、性格类型等作为参考。其次是用自己在不同领域的实践中(如对各个科目的学习)取得的不同成绩相比较,以发现自己的长处,确定奋斗的目标。

间接自我评估,是指通过与他人行为的对照及情况的对比,发现自我认识的错位。"不识庐山真面目,只缘身在此山中",这是一些人不能对自己作出正确的自我评价的原因之一。当局者迷,那么就不妨用与他人相比较的方法及用自己在不同领域中取得的不同成果比较的方法鉴别一下。

对员工来说,他们在自我评估的问题上常常会具有两重性,一方面好幻想,把个人的境遇、发展、前途勾画得绚烂多彩;另一方面又常常低估自己的才智和工作能力,自我评价常常是过谦的甚至是比较自卑的。"天生我材必有用"、"尺有所短,寸有所长",每个人都有自己的长处和短处。有的人可能不辨音律,但却有高超的组织才能;有的人也许不解数字之谜,但却心灵手巧,长于工艺;有的人可能不会琴棋书画,但酷爱大自然,精于园艺;有的人或许记不住许多外语单词,但有一副动人的歌喉,擅长文艺。正确的自我评价是帮助我们作出正确的奋斗方向的前提。

在实践的鉴别中,在与他人的比较中,要使思维方法尽可能地全面些、辩证些、灵活些。人的知识、才能通常是处于离散、朦胧状态的,需要人们不断地挖掘、发现和开发。从个人兴趣爱好、思维方式的特点、毅力的恒久性、已有的知识结构、献身精神与果敢魅力等多方面进行全面考察和测试,将为作出科学的自我评估提供有益的帮助。

自我评估的方法有多种,比较常见的有三种:

1. 橱窗分析法

橱窗分析法是自我评估的重要方法之一。心理学家把对个人的了解比喻成一个橱窗,为了便于理解,可以把橱窗放在一个直角坐标系中分析,坐标系的横轴正向表示别人了解我,负向表示别人不了解我;纵轴正向表示自己了解,负向表示自己不了解。坐标橱窗可用图6.1表示。

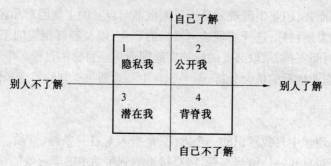

图 6.1 橱窗分析法

例如,橱窗3为"潜在我",这是自己不了解、别人也不了解的部分,是有待进一步开发的部分。橱窗4是"背脊我",这是自己不了解、别人了解的部分,就像自己的背部一样,自己看不到,但别人却看得很清楚。在进行自我分析时,重点是了解橱窗3和4这两个部分。橱窗3"潜在我"是影响一个人未来发展的重要因素,因为每个人都有巨大的潜能有待开发,许多研究也表明,目前人类所利用的大脑潜能不足百亿分之一,因此,尽量开发自己的潜能,对一个人的人生会带来很大的有利价值,这就需要对自己未知的诸多能力综合看待和分析,使自己在不断的生活和学习中稳步提高。而橱窗4"背脊我",对于一个人在生活中也起着很重要的作用,因为生活与工作中,好多时候会出现当局者迷旁观者清这样的情况,往往身边的一些人以一种客观的角度看待问题时,要比自己处在局中看待的更全面、更透彻,因此遇事及时并虚心向身边的人求教,获得他们真实的想法和意见,对每个人走好自己的人生之路都有着积极的推动作用。

2. 自我测试法

自我测试法是通过回答有关问题来认识自己、了解自己。测试题目大多是由心理学家们经过精心的研究和测试而设定的,只要如实回答,就能大概了解自己的有关情况。这是一种比较简单经济又容易操作的自我评估方法。

3. 计算机测试法

计算机测试法是一种搭建在现有技术平台之上的测试方法,人们可以通过计算机网络等途径了解自己,认识自己,这种方法的科学性、准确性相对较高。比较常用的测试方法有:人格测试、智商测试、情商测试、能力测试、职业倾向测试等。

通过自我评估可了解自己的职业兴趣,认识自己的职业性格,判断自己的职业能力,确定自己的职业性向,以便根据自身的特点设计自己的职业发展方向和目标。

二、职业生涯的机会分析

职业生涯的机会分析主要是分析内在因素和外在因素对自己职业生涯发展的影响。

(一)内在因素

1. 职业性向

在本章第二节的个性与职业匹配理论中,我们提到,按照霍兰德的划分,一共有六种基本的职业性向,分别是实际型、调研型、艺术型、社会型、企业型和常规型,不同的人可能有着不同的职业性向,吸引着他们从事不同的工作。当一个人大体确定了自己的职业性向,那么在选择职业的时候所面临的内在冲突和犹豫就会越少,反之,其在选择职业时将面临较多犹豫不决的情况。

2. 个性特征

不同的人具备不同的个性特征,而不同的个性特征又决定着适合不同类型的工作。个性特征最好能与工作性质和要求相匹配,例如,外向善于沟通的人可以选择做营销等方面的工作,内向不善于表达的人适合做文秘、科研等方面的工作。

3. 教育背景

教育是赋予个人才能、塑造个人人格、促进个人发展的社会活动,对人的一生都有着巨大的影响,它奠定了一个人的基本素质。获得不同教育程度的人,在个人职业选择与被选择时,具有不同的能量,这关系着职业生涯的开端与适应期是否良好,还关系着受教育者以后在职业发展、晋升方面是否顺利。其次,人们所接受教育的专业、职业种类,对于其职业生涯有着决定性的影响,在大多数情况下成为其职业生涯的前半部分以至一生的职业类别。即使人们转换职业,也往往与受教育者所学的专业有一定联系,或者以所学的专业理论、知识、技能为基础,流动到更高层次的职业岗位上。同时,人们所接受的不同等级教育、所学的不同学科门类、所在的不同院校及其接受的不同的教育思想,会带来受教育者的不同思维模式与意识形态,从而使人们以不同的态度对待自己和社会、对待职业的选择与职业生涯的发展。

4. 家庭影响

家庭也是造就人的素质以致影响人的职业生涯的主要因素之一。人从幼年时期就开始受到家庭的深刻影响。长期潜移默化的结果,会使人形成特定的价值观和行为模式。许多人还会受到家庭中父兄的教诲和各种影响,自觉或不自觉地习得某些职业的知识和技能。这种价值观、行为模式、职业知识和职业技能,必然从根本上影响着一个人的职业理想和职业目标,影响着其职业选择的方向、种类,以及选择中的冒险与妥协程度、对职业岗位的态度乃至工作中的种种行为表现等。

5. 个人能力

对企业的员工而言,个人能力是指劳动的能力,也就是运用各种资源从事各种企业活动的能力,通常包括体能、智能、心理素质三个方面,这三方面构成了一个人的全面综合能力,它是员工职业发展的基础,能力越强,其接受新事物、学习新知识、掌握新技能的速度就越快,个人的发展空间也就越大。所以,能力既对员工个体发展提出了明确要求,又为个体发展的实现提供了可能条件,它是员工职业发展的重要基础和影响因素。

6. 个人需求

人们在就业时出于对不同职业的评价和价值取向,需要从社会众多的职业中选择其一,就业后也要从若干种个人发展机会中进一步做出职业生涯的调整,从而使自身获得尽量好的归宿,取得他人与社会的承认。就一般情况而言,人在年轻时意气风发,成功的目标和择业的标准都较高。人到中年,就越来越现实。因为不论是一般的劳动者,还是事业上有成就的人,在有了相当多的职业实践和各种阅历以后,都更容易看到社会环境的约束,其成功的目标和择业、转业的标准,就都相对实际,较为适合社会与所在组织的情况。

(二)外在因素

1. 社会环境因素

社会环境因素是指社会的政治经济形势、涉及人们职业权利方面的管理体制、社会文化与习俗、职业的社会评价等大环境。

(1)经济发展水平

在经济发展水平高的地区,企业相对集中,优秀企业也比较多,个人职业选择的机会就相应增加,因而就有利于个人职业发展;反之,在经济相对落后的地区,个人职业发展也会受到限制。

(2)社会文化环境

社会文化环境包括教育条件和水平、社会文化设施等。在良好的社会文化环境中,个人能够受到良好的教育和熏陶,从而为职业发展打下良好的基础。

(3)政治制度和氛围

政治和经济是相互影响的,它不仅影响到一国的经济体制,还影响着企业的组织体制,进而间接影响到个人的职业发展,同时,政治制度和氛围还会潜移默化地影响个人的追求,从而对职业生涯产生影响。

(4)价值观念

一个人生活在社会环境中,必然会受到社会价值观念的影响。大多数人的价值取向,甚至都为社会的主体价值取向左右,一个人的思想发展、成熟的过程,其实就是认可、接受社会主体价值观念的过程。社会价值观念正是通过影响个人价值观而影响着个人的职业选择。

2. 生活环境因素

生活环境因素是指个人的生活中,日常所接触到的人群,如家庭、朋友、同事、同龄群体等。

(1)家庭的影响

家庭对人的职业选择和职业发展都有较大的影响。首先,家庭的教育方式影响个人认识世界的方法;其次,家人是孩子最早观察模仿的对象,孩子会受到家人职业技能的熏陶;再次,家人的价值观、生活观、处事观等对个人的职业选择也有着较大的直接和间接影响。

(2) 朋友、同龄群体的影响

除家人以外,身边的经常接触的熟悉人群的工作价值观、工作态度、行为特点等不可避免地会影响个人对职业的偏好和选择,以及职业选择和职业变换的机会。

3. 企业环境因素

(1) 企业文化

企业文化决定了一个企业如何看待自己的员工,所以,员工的职业生涯是受企业文化影响的。一个独裁的企业显然比一个主张员工参与管理的企业能为员工提供的发展机会要少,同时渴望发展、追求进步的员工也很难在论资排辈的企业中受到重用。

(2) 管理制度

员工的职业发展,归根结底要依靠管理制度来保障,包括合理的培训制度、晋升制度、绩效管理制度、薪酬管理制度等。企业价值观、企业经营理念等也只有渗透到制度中,通过规范的管理,才能得到切实的贯彻执行。没有制度或者制度不完善,员工的职业发展就很难得以实现。

(3) 领导者素质和价值观

一个企业的文化和管理风格与其领导者的素质和价值观有直接的关系,企业经营理念往往也就是企业家的经营哲学,如果企业的领导不重视员工的职业发展,这个企业员工的职业发展目标也就难以实现。

三、制订职业生涯规划

成功的职业生涯规划,除了进行自我评估与机会分析之外,还要明确制订职业生涯规划的目标、原则以及策略。

(一) 员工职业生涯规划的目标

职业发展必须要有明确的方向与目标,目标的选择是职业发展的关键所在。目标的选择是以自己的最佳才能、最优性格、最大兴趣、最有利的环境等条件为依据的。

在确定目标的过程中需要注意以下几方面的问题:

①目标要符合社会与组织的需要,有需要才有市场,有需要才有位置。

②目标要适合自身的特点,并使其建立在自身的优势之上。

③目标要高远但要切合实际,目标理论告诉我们设置目标要有其难度,但难度不宜过大,通俗地说就是"跳一跳才能摘到桃子"的道理。

④目标的幅度不宜过宽,最好选择窄一点的领域,并把全部精力都投放到其中,这样更容易获取成功。

⑤要注意长期目标与短期目标相结合,长期目标指明自己要走的道路,短期目标是实现长期目标的保障,长短结合才更有利于职业生涯目标的实现。

⑥目标要明确具体,同一阶段的目标不要过多,同时目标越简明、越具体,就越容易实现,越能促进个人的发展。

⑦要注意职业目标与家庭目标以及个人生活与健康目标的协调,家庭和健康是事业成功的基础和保障。

(二)员工职业生涯规划的原则

1. 实事求是原则

准确的自我认识和自我评价是制订个人职业计划的前提。对自己要有四方面清醒的认识:①价值取向、自我确定的整个人生之路和生活方式;②本人知识、技能水平及工作适应性;③个人特质,主要是素质、性格、爱好、兴趣和专长等;④自己事业中最渴望的是什么?最有价值的追求是什么?准确的自我认识和评估是制订个人职业计划的基础。

2. 切实可行原则

一方面,个人的职业目标或职业需求,一定要同自己的能力、个人特质及工作适应性相符合,这样职业计划实现方有可能。另一方面,个人职业目标和获取职业成功之路,要考虑到周围客观环境和条件的允许。

3. 个人目标与组织目标一致原则

员工是要借助于在企业中工作而实现自身职业需求的,其职业计划在为组织目标而奋斗过程中得以实现。离开组织目标,便没有个人的职业进步,甚至难以在组织中立足。所以,个人职业计划制订伊始,就必须与组织目标相协调,保持一致。为此,员工在制订计划时,应积极主动地与组织沟通,获得组织的指导与帮助。

4. 修正原则

员工的职业生涯经历进入组织、职业早期、职业中期和职业后期等不同阶段。员工应当根据不同阶段的职业任务和个人职业特征,制订不同时期或阶段的个人职业目标、需求及其实现途径。计划一经制订,并非一劳永逸,尚需依据客观实际情况及其变化,不断予以调整、修改和完善,使之可行,且行之有效。

(三)员工职业生涯规划的策略

确定职业生涯目标之后,要实现职业生涯目标还必须有相应的职业生涯策略做保证。职业生涯策略指为争取职业生涯目标的实现所采取的各种行动和措施。如:为达到工作目标,你计划采取哪些措施提高效率,在业务素质方面,你计划采取哪些措施提高综合业务能力,在潜能开发方面,你计划采取措施等。这些都要有具体的计划和措施。参加公司的教育、培训与轮岗、构建自己的人际关系网、参加业余时间的课程学习、掌握额外的技能与知识、利用网络为自己"充电"等,这些都是职业目标实现的具体策略,只有选择了适当的策略,才能保证事半功倍地实现自己的预期目标。

四、规划的实施和修正

事物都是处在运动变化中的,由于自身及外部环境条件的变化,职业生涯规划也要随着时间的推移而变化。在制订职业生涯规划时,由于对自身及外界环境都不完全了解,最初确定的职业生涯目标往往都是比较模糊的,有时甚至是错误的,经过一段时间的工作以后,有意识地回顾自己的言行得失,可以检验自己的职业定位与职业方向是否合适。在实施职业生涯规划的过程中自觉地总结经验和教训,评估职业生涯规划,员工可以修正对自我的认知,通过反馈与修正,纠正最终职业目标与分阶段职业目标的偏差,保证职业生涯规划行之有效。同时,通过评估与修正还可以极大地增强个人实现职业目标的信心。其修正的内容主要包括:职业的重新选择、生涯路线的选择、生涯目标的修正、实施策略计划的变更等。

【应用举例6.2】

职业生涯规划表

个人因素分析结果	优势:勤奋肯学,年轻有动力,对前途充满信心,容易接受新理念,可塑性强,敢于竞争 不足:知识、经验、阅历尚浅 机会:尚有时间在工作生活中改造自己,完善自己			
环境因素分析结果	××公司处在新发展时期、新老交替、创新发展的关键阶段,需要新鲜血液,注重青年人才			
职业选择	成为一名优秀的、确实有贡献的企业管理者			
职业生涯路线选择	积极工作——做出成就——积累成功 1.扎实做好基础研究工作,提升自身理论水平和工作能力 2.成为一个科研项目负责人,在工作中取得成就,提升自身信心,同时练好内功,培养自己的组织管理能力,完善个人素质能力 3.在组织有需要时,能顺利转型为管理岗位,利用成长中积累的经验,在新的岗位也能做出应有的贡献			
职业生涯目标	短期目标	胜任本职工作,具备参与重大科研项目的能力	完成时间	2012 年
	中期目标	成为科研团队的负责人,做出成绩	完成时间	2015 年
	长期目标	成为有能力的管理者	完成时间	2020 年
完成短期目标计划与措施	在实际工作当中,用心学习,熟练掌握工作技能,在工作的同时努力提高自己的理论水平。通过单位的员工培训提高自己的各方面素质			
完成中期目标计划与措施	继续提高自己的理论水平。有针对性地多听专家授课、高校进修、科研机构培训,并参与多个项目训练,这段时间在提升科学素养的同时学习人力资源、组织管理方面的知识,具备带领团队的能力			
完成长期目标计划与措施	在研究工作取得成绩的同时,要不断地进行人力资源、组织战略方面的培训,强化个人能力。成为既有科研素养又有企管能力的多面手,成为具备管理能力的人			

第四节　组织对员工职业生涯的管理

一、组织对员工职业生涯管理的原则

（一）利益整合原则

利益整合是指员工利益与组织利益的整合。这种整合不是牺牲员工的利益，而是处理好员工个人发展和组织发展的关系，寻找个人发展与组织发展的结合点。每个个体都是在一定的组织环境与社会环境中学习发展的，因此，个体必须认可组织的目的和价值观，并把他的价值观、知识和努力集中于组织的需要和机会上。

（二）公平公开原则

在职业生涯规划方面，企业在提供有关职业发展的各种信息、教育培训机会、任职机会时，都应当公开其条件标准，保持高的透明度。这是组织成员的人格受到尊重的体现，是维护管理人员整体积极性的保证。

（三）协作进行原则

协作进行原则，即职业生涯规划的各项活动，都要由组织与员工双方共同制定、共同实施、共同参与完成。职业生涯规划本是好事，应当有利于组织与员工双方。但如果缺乏沟通，就可能造成双方的不理解、不配合以至造成风险，因此必须在职业生涯开发管理战略开始前和进行中，建立相互信任的上下级关系。建立互信关系的最有效方法就是始终共同参与、共同制定、共同实施职业生涯规划。

（四）动态目标原则

一般来说，组织是变动的，组织的职位是动态的，因此，组织对于员工的职业生涯规划也应当是动态的。在"未来职位"的供给方面，组织除了要用自身的良好成长加以保证外，还要注重员工在成长中所能开拓和创造的岗位。

（五）时间梯度原则

由于人生具有发展阶段和职业生涯周期发展的任务，职业生涯规划与管理的内容就必须分解为若干个阶段，并划分到不同的时间段内完成。每一时间阶段又有"起点"和"终点"，即"开始执行"和"完成目标"两个时间坐标。如果没有明确的时间规定，会使职业生涯规划陷于空谈和失败。

（六）发展创新原则

发挥员工的"创造性"这一点，在确定职业生涯目标时就应得到体现。职业生涯规划和管理工作，并不是指制定一套规章程序，让员工循规蹈矩、按部就班地完成，而是要让员工发挥自

己的能力和潜能,达到自我实现、创造组织效益的目的。还应当看到,一个人职业生涯的成功,不仅仅是职务上的提升,还包括工作内容的转换或增加、责任范围的扩大、创造性的增强等内在质量的变化。

(七)全程推动原则

在实施职业生涯规划的各个环节上,对员工进行全过程的观察、设计、实施和调整,以保证职业生涯规划与管理活动的持续性,使其效果得到保证。

(八)全面评价原则

为了对员工的职业生涯发展状况和组织的职业生涯规划与管理工作状况有正确的了解,要由组织、员工个人、上级管理者、家庭成员以及社会有关方面对职业生涯进行全面评价。在评价中,要特别注意下级对上级的评价。

二、组织对员工职业生涯管理的流程

组织对员工职业生涯的管理一般经过四个步骤来完成。

(一)对员工进行分析与定位

这一阶段组织应帮助员工进行比较准确地自我评价,同时还必须对员工所处的相关环境进行深层次分析,并根据员工自身的特点设计相应的职业发展方向和目标。这一阶段的主要任务是开展员工个人评估、组织对员工进行评估和环境分析三项工作。

(二)帮助员工制定职业生涯规划

组织应开展必要的职业指导培训,通过对员工的分析与组织岗位的分析,为员工选择适合的职业岗位。生涯路线选择的重点是组织通过对生涯路线选择要素进行分析,帮助员工确定生涯路线并画出职业生涯路线图。需要注意的是,组织帮助员工设立的职业生涯目标可以是多层次、多阶段的,这样既可以使员工保持开放灵活的心态,又可以保持员工的相对稳定性,提高其工作效率。同时组织应通过多种方式向员工传递有关职业发展的信息,以此向员工提供职业选择和职业发展的机会。

(三)职业生涯规划的具体实施

根据员工职业生涯规划,相关负责部门在规定范围内组织实施。同时,将个人职业生涯规划与企业内部聘任制度相结合,为员工职业生涯规划的健康发展提供环境支持。同时帮助员工对制订的职业生涯计划进行分解,分解为长期计划、年度计划、半年计划,确认每一项计划的内容、实施的时间、达到的目标,并结合自身的情况,按照设计的职业生涯计划,利用企业为职工提供的现有条件,通过开展工作、参与培训等措施提升技能,落实计划,实现目标。

(四)职业生涯规划的评估与修正

组织通过对员工职业生涯规划的评估与修正,架设组织发展战略与员工职业目标之间的桥梁,是实现组织职业规划目标的重要手段。组织在了解员工的自我评价与职业目标之类的信息之后,就可以据此结合组织的发展战略来全盘规划与调整其人力资源。例如,当组织未来的人力资源需求与某些员工的职业目标和个人条件大体一致时,组织就可以事先安排这些员工接触这些工作并使之熟悉起来,也可以根据本来职位的要求有的放矢地安排有关人员进行相关的培训,以便做好承担此项工作的任职准备。

三、组织对员工职业生涯管理的意义

组织对于员工进行职业生涯管理,无论在员工本人,还是组织本身,都具有十分重大的意义,它是同时满足员工与组织双方需要的最佳方式。

（一）员工方面

第一,职业生涯管理可以增强员工对职业环境的把握能力和对职业困难的控制能力。职业生涯开发与管理及其所开展的职业生涯规划等方面的工作,不仅可以使员工个人了解自身的长处和短处,养成对环境和工作目标进行分析的习惯,又可以使员工合理计划、安排时间和精力开展学习和培养,以完成工作任务,提高职业技能。这些活动的开展都有利于强化员工的环境把握能力和困难控制能力。

第二,职业生涯管理可以帮助员工协调好职业生活与家庭生活的关系,更好地实现人生目标。良好的职业规划和职业生涯开发与管理工作可以帮助员工从更高的角度看待职业生活中的各种问题和选择,将各分离的事件结合在一起,相互联系起来,共同服务于职业目标,使职业生活更加充实和富有成效。同时,职业生涯管理能帮助员工综合考虑职业生活同个人追求、家庭目标等其他生活目标的平衡,避免顾此失彼、左右为难。

第三,职业生涯管理可以使员工实现自我价值的不断提升和超越。员工寻求职业的最初目的可能仅仅是找一份可以养家糊口的差事,进而追求的可能是财富、地位和名望。职业规划和职业生涯开发与管理对职业目标的多次提炼可以逐步使员工工作目的超越财富和地位,追求更高层次自我价值实现的成就感和满足感。因此,职业生涯开发与管理可以发掘出促使人们努力工作的最本质的动力,升华成功的意义。

（二）组织方面

第一,职业生涯管理可以帮助组织了解员工的现状、需求、能力及目标,调和它们同存在于企业现实和未来的职业机会与挑战间的矛盾。职业生涯开发与管理的主要任务就是帮助组织和员工了解职业方面的需要和变化,帮助员工克服困难,提高技能,实现企业和员工的发展目标。

第二,职业生涯管理可以更加合理与有效地利用人力资源。合理的组织结构、组织目标和激励机制都有利于人力资源的开发利用。同薪水、奖金、待遇、地位和荣誉的单纯激励相比,切实针对员工深层次职业需求的职业生涯开发与管理具有更有效的激励作用,同时能进一步开

发人力资源的职业价值。而且,职业生涯开发与管理由于针对组织和员工的特点"量身定做",同一般奖惩激励措施相比具有较强的独特性和排他性。

第三,职业生涯管理可以为员工提供平等的就业机会,对促进企业持续发展具有重要意义。职业生涯开发与管理考虑了员工不同的特点和需求,并据此设计不同的职业发展途径和道路,以利于不同类型员工在职业生活中扬长避短。在职业生涯管理中年龄、学历、性别的差异,不被歧视,而是不同的发展方向和途径,这就为员工在组织中提供了更为平等的就业和发展机会。因此,职业生涯开发与管理的深入实施,有利于组织人力资源水平的稳定和提高。尽管员工可以流动,但通过开展职业生涯开发与管理工作可以使全体人员的技能水平、创造性、主动性和积极性保持稳定,甚至提升,这对于促进组织的持续发展具有至关重要的作用。

本章小结

本章较为系统地介绍了有关员工职业生涯管理方面的理论知识。

首先,在本章的第一部分,对职业生涯管理进行概述,对职业的概念、职业生涯的概念,以及职业生涯的性质、周期等问题进行了说明,同时较为深入地阐述职业生涯管理的内涵。

其次,在本章的第二部分,介绍了有关职业生涯管理的相关理论基础。着重介绍了霍兰德的个性与职业匹配理论、萨柏的职业生涯阶段理论、金斯伯格的职业生涯阶段理论、格林豪斯的职业生涯发展理论、施恩的职业生涯发展理论以及职业生涯发展的"三三三"论,又对职业锚理论做了较为详尽的介绍。这些都是深刻理解职业生涯管理这一知识内容的理论基础。

再次,本章的第三部分,主要从员工个人的角度,对职业生涯规划进行了说明,包含四部分内容:自我评估、职业生涯的机会分析、制订职业生涯规划、规划的实施和修正。

最后,从组织的角度来介绍职业生涯管理,侧重于组织对员工开展职业生涯管理所需要遵循的原则、开展的流程以及重大意义。

引例分析

在章首引导案例中我们了解了网络运维部借调到省公司工作的小张在面对未来工作选择时所遇到的问题,针对这一情况,我们建议电信企业通过以下四项措施开展职业生涯管理,为电信企业的年轻员工营造良好的职业发展环境。

一、建立公司职业计划体系

企业的职业发展计划是员工个人生涯计划的基础。以企业为中心的职业计划注重职务本身,它侧重铺设使员工可以在企业各种职务之间循序渐进地发展自己的各种路径,区别于员工个人的职业生涯计划。以个人为中心的职业生涯计划侧重于个人的职业生涯,员工个人的目标和技能成为分析的焦点,企业的职业生涯计划侧重明确未来企业对人员的需要。

制订企业职业发展计划的一般步骤为:①确认未来企业的人员需要;②安排职业阶梯;③评估公司员工潜能及培训需要,使员工能力与企业需要相匹配;④在严密检查的基础上为企业建立一个职业计划体系。

像小张这样的年轻技术人员大学毕业几年,在公司已经积累一定工作经验,却同其他新来的员工一样没有职务方面的差别,当不上官,借调后省公司人际关系不熟悉,自身会有挫折感。因此,电信企业应针对员工已形成在企业内部发展只有"当官"才能实现自身价值的预期,重新设计企业的职业阶梯。

电信企业当前处在从技术驱动到市场驱动转型的过程中,高级的技术人才与业务人才都关乎企业发展命运,因此应分离技术、业务和管理职能,在"管理晋升线"的基础上增加"技术晋升线"和"业务晋升线",设置专业技术岗位尤其是高级技术、业务岗位,满足企业发展分工细化的趋势,为专业人才创造足够的晋升发展空间。

这样小张也可以进一步明确自己是否要成为公司的网络技术专家或者业务专家,而不是盯着刘经理的主管位置遥遥无期地等待继任。

二、营造公平竞争的人才流动环境

电信企业近年来针对业务的发展和外部环境发生的变化,都不同程度地进行了机构改革及流程方面的调整。公司在组织结构扩张与变动的过程中产生了大量新增岗位、调整岗位与空缺岗位。

营造公平竞争的人才流动环境,制定公平竞争的人才选拔机制,通过在企业内部公开招聘、竞争上岗的方式来选择补充人员,能够为同小张一样有志于在新岗位上发展的员工拥有平等参与竞争的机会,得到公正的评价,在竞争中了解自己,完善自己,成为优秀人才脱颖而出。

三、与员工共同制订个人职业发展目标

在完成企业职业计划体系与人才竞争选拔机制后,公司应该着手收集员工方面的信息,包括目标对象的能力、兴趣、潜能等,帮助员工了解认识自我,确认其个人的能力与兴趣所在。电信企业的人力资源部门可以聘请外部咨询公司的相关专家,也可以直接引进一些实用的测评量表与工具进行内部分析。一般来说,前一种方式更加专业,后一种方式更利于人力资源专员贴近员工,并开展后期的职业辅导工作。

根据员工目前表现出的兴趣潜能,结合现有工作状况,评估与员工在企业内、外可供选择的职业路径,结合个人随着职业和生命阶段的变化在职业锚和目标方面的变化,在人力资源部专员等相关人员的辅导下,员工将逐步明确个人的长短期生活目标和工作目标,并得到实现职业生涯目标的策略性建议。

四、直接主管应关心员工职业志向与兴趣

电信企业的主管人员大多都像赵总和刘经理那样是技术出身,他们的管理风格是重技术、轻管理,重视工作成果,忽视员工感受。

我们必须看到,当前电信企业员工队伍的主体是充满新思想的新一代年轻人,他们是在知识经济时代背景下接受教育、参加工作,作为管理者的经理人员面对的不再是一群只求票子、房子、车子的员工,而是追求实现个人价值的现代人。作为员工的直接主管,像赵总和刘经理这样的领导应转变观念,从技术专家走向职业的管理者,承担起作为员工职业发展辅导者的角色,关心员工的职业志向与兴趣,并接受下属对自己管理工作的考核。

【案例演练】

<h3 style="text-align:center">阿莫可公司的职业管理系统</h3>

阿莫可公司(Amoco)是设在芝加哥的一家石油公司。公司经理知道保持职业通道完全畅通的重要性,因此,他们关心才能通道就如同关心石油通道一样。当公司在战略、结构和技术上发生了变化时,阿莫可公司的员工可以迅速地调整以适应新技能的需要。为了确保成功,还需要仔细地对个人才能和企业需要之间的矛盾进行有效平衡。

H.劳伦斯主席的"Larry"漂洗工计划使公司获得重生,其中一部分内容是,它将一个工作小组集中在一起,共同设计职业管理系统。这个工作小组包括高层经理人员(得到了人力资源部门的大力支持);另外,工作小组的每一个成员要对他将与之合作的员工进行一次人员"咨询会"。通过职业管理系统的设计,500多个来自阿莫可公司各个阶层的员工形成了一种合伙关系。

阿莫可的职业管理系统(Amoco's Career Management system,ACM)经历了两年半的时间才形成。它有四个关键的组成部分:①教育;②评估;③发展;④结果。教育是由每一个企业的高层管理者通过召开动员大会而发起的,并要求所有员工出席。接着,就是一个称之为"开发ACM"的半天自愿教育计划。ACM的第二个组成部分是评估,它是通过培训会议完成的。在这个会议上,要分析员工与公司目标有关的技能。员工可以在两个评估小组之间进行选择:一个主要集中在当前的技能上,另一个称为最大化职业选择,主要集中在未来的职业计划和工作丰富上。在这两个工作小组中,管理者和员工一起工作,共同识别与他们职业目标相关的优势和劣势。

发展是ACM的第三个组成部分。在员工和他们的管理者之间要进行职业讨论。员工要将完成的个人发展计划带到会议上来,同时管理者也要带来一个表述清晰的团队发展计划。用这种方法可以使员工和管理者共同为职业发展做出贡献。

最后,ACM要将能够测量的企业结果有机地联系在一起。由于ACM的目标是将员工的能力和组织的目标结合在一起,所以要根据对小组和组织所做出贡献的大小对其结果进行测量。

阿莫可公司不断从ACM系统中获得有用的知识。经理们认为,以下几点对ACM的实施是非常关键的:

(1)为了获得来自高层管理者的支持,职业发展必须依靠于企业的战略。

(2)必须允许个人改造计划,而不是试图强制实行一个"适合于人人"的方法。

(3)至少应该将沟通看得与设计和完善一样重要。

(4)职业管理必须同其他人力资源的实际操作联系在一起,如招聘和培训,以形成强化组织和个人目标的协同作用。

(5) 这个系统的最终目标——让人们思考如何使自己能够一直保持长期突出的状态,而不仅仅只是短期得到提升。

围绕着职业管理的公司文化已通过 ACM 得到了增强。阿莫可公司的员工正在担负起他们的职业责任来,并且公司有了这样一个通道,使得人们可以将正确的能力在正确的时间上用在正确的岗位上。

(资料来源:周文霞.职业生涯管理[M].上海:复旦大学出版社,2005.)

思考题:
1. 你如何评价阿莫可公司的职业管理系统?
2. 如果需要作进一步的改进,你可以提供什么样的建议?为什么?

练 习 题

一、单项选择题

1. 职业的主体是( )。
   A. 组织   B. 个人   C. 企业   D. 社会
2. 经过长期的职业活动,一般能够使人的素质状况有较大的提高,并在某一领域得心应手地处理工作,这一阶段属于( )。
   A. 职业选择期   B. 职业适应期   C. 职业稳定期   D. 职业衰退期
3. 一个人的个性、价值观对个人职业生涯的影响,属于影响职业生涯的( )。
   A. 个人因素   B. 组织因素   C. 偶然因素   D. 社会因素
4. 个性与职业匹配理论是由( )提出的。
   A. 库克   B. 霍兰德   C. 麦格雷戈   D. 温勒
5. 追求权力、权威和物质财富,具有领导才能的人,从人格特征的角度看,属于( )。
   A. 实际型   B. 艺术型   C. 社会型   D. 企业型
6. 员工制订个人职业生涯规划时,首要进行的步骤是( )。
   A. 自我评估   B. 机会分析   C. 制订规划   D. 修正规划
7. 职业生涯的机会分析中,属于内在因素的是( )。
   A. 职业性向   B. 社会环境   C. 社交环境   D. 企业文化
8. 关于制订职业生涯规划目标,以下表述错误的是( )。
   A. 目标要适合自身的特点,并使其建立在自身的优势之上
   B. 目标要高远但要切合实际
   C. 目标要明确具体,目标越简明、越具体,就越容易实现
   D. 目标设置之后不能改变,要持之以恒
9. 组织对员工进行职业生涯管理时,制定和实施的关键是( )。
   A. 员工个人对自己的分析和评估

B. 组织对员工个人能力和潜力的评估

C. 企业及时提供信息,提供公平竞争的机会

D. 企业提供相应的咨询服务

10. 组织的职业生涯规划和个人的职业生涯规划相比说法不正确的是( )。

A. 组织的职业生涯规划可以使组织更加合理与有效地利用人力资源

B. 组织的职业生涯规划对促进该组织持续发展具有重要意义

C. 组织的职业生涯规划与个人的职业生涯规划发生冲突时,要以组织利益为重,个人服从组织

D. 个人的职业生涯规划可以使员工实现自我价值的不断提升和超越

二、多项选择题

1. 职业生涯的机会分析中,影响职业生涯的因素有( )。

   A. 职业性向　　　B. 个人能力　　　C. 环境因素

   D. 组织因素　　　E. 偶然因素

2. 职业生涯规划的重要性是( )。

   A. 帮助你最终能实现自己的美好理想

   B. 帮助你扬长避短地发展自己

   C. 帮助你目标明确地发展自己

   D. 帮助你不用太努力就可发展自己

3. 职业生涯具有哪些性质( )。

   A. 独特性　　　B. 发展性　　　C. 阶段性

   D. 终生性　　　E. 整合性

4. 员工制订职业生涯规划需要遵循哪些原则( )。

   A. 实事求是原则　　　B. 切实可行原则　　　C. 公平公开原则

   D. 个人目标与组织目标一致原则　　　E. 修正原则

5. 企业对员工进行职业生涯规划所采取的措施有( )。

   A. 提高员工对企业规划的认识

   B. 帮助员工制订各自的职业生涯规划

   C. 鼓励员工参加职业开发活动

   D. 根据企业实际情况,尽可能多地招聘人才

   E. 在企业财务条件允许的情况下,提高员工工资

三、判断题

1. 只要有报酬有收入的劳动就是职业。( )

2. 在人生道路上,人们通过职业活动改善物质条件,实现自我价值,得到社会对自己的认同。( )

3. 职业生涯规划有明确的方向和可操作性,要求目标要明确,阶段要清晰,至于措施则不必要太具体。(   )
4. 一个人的兴趣可以培养,但性格是不能改变的。(   )
5. 俗话说,五年计划看前三年。因此,你的三年计划,要比五年计划更具体、更详细。(   )

四、简答题
1. 什么是职业?如何理解这一概念?
2. 什么是职业生涯?对于组织和个人而言,它包含哪些含义?
3. 什么是职业锚?它与职业性向有什么区别?
4. 员工制订职业生涯规划时需要遵循哪些原则?

五、论述题
1. 结合本人的实际情况,论述你在制订职业生涯规划时对你有影响的因素。
2. 结合所学谈谈组织对员工进行职业生涯管理的意义。

第七章
Chapter 7

绩效管理

【引导案例】

A公司,成立于五十年代初。经过近五十年的努力,在业内已具有较高的知名度并获得了较大的发展。目前公司有员工一千人左右。总公司本身没有业务部门,只设一些职能部门;总公司下设有若干子公司,分别从事不同的业务。在同行业内的国有企业中,该公司无论在对管理的重视程度上还是在业绩上,都是比较不错的。由于国家政策的变化,该公司面临着众多小企业的挑战。为此,公司从前几年开始,一方面参加全国百家现代企业制度试点;另一方面着手从管理上进行突破。

绩效考核工作是公司重点投入的一项工作。公司的高层领导非常重视,人事部具体负责绩效考核制度的制定和实施。人事部在原有的考核制度基础上制定了《中层干部考核办法》。在每年年底正式进行考核之前,人事部又出台当年的具体考核方案,以使考核达到可操作化的程度。

A公司的做法通常是由公司的高层领导与相关的职能部门人员组成考核小组。考核的方式和程序通常包括被考核者填写述职报告、在自己单位内召开全体职工大会进行述职、民意测评(范围涵盖全体职工)、向科级干部甚至全体职工征求意见(访谈)、考核小组进行汇总写出评价意见并征求主管副总的意见后报公司总经理。

考核的内容主要包含三个方面:被考核单位的经营管理情况,包括该单位的财务情况、经营情况、管理目标的实现等方面;被考核者的德、能、勤、绩及管理工作情况;下一步工作打算,重点努力的方向。具体的考核细目侧重于经营指标的完成、政治思想品德,对于能力的定义则比较抽象。各业务部门(子公司)在年初与总公司对于自己部门的任务指标都进行了讨价还价的过程。

对中层干部的考核完成后，公司领导在年终总结会上进行说明，并将具体情况反馈给个人。尽管考核的方案中明确说明考核与人事的升迁、工资的升降等方面挂钩，但最后的结果总是不了了之，没有任何下文。

对于一般的员工的考核则由各部门的领导掌握。子公司的领导对于下属业务人员的考核通常是从经营指标的完成情况（该公司中所有子公司的业务员均有经营指标的任务）来进行的；对于非业务人员的考核，无论是总公司还是子公司均由各部门的领导自由进行。通常的做法，都是到了年度要分奖金了，部门领导才会对自己的下属做一个笼统的排序。

这种考核方法，使得员工的卷入程度较高，颇有点儿声势浩大、轰轰烈烈的感觉。公司在第一年进行操作时，获得了比较大的成功。由于被征求了意见，一般员工觉得受到了重视，感到非常满意。领导则觉得该方案得到了大多数人的支持，也觉得满意。但是，被考核者觉得自己的部门与其他部门相比，由于历史条件和现实条件不同，年初所定的指标不同，觉得相互之间无法平衡，心里还是不服。考核者尽管需访谈三百人次左右，忙得团团转，但由于大权在握，体会到考核者的权威，还是乐此不疲。

进行到第二年时，大家已经丧失了第一次时的热情。第三年、第四年进行考核时，员工考虑前两年考核的结果出来后，业绩差或好的领导并没有任何区别，自己还得在他手下干活，领导来找他谈话，他也只能敷衍了事。被考核者认为年年都是那套考核方式，没有新意，失去积极性，只不过是领导布置的事情，不得不应付。

（资料来源：http://www.examda.com/hr/anli/.）

上述"引导案例"给出了 A 公司的绩效考核的一些方法，但实施效果不是很好，存在一定的误区，那么该公司绩效考核存在哪些问题？企业该如何进行有效的绩效考核呢？解决这些问题所涉及的理论知识和技能正是本章要讲述的内容。

【本章主要内容】
①绩效、绩效考核、绩效管理的含义；
②绩效考核与绩效管理的区别与联系；
③绩效管理的基本流程；
④绩效考核的主体、程序和标准；
⑤绩效考核的传统方法和新方法。

第一节 绩效管理概述

绩效管理在人力资源管理中居于核心地位，是人力资源管理的重要内容，更是组织强有力的管理手段之一。绩效管理的思想和方法正在被世界范围内众多的公司所采用，也被越来越多的中国企业家所重视。

一、绩效

由于绩效管理是基于绩效来进行的,因此我们首先要对绩效有所了解。企业要对绩效进行管理,因为无论从组织的角度,还是从管理者或者员工的角度,绩效管理都可以帮助我们解决很多从前难以解决的问题,并能给企业和员工带来诸多的好处。

(一)绩效的含义

"绩效"一词从管理学的角度看,绩即成绩,效即效果。绩效是个体或群体工作表现、直接成绩和最终贡献的统一体。即绩效包括两方面的含义:一方面是指员工个体或群体的工作结果,也就是员工个体或群体所完成工作或履行职务的结果;另一方面则是指影响员工个体或群体工作结果的行为、表现及素质。

绩效主要包括组织绩效、团队绩效和员工绩效。组织绩效是团队绩效的总和,团队绩效是员工绩效的总和,组织内员工绩效起决定性作用,因此,我们研究的主要是员工绩效。

所谓员工绩效,就是指员工在工作过程中所表现出来的与组织目标相关的并且能够被评价的工作业绩、工作能力和工作态度。

我们从以下几个方面来理解员工绩效的定义:

第一,绩效是基于工作而产生的,与员工的工作过程直接联系在一起,工作之外的行为和结果不属于绩效的范围。

第二,绩效要与组织的目标有关,对组织的目标应当有直接的影响作用,例如员工的心情就不属于绩效,因为它与组织的目标没有直接的关系。由于组织的目标最终都会体现在各个职位上,因此与组织目标有关就直接表现为与职位的职责和目标有关。

第三,绩效应当是能够被评价的工作行为和工作结果,那些不能被评价的行为和结果也不属于绩效。

第四,绩效还应当是表现出来的工作行为和工作结果,没有表现出来的就不是绩效。这一点和招聘录用时的选拔评价是有区别的,选拔评价的重点是可能性,也就是说要评价员工是否能够做出绩效;而绩效考核的重点则是现实性,就是说要评价员工是否做出了绩效。

(二)绩效的特点

1. 多因性

绩效的好坏不是由单一的因素决定的,而是受许多主、客观因素的影响,主要包括与工作相关的知识、员工自身所具备的能力、员工在工作过程中所受的激励、工作设备、工作场所等。因此,作为管理者一方面要用科学的方法提高员工的技能水平和调动他们的积极性;另一方面要尽可能为员工创造一个良好的环境,并在制定政策时尽可能做到公平。

2. 多维性

多维性就是指员工的绩效往往是体现在多个方面的,工作结果和工作行为都属于绩效的范围。例如一名操作工人的绩效,除了生产产品的数量、质量外,原材料的消耗、出勤情况、与同事的合作以及纪律的遵守等都是绩效的表现。因此,从多个维度进行绩效考核,才能作出全面的、恰如其分的评价。

3. 动态性

动态性就是指员工的绩效并不是固定不变的,在主客观条件发生变化的情况下,绩效是会发生变动的。从时间上说,员工的绩效会由于员工的能力、激励状态以及环境因素的变化而处于动态的变化之中,原来差的可能改进好转,原来好的也可能退步变差。这种动态性就决定了绩效的时限性,绩效往往是针对某一特定的时期而言的。因此,对于员工的绩效要用发展的眼光来考察,以激发员工的积极性为着眼点。

(三)影响绩效的因素

1. 组织因素

组织因素包括企业在计划、决策、组织、指挥、协调、控制、激励、检查、监督等诸多方面的能力,对员工工作效率都具有很大的影响。

一个企业、一个组织都是要完成一定的工作目标的。一个企业的目标要完成必须被分解到各个业务单位及每个职位。由此可见,组织的整体目标实现是要靠员工的绩效来支持的。组织可以有效了解目标的达成情况,可以发现阻碍目标达成的原因,可以为人员的调配和培训发展提供有效信息,它是组织需要的一项活动。如果企业的计划做得不好,不符合企业的发展方向,领导者的决策失误,组织的结构设计不合理,管理者的指挥、协调、激励工作做得不到位,控制工作出现偏差,那么整个组织的绩效是不可能提高的,所以,组织因素是影响整个绩效的关键因素。

2. 工作因素

工作因素包括任务本身的因素、工作方法因素、工作环境因素等。

(1)任务本身的因素

工作任务本身对员工的绩效也有影响。任务的目标是否明确,完成任务的事前准备工作是否充分,任务是否被很急切地要求完成,该任务是否从前做过等,这些都会影响员工的实际工作绩效。提高员工的工作绩效就必须做到明确任务的目的;为完成任务做好充分的事前准备;尽量提供一段充足的时间完成任务等。

(2)工作方法因素

工作方法指员工完成任务时采用的方式和办法,具体包括工作工具的使用、工作流程的设计、工作协调等。工作工具的使用直接影响员工完成任务的速度和质量;工作流程是否流畅决定了员工工作的逻辑性和条理性;各工序之间的协调关系影响工作的有序性,这些都与员工绩效的最终实现密切相关。为了提高员工的工作绩效水平,组织有必要采用最为有效的工作方法。组织要为员工提供所需的工作工具,设计流畅的工作流程,进行最优的工作协调,从而让员工产生尽可能高的工作绩效。

(3) 工作环境因素

工作环境指员工进行工作的范围空间。通常包括：工作场所的物资条件、设备配备、原材料的供应等。工作环境虽然只是影响员工工作绩效的外部因素，但起着不可忽视的作用。工作场所有较好的物质条件，员工才能专心工作，减轻疲劳；优良的设备才能保证员工工作成果的质量；而原材料供应的是否充足更直接决定员工能否继续工作，"巧妇难为无米之炊"。工作环境是员工绩效实现的物质前提。组织要提高员工的工作绩效，就必需改善员工的工作环境，给员工的工作场所提供较优的物质条件，配备优良的设备，保证原材料的充分供应。

3. 个人因素

员工个人因素包括员工自身的能力因素、性格因素、态度因素等。

(1) 能力因素

一般来说，在其他因素不变的情况下，员工的能力越高，工作绩效越显著，员工能力与员工绩效成正比。

(2) 性格因素

性格本身无好坏之分，但那些包含积极的、主动的、令人奋发向上的思想和行为的性格无疑将有助于员工绩效的提高。比如勤奋、自信等性格特征可以促进员工能力的增长，从而帮助员工实现更好的工作绩效等；而相反的性格特征会降低员工的工作绩效。

(3) 态度因素

员工的工作态度直接或间接地影响着员工的绩效。员工抱有主动积极的态度，其学习和工作效率就会明显的提高，人们能和睦相处，有较高的凝聚力。员工自我态度的改善，可以起到员工自我保护的效应，还可以起到调动员工自觉性、积极性和创造性的作用。为了实现更好的员工工作绩效，组织可以利用让员工积极参加活动、唤起员工忧患意识、选择正确宣传方式、逐步提出要求、团体规定的办法改进员工对工作的态度，最终提高员工绩效。

二、绩效考核

绩效考核是企业绩效管理的重要内容，更是企业管理强有力的手段之一。

(一) 绩效考核的含义

绩效考核是现代组织不可或缺的管理工具。它是一种周期性检验与考核员工工作表现的管理系统，是主管或相关人员对员工的工作做系统的评价。绩效考核的目的是通过考核提高每个个体的效率，最终实现企业的目标。

(二) 影响绩效考核有效性的因素

1. 绩效考核定位模糊

所谓绩效考核的定位问题，其实质就是通过绩效考核要解决什么问题，绩效考核工作的管理目标是什么。在现实中，许多企业绩效考核的问题主要表现在绩效管理体系中考核定位模糊、缺乏明确的目的或对考核目的定位过于狭窄，或者为了考核而考核，使考核流于形式，这样势必造成员工对考核的抵触。

2. 绩效指标缺乏科学性

在实践中，很多企业都在追求指标体系的全面和完整，不同专业的管理线独立管理着一套指标，可谓是做到了面面俱到。然而，对如何使考核的标准，如尽可能地量化、具有可操作性、与绩效考核相结合等却考虑不周。总之，作为绩效考核应该抓住关键业绩指标，建立科学的绩效考核指标体系，将员工的行为引向组织的目标方向。

3. 绩效考核的主观性

健全的人事考评制度就是通过对员工过去一段时间内工作的评价，判断其潜在发展能力，并作为对员工奖惩的依据。但在实践中，考核的正确性往往受人为因素影响而产生偏差。人事管理制度中的种种缺陷大都来自考核的主观性与片面性，其结果势必影响绩效考核的可信度与有效度。

4. 绩效考核缺乏沟通与反馈机制

绩效考核被当作"机密"和人事考评的不公开性，加重了职工对考核的不安心理和对人事部门的不信任感，降低了考核对职工指导教育的作用。在许多企业中员工对绩效考核制度缺少了解，缺乏必要的沟通与反馈机制，导致绩效考核工作效率低下。

三、绩效管理

（一）绩效管理的内涵

绩效管理是指制定员工的绩效目标并收集与绩效有关的信息，定期对员工的绩效目标完成情况做出评价和反馈，以改善员工工作绩效并最终提高企业整体绩效的制度化过程。其主要是依据主管与员工之间达成的协议来实施的一种动态的沟通过程。该协议对员工的工作职责、工作绩效的衡量、双方的协作和障碍的排除等问题做出了明确的要求和规定。

（二）绩效管理的目的

绩效管理的根本目的是为了改善员工的工作绩效并最终提高企业的整体绩效。具体来说，其目的主要包括以下三点：

1. 战略目的

绩效管理是将员工的努力与组织的目标联系在一起，通过提高员工的个人绩效来提高企业的整体绩效，从而实现组织的战略目标。绩效管理对于组织的持续发展战略具有重要意义。绩效管理的系统已成为战略管理控制系统中不可缺少的管理工具和手段，绩效管理是实现组织战略目标、培养核心竞争力的重要途径。

2. 管理目的

绩效管理可以为组织管理、人力资源管理提供重要的信息和依据。组织在多项管理决策中都要使用绩效管理信息,特别是绩效考核的信息。绩效考核的结果是组织进行薪酬决策、晋升决策、奖惩决策、录用决策等人力资源决策时的重要依据。对员工的行为和绩效进行考核,以便适时给予相应的奖励以激励员工,其评价的结果是人力资源管理其他活动实施的重要依据。

3. 培养开发目的

绩效管理为企业人力资源管理的培养与开发等提供了必要的依据。对于员工个人而言,绩效管理的最终结果可以作为员工培训开发、职业规划的基础。持续建立绩效档案,可以了解员工长期的绩效表现,因而可以有针对性的开发培训计划,提高员工绩效能力,并且作为员工职业发展、任职资格评定过程中选拔、轮岗、晋升的参考依据。同时,在绩效管理中,一定要保证对员工绩效过程的跟踪,而不仅仅关注结果,只有全面了解员工绩效过程的表现情况,才能准确考核员工的职业发展趋势。

(三)绩效管理的内容

绩效管理是一个完整的系统,绩效管理的过程通常被看做是一个循环。这个循环的周期通常分为四个步骤,即绩效计划、绩效辅导、绩效考核与绩效反馈,如图7.1所示绩效管理系统示意图。

图7.1　绩效管理系统示意图

1. 绩效计划

绩效计划是绩效管理体系的第一个关键环节,也是实施绩效管理系统的主要平台和关键手段,通过它可以在公司内建立起一种科学合理的管理机制,可以将股东的利益和员工的个人利益有机地结合在一起。

2. 绩效辅导

制定绩效计划后,管理者要根据员工的工作表现情况与员工进行绩效辅导。绩效辅导环节是绩效的实施与管理部分,需要管理者进行动态、持续的绩效辅导与沟通。

3. 绩效考核

在绩效周期结束的时候,依据预先制定好的计划,主管人员对下属的绩效目标完成情况进行评价。评价的依据就是在绩效期间开始时双方达成一致意见的关键绩效指标。

4. 绩效反馈

绩效反馈是绩效诊断阶段,在绩效周期结束时,上级和员工之间进行绩效考核面谈,由上级将考核结果告诉员工,指出员工在工作中存在的不足,并和员工一起制定绩效改进的计划。

经过上面的四个环节,就经历了一个完整的绩效管理循环过程。

(四)绩效管理与人力资源管理其他职能的关系

作为人力资源管理系统的核心,绩效管理与人力资源管理的其他职能活动之间存在着密切的关系,如图7.2所示。

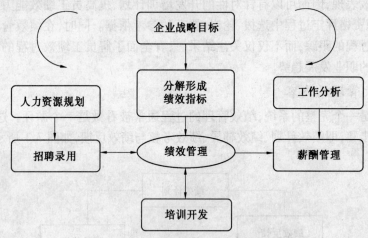

图7.2 绩效管理与其他人力资源管理的关系

组织的健康发展依靠正确的战略,而企业发展的战略目标是依赖人力资源管理来实施的。战略的落实,组织需要招聘到合适的人,把他们安排到合适的岗位上去,并按照他们的工作表现来分配报酬,激励他们更有效地工作。在这一整体的人力资源管理过程中,绩效管理就承担着具体的落实任务。绩效管理将组织的战略目标分解到各个业务单元,并分解到每个岗位,而岗位职责最终是由员工来实现的。因此,绩效管理处于人力资源管理系统的核心位置。

具体来说,绩效管理与人力资源管理其他职能的关系主要包括以下五方面:

1. 与工作分析的关系

在绩效管理中,对员工进行绩效考核的主要依据就是事先设定的绩效目标,而绩效目标的内容在很大程度上都来自通过工作分析所形成的工作说明书。借助工作说明书来设定员工的绩效目标,可以使绩效管理工作更有针对性。

2. 与人力资源规划的关系

绩效管理对人力资源规划的影响主要表现在人力资源质量的预测方面,借助于绩效管理系统,能够对员工目前的知识和技能水平做出准确的评价,这不仅可以为人力资源供给质量的预测,而且还可以为人力资源需求质量的预测提供有效的信息。

3. 与招聘录用的关系

绩效管理与招聘录用的关系是一种双向的，首先，通过对员工的绩效进行评价，能够对不同招聘渠道的质量做出比较，从而可以实现对招聘渠道的优化；其次，招聘录用也会对绩效管理产生影响，如果招聘录用的质量比较高，员工在实际工作中就会表现出良好的绩效，这样就可以大大减轻绩效管理的负担。

4. 与培训开发的关系

绩效管理与培训开发也是相互影响的，通过对员工的绩效做出评价，可以发现培训的"压力点"，在对"压力点"做出分析之后就可以确定培训的需求；同时，培训开发是改进员工绩效的一个重要手段，有助于实现绩效管理的目标。

5. 与薪酬管理的关系

绩效管理与薪酬管理的关系是最为直接的，按照赫茨伯格的双因素理论，如果将员工的薪酬与他们的绩效挂钩，使薪酬成为工作绩效的一种反映，就可以将薪酬从保健因素转变为激励因素，可以使薪酬发挥更大的激励作用。此外，按照公平理论的解释，支付给员工的薪酬应当具有公平性，这样才可以更好地调动他们的积极性，为此就要对员工的绩效做出准确的评价，一方面使他们的付出能够得到相应的回报，实现薪酬的自我公平；另一方面，也使绩效不同的员工得到不同的报酬，实现薪酬的内部公平。

四、绩效考核与绩效管理的区别和联系

对于绩效管理，人们往往把它等同于绩效考核，认为绩效管理就是绩效考核，两者并没有什么区别。其实，绩效考核只是绩效管理的一个组成部分，最多只是一个核心的组成部分，代表不了绩效管理的全部内容，它们之间是既有区别又有联系的。

（一）绩效考核与绩效管理的区别

①绩效管理是一个完整的系统，绩效考核只是这个系统中的一个组成部分，一个环节。

②绩效管理是一个过程，注重过程的管理，而绩效考核是一个阶段性的总结。

③绩效管理具有前瞻性，能帮助企业和管理者前瞻性地看待问题，有效规划企业和员工的未来发展，而绩效考核则是回顾过去的一个阶段的成果，不具备前瞻性。

④绩效管理有着完善的计划、监督和控制的手段和方法，而绩效考核只是考核的一个手段。

⑤绩效管理注重能力的培养，而绩效考核则只注重成绩的大小。

⑥绩效管理帮助经理与员工建立绩效合作伙伴关系，使经理和员工站到一起，而单纯的绩效考核则使经理与员工站到了对立的两面，距离越来越远，制造紧张的气氛和关系。

（二）绩效考核与绩效管理的联系

绩效考核是绩效管理不可或缺的组成部分，它为企业绩效管理的改革提供了很有价值的

资料。这不但能使企业提高绩效管理水平，真正帮助管理者改善管理水平，而且能帮助员工提高绩效能力，使企业获得预期的绩效。此外，在那些具有较好的绩效管理基础的组织中，绩效考核经常是根据绩效管理过程中设置的绩效目标和标准进行的，在这些组织中，绩效管理中的目标设定过程和绩效考核标准的设定已融合为一个过程。

第二节　绩效管理的基本流程

完整的绩效管理是一个循环的流程，包括绩效计划、绩效辅导、绩效考核和绩效反馈四个环节。而目前许多企业实行绩效管理时，人们过多地将注意力集中在绩效考核上，想方设法地希望设计出公正、合理的考核方式，并希望依据考核结果做出一些决策。其实，这是众多企业对绩效管理认识的片面性造成的。绩效考核是否能够得到预期的期望取决于许多前提条件，企业只看到了绩效考核，而忽视针对绩效管理全过程的把握，会导致人力资源管理中严重的不良后果，最终使考核流于形式。因此，企业管理者要对绩效管理的基本流程进行全面把握。

一、绩效计划

绩效计划是绩效管理流程的第一个关键步骤，是一个确定组织对员工的绩效期望并得到员工认可的过程，也是实施绩效管理系统的主要平台和关键手段，通过它可以在公司内建立起一种科学合理的管理机制，能有机地将股东的利益和员工的个人利益整合在一起，其价值已经被国内外众多公司所认同和接受。

（一）绩效计划的含义

绩效计划是指被考核者和考核者双方对员工应该实现的工作绩效进行沟通的过程，并将沟通的结果落实为订立正式书面协议即绩效计划和考核表，它是双方在明晰责、权、利的基础上签订的一个内部协议。绩效计划的设计从公司最高层开始，将绩效目标层层分解到各级子公司及部门，最终落实到个人。

（二）绩效目标的确定

绩效目标是指给考核者和被考核者提供所需要的评价标准，以便客观地讨论、监督、衡量绩效。因为员工的绩效目标是绩效计划的核心，是有效绩效管理的基础。

1. 绩效目标的组成

绩效目标由绩效内容和绩效标准组成。

（1）绩效内容

绩效内容界定了员工的工作任务，也就是说员工在绩效考核期间应当做什么样的事情，它包括绩效项目和绩效指标两个部分。

①绩效项目是指绩效的维度,即要从哪些方面来对员工的绩效进行考核。

②绩效指标则是指绩效项目的具体内容,它可以理解为是对绩效项目的分解和细化。绩效指标的确定,有助于保证绩效考核的客观性。

(2)绩效标准

绩效标准是指与其相对应的每项目标任务应达到的绩效要求。绩效标准明确了员工的工作要求,员工应当怎样来做或者做到什么样的程度。绩效标准的确定,有助于保证绩效考核的公正性。

2. 绩效目标制定原则

Yintl(鹰腾咨询)"管理上市"系列丛书之《绩效·剑》指出,企业制订绩效目标应遵从 SMART 原则。

(1)S:目标是具体的(Specific),即明确做什么,达到什么结果。

(2)M:目标是可衡量的(Measurable),绩效目标最好能用数据或事实来表示,如果太抽象而无法衡量,就无法对目标进行控制。

(3)A:目标是可达到的(Attainable),绩效目标是在部门或员工个人的控制范围内,而且是通过部门或个人的努力可以达成。

(4)R:目标是与公司和部门目标高度相关的(Relevant),体现出目标从上到下的传递性。

(5)T:目标是以时间为基础的(Time-based),在一定的时间限制内。

以上是衡量目标的 SMART 原则,符合上述原则的目标就是一个有效的目标;否则,绩效目标不明确,就会因不同的解释而造成误导,使考核工作的效果大打折扣。

(三)绩效计划的制订过程

1. 绩效计划的准备

绩效计划通常是通过管理人员与员工双向沟通的绩效计划会议得到的,那么为了使绩效计划会议取得预期的效果,事先必须准备好相应的信息。这些信息主要可分为三种类型:

(1)关于企业的信息

为了使员工的绩效计划能够与企业的目标结合在一起,管理人员与员工将在绩效计划会议中就企业的战略目标、公司的年度经营计划进行沟通,并确保双方对此没有任何歧义。因此,在进行绩效计划会议之前,管理人员和员工都需要重新回顾企业的目标,保证在绩效计划会议之前双方都已经熟悉了企业的目标。

(2)关于部门的信息

每个部门的目标是根据企业的整体目标逐渐分解而来的。不但经营的指标可以分解到生产、销售等业务部门,而且对于财务、人力资源部等业务支持性部门,其工作目标也与整个企业的经营目标紧密相连。

(3) 关于个人的信息

关于被考核者个人的信息中主要有两方面的信息，一是工作描述的信息；二是上一个绩效期间的考核结果。工作描述需要不断修订，在设定绩效计划之前，对工作描述进行回顾，重新思考职位存在的目的，并根据变化的环境调整工作描述。

2. 绩效计划的沟通

绩效计划是双向沟通的过程，绩效计划的沟通阶段也是整个绩效计划的核心阶段，在这个阶段，管理人员与员工必须经过充分的交流，对员工在本次绩效期间内的工作目标和计划达成共识。管理人员和员工都应该确定一个专门的时间用于绩效计划的沟通，并且要保证在沟通时最好不要有其他事情打扰。在沟通时气氛要尽可能宽松，不要给人太大的压力，把焦点集中在开会的原因和应该取得的结果上。

3. 绩效计划的审定和确认

在制定绩效计划的过程中，对计划的审定和确认是最后一个步骤，在这个过程中要注意以下两点：

第一，在绩效计划过程结束时，管理人员和员工应该能以同样的答案回答几个问题，以确认双方是否达成了共识。这些问题包括：员工在本绩效期内的工作职责、所要完成的工作目标以及各自的权重如何？员工的工作绩效好坏对整个企业或特定的部门有什么影响？员工在完成工作时可以拥有哪些权力？会遇到哪些困难和障碍？管理人员会为员工提供哪些支持和帮助？员工在绩效期内会得到哪些培训？在绩效期间内，管理人员将如何与员工进行沟通？

第二，当绩效计划结束时，应达到以下结果：员工的工作目标与企业的总体目标紧密相连，并且员工清楚地知道自己的工作目标与企业的整体目标之间的关系；员工的工作职责和描述已经按照现有的企业环境进行了修改，可以反映本绩效期内主要的工作内容；管理人员和员工对员工的主要工作任务、各项工作任务的重要程度、完成任务的标准、员工在完成任务过程中享有的权限都已经达成了共识；管理人员和员工都十分清楚在完成工作目标的过程中可能遇到的困难和障碍，并且明确管理人员所能提供的支持和帮助；形成了一个经过双方协商讨论的文档，该文档中包括员工的工作目标、实现工作目标的主要工作结果、衡量工作结果的指标和标准、各项工作所占的权重，并且管理人员和员工双方要在该文档上签字确认。

【应用举例 7.1】

美的销售人员的绩效计划书

创业于 1968 年的美的集团，是一家以家电业为主，涉足物流等领域的大型综合性现代化集团企业，旗下拥有三家上市公司、四大产业集团，是中国最具规模的白色家电生产基地和出口基地之一。目前美的集团员工 20 万人，旗下拥有美的、小天鹅、威灵、华凌等十余个品牌。下表是美的某分公司针对销售人员的情况制定的绩效计划书。

目标执行人			所属部门		职务		
目标内容	权重	达成标准	绩效目标		目标来源	完成时间
			最高目标	最低目标		
市场份额占有率	20%	在保持原有的市场份额的基础上,开发潜在的市场份额	通过多渠道销售方法,使市场占有率达到60%	使市场占有率达到40%以上	销售部	一年
销售额	40%	提高企业的利润收入。年销售额同比上年增长50%	在12月30日之前完成100万的年销售额	实现销售额的持续增长。销售额比去年增长20%	销售部	一年
收回应收款项	5%	及时收回应收账款,减少坏账、死账,提高回款率	尽可能实现交易付款同一时间段进行	保持在80%的回款率,对未收回的款项定期跟踪	财务部	一年
销售费用控制	10%	对为促进销售所支出的费用进行预算控制、调节。销售费用率=产品销售费用/产品销售收入	对比各种销售渠道,选择最经济有效的渠道把产品销售出去	尽可能选择相对集中的地区进行销售,以减少费用	财务部	一年
顾客满意度	25%	及时处理好顾客的投诉,并不断提高服务水平	将顾客投诉率保持在2%以内	顾客满意程度比上个月有所提高	销售部	一年
目标设定日期		员工签字			直接上司签字		
目标设定日期		部门经理确认			总经理确认		

(资料来源:http://www.midea.com.cn/zh/app/home/index.htm.)

二、绩效辅导

制定绩效计划以后,员工就开始按照计划开展工作。在工作过程中,管理者要对员工的工作进行指导和监督,及时解决所发现的问题,并根据实际情况及时对绩效计划进行调整,这就是绩效辅导工作。绩效辅导阶段在整个绩效管理过程中处于中间环节,也是绩效管理循环中耗时最长、最关键的一个环节,是体现管理者和员工共同完成绩效目标的环节,这个过程的好坏直接影响绩效管理的成败。

(一)绩效辅导的含义

所谓绩效辅导是指管理者与员工讨论有关工作进展情况、潜在的障碍和问题、解决问题的办法措施、员工取得的成绩以及存在的问题、管理者如何帮助员工等信息的过程。它贯穿于整个的管理过程,不是仅仅在开始,也不是仅仅在结束,而是贯穿于绩效管理的始终。

（二）绩效辅导的目的和作用

绩效辅导的根本目的就在于对员工实施绩效计划的过程进行有效的管理。

绩效辅导的作用在于能够前瞻性地发现问题，并在问题出现之前解决；能把管理者与员工紧密联系在一起，管理者与员工经常就存在和可能存在的问题进行讨论，共同解决问题，排除障碍，达到共同进步和共同提高，实现高绩效的目的；绩效辅导还有利于建立管理者与员工良好的工作关系。

（三）绩效沟通

绩效沟通是绩效辅导工作的主要内容，绩效辅导就是通过管理者与员工的绩效沟通来实现的，因此，无论是从员工的角度还是从部门经理的角度都需要在绩效辅导的过程中进行持续不断的沟通，因为每个人都需要从中获得对自己有帮助的信息。

1. 绩效沟通的目的

在这个阶段，沟通的目的主要有两个：一是员工汇报工作进展或就工作中遇到的障碍向主管求助，寻求帮助和解决办法；二是主管人员对员工的工作目标和工作计划之间出现的偏差进行及时纠正。

2. 绩效沟通的方式

有效的沟通不仅仅在于沟通的技巧，还在于沟通的形式。在绩效管理中采用的正式的沟通方式一般有书面报告、会议沟通和一对一面谈沟通等。每种沟通方式都有其优点和缺点，都依其当时的情景而定。

（1）书面报告

书面报告是绩效管理中比较常见的一种正式沟通的方式，是员工使用文字和图表的形式向部门经理报告工作进展情况、遇到的问题、所需支持以及计划的变更、问题分析等。由于书面报告不需要主管和员工面对面或将人员集中起来，因此不会对主管和员工的工作时间安排造成很大困难，尤其当员工和经理不在同一地点时，定期报告制度是非常有效的沟通方式。但是由于书面报告一般仅仅是信息从员工到经理的单向流动，缺乏管理双方双向的交流，很容易使沟通流于形式。作为书面报告的补充，尤其当出现了复杂的或难以解决的问题时，管理者和员工的直接面谈或电话沟通等其他的非正式沟通方式也很必要。

（2）会议沟通

会议沟通可以提供更加直接的沟通形式，而且可以满足团队交流的需要。此外会议沟通的好处还表现在部门经理可以借助开会的机会向全体下属传递有关企业战略目标和组织文化的信息。在会议沟通中需要把握以下几个原则：注意会议的频率和主题，针对不同的员工召开不同的会议；运用沟通的技巧形成开放式的沟通氛围，不要开成批判会、训话会、一言堂、拌嘴会；合理安排时间，以不影响正常的工作为宜；在会上讨论一些共同的问题，不针对个人；鼓励员工自己组织有关的会议，邀请部门经理列席会议，最后还要做好会议记录。

（3）一对一面谈沟通

一对一面谈沟通是绩效辅导中比较常用的一种沟通方式。面谈的方式可以使部门经理和员工进行比较深入的沟通；面谈的信息可以保持在两个人的范围内，可以谈论比较不易公开的观点；通过面谈，会给员工一种受到尊重和重视的感觉，比较容易建立部门经理与员工之间的融洽关系；部门经理在面谈中可以根据与员工的处境和特点，因人制宜的给予帮助。

3. 绩效沟通的注意事项

在实施绩效辅导的过程中进行面谈沟通，应该注意力图通过面谈使得员工了解组织的目标和方向；多让员工谈自己的想法和做法；及时纠正无效的行为和想法；让员工认识到部门经理的角色。因此我们提倡走动式管理、开放式办公、工作间歇的沟通、非正式会议等方式来提高员工的绩效。

三、绩效考核

在绩效期结束的时候，根据事先制定的绩效计划，对员工的绩效目标实际完成情况进行评价，这就是绩效考核阶段的主要工作。

绩效考核的依据是：在绩效计划阶段由管理者和员工共同制订的关键绩效指标和在绩效辅导期间所收集的能够说明被考核者绩效表现的事实和数据。绩效考核阶段的工作可根据具体情况和实际需要进行月考核、季考核、半年考核和年度考核。绩效考核的具体内容将在本章第三节详细介绍，这里就不再赘述。

四、绩效反馈

绩效考核信息反馈阶段是绩效管理流程中不可或缺的部分。绩效考核结束后，管理者需要与员工进行一次甚至多次面对面的交谈。通过绩效反馈面谈，使员工了解管理者对自己的期望，了解自己的绩效，认识自己有待改进之处；而且员工也可以提出自己在完成绩效目标中遇到的困难，请求上级的指导或帮助。在员工和管理者对绩效考核结果和改进点达成一致后，管理者和员工需要确定下一个绩效管理周期的绩效目标和改进点，从而开始新一轮的绩效管理周期。

（一）绩效反馈面谈的内容

绩效反馈面谈的内容应围绕员工上一个绩效周期的工作开展，一般包括四个方面的内容：

1. 谈工作业绩

工作业绩的综合完成情况是主管进行绩效反馈面谈时最为重要的内容，在面谈时应将考核结果及时反馈给下属，如果下属对绩效考核的结果有异议，则需要和下属一起回顾上一绩效周期的绩效计划和绩效标准，并详细地向下属介绍绩效考核的理由。通过对绩效结果的反馈，总结绩效达成的经验，找出绩效未能有效达成的原因，为以后更好地完成工作打下基础。

2. 谈行为表现

除了绩效结果以外,主管还应关注下属的行为表现,比如工作态度、工作能力等,对工作态度和工作能力的关注可以帮助下属更好地完善自己,并提高员工的技能,也有助于帮助员工进行职业生涯规划。

3. 谈改进措施

绩效管理的最终目的是改善绩效。在面谈过程中,针对下属未能有效完成的绩效计划,主管应该和下属一起分析绩效不佳的原因,并设法帮助下属提出具体的绩效改进措施。

4. 谈新的目标

绩效反馈面谈作为绩效管理流程中的最后环节,主管应在这个环节中结合上一绩效周期的绩效计划完成情况,并结合下属新的工作任务,和下属一起提出下一绩效周期中新的工作目标和工作标准,这实际上是帮助下属一起制定新的绩效计划。

(二)绩效反馈面谈沟通的步骤

绩效反馈面谈是现代绩效管理工作中非常重要的环节,其主要步骤如下:

1. 绩效反馈面谈前的准备

(1)面谈者应做的准备

①确定好面谈时间。选择双方都有空闲的时间,尽量不要安排在刚上班或下班,确定后要征询一下员工的意见,并要提前三天通知员工。

②选择好面谈场所。尽量选择不受干扰的场所,要远离电话及其他人员,避免面谈中途被打断。场所一般不宜在开放的办公区进行,最好是小型会议室或接待室。

③准备好面谈资料。准备好员工评价表、员工的日常表现记录、员工的定期工作总结、岗位说明书、薪金变化情况等,整理出员工本阶段的最大优点和急需改进的不足,这样面谈时才有针对性。

④拟定好面谈程序。计划好如何开始、如何结束,面谈过程中先谈什么、后谈什么,以及各阶段的时间分配。

(2)员工应该做的准备

①填写自我评价表。员工要客观地做好自我评价,这样能够便于与主管考核结果达成一致,有利于面谈的顺利进行以及个人发展目标的切实制定。

②准备好个人的发展计划。面谈时提出个人发展计划,有利于主管有针对性地进行下期工作的安排,达到双向统一。

③准备好向主管人员提出的问题。这一过程是员工改变主管对员工评价和下期绩效计划的关键时刻;安排好自己的工作,避免因进行面谈而影响正常的工作。

2. 绩效反馈面谈的实施

(1)创造良好的面谈氛围

面谈开始用两分钟做铺垫以赞扬和鼓励的话题打开局面,这样可以提高彼此之间的信任度,营造出一种轻松、热情、愉快而友好的面谈氛围。

(2)控制好面谈过程及时间

面谈的实施者要明确面谈的目的和作用,进行绩效考核结果沟通,肯定员工的优点,指出员工的不足,制定改进计划,结束绩效反馈面谈。无论面谈结果如何,在面谈结束时主管都要调整好员工的心情,使员工以积极的态度结束面谈。

(3)掌握好面谈原则

建立并维护彼此之间信任的原则;注意全身心地倾听,鼓励员工多说多谈的原则;避免对立和冲突的原则;放眼于未来而非过去的原则;集中在绩效方面而非其他特征的原则。

(4)运用好面谈技巧

要坦诚相见,把考核结果展示在员工面前,不要遮掩;允许员工提反对及不同意见,要认真对待;将面谈过程升华为激励员工,提高员工认知自己及增进改进动力的过程;面谈时不要因为自己是管理者而怕承认错误、承担责任。

成功的面谈可以为绩效管理划上一个完美的句号,达到绩效管理的目的,对实现组织目标起到积极的推进作用。企业应加强各级管理者对人力资源相关管理知识的进一步学习,从思想上、行动上将员工和管理者放在平等的地位进行面谈沟通,使绩效反馈面谈发挥真正的意义,起到应有的作用。

3. 绩效反馈面谈效果评价

绩效反馈面谈结束后必须对面谈效果加以评价,作为绩效改进和今后面谈改进的依据。在绩效反馈面谈结束后,主管可以根据对以下问题的回答来检测面谈的效果:

①面谈过程中是否有人打扰?
②面谈中我的下属是否比较紧张?
③面谈过程中,我是否经常打断下属的谈话?
④我是否真正地在倾听下属阐述自己的意见?
⑤在评价下属的绩效表现时,我是否使用了极端化的字眼?
⑥如果进行下一次绩效反馈面谈,我的方式是否有需要改变的地方?
⑦当我对下属的观点不满时,我是否理智地克服了自己的情绪?
⑧此次面谈,我是否达到了自己的目的?
⑨当我和下属对某些绩效结果有异议时,我是否有充分的理由或者证据说服他?
⑩此次面谈,我是否为下属改善绩效提供了指导性建议?
⑪此次面谈,我的下属是否充分发表了自己的建议?
⑫面谈结束时,我的下属是否对未来充满信心?
⑬我对此次面谈过程是否感到满意?
⑭通过此次面谈,我是否和下属增加了彼此间的了解和认识?

在进行自我检测时,如果①~⑥问题回答"是",⑦~⑭问题回答"否",主管就需要结合具体的问题进行反思。

(三)绩效反馈面谈的结果——绩效改进计划

绩效改进计划是绩效反馈的结果,是根据员工绩效考核结果,通过面谈交流,寻找员工有待发展和提高的方面之后,制定的一定时期内有关员工工作绩效和工作能力改进和提高的系统计划。

1. 绩效改进计划的内容

绩效改进计划通常包括以下几方面的内容:

(1)有待发展的项目

通常是指在工作的能力、方法、习惯等有待提高的方面。这些有待发展的项目可能是现在水平不足的项目,也可能是现在水平尚可但工作有更高要求的项目。在员工绩效改进计划中应选择那些最为迫切需要改进且易改进的项目。

(2)发展这些项目的原因

选择某些有待发展的项目列入员工绩效改进计划中一定是有原因的,这种原因通常是由于在这方面的水平比较低,而工作任务完成或员工未来发展又需要其在这方面表现出较高的水平。

(3)目前的水平和期望达到的水平

绩效的改进计划应该有明确清晰的目标,因此在制订员工绩效改进计划时要指出需要提高项目的目前表现水平是怎样的,期望达到的水平又是怎样的。

(4)发展这些项目的方式

将某种有待发展的项目从目前水平提高到期望水平有多种方式,如自我学习、理论培训、研讨会、他人帮助改进等。对一个项目进行发展可以采用一种方式,也可多种方式同时实施。

(5)设定达到目标的期限

任何目标的确定都必须有时限的要求,否则这一目标就没有实际意义。同样在员工绩效改进计划中,要确定经过多长时间才能将有待发展项目的绩效从目前水平提升到期望水平。

2. 绩效改进计划的步骤

绩效改进计划的过程大致可以分为以下几个步骤:

①分析员工的绩效考核结果,找出员工绩效中存在的问题。

②针对存在的问题,制定合理的绩效改进计划,并确保其能够有效的实施。

③在下一阶段的绩效辅导过程中,落实和实施已经制定的绩效改进计划,尽可能为员工的绩效改进提供知识、技能等方面的帮助。

3. 制定绩效改进计划和实施中要注意的问题

①绩效改进计划一定要有实际操作性,要有"行动步骤"。其制定的原则也要符合"SMART"原则,做到具体、可衡量、可达到、相关联和有时限。

②绩效改进方案可以与计划目标制定相结合,也可以独立制定,目的都是为了员工的绩效

提高。

③绩效改进方案的形式可以多样,但关键是要控制过程,给员工以指导。绩效改进能否成功,关键就在于是否能控制改进的过程。只有各级主管在过程中给予员工指导和帮助,修正改进方案,才能保证绩效改进的效果。

总之,一个完整而有效的绩效管理系统应该将员工目标和组织目标紧密结合起来,并为组织对员工的管理决策提供有效的信息,同时向员工提供准确适用的绩效反馈以实现员工和组织的可持续发展。

第三节 绩效考核的组织与实施

企业在绩效管理过程中,最重要的环节就是绩效考核工作,绩效考核工作组织与实施情况的好坏直接影响着绩效管理的好坏。

一、绩效考核的组织

绩效考核的目的是用来发现员工工作过程中存在的问题和不足,通过对这些问题和不足的改进来改善员工的工作绩效,而对员工工作情况最为了解的正是员工所在部门的管理者,因此绩效考核的组织工作是企业所有管理者的责任,只是大家的分工不同,在某种程度上甚至可以说绩效考核组织工作水平的高低反映了企业管理水平的高低。

(一)绩效考核的组织者

绩效考核的组织者绝不是企业高层管理者个人的工作,其包括企业各方面的人员:

1. 人力资源部

人力资源部是企业绩效管理系统的设计者和组织实施者,是绩效考核的宣传者和培训者。

2. 部门管理者

部门管理者需要根据部门特色和职能特色,将企业的考核制度进行进一步细化,以便适应该部门员工的绩效考核。

3. 各级管理者

各级管理者主要是绩效考核工作的组织者和实施者,包括计划、交流、观察、评价、沟通,保证绩效考核工作能够顺利有效地实施。

绩效考核的组织者需要做到以下几个方面的工作:筹划、组织考核活动,提出组建考核机构的建议;用准确的语言和文字表达考核意图和方法,保证考核工作的有效实施;根据管理权限,能够准确具体地把考核结果反馈给被考核者,并提出改进与发展建议;能够妥善调解、处理考核申诉。

一般情况下,所有参加考核的人员应尽可能具备如下条件:有事业心,勇于奋进;作风正派,办事公道;有主见,善于独立思考。

（二）绩效考核主体

绩效考核主体是组织绩效考核的人,合格的绩效考核者应了解被考核者职位的性质、工作内容、要求以及绩效考核标准,熟悉被考核者的工作表现,最好有近距离观察其工作的机会,同时要公正客观。

绩效考核主体可分为主管考核、同事考核、下属考核、自我考核、外部专家考核,如图7.4所示。

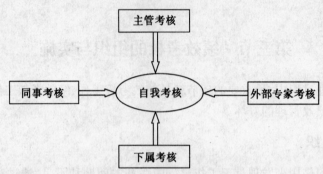

图7.4　绩效考核主体的关系图

1. 主管考核

主管考核的优点是对工作性质、员工的工作表现比较熟悉,考核可与加薪、奖惩相结合,有机会与下属更好地沟通,了解其想法,发现其潜力。但也存在一定缺点,由于上司掌握着切实的奖惩权,考核时下属往往心理负担较重,不能保证考核的公正客观,可能会挫伤下属的积极性。

2. 同事考核

同事考核的优点是对被考核者了解全面、真实。但由于彼此之间比较熟悉和了解,受人情关系影响,可能会使考核结果偏离实际情况。最适用的情况是在项目小组中,同事的参与考核对揭露问题和鞭策后进起着积极作用。

3. 下属考核

下属考核可以帮助上司发展领导管理才能,也能达到权力制衡的目的,使上司受到有效监督。但下属考核上司有可能片面、不客观;由下级进行绩效考核也可能使上司在工作中缩手缩脚,影响其工作的正常开展。

4. 自我考核

自我考核是最轻松的考核方式,不会使员工感到很大压力,能增强员工的参与意识,而且自我考核结果较具建设性,会使工作绩效得到改善。缺点是自我考核倾向于高估自己的绩效,因此只适用于协助员工自我改善绩效,在其他方面(如加薪、晋升等)不足以作为评判标准。

5. 外部专家考核

外部专家考核的优点是有绩效考评方面的技术和经验,理论修养高,不认识被考评者,较易做到公正客观。缺点是外部专家可能对公司的业务不熟悉,因此,必须有内部人员协助;此外,聘请外部专家的成本较高。

二、绩效考核的实施

为了实现绩效考核的目的,绩效考核的实施应当贯穿管理者的整个管理过程,在某种意义上,管理者的管理工作其实就是一个绩效考核的过程。绩效考核的实施工作绝不是在绩效周期结束时对员工的绩效做出评价那么简单,而是要体现在管理者的日常工作中,成为一种经常性的工作。

(一)绩效考核实施的原则

有效的绩效考核制度,必须符合如下所述的原则:

1. 公开性原则

绩效考核制度、考核过程、考核结果保持必要的开放性是有效的绩效考核制度的重要标志。它有助于减少员工对管理当局的敌对感,从而增强普通员工对管理体制的信任感和对组织的归属感。一个信息流通不畅的考核体系只会使越来越多的员工将其视为异己的力量而采取敌对的态度,使考核难以达到预期的目的。

2. 及时反馈原则

在现代人力资源管理系统中,缺少反馈的绩效考核必然使得考核行为的目的无法顺利、及时达到,激励机制也就无法顺利地运行起来。因此,绩效考核的结果一定要反馈给被考核者本人,否则就起不到考核的教育作用。在反馈考核结果的同时,应当向被考核者就评语进行解释说明,肯定成绩和进步,说明不足之处,提供今后努力的参考意见等。

3. 准确性原则

考核结果中肯贴切是准确性原则的基本要求。在绩效考核过程中应把工作标准与集体目标联系起来,把工作要素同考核范围联系起来,即准确的考核须以恰如其分的工作要求及标准为前提,这就要求制定考核标准之初首先必须对各类工作本身的特点及相互间的差异进行深入地分析和研究。

4. 一致性原则

由不同的考核人按照同样的考核标准和考核程序来对同一员工的绩效进行考核,其考核结果应该相近,即考核体系和考核程序的设计能有效地避免主观随意性。同时,一致性原则亦要求对相同或相近岗位上的不同员工应运用一致的考核标准,应避免因人而异。

5. 注重实绩原则

要求在对职工做考核结论时,以其工作实绩为根本依据。坚持注重实绩的原则,要把考核的着眼点放在实际贡献上,要着重研究绩效的数量关系和构成绩效的数量因素,还要认真处理好考绩与其他方面尤其是考德方面的关系。

(二)绩效考核的内容

由于绩效考核对象、目的和范围复杂多样,因此绩效考核的内容也比较复杂,主要包括德、能、勤、绩四个方面的内容。

1. 德——德行表现考核

所谓德主要是员工的工作态度和职业道德。现代企业里,员工不再处于跟着机器转的从属地位,不再是机器的支配人,整个企业经营管理都以人为中心,这一点尤其集中体现在企业人才的作用上。企业技术骨干和经营骨干的一个点子,往往能给企业增加极大的效益,而这种点子仅用监督的办法,是难以从人头脑中开发出来的。为此,不仅需要企业有适当的激励办法,而且需要企业员工具有较强的敬业精神和企业责任心,从德的方面考核员工,主要也就是考核这种精神和责任心。

2. 能——能力考核

所谓能主要是员工的专业技能,也包括一般能力。企业考核不同岗位上的员工,有不同的能力要求,一般来说理解能力、操作能力、交往能力、创新能力、组织能力是员工技能考核比较普遍的内容。对于一般员工,比较侧重前两种;对于技术骨干,能是员工发挥作用的基础,与他对企业的贡献直接相关。

3. 勤——态度考核

所谓勤主要是指员工的工作态度,即处理本职工作的方式,例如事业心、出勤率等。企业的工作是在分工协作中进行的,一个员工的工作与其他员工有直接关系,例如流水线上的操作工;即使是比较独立的岗位,例如推销员,不是只看他能否完成推销任务,还要看他是如何工作的,是否尽到了自己的责任。尽职尽责但完不成任务,和能完成任务但不努力,都不是好的状态,说明管理中有问题。合理的情况应该是员工愿意也能够较好地完成任务。勤是联系德、能、绩之间的纽带。

4. 绩——业绩考核

所谓绩,即员工的工作成绩,包括岗位上取得的成绩和岗位之外取得的成绩。岗位成绩与岗位职责有关,是员工成绩的主体。在企业管理中,岗位职责体现为一系列任务标准和操作标准,这种标准是要求每一个员工能达到的,达标成绩是员工的起码成绩。在此之上,根据工作任务和工作规范的执行情况,表现出不同的业绩水平。除了本职工作之外,作为企业的一员,员工还可能为企业做出其他方面的成绩,例如合理化建议,这些成绩也体现着员工对企业的贡献,考核时不能忽视。

除了以上四个方面的考核,还有潜力评价和适应性评价两个方面:潜力评价主要是解决员工到底还能干什么,针对员工在现任职务工作中没有机会发挥出来的能力评价;适应性评价主要解决人与工作关系,性格能力能够胜任工作的要求。

（三）绩效考核中应避免的偏差

绩效考核必须由企业的管理人员来完成,因而不可避免地会受到许多内、外部因素的影响。绩效考核过程中的主观影响因素主要来自两个方面,即考核人和被考核人。考核人对被考核人评价的客观性、公正性往往受到一些心理倾向的影响,而被考核人也可能出现过高或过低评价自己业绩的情况。下面就影响绩效考核客观性、公正性的若干心理问题作较系统的分析,作为绩效考核工作的实施者应该尽量避免出现下面的偏差:

1. 晕轮效应

人们在考察员工的业绩时,过于看重某些特别的或突出的特征,而忽略了被考核人其他方面的表现和品质,因此往往出现个别事实或特征的好坏直接影响最终考核结果的现象,这就是晕轮效应。消除晕轮效应最好的方法是让经理人员同被考核人所在小组或部门的成员以及被考核人本人交流意见,允许他们提出不同意见,并且认真的反省自己主观印象是否有偏颇。

2. 趋中效应

对某些考核人,尤其是那些缺乏经验的不愿意得罪人的考核人来说,简单地给被考核人一个高的评价要使他觉得安稳得多。这样的考核者可能认为,这样一来每个人都不会觉得受到了不公平的对待。然而,考核中的这种"中庸"态度实际上很少能在员工中赢得好感,并且它实际上起着奖懒罚勤的副作用。这种调和的做法对于那些绩效出类拔萃的人们来说,无疑也是不公平的。

3. 近因效应和首因效应

心理学实验证明人们常常有一种不易为人所察觉的倾向,那就是人们比较容易记住最近发生的事情,而较早发生的事则往往淡忘了,这就造成在评价别人的工作时,新近获得的印象对评价结果产生了过分的影响,这就是近因效应。近因效应使得本来是对整个考核期间工作表现的考核实际上仅取决于(或很大程度上)考核期末一小段时间内的表现,结果是考核结果并不能反映整个考核期间内员工的绩效表现。首因效应则主要是指"第一印象"问题,一个人给别人留下的最初印象往往容易形成定势,即使其本人事实上同这个"第一印象"有很大差距也很难在短时间内扭转别人的"偏见"。

4. 暗示效应

暗示是人所具有的一种特殊的生理和心理现象,它可能是有意的,也可能是无意的。在考核过程中,企业领导人或其他人有意无意的暗示,都会使考核人有意无意地受到某种观点的影响,从而远离了客观公正的立场。

5. 定型作用

定型作用是指人们因过去的经验、教育等因素而形成的固定行为模式对人们观察、判断周围环境的能力产生的影响,通俗的说法有"偏见"以及"老顽固"等。偏见的影响是绩效考核中较难克服的毛病之一。多数情况下,经过专门的培训和心理辅导,可以使考核人更关切自身观念中可能导致的不公正结果的个人偏见,从而及时加以纠正。

总之,要避免上述绩效考核中的偏差产生的不良影响,必要的培训和心理辅导固然需要,但考核人自身有积极的反省自问的态度也是至关重要的。

(四)绩效考核的程序

一个完备的绩效考核程序一般包含三个阶段的工作:准备阶段、实施阶段、处理阶段,如图7.5所示。

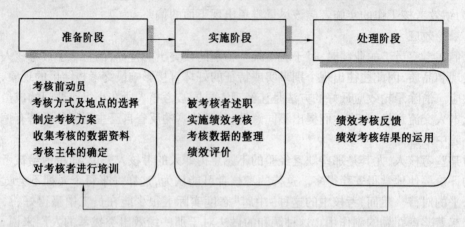

图7.5 绩效考核程序示意图

一般来说,一种绩效考核程序应相对稳定和统一,组织不应随意变动考核程序,也不应对同样的员工采取不同的考核程序,其具体的绩效考核流程如下所述:

1. 绩效考核的准备阶段

考核的准备阶段的工作主要包括以下内容:

(1)考核前动员

在考核中,考核人员都存在着一种心理偏差,这些心理偏差直接影响着考核效果。因此,在考核前应有针对性地宣传动员,向他们宣传考核的科学性、目的和意义、考核方法的合理性及考核的有关纪律和要求。

(2)考核方式及地点的选择

考核方式有集中和分散两种。集中考核就是将考核者集中在某一场所进行考核。分散考核就是在明确考核要求以后,考核者各自分散对照参照标准进行考核。考核时可根据实际情况选择具体的考核方式,有时也可以将两者结合起来使用。

(3)制订考核方案

制定考核方案应注意的一点是,如何使考核方案适合企业的实际情况,不应照抄照搬。如果要参考其他企业的经验和做法,也要找条件和背景与自己比较接近的企业。

(4)收集考核的数据资料

绩效考核是一项长期、复杂的工作,因此对作为考核基础的数据收集工作要求很高。在这方面,许多社会组织的经验是注重长期跟踪、随时收集相关信息,使数据收集工作形成一种制度。收集绩效考核的数据资料主要有三种来源:客观数据、人力资源资料和评判数据。

①客观数据。许多企业和单位都用客观的生产与数据作为员工工作成效的指标。

②人力资源资料。绩效考核的另一种资料来源,是人力资源管理数据和资料。采用比较多的有缺勤率、离职率、事故率和迟到情况等,在这些人力资源管理数据和资料中,缺勤率是工作表现最灵敏的指标之一。

③评判数据。评判数据是绩效考核中运用最广泛的资料。评判数据以管理人员(上级)的评定为主,还包括员工本人的评判、同事的评判以及下属人员的评定等。

(5)考核主体的确定

绩效考核工作究竟由组织中的哪个部门的人员执行,这是进行绩效考核的重要准备工作。企业可以成立以总经理为首的绩效考核委员会,各部门主管领导、分管副总为考核专员,让各部门领导积极参与进来,既树立了考核的权威性,又保证考核的真实性,更能很大程度上规避部门负面情绪、领导抵制情形的出现。

(6)对考核者进行培训

考核者应当对考核方案的设计思想、原则、方式方法、标准等非常熟悉,这需要对所有考核者进行系统地培训。

2. 绩效考核的实施阶段

在确定了考核的主体、地点、方式及获得了资料之后,就可以进行考核的具体实施。绩效考核的实施阶段主要是考核者根据已有的资料和对被考核者情况的了解,对照考核标准对被考核者进行考核。

绩效考核实施阶段的主要工作内容包括以下四点:

(1)被考核者述职

被考核者根据自己在工作中的实际工作情况向考核者进行述职,讲清楚自己在工作中的具体工作表现情况,让考核者初步了解被考核者的具体工作情况。

(2)实施绩效考核

实施绩效考核工作可以由被考核者的领导、同事、下属、外部专家等对被考核者的工作进行全面的考核,记录相关的数据作为考核的依据。全方位、多角度的考核有利于绩效考核工作顺利有效的实施。

(3)考核数据的整理

考核数据的整理就是通过对考核实施所获得的数据进行汇总与分类,利用概率论、数理统计等方法进行加工、整理,以得出考核结果的过程。

(4)绩效评价

绩效评价的任务是根据绩效考核的目的、标准和方法,对所收集的数据进行分析、处理、综合。其具体过程如下:

①划分等级。把每一个评价项目,如出勤、责任心、工作业绩等,按一定的标准划分为不同等级。一般可分为3~5个等级,如优、良、合格、稍差、不合格。

②对单一评价项目的量化。为了能把不同性质的项目综合在一起,就必须对每个考核项目进行量化,给不同等级赋予不同数值,用以反映实际特征。如:优为10分,良为8分,合格为6分,稍差为4分,不合格为2分。

③对同一项目不同评价结果的综合。在有多人参与的情况下,同一项目的评价结果会不相同。为综合这些意见,可采用算术平均法或加权平均法进行综合。仍以五等级为例,3个人对某员工工作能力的考核分别为10分、6分、2分。如采用算术平均法,该员工的工作能力应为6分。若采用加权平均,3人分别为其上司、同事、下属,其考核结果的重要程度不同,可赋予他们不同的权重,如上司定为50%,同事30%,下属20%,则该员工的工作能力为10×50%+6×30%+2×10%=7.2分,界于良与合格之间。

④对不同项目的评价结果的综合。有时为达到某一评价目标要考察多个评价项目,只有把这些不同的评价项目综合在一起,才能得到较全面的客观结论,一般采用加权平均法。当然,具体权重要根据考核目的、被考核人的层次和具体职务来定。

总之,考核进行完毕以后,考核表应由部门主管领导或专职人员回收,并注意为考核者保密,以避免考核者因怕泄漏考核情况而造成心理压力。

3. 绩效考核的处理阶段

绩效考核处理阶段的主要工作包括绩效考核反馈和绩效考核结果的运用两个方面的工作。

(1)绩效考核反馈

绩效考核反馈阶段的工作是将考核的意见反馈给被考核者,一般有两种形式。

①绩效考核意见认可。考核者将书面的考核意见反馈给被考核者,由被考核者予以同意认可,并签名盖章。如果被考核者有不同意见,可以提出异议,并要求上级主管或人力资源部门予以裁定。

②绩效考核面谈。绩效考核面谈则是通过考核者与被考核者之间的谈话,将考核意见反馈给被考核者,征求被考核者的看法。绩效考核面谈记录和绩效考核意见,也需要被考核者签字认可。

(2)绩效考核结果的运用

得出绩效考核结果并不意味着绩效考核工作的结束,在绩效考核过程中获得的大量有用信息可以运用到企业各项管理活动中,主要包括:

①利用向员工反馈评价结果,帮助员工找到问题、明确方向,这对员工改进工作、提高绩效会有促进作用。

②为人事决策,如任用、晋级、加薪、奖励等提供依据。

③检查企业管理各项政策,如人员配置、员工培训等方面是否有失误?还存在哪些问题等。

第四节　绩效管理的考核方法

目前组织采用的绩效考核方法多种多样,彼此差异也很大。总的来说,绩效考核的常见方法有两大类:一类是绩效考核的传统方法,一类是绩效考核的新方法。

一、绩效考核的传统方法

（一）排序法

1. 排序法的含义

排序法是指根据被考核员工的工作绩效进行比较,从而确定每一员工的相对等级或名次,等级或名次可从优至劣或由劣到优排列。比较标准可根据员工绩效的某一方面（如出勤率、事故率、优质品率）确定,一般情况下是根据员工的总体工作绩效进行综合比较。

2. 排序法的分类

排序法可分为简单排序法和交替排序法。

（1）简单排序法（正向排序法）

简单排序法是指管理者把本部门的所有员工从绩效最高者到绩效最低者（或从最好者到最差者）进行排序。

（2）交替排序法（两两排序法）

交替排序法是指管理者对被考核员工的名单进行审查后,从中找出工作绩效最好的员工列为第一名,并将其名字从名单上划去。然后从剩下的名单中找出工作绩效最差的员工排为最后一名,也把其名字从名单中划去。随后,在剩下的员工中管理者再找出一名工作绩效最好的员工将其排为第二名,找出一名最差的员工列为倒数第二名,以此类推,直到将所有的员工排序完。

3. 优点

①设计和使用较容易,成本较低。

②比较容易识别好绩效和差绩效的员工。

③如果按照要素细分进行考核,可以清晰地看到某个员工在某方面的不足,利于绩效面谈和改进。

④能够有效克服评分趋势造成的影响。

4. 缺点

①考核依据不是根据客观标准,无法将考核手段与组织战略相联系,无法通过考核对员工的行为进行明确的引导。

②排序的过程主观性和随意向较强,考核结果往往引起争议。

③可能会造成员工间的恶性竞争。

④容易造成员工较大的心理压力。
5. 排序法的适用范围
排序法适合人数较少的组织或团队，如某个工作小组和项目小组。

（二）配对比较法
1. 配对比较法的含义
配对比较法也称成对比较法、相互比较法，就是将所有要进行考核的职务列在一起，两两配对比较，其价值较高者可得1分，最后将各职务所得分数相加，其中分数最高者即等级最高者，按分数高低顺序将职务进行排列，即可划定职务等级。

2. 配对比较法的步骤
配对比较法使得排序型的工作绩效评价法变得更为有效。其基本作法是：将每一位雇员按照所有的评价要素与所有其他雇员进行比较。在运用配对比较法时首先找出需要评价的所有工作要素，针对每一类工作要素列出一个配对比较表，然后将所有雇员依据某一类要素进行配对比较，并将比较结果列在表中。例如：A和B相互比较，A的绩效好，A就得1分；B的绩效差，B就得0分，以此类推。最后，将每一位雇员得到的评价分数相加，得出最终的序列或成绩。如表7.1所示。

表7.1 配对比较表

比较职务 \ 被比较职务	A	B	C	D	E	F	G	得分合计	等级序列
A		1	1	0	1	1	1	5	2
B	0		0	0	1	0	1	2	5
C	0	1		0	1	1	1	4	3
D	1	1	1		1	1	1	6	1
E	0	0	0	0		0	0	0	7
F	0	1	0	0	1		1	3	4
G	0	0	0	0	1	0		1	6

3. 配对比较法的优点
①能够有效地避免宽大化倾向、中心化倾向和严格化倾向。
②设计和使用容易，成本低。
③当评价结果用于评选最佳员工时是一个十分有效的方法。

4. 配对比较法的缺点
①没有明确的评价指标或没有对评价要素进行明确的尺度规定，无法与组织的战略联系。
②评价对象较多时很麻烦，且相互之间的差异大小不明确。

③评价主要靠评价者的主观判断,主观性强,没有客观凭据。

5. 配对比较法的适用范围

配对比较法适用于工作环境变化小、工作规范性强、个体相对独立、决策权限小的情况使用。

(三)评价尺度法

1. 评价尺度法的含义

评价尺度法也称为图尺度评价法,是最简单和运用最普遍的工作绩效评价技术之一。它列举出一些组织所期望的绩效构成要素(质量、数量或个人特征等),还列举出跨越范围很宽的工作绩效等级(从"不令人满意"到"非常优异"),根据员工的绩效表现打分进行汇总,最终得到员工的工作绩效评价结果的一种方法。

2. 评价尺度法的步骤

在进行工作绩效评价时,首先,在一张图表中列举出一系列绩效评价要素,并为每一要素列出几个备选的工作绩效等级;其次,主管人员从每一要素的备选等级中分别选出最能够反映下属雇员实际工作绩效状况的工作绩效等级,并按照相应的等级确定其各个要素所得的分数;最后,将每一位员工所得到的所有分值进行汇总,即得到其最终的工作绩效评价结果。

3. 评价尺度法的优点

①该方法使用起来较为方便,开发成本小。
②能为每一位雇员提供一种定量化的绩效评价结果。

4. 评价尺度法的缺点

①它不能有效地指导行为,它只能给出考评的结果而无法提供解决问题的方法。
②它不能提供一个良好的机制以提供具体的、非威胁性的反馈。
③这种方法的准确性不高。

5. 评价尺度法的适用范围

评价尺度法应用范围十分广泛,适用于组织中全部或大部分的工作。

(四)强制正态分布法

1. 强制正态分布法的含义

强制正态分布法也称为硬性分配法,该方法是根据正态分布原理,即俗称的"中间大、两头小"的分布规律,预先确定评价等级以及各等级在总数中所占的百分比,然后按照被考核者绩效的优劣程度将其列入其中某一等级。

例如,要求考核者将10%的人评定为最高分那一级;20%的人评定为次高分那一级;40%的人评为居中的那一级;再将20%的人评为次低分那一级;最后将10%的人评为最低分那一级。如图7.6所示。

2. 强制正态分布法的步骤

①确定各个评定等级的奖金分配的点数,各个等级之间点数的差别应该具有充分的激励

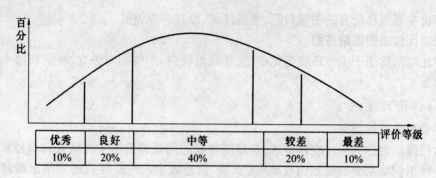

图7.6 强制正态分布法示意图

效果。

②由每个部门的每个员工根据业绩考核的标准,对自己以外的所有其他员工进行百分制的评分。

③对称地去掉若干个最高分和最低分,求出每个员工的平均分。

④将部门中所有员工的平均分加总,再除以部门的员工人数,计算出部门所有员工的业绩考核平均分。

⑤用每位员工的平均分除以部门的平均分,就可以得到一个标准化的考评得分。

⑥根据每位员工的考评等级得出每位员工应该得到的奖金数额。

3. 强制正态分布法的优点

①等级清晰、操作简便。

②刺激性强。对绩效"优秀"的重奖,绩效"较差"的重罚。

③强制区分。由于必须在员工中按比例区分出等级,会有效避免考核中过严或过松等一边倒的现象。

4. 强制正态分布法缺点

①如果员工的业绩水平事实上不遵从所设定分布样式,那么按照考评者的设想对员工进行硬性区别容易引起员工不满。

②只能把员工分为有限的几种类别,难以具体比较员工差别,也不能在诊断工作问题时提供准确可靠的信息。

5. 强制正态分布法的适用范围

强制分布法适用于被考核人员较多的情况,操作起来比较简便。此外,该方法也有利于管理控制,尤其是在引入员工淘汰机制的企业中,具有强制激励和鞭策功能。

(五)关键事件法

1. 关键事件法的含义

关键事件法是指确定关键的工作任务以获得工作上的成功。关键事件是使工作成功或失败的行为特征或事件(如成功与失败、盈利与亏损、高效与低产等)。关键事件法要求分析人员、管理人员、本岗位人员,将工作过程中的"关键事件"详细地加以记录,并在大量收集信息后,对岗位的特征和要求进行分析研究的方法。

2. 关键事件法的步骤

①识别岗位关键事件。

②识别关键事件后,调查人员应记录导致该关键事件发生的前提条件、直接和间接原因、关键事件的发生过程和背景、行为表现、发生后的结果等信息和资料。

③将上述各项信息资料详细记录后,可以对这些信息资料作出分类,并归纳总结出该岗位的主要特征、具体控制要求和员工的工作表现情况。

3. 关键事件法的优点

①研究的焦点集中在职务行为上,因为行为是可观察的、可测量的。

②通过这种职务分析可以确定行为的任何可能的利益和作用。

③这种方法针对性比较强,对考核优秀和劣等表现十分有效。

4. 关键事件法的缺点

①费时,需要花大量的时间去搜集那些关键事件,并加以概括和分类。

②关键事件是显著的对工作绩效有效或无效的事件,但这就遗漏了平均绩效水平。

5. 关键事件法的适用范围

这种方法对事不对人,以事实为依据,考核不仅要注重对行为本身的评价,还要考虑行为的情境。可以用该方法向员工提供明确的信息,使他们知道自己在哪些方面做得比较好,在哪些方面做得不好。

(六)行为锚定等级评价法

1. 行为锚定等级评价法的含义

行为锚定等级评价法是一种将同一职务工作可能发生的各种典型行为进行评分度量,建立一个锚定评分表,以此为依据,对员工工作中的实际行为进行测评分级的考评办法。

行为锚定等级评价法的目的在于通过一个等级评价表,将关于特别优良或特别劣等绩效的叙述加以等级性量化,从而将描述性关键事件法和量化等级评价法的优点结合起来。

2. 行为锚定等级评价法的步骤

①进行岗位分析,获取关键事件,以便对一些代表优良绩效和劣等绩效的关键事件进行描述。

②建立评价等级。一般分为5~9级,将关键事件归并为若干绩效指标,并给出确切定义。

③对关键事件重新加以分配。

④对关键事件进行评定。

⑤建立最终的工作绩效评价体系。

3. 行为锚定等级评价法的优点

①可以向员工提供公司对于他们绩效的期望水平和反馈意见,具有良好的连贯性和较高的信度。

②绩效考评标准比较明确。

4. 行为锚定等级评价法的缺点

①设计锚定标准比较复杂。

②考核某些复杂的工作时,管理者容易着眼于对结果的评定而非依据锚定事件进行考核。

5. 行为锚定等级评价法的适用范围

行为锚定等级评价法更加适用于对专业技术人员进行评考核,通过此法可能会取得更合理和更公平的评价结果,从而达到绩效考核对员工的激励作用。

二、绩效考核的新方法

(一)目标管理法

1. 目标管理法的含义

目标管理法是一种程序或过程,它使组织中的上级和下级一起协商,根据组织的使命确定一定时期内组织的总目标,由此决定上、下级的责任和分目标,并把这些目标作为组织经营、评估和奖励每个单位和个人贡献的标准。

2. 目标管理法的步骤

目标管理法是当前比较流行的一种绩效考核方法,其基本程序为:

①确定组织目标。

②确定部门目标。由部门主管与他们的上级共同确定本部门的绩效目标。

③在部门范围内讨论部门目标。部门管理者要求下属员工制定个人工作计划和初步的绩效目标。

④确定个人目标。员工和他们的直接上级对员工个人目标进行细化,共同制定出更加具体的绩效计划和相应的绩效目标。

⑤绩效评价。在绩效周期结束后,部门管理者应就每一位员工的实际工作业绩与他们制定的绩效目标加以比较。

⑥提供反馈。管理者与下属人员就绩效考核结果进行充分的沟通,共同对绩效目标达成情况进行分析和解释,找出可能进一步提高绩效的方法,制定绩效改进计划。

3. 目标管理法的优点

①可以通过指导和监控目标实现过程提高员工的绩效。

②重视员工的参与,有利于加强员工与管理者之间的沟通。

③目标较为客观,评价结果较为公正。

4. 目标管理法的缺点

①确定目标有一定的难度。

②目标管理法比较费时。

③目标管理法倾向于只重视短期效益,而忽视了长期绩效的实现。

5. 目标管理法的适用范围

目标管理法具有广泛的适用性,适用于除小规模制造企业外的其他任何类型企业,尤其适用于智力密集型(如资本金融类、高科技、咨询、管理类)企业、集团公司、商贸公司、制造业管理层等。

(二)360度绩效考核

1. 360度绩效考核的含义

360度绩效考核是由员工自己、上司、直接部属、同事甚至顾客等全方位的各个角度来了解个人的绩效。通过这种理想的绩效考核,被考核者不仅可以从自己、上司、部属、同事甚至顾客处获得多角度的反馈,也可从这些不同的反馈中清楚地知道自己的不足、长处与发展需求,使以后的职业发展更为顺畅。

2. 360度绩效考核的步骤

要在企业内部成功地开展360度绩效考核工作,必须做好以下三个阶段的工作:

(1)准备阶段

准备阶段的主要目的是使所有相关人员,包括所有考核者与受评者,以及所有可能接触或利用考核结果的管理人员,正确理解企业实施360度考核的目的和作用,进而建立起对该考核方法的信任。

(2)考核阶段

考核阶段主要包括组建360度绩效考核队伍;对考核者进行360度考核反馈技术的培训;实施360度考核反馈;统计并报告结果;企业管理部门针对反馈的问题制定相应措施。

(3)反馈和辅导阶段

通过来自各方的反馈,可以让受评者更加全面地了解自己的长处和短处,更清楚地认识到公司和上级对自己的期望及目前存在的差距。

3. 360度绩效考核的优点

①被考核者可以较全面、客观地了解有关自己优缺点的信息。

②该方法可以更容易得到被考核者的认可。

③有助于促进组织成员彼此之间的沟通与互动,提高团队凝聚力和工作效率,促进组织的变革与发展。

4. 360度绩效考核的缺点

①考核成本高,时间耗费多。

②可能会成为某些员工发泄私愤的途径。

③考核培训工作难度大。

5. 360度绩效考核的适用范围

该方法适用于企业规模在500人以上的、行政人员或研发人员占多数的、企业生命周期处于相对稳定的成熟期的企业。

(三)平衡计分卡

1. 平衡计分卡的含义

平衡计分卡是由财务、顾客、业务流程、学习和成长四个方面构成的衡量企业、部门和人员的卡片,之所以取名为"平衡计分卡"是因为它的目的在于平衡,兼顾战略与战术、长期和短期目标、财务和非财务衡量方法、滞后和先行指标。图7.7所示的是平衡计分卡的基本框架图。

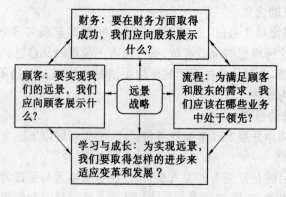

图7.7 平衡计分卡框架图

2. 平衡计分卡的步骤

①前期准备。前期准备主要活动内容有组建变革的团队、编制变革计划、进行前期的调查与宣传等。

②绘制战略地图,设计平衡计分卡与绩效考核表。

③设计平衡计分卡运作系统。主要由平衡计分卡与战略绩效流程设计、战略绩效制度设计和战略绩效表单设计三个方面的内容构成。

④平衡计分卡实施推进。主要包括组织设计方案的学习、运行和评估与修正三项活动。

3. 平衡计分卡的优点

①该方法克服财务考核方法的短期行为。

②利于组织和员工的学习成长和核心能力的培养。

③实现组织长远发展,提高组织整体管理水平。

4. 平衡计分卡的缺点

①该方法很难去执行,总的开发时间经常需要一年或者更长的时间。

②衡量指标有可能很难去量化。

5. 平衡计分卡的适用范围

平衡计分卡并不仅仅限于企业实施,政府部门和其他非盈利组织也适用平衡计分卡,它完全适用于所有的具有战略聚焦特点的组织。

【应用举例7.2】

平衡计分卡在可口可乐公司的应用

可口可乐公司以前在瑞典的业务是通过许可协议由瑞典最具优势的啤酒公司普里普斯公司代理的。该许可协议在 1996 年到期终止后,可口可乐公司已经在瑞典市场上建立了新的生产与分销渠道。1997 年春季,新公司承担了销售责任,并从 1998 年年初开始全面负责生产任务。

可口可乐瑞典饮料公司(CCBS)正在其不断发展的公司中推广平衡计分卡的概念。若干年来,可口可乐公司的其他子公司已经在做这项工作了,但是,总公司并没有要求所有的子公司都用这种方式来进行报告和管理控制。

CCBS 采纳了卡普兰和诺顿的建议,从财务层面、客户和消费者层面、内部经营流程层面以及组织学习与成长四个方面来测量其战略行动。

作为推广平衡计分卡概念的第一步,CCBS 的高层管理人员开了三天会议,把公司的综合业务计划作为讨论的基础。在此期间每一位管理人员都要履行下面的步骤:

* 定义远景;
* 设定长期目标(大致的时间范围:三年);
* 描述当前的形势;
* 描述将要采取的战略计划;
* 为不同的体系和测量程序定义参数。

由于 CCBS 刚刚成立,讨论的结果是它需要大量的措施。由于公司处于发展时期,管理层决定形成一种文化和一种连续的体系,在此范围内所有主要的参数都要进行测量。在不同的水平上,将把关注的焦点放在与战略行动有关的关键测量上。

在构造公司的平衡计分卡时,高层管理人员已经设法强调了保持各方面平衡的重要性。为了达到该目的,CCBS 使用的是一种循序渐进的过程。

第一步是阐明与战略计划相关的财务措施,然后以这些措施为基础,设定财务目标并且确定为实现这些目标而应当采取的适当行动。

第二步,在客户和消费者方面也重复该过程,在此阶段,初步的问题是"如果我们打算完成我们的财务目标,我们的客户必须怎样看待我们?"

第三步,CCBS 明确了向客户和消费者转移价值所必需的内部过程。然后 CCBS 的管理层问自己的问题是:自己是否具备足够的创新精神、自己是否愿意为了让公司以一种合适的方式发展而变革。经过这些过程,CCBS 能够确保各个方面达到了平衡,并且所有的参数和行动都会导致向同一个方向的变化。但是,CCBS 认为在各方达到完全平衡之前有必要把不同的步骤再重复几次。

CCBS 已经把平衡计分卡的概念分解到个人层面上了。在 CCBS,很重要的一点就是,只依靠那些个人能够影响到的计量因素来评估个人业绩。这样做的目的是,通过测量与他的具体职责相关联的一系列确定目标来考察他的业绩。根据员工在几个指标上的得分而建立奖金制度,公司就控制或者聚焦于各种战略计划上。

在 CCBS 强调的既不是商业计划,也不是预算安排,而且也不把平衡计分卡看成是一成不变的;相反,对所有问题的考虑都是动态的,并且每年都要不断地进行检查和修正。按照 CCBS 的说法,在推广平衡计分卡概念过程中最大的挑战是,既要寻找各层面的不同测量方法之间的适当平衡,又要确保能够获得所有将该概念推广下去所需要的信息系统。此外,要获得成功重要的一点是,每个人都要确保及时提交所有的信息。信息的提交也要考虑在业绩表现里。

(资料来源:http://www.chinaacc.com/new/635_652_/2009_8_24_le2244725571428900262915.shtm)

本 章 小 结

绩效管理是人力资源管理工作的核心内容,是为企业的战略规划和远景目标的实现服务的。有效的绩效管理有利于提高员工的绩效水平,提高员工的自我管理意识和能力。本章较为系统地概括了绩效管理的基本概念和原则,明确了绩效管理的基本流程,详细介绍了绩效管理的传统方法和现代方法。

首先,从绩效、绩效考核、绩效管理的基本概念入手进行详细阐述,分析了影响绩效考核有效性的因素,明确了绩效管理的目的、原则和内容,主要论述了绩效考核与绩效管理的区别与联系,进而为本章后面的研究内容提供了理论和概念上的准备。

其次,详细分析了绩效管理的基本流程,包括四个步骤:绩效计划、绩效辅导、绩效考核和绩效反馈,从多角度详细地介绍了每一个步骤的主要内容及各步骤之间的关系,为保障绩效管理工作的有序进行提供了思路和方法。

再次,介绍了绩效考核的组织者和具体的实施程序。绩效考核的组织者包括人力资源部、部门管理者、各级管理者。绩效考核的主体是组织绩效考核人,可分为主管考核、同事考核、下属考核、自我考核、外部专家考核。绩效考核工作的实施有一定的程序,作为管理者要按照绩效考核的程序进行科学的考核工作,同时按照绩效考核系统的标准有效的评价绩效考核工作,提高绩效考核系统的公平性和可接受性。

最后,从传统和现代两个方面分析了绩效管理的考评方法。绩效考核的传统方法有排序法、配对比较法、评价尺度法、强制正态分布法、关键事件法、行为锚定等级评价法;绩效考核的新方法有目标管理法、360 度绩效考核法和平衡计分卡法。通过对绩效管理方法的详细分析和应用举例,为管理者从事绩效管理工作提供了可行的理论和方法依据。

引例分析

在章首引导案例中,A公司的绩效考核的做法是相当多的国有企业在考核上的典型做法,带有一定的普遍性。这种做法在一定程度上确实发挥了其应有的作用,但是,这种做法从对考核的理解上和考核的实施上均存在有许多误区,针对每一个误区,提出了一系列的解决方法。

误区之一:对考核定位的模糊与偏差

考核的定位直接影响到考核的实施,定位的不同必然带来实施方法上的差异。案例中A公司考核目的主要是为了年底分奖金,这种考核缺乏明确的目的,仅仅是为了考核而进行考核,这样做的结果是考核流于形式,考核结束后,考核的结果不能充分利用起来,耗费了大量的时间和人力物力,结果不了了之。

解决方法之一:建立清晰的考核目标定位

根据现代管理的思想,考核的首要目的是对管理过程的一种控制,确定明确的绩效考核目标。绩效考核首先是为了绩效的提升,考核的定位问题是核心问题,直接影响到考核的其他方面特点。因此,A公司应该建立一个符合企业发展实际的清晰的考核目标。

误区之二:绩效指标的确定缺乏科学性

选择和确定什么样的绩效考核指标是考核中一个重要的,也比较难于解决的问题。A公司的绩效指标中,在任务绩效方面仅仅从经营指标去衡量,过于单一化,很多指标没有囊括进去,尤其是对很多工作来说不仅仅是经营的指标。在周边绩效中,所采用的评价指标多为评价性的描述,而不是行为性的描述,评价时多依赖评价者的主观感觉,缺乏客观性。

解决方法之二:确定科学的绩效考核指标体系

A公司的绩效指标应该包括经营指标的完成情况和工作态度、思想觉悟等一系列因素。要科学地确定绩效考核的指标体系,同时保证绩效考核的指标具有可操作性。

误区之三:考核周期的设置不尽合理

所谓考核的周期,就是指多长时间进行一次考核。多数企业都像A公司这样,一年进行一次考核,这与考核的目的有关系。如果考核的目的主要是为了分奖金,那么自然就会使得考核的周期与奖金分配的周期保持一致。

解决方法之三:针对不同的绩效指标,设置合理的绩效考核周期

从所考核的绩效指标来看,不同的绩效指标需要不同的考核周期。对于任务绩效的指标,可能需要较短的考核周期,例如一个月。这样做的好处是:一方面,在较短的时间内,考核者对被考核者在这些方面的工作产出有较清楚的记录和印象,如果都等到年底再进行考核,恐怕就只能凭借主观的感觉了;另一方面,对工作的产出及时进行评价和反馈,有利于及时地改进工作,避免将问题一起积攒到年底来处理。对于周边绩效的指标,则适合于在相对较长的时期内进行考核,例如半年或一年,因为这些关于人的表现的指标具有相对的稳定性,需较长时间才能得出结论,不过,在平时应进行一些简单的行为记录作为考核时的依据。

误区之四：考核关系不够合理

要想使考核有效地进行，必须确定好由谁来实施考核，也就是确定好考核者与被考核者的关系。A公司采用的方式是由考核小组来实施考核，这种方式有利于保证考核的客观、公正，但是也有一些不利的方面，考核小组可能在某种程度上并不能直接获得某些绩效指标，仅通过考核小组进行考核是片面的，当然，管理者也不可能得到关于被管理者的全部绩效指标，还需要从与被管理者有关的其他方面获得信息。

解决方法之四：选择全面的绩效考核主体

通常来说，获得不同绩效指标的信息需要从不同的主体处获得，应该让对某个绩效指标最有发言权的主体对该绩效指标进行评价。考核关系与管理关系保持一致是一种有效的方式，因为管理者对被管理者的绩效最有发言权。可以采用360度绩效考核方法对A公司的员工进行绩效考核，360度绩效考核就是从与被考核者有关的各个方面获得对被管理者的评价。

此外，要想做好绩效考核，还必须做好考核期开始时的工作目标和绩效指标确认工作和考核期结束时的结果反馈工作。在考核之前，主管人员需要与员工沟通，共同确认工作的目标和应达成的绩效标准。在考核结束后，主管人员需要与员工进行绩效反馈面谈，共同制定今后工作改进的方案。

总之，考核工作要想真正有效，还需要其他工作的共同配合，共同为了整个组织的整体绩效服务，最终实现组织的绩效目标。

【案例演练】

亚太公司的绩效考核

亚太公司到了年终绩效考核的时候了，由于去年的时候采取了比较公开的方式，结果因为打分高低的问题出现了不少矛盾，因此，今年为了避免重演去年的悲剧，决定采用背靠背的打分方式，即主管人员为员工打一个分数但并不让员工知道，而员工也需要为主管人员打分作为民意调查的结果。这几天业务三部办公室的气氛跟往常有点不大一样。一向比较矜持冷峻的王经理这几天也对部下露出了一点笑容，平时经常上班迟到的小邓这几天早早就来到了办公室。每个人心中都各自打着小算盘。老张心想："我在这里资格最老，这么多年，没有功劳也有苦劳，没有苦劳也有疲劳。现在的年轻人，书本上的理论知识一套一套的，可真正做起业务来，还不得靠我这样的老业务员么！王经理要是比较有头脑的话，一定不会亏待我的。"小蔡暗自想："我可是名牌大学毕业的，我觉得我在这里的能力最强，去年把我评了个先进，那帮老家伙老大的不乐意，今年王经理会不会害怕别人的闲言碎语不敢把我评得太高呢？"老吴心里琢磨："那天王经理说了句：'现在的年轻人外语、计算机水平都比我们强，真是青出于蓝胜于蓝啊！'看来我们这些老同志是一天不如一天值钱了，不知年终奖金能分到多少？"小郭心里想："经理看我的眼神有点不对劲，肯定是那天开会我给她提了一条意见她还耿耿于怀呢，看来今年我算倒了霉了。"看来在考核的结果出来之前，大家的心情每天都会这么紧张。每个人的小算盘还会打多久？

(资料来源:MBA 导师.2010 年最新版 MBA《绩效管理》案例集[M].中华教育培训网,2010.)

思考题:

根据亚太公司的实际情况,谈谈企业究竟该如何进行绩效考核才能收到好的效果。

练 习 题

一、单项选择题

1. 绩效考核的重点是员工的个人特质,如诚实度、合作性、沟通能力等,即考量员工是一个怎样的人,属于下列哪种绩效考核方法(   )。
   A. 结果导向型   B. 行为导向型   C. 定期考核   D. 特征导向型

2. 员工的绩效并不是固定不变的,在主客观条件发生变化的情况下,绩效是会发生变动的,这是绩效的(   )特点。
   A. 动态性   B. 多因性   C. 多维性   D. 多变性

3. 人力资源管理的核心是(   )。
   A. 工作分析   B. 绩效管理   C. 薪酬管理   D. 劳动关系管理

4. (   )是指记录和观察在某些工作领域内,员工在完成工作任务过程中有效或无效的工作行为导致的成功或失败的结果。
   A. 关键事件法   B. 行为观察法
   C. 行为观察量表法   D. 行为定点量表法

5. (   )是企业根据岗位工作说明书,对员工的工作业绩,包括工作行为和工作效果,进行全面系统考察与考核的过程。
   A. 行为考核   B. 绩效考核   C. 人事考核   D. 能力考核

6. 为保证绩效面谈信息反馈的有效性,最好的方式是(   )。
   A. 进行"一对一"的反馈面谈   B. 组成一个面谈小组来进行面谈
   C. 在小组其他成员在场的情况下面谈   D. 针对部门的共同问题,进行小组或部门的讨论

7. 在绩效管理实施过程中,最直接影响绩效评价质量和效果的人员是(   )。
   A. 高层领导   B. 一般员工
   C. 直接上级/主管   D. 人力资源部人员

8. 在制定绩效管理方案时,应根据(   )合理地进行方案设计,并对绩效管理方案进行可行性分析。
   A. 绩效管理目标   B. 绩效管理方法
   C. 绩效管理程序   D. 绩效管理对象

9. 绩效管理与绩效考核的概念,既有明显的区别又存在十分密切的联系,下面叙述正确的是(   )。

A. 绩效考核是以绩效管理为基础的人力资源管理的子系统
B. 绩效考核是绩效管理的重要支撑点
C. 绩效管理为绩效考核的运行与实施提供了依据
D. 相比较而言,绩效考核更注重员工绩效与组织绩效的有机结合

10. 人们在考察员工的业绩时,过于看重某些特别的,或突出的特征,而忽略了被考核人其他方面的表现和品质,因此往往出现个别事实或特征的好坏直接影响最终考核结果的现象,这就是绩效考核中的(　　)偏差。
A. 趋中效应　　　B. 近因效应　　　C. 晕轮效应　　　D. 暗示效应

二、多项选择题

1. 绩效的特点是(　　)。
A. 多维性　　　B. 多因性　　　C. 动态性　　　D. 恒定性

2. 按考核的时间分,绩效考核可以分为(　　)。
A. 定期考核　　B. 特征导向型　　C. 行为导向型　　D. 不定期考核

3. 关键事件法的缺点是(　　)。
A. 时间跨度较大　　　　　　B. 费时、费力且费用较高
C. 遗漏了平均绩效水平　　　D. 只能定量分析,不能定性分析

4. 主管对绩效结果进行反馈时,应努力做到(　　)。
A. 给员工发言的机会　　　　B. 集中于关键事项
C. 运用反馈技巧,因人而异　D. 具有针对性

5. 关于360度绩效考核法,错误的理解是(　　)。
A. 一般采用署名的方式　　　　B. 有利于促进员工的职业发展
C. 可以据此确定员工的任务绩效水平　D. 可以对被评价者有更深入、更全面的了解

6. 绩效管理的基本流程包括(　　)。
A. 绩效计划　　B. 绩效辅导　　C. 绩效考核　　D. 绩效反馈

7. 绩效考核的内容主要有(　　)。
A. 德　　　　　B. 能　　　　　C. 勤　　　　　D. 绩

8. 平衡计分是由财务、(　　)、学习和成长四个方面构成的衡量企业、部门和人员的卡片。
A. 顾客　　　　B. 人力资源　　C. 业务流程　　D. 物力资源

三、判断题

1. 绩效是基于工作而产生的,与员工的工作过程直接联系在一起,工作之外的行为和结果不属于绩效的范围。(　　)

2. 绩效管理是依据主管与员工之间达成的协议来实施的一种静态的沟通过程。(　　)

3. 绩效考核与绩效管理是一回事,他们没有本质的区别。(　　)

4. 绩效考核工作是由企业管理者个人来制定和执行的。(　　)

5. 绩效考核的信度是指所得分数的稳定性或可靠性。（   ）
6. 强制正态分布法是绩效考核的新方法。（   ）

四、简答题
1. 简述影响绩效的因素。
2. 简述绩效管理的基本流程。
3. 简述绩效考核的内容。

五、论述题
1. 试分析绩效考核与绩效管理的关系。
2. 试分析关键事件法的含义、优缺点及其适用范围。

第八章
Chapter 8

薪酬管理

【引导案例】

ML公司是专业从事冰箱设计、制造和销售的大型国有控股企业,其前身是一家资产不足200万元且濒临倒闭的国营小厂。1983年,从市级机关调派来的张厂长毅然决定转产冰箱,推行改革,才使这家国营企业逐步摆脱困境,走上了持续发展壮大的轨道。到2000年,ML公司的年生产能力超过120万台、年销售收入近17亿元、年利润3 000多万元,成为同行业的三巨头之一,也是省内国有企业改革发展的典范。

尽管ML公司仍然能够持续增长,但是,潜伏的危机和挑战越来越明显。其中,最明显的是买方市场来临,企业之间的竞争因此变得更加残酷,原有的100多家冰箱企业中,只有40多家能够正常运营,其中6家企业具有一定优势,其余的都处于苦苦挣扎之中。ML公司虽属于优势企业,但在越来越激烈的价格战中,公司已呈现不利的苗头。主要表现在:第一,在高价位产品市场上,公司几乎没有优势;第二,在中低价位市场上,公司虽然拥有明显的优势,但利润越来越薄;第三,伴随着公司规模不断扩大,"大企业病"开始滋生,管理部门的官僚文化思想和行为有所抬头,组织效率和活力明显不如从前;第四,由于企业十多年的成功经营,不少员工开始出现自满情绪,过去的学习、创新和变革动力下降;第五,虽然公司一贯提倡多劳多得,但大锅饭现象依然存在,一些骨干、优秀人才有怨言。

面对这些情况,公司张董事长和经营班子多次讨论后,决定调整经营思路。具体内容包括:①加快新产品开发和制造,扩大公司在高价位产品市场的占有率;②通过加强内部管理,提高效率,节约成本,增强公司在中低价位产品市场上的价格竞争力;③扩大出口,探索跨国经营;④进入资本市场,并寻找新的增长点。

按照这一思路,公司把2000~2001年定为调整年。调整包含三层含义:①经营重点的调整。既要重视产品经营,又要重视资本经营;既要重视国内市场,又要努力开拓国际市场。②产品结构的调整。公司在继续制造和销售现有产品的同时,还要大力开发高档次产品,增加在高价位产品市场的占有率。③管理调整。要围绕成本、效率和激励,推进一系列的管理变革。

为了搞好这次改革,公司做了两项准备工作:第一项是聘请刚刚毕业的曹博士来公司博士后科研工作站主持设计工资改革方案;第二项是曹博士来后的第三天召开了总经理办公会,专题讨论薪酬改革的目标、重点和原则。会上,总经理说,年初,我们经过讨论,决定了今年经营工作的思路和重点。从近几个月的运行情况看,我们面临着两个难题:一是缺乏人才,二是激励效果不理想。由于缺乏高质量的技术人才,我们在新品开发和制造方面的进展不大;由于缺乏跨国经营人才,我们在出口贸易和跨国经营方面始终难以有较大突破;在激励问题上,公司虽然打破了原来国有企业的分配模式,实行了岗位工资制度,但是,对于一些关键岗位上的人才而言,收入和贡献还是不吻合,其积极性和创造性难以得到充分发挥。所以,我以为,这次薪酬改革对公司未来发展至关重要,要利用这次薪酬改革,来促进人才引进和人才利用……

公司主管人事、行政的副总经理、党委副书记接着谈:我个人认为,目前推进薪酬改革对于公司调整目标的实现具有直接性和战略意义,也是一个非常好的时机。这次薪酬改革应该注意如下几个问题:首先应该围绕公司发展的需要来挑战和完善薪酬制度,尤其要注重人才引进问题;其次,应该注意薪酬制度与公司组织变革、绩效管理等的协调与统一;再次,在保证工资补偿功能的公平性的同时,更应该注重建立和完善公司的激励机制……

公司主管技术开发与设计的副总经理也表示:公司的这次薪酬改革应该注意工作性质的差异性。对公司的设计人员,应该根据能力和知识的差异来决定工资等级差异。另外,参考一些公司的作法,对研发人员可以采取股权激励方式。

最后,董事长总结性发言:对于这次薪酬改革的目标和指导原则,我还想强调两点:首先,无论是过去还是现在,薪酬改革的目的都是要让广大员工公平地享受企业发展的成果。只有这样,员工才能真正忠于企业,才能真正将自己的知识和才能贡献给企业。其次,未来的薪酬制度和政策仍然应该强调员工收入与贡献和表现挂钩的原则,这是公司的成功经验,也是发挥薪酬管理功能的基础所在。至于具体改革方案,由博士后科研工作站的曹博士负责研究和设计。会后,公司成立薪酬改革小组,负责配合曹博士进行设计工作。

(资料来源:陈胜军.人力资源管理习题与案例解析[M].北京:对外经贸大学出版社,2009.)

上述"引导案例"给出了ML公司的现状和需要解决的问题:设计一个什么样的薪酬结构才能符合ML公司在新形式下所确定的发展战略要求,有利于企业的发展?解决这些问题所涉及的理论知识和技能正是本章要讲述的内容。

【本章主要内容】

①薪酬的概念、构成及功能;

②薪酬管理的主要内容及战略性薪酬管理的特征;

③常见的薪酬体系的特点及适用范围；
④薪酬水平的定位；
⑤工作评价的方法及薪酬结构设计；
⑥基本薪酬、激励薪酬和福利薪酬的设计。

第一节 薪酬管理概述

一、薪酬及其相关概念

（一）薪酬的概念

薪酬（compensation）是指企业对其员工实现的绩效、付出的努力、时间、学识、技能、经验与创造所给予的相应回报。其实质是一种公平交换。薪酬的概念有广义和狭义之分。

1. 广义的薪酬

广义的薪酬也称整体薪酬或报酬，是指员工从企业那里得到的作为个人贡献回报的他认为有价值的各种东西。薪酬一般分为经济性薪酬和非经济性薪酬两大类，经济性薪酬通常是指员工得到的各种货币收入和实物，非经济性薪酬通常是指员工由工作本身所获得的心理满足和心理收益。广义的薪酬构成如图8.1所示。

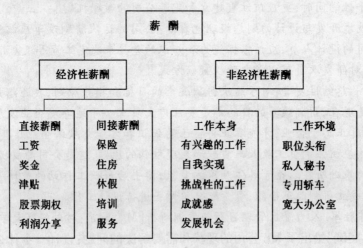

图 8.1 广义的薪酬构成

广义的薪酬可以为雇员提供货币收益、非货币收益和非经济性收益（成就感、挑战性工作、发展机会等），企业薪酬管理中最敏感、最重要、受员工关注度最高的是经济性收益部分（包括货币收益和非货币收益），即狭义的薪酬，这也是本章所要研究和讨论的主题。

2. 狭义的薪酬

狭义的薪酬是指员工因为雇佣关系的存在而从雇主那里获得的所有各种形式的经济收入以及有形服务和福利(即图 8.1 中直接薪酬和间接薪酬的总和)。它作为企业给员工的劳动回报的一部分,是劳动者应得的劳动报酬。

具体来讲,狭义的薪酬是各种具体工资、福利(与服务)之和。这里所讲的工资是指用人单位以工资、薪水、奖金、佣金、红利、股票等名义或形式支付给员工的薪酬部分;福利则是指用人单位以保险、休假、医疗、培训、服务等形式或名义支付给员工的间接货币薪酬部分。

(二) 薪酬的相关概念

1. 工资(wage)

多年来,人们一直认为工资就是薪酬,将两者经常混为一谈。事实上,工资与薪酬是有一定区别的。我国劳动部在《关于贯彻执行〈中华人民共和国劳动法〉若干问题的意见》中把工资定义为:劳动法中的"工资"是指用人单位依据国家有关规定或劳动合同的约定,以货币形式直接支付给本单位劳动者的劳动报酬,一般包括计时工资、计件工资、奖金、津贴和补贴、延长工作时间的工资报酬以及特殊情况下支付的工资等。工资是依照国家有关规定和合同要求,以货币形式直接支付的报酬形式,其内涵小于薪酬,工资仅是薪酬的一个组成部分。

劳动者的以下劳动收入不属于工资范围:①单位支付给劳动者个人的社会福利保险费用,如抚恤救济费、生活困难补助费、计划生育补贴等;②劳动保护方面的费用,如用人单位支付给劳动者的工作服、消毒剂、清凉饮料费用等;③按规定不列入工资总额的各种劳动报酬及其他劳动收入,如根据国家规定发放的一些创造、发明和技术改进奖,以及稿费、讲课费、翻译费等。显然,我国现行劳动法有关工资的定义主要指扣除津贴与补贴部分的直接薪酬。

2. 薪金(salary)

薪金(salary)又称薪水。工资与薪金的划分,纯属习惯上的考虑,二者之间没有本质的区别。一般而言,劳心者的收入称为薪金,劳力者的收入称为工资。在实际生活中,人们一般把以日、小时等计付的劳动报酬称为工资,将按年、月计付的劳动报酬称为薪金;把脑力劳动者或者政府机关、事业单位工作人员的收入称为薪金,把企业职工的报酬称为工资。在许多情况下,工资与薪金之间是可以通用的。

3. 薪资(pay)

薪资是比工资和薪金内涵更广的一个概念,它不仅指以货币形式支付的劳动报酬,还包括以非货币形式支付的短期报酬形式,如补贴、工作津贴、物质奖励等。

4. 收入(Income)

收入并不一定等同于薪酬。个人收入除薪酬外,还可能包括非职业收入,如其他动产和不动产收入,可能具有非固定性、隐身化甚至是非法化的特点。

二、薪酬的主要形式

薪酬的构成形式没有固定统一的模式和组合比例,不同国家、地区和企业根据实际需要和可能的条件,在国家政策的引导下,制定自己的薪酬结构和发放标准。一般包括如下部分:

(一)直接薪酬

1. 基本薪酬

基本薪酬是指一个组织根据员工所承担或完成的工作本身或者是员工所具备的完成工作的技能或能力而以货币形式向员工支付的稳定性报酬,也称固定收入。它的常见形式为小时工资、月薪、年薪等。基本工资是一位员工从企业那里获得的较为稳定的经济报酬,它既为员工提供了基本生活保障,又往往是确定可变薪酬的主要依据之一。因此,这一薪酬组成部分对于员工来说是至关重要的。基本薪酬一般会随着GDP、生活水平、通货膨胀及其他企业同类岗位工资情况变化,也会随本人经验、技能和绩效的变化而定期调整。基本薪酬一般是根据员工所从事的工作或拥有技能的价值而确定(如职位薪资(即工资)制、技能薪资制),却往往忽视了对同岗同学历、同技能员工之间的个体差异和绩效差异的区别计酬。

2. 激励薪酬

激励薪酬也称可变薪酬、浮动薪酬或绩效薪酬,是指企业根据员工、团队或者企业自身的绩效而支付给他们的具有变动性质的经济收入。激励薪酬与业绩直接挂钩,用于衡量业绩的标准有成本节约、产品数量、产品质量、税收、投资收益、利润增加等。激励薪酬有短期的,也有长期的。短期的激励薪酬可以表现得很具体。比如,如果每个季度达到或者超过了8%的资本回报率目标,公司的任何员工都可以拿到相当于一天工资的奖金;如果达到9.6%,则每个员工都可以拿到相当于两天工资的奖金;如果达到20%,则可以拿到等于8.5天工资的奖金。长期的激励薪酬则是对雇员的长期努力实施奖励,目的是使雇员能够注重组织的长期目标。比如,微软、宝洁、沃尔玛等公司的员工所拥有的股票期权,许多企业的高管和高级专家所获得的股份或红利都属于长期激励薪酬。

3. 成就薪酬

成就薪酬也称绩效加薪,是指当员工的工作卓有成效,为组织做出重大贡献后,组织以提高基本薪酬的形式付给员工的报酬。成就薪酬与激励薪酬的相同之处在于它们都取决于员工的努力及对组织的贡献。不同之处在于成就薪酬是对员工过去一个较长时间的成就的"追认",它通常表现为基本薪酬的增加,是永久性的,而激励薪酬往往是一次性的。

4. 津贴

津贴是指根据员工的特殊劳动条件和工作特性以及特定条件下的额外生活费用而支付的劳动报酬,其作用在于鼓励员工在苦、脏、累、险等特定岗位工作。人们习惯上把属于生产性质的称为津贴,属于生活性质的称作补贴。津贴大体上可分为工作津贴和地区性津贴两大类。其中工作津贴主要有特殊岗位津贴、特殊劳动时间津贴、特殊职务津贴等;地区性津贴主要有艰苦偏远地区津贴和地区生活津贴。例如，工程监理公司的监理人员要到施工地点去工作，如果施工地点遍布全国，各地方生活条件的差异会很大。针对这种情况，可以向在艰苦地区从事监理工作的人员提供适当的津贴。

（二）间接薪酬

间接薪酬是以福利和服务的形式体现的。员工福利与服务之所以被称为间接薪酬，因为它与上面所提到的基本薪酬和绩效薪酬等存在一个明显的不同点，即福利与服务不与员工的劳动能力和提供的劳动量相关，而是一种源自员工组织成员身份的福利性报酬。从支付形式上看，传统的员工福利以非货币形式支付，但随着企业部分福利职能的社会化，一些福利也以货币形式支付，即货币化福利。间接薪酬主要包括员工保险（五险一金）、休假（带薪节假日）、服务（员工餐厅、托儿、培训、咨询服务）等。间接薪酬的费用一般由雇主全部支付，但有时候，有的项目也要求员工承担其中的一部分。

三、薪酬的功能

薪酬既是组织对员工提供的收入，同时也是企业的一种成本支出，它代表了企业和员工的一种利益交换关系，无论是对员工来说，还是对企业来说，这种经济交换关系都是至关重要的，在这个交换关系中，单位承担的是劳动或劳务的购买者角色，员工承担的是劳动或劳务出卖者的角色，因此，薪酬的功能可以从员工和企业两个方面来理解。

（一）员工方面

1. 维持和保障功能

薪酬是组织对员工所提供的智慧和劳动力的价值回报。组织通过员工来创造产品和服务，员工通过自己的智力和体力付出获取报酬，这是一种契约关系。在市场经济条件下，薪酬是绝大多数员工的主要收入来源，用于购买各种必要的生活资料，进而维持劳动力的正常再生产，为员工及其家庭提供了基本的生活保障。同时，随着企业技术结构和产品结构的不断变化，员工还可以将部分薪酬用于学习和培训，以提高职业技能，实现劳动力的价值增值和再生产。因此，薪酬水平的高低不仅直接影响员工及其家庭的生活质量，还影响员工的智力和劳动技能的增值。

2. 激励功能

从心理学的角度来说，薪酬是个人和组织之间的一种心理契约，这种契约通过员工对于薪酬状况的感知而影响员工的工作行为、工作态度以及工作绩效，即产生激励作用。从企业管理的角度看，激励功能是薪酬的核心功能。根据马斯洛层次需求理论，一般情况下，当员工的低层次薪酬需求得到满足以后，通常会产生更高层次的薪酬需求，并且员工的薪酬需求往往是多层次并存的，因此，企业必须注意同时满足员工的不同层次薪酬需求。员工的较高层次薪酬需求得到满足的程度越高，则薪酬对于员工的激励作用就越大；反之，则可能会产生消极怠工、工作效率低下、人际关系紧张、缺勤率和离职率上升、组织凝聚力和员工对组织的忠诚度下降等多种不良后果。

3. 社会信号功能

信号起到提醒、告知的作用。对于员工来讲，薪酬所具有的信号传递功能也是一种非常重要的功能。如企业的分配政策显示学历高，工资就高，就会促使雇员去继续学习，提高学历。如企业报酬以工作时间长短为基础，则可以培养忠诚度和在一定程度上降低离职率。如企业奖励给企业带来收益的创新行为，则会鼓励员工的创新，营造创新文化。通过这种信号，企业可以让员工了解，什么样的行为、态度以及业绩是受到鼓励的，是对企业有贡献的，从而引导员工的行为和工作态度以及最终的绩效朝着企业期望的方向发展。另外，企业根据岗位重要性不同而给予不同的报酬水平，表明企业重视不同岗位的价值等。任何一种报酬政策都会给员工提供信号，促使他们向有利于自己的方向努力。

（二）企业方面

1. 增值功能

薪酬是购买劳动力所支付的特定成本，这种成本的投入可以为投资者带来预期大于成本的收益，这是雇主雇佣员工，对劳动力进行投资的动力所在。

2. 成本控制功能

薪酬成本是企业重要的成本支出。目前，薪酬在发达国家企业成本所占比重一般在60%以上，在教育咨询、服务型企业里，往往高达企业成本的80%~90%。较高的薪酬水平虽然有利于企业在人才市场吸引人才和留住员工，但却可能造成企业成本过高，从而降低企业在产品市场上的竞争能力。因此，有效降低薪酬成本对于控制企业成本、支持经营成功具有重要作用。

四、薪酬管理的概念和主要内容

（一）薪酬管理的概念

所谓薪酬管理，是指一个组织针对所有员工所提供的服务来确定他们应当得到的报酬总额以及报酬结构和报酬形式的过程。在这一过程中，企业必须对薪酬水平、薪酬体系、薪酬结构、薪酬形式等方面作出恰当的决策，同时，作为一种持续的组织过程，企业还要持续不断地调整薪酬计划，拟订薪酬预算，就薪酬管理问题与员工进行沟通，并对薪酬系统本身的有效性作出评价而后不断予以完善。

（二）薪酬管理的主要内容

企业薪酬管理既是一个过程，也是一个严谨的管理系统。其运作过程为：从最初的管理理念和战略出发，以客观的评价（市场价格、职位评价、个人评价）为基础，确定分配比例和薪酬标准，最终通过管理和实施过程，将一定数量和形式的薪酬发放给员工。薪酬管理的基本框架如图 8.2 所示。

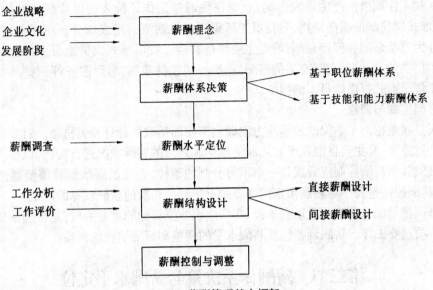

图 8.2 薪酬管理基本框架

薪酬管理的内容主要包括薪酬体系决策、薪酬水平定位、薪酬结构设计、薪酬控制与调整。

1. 薪酬体系决策

薪酬体系决策的主要任务是确定企业的基本薪酬以什么为基础。目前国际上通行的薪酬体系有两类三种,即基于职位的薪酬体系和基于任职者的薪酬体系,后者又包括技能薪酬体系和能力薪酬体系。所谓职位薪酬体系、技能薪酬体系和能力薪酬体系,是指企业在确定员工的基本薪酬时所依据的分别是员工所从事的工作自身的价值、员工所掌握的技能水平以及员工所具备的能力水平。三者的差别主要体现在确定薪酬的依据不同。不同的薪酬体系在确定薪酬流程中所考察的要素也不同。

2. 薪酬水平定位

薪酬水平是指企业内部各类职位以及整个企业平均薪酬水平的高低状况,它反映了企业支付薪酬的外部竞争性。传统概念上的薪酬水平关注企业整体薪酬水平,现代意义上的薪酬水平更多关注不同企业相同职位薪酬水平之间的比较,影响薪酬水平的因素主要有同行业竞争对手的薪酬水平、企业支付能力、社会生活指数、集体谈判中工会薪酬政策等。

3. 薪酬结构设计

企业的薪酬有两种结构形式,一是纵向结构,是指与企业的职位等级序列相对应的工资等级结构,二是横向结构,指不同的薪酬要素之间的组合。人们习惯于将纵向结构称为薪酬结构,横向结构称为薪酬形式或构成。薪酬的纵向结构是指同一组织内部的不同职位所得到的薪酬之间的相互关系,它涉及薪酬的内部公平问题。在企业总体薪酬水平一定情况下,员工对于企业内部的薪酬结构极为关注,因为它反应了企业对于职位重要性及职位价值的看法,对员工流动性和工作积极性产生重大影响,企业往往通过工作评价来确保薪酬结构的公平、合理性;薪酬形式即薪酬的横向结构,是指员工所得到的总薪酬的组成成分。在通常情况下,薪酬形式划分为直接薪酬和间接薪酬,前者主要是指直接以货币形式支付给员工并且与员工的劳动能力和提供的劳动量、贡献有关的薪酬,而后者则包括福利、有形服务等一些具有经济价值但是以非货币形式提供给员工的报酬。

4. 薪酬控制与调整

薪酬控制是指为了确保既定薪酬方案顺利落实而采取的种种相关措施。对薪酬体系的运行状况进行监控,其主要目的在于对之前的预期和之后的实际状况进行对比,以便采取补救措施。薪酬预算和薪酬控制应看成是一个不可分割的整体,企业的薪酬预算需要通过薪酬控制来实现,薪酬控制过程中对薪酬预算的修改则意味着一轮新的薪酬预算的产生。

薪酬调整是保持薪酬关系动态平衡、实现组织薪酬目标的重要手段,是薪酬系统的运行管理中的一项重要工作。薪酬调整包括薪酬水平的调整和薪酬结构的调整。

第二节 薪酬体系决策与薪酬水平定位

一、薪酬体系的选择与确定

薪酬体系选择与确定的主要任务是确定薪酬体系的模式和种类,确定薪酬体系就是确定以什么为基础构建基本薪酬。这是因为,基本薪酬不仅能够完整地反映薪酬与工作设计、组织任务之间的关系,而且它又是其他薪酬形式确定的基础。薪酬体系是薪酬结构的灵魂,薪酬结构是薪酬体系的外在表现形式。研究薪酬问题时,表面上似乎研究的是薪酬结构,实际上离不开薪酬体系。

常见的薪酬体系有职位薪酬体系、能力薪酬体系、技能薪酬体系。

(一)职位薪酬体系

这种薪酬体系是根据职位在组织内的相对价值为员工付酬。员工所担任职务的差别是决定基本薪酬差别的主要因素,通过对职位的分析和职位的评价得出评定的结果,将职位的排列与薪酬水平相结合。职位薪酬体系是一种传统的薪酬制度,它的基本特点是"按职(位)定薪,岗(位)酬对应",很少考虑个人的不同特点因素,基本只考虑职位本身的因素来确定人们的薪酬。职位薪酬体系举例如表8.1所示。

1. 职位薪酬体系的优点

①保证真正意义上的同工同酬。职位薪酬体系以各个职位在整体工作中的相对价值来确定其薪酬标准,一个员工不管其学历、年龄如何,只要胜任某一岗位,就能获得与这一岗位相适应的薪酬。

表8.1 基于职位的薪酬模式(举例)

工资级别	职位列举	薪酬水平/元
……	……	……
14	制造部部长	3000
13	质量部部长、技术支持部部长	2800
12	人力资源部部长、财务部部长	2600
11	制造部调度	2000
10	质量部主管、薪酬主管	1600
9	会计、培训管理员	
……	……	……

②操作简单,成本低。职位评估完成后,组织可以按照职位系列进行薪酬管理,这使得薪酬管理的操作比较简单,管理成本较低。

③晋升与提薪的连带性激励员工提高自身技能和能力。员工只有到高一级的职位工作,才能提高薪酬等级。

2. 职位薪酬体系的缺点

①晋升无望时可能有消极影响。

②灵活性不强。

③制约员工知识、技能多方面发展。

3. 职位薪酬体系的适用范围

职位薪酬制度主要适用于外部环境相对稳定,内部职位级别相对多的企业或部门,如各种管理类职位等。

(二)技能薪酬体系

技能薪酬体系是指以技能为基础确定基本薪酬的一种薪酬系统。其基本思想就是根据员工所掌握的与工作有关技术的广度和深度来计发基本薪酬及其相关的其他薪酬。

1. 技能薪酬体系的优点

①有利于提高员工技能,促进人员流动,增强企业灵活性。技能薪酬体系向员工传递了关注自身发展和不断提高技能水平的信息。它鼓励员工根据企业要求不断掌握新的知识和技能,扩大员工的技能领域,能够使企业保持一支比较精干、适应性强的员工队伍,在人员配置方

面有很大的灵活性。

②有利于稳定优秀专业人才安心本职工作。优秀人才不必仅仅考虑职位升迁带来的薪酬的增加，还可以通过使自己的知识、能力和经验等各方面有所提高，满足自我实现的需要和收入增长的需要。

③有利于员工对工作流程的全面了解和管理决策的参与，有利于组织各类工作"行行出状元"，从而提高个人与群体的生产效率和工作绩效。

2. 技能薪酬体系的缺点

①可能会引起员工的不公平感。

②增加了组织薪酬支出。

③在薪酬设计和管理上增加了难度。

3. 技能薪酬体系的适用范围

主要适用于要求员工技能与组织绩效相关性较强的企业，如企业中的技术工人、专业技术管理者等技能型岗位人员。

(三) 能力薪酬体系

能力薪酬体系是一种以员工的绩效能力为基础的基本薪酬决定体系，即组织根据员工所掌握的，能够对组织作出贡献的绩效行为能力水平和提高状况计发基本薪酬和其他相应薪酬的一种报酬制度。

这里的能力是指绩效行为能力，是一种能够达成某种特定绩效或表现出某种有利于绩效达成的行为的能力。绩效行为能力又被称为素质、胜任能力或简称为能力，它实际上是能够为组织增加价值和预测未来成功的一系列知识、技能、自我认知、动机、行为特征以及人格特征等要素的总称。这种薪酬体系着重于考察员工创造价值的潜在能力，重视员工潜质的发掘，关注的是未来。因为员工个人所拥有的能力在很大程度上是个人和公司取得成功的关键，通过鼓励员工提高工作绩效所必需的某些能力，势必会提高公司的整体竞争力。

能力薪酬体系实际上是技能薪酬体系基础上的一种扩展，不少人仍把它划归技能薪酬体系之中。这种薪酬体系与技能薪酬体系的优点与不足大体相同，只是适用范围有所区别，它更适用于白领员工，特别是知识工作者，因为他们的工作很少能提炼出操作性的技能，决定他们绩效的东西不仅是知识与技术，而更多的是某些品质与特征。

总体来看，企业可以从职位、技能和绩效行为能力等要素中选择其一来作为设计企业某种薪酬体系的依据。由于不同的薪酬体系的优缺点和适用范围各不相同，因此在设计和应用决策时，要注意因地制宜、对症下药、实事求是地加以选择。有时在企业中只选用一种薪酬体系，有时企业则需要选两种或三种薪酬体系。三种薪酬体系的对比如表8.2所示。

表8.2 三种薪酬体系的比较

比较内容	职位薪酬体系	技能薪酬体系	能力薪酬体系
体系基础	承担的工作（职位）（参考市场）	掌握的技能（参考市场）	拥有的能力（参考市场）
评价对象	工作价值（薪酬要素）	技能模块价值	能力价值
价值的量化	要素的权重	技能水平	能力水平
将评定结果与薪酬水平相结合	将基点得分的排列对应于薪酬水平的排列	技能的认证与市场定价	能力的认证与市场定价
薪酬提升渠道	职位（职级）晋升	技能的增加	能力的提高
组织关注重点	员工与工作的联系；晋升与配置；通过职位、薪酬和预算调整来控制成本	有效利用技能；提供培训；通过培训、认证和工作安排来控制成本	具有能够带来价值的能力；提供开发能力机会；通过认证和工作安排来控制成本
员工的行为	争取职位的提升	学习新技能	增强自身能力
绩效评估	以年资、业绩考核结果和实际产出为依据	以技能测试中表现出来的技能提高为依据	以能力测试中表现出来的能力提高为依据
培训效果	组织工作需要而不是员工意愿	员工意愿，不一定是组织需要	员工意愿，不一定是组织需要
员工晋升	需要职位空缺	不需要空缺，只要通过技能测试	不需要空缺，只要通过能力测试

二、薪酬水平定位

（一）常见的薪酬水平定位的类型

薪酬水平定位主要是制定企业相对于当地市场薪酬行情和竞争对手薪酬水平的企业自身薪酬水平策略。常见的薪酬水平定位策略有以下几种：

1. 市场领先策略

市场领先策略即在同行业或同地区市场上保持优势的薪酬水平。实施这种策略一般基于以下几点考虑：市场处于扩张期，有很多的市场机会和成长空间，对高素质人才需求迫切；企业自身处于高速成长期，薪酬的支付能力比较强；在同行业的市场中处于领导地位等。20世纪90年代初，深圳华为采用的就是市场领先的薪酬策略，因为当时的通讯行业正处于高速成长期，同时华为也处于飞速发展期。世界著名的斯科（CISCO）公司的薪酬策略是：斯科的整体薪酬水平就像斯科成长速度一样处于业界领先地位，为保持领先地位，斯科一年至少做两次薪酬调查,不断更新。

2. 市场追随策略

市场追随策略是竞争者最通常的方式,也可以被称为市场匹配策略,实际上就是根据市场平均水平来确定本企业薪酬定位的一种常用做法。追随策略力图使本企业的薪酬成本接近产品竞争对手的薪酬成本,同时使本企业吸纳员工的能力接近产品竞争对手吸纳员工的能力。这种策略能使企业避免在产品定价或保留高素质员工队伍方面处于劣势,但它不能使企业在劳动力市场上处于优势。使用这种薪酬策略时,必须连续不断地做好市场和竞争对手的薪酬调查工作,注意及时根据外部市场的薪酬变化而调整自身的薪酬水平,确保本企业的薪酬动态平衡,始终追随市场薪酬水平的起伏变化而基本保持一致。

3. 市场拖后策略

市场拖后策略即在同行业或同地区市场上保持较低的薪酬水平。这种策略可以使企业减少薪酬开支、维持比较低廉的劳动成本、降低成本费用,有助于提高产品定价的灵活性,并增强企业在产品市场上的竞争力。但是,实行这种策略往往会使企业难以吸引高素质人才,员工不满意度上升,流失率增高,工作的积极性和对企业承诺或忠诚感都会降低。但是,如果这种做法是以提高未来收益作为补偿的,反而有助于提高员工对企业的组织承诺度,培养他们的团队意识,并进而改善绩效。

4. 混合策略

混合策略是指企业在确定薪酬水平时,是根据职位的类型或者员工的类型来分别制定不同的薪酬水平决策,而不是对所有的职位和员工均采用相同的薪酬水平定位。也就是说,重要的技术工人的薪酬水平高于市场平均水平,而其他工人的薪酬水平等于或低于市场平均水平。此外,有些公司还在不同的薪酬构成部分之间实行不同的薪酬策略,比如总薪酬高于市场价值,但基本薪酬略低于市场平均水平,而激励薪酬远远高于市场平均水平。这种策略的最大优点就是有较强的灵活性和针对性,既可以不用很大的薪酬投资,又能调动骨干员工的积极性,有利于企业的发展。

(二)市场薪酬调查

以上各种薪酬水平定位决策的基本工具就是市场薪酬调查,只有通过组织内外的薪酬调查,才能够全面了解市场竞争对手和自身的准确情况,才能获得组织进行薪酬水平决策所需的数据。薪酬调查的步骤如图8.3所示。

1. 确定薪酬调查的目的

企业进行薪酬调查的主要目的如下:

①制定薪酬标准。通过市场薪酬调查了解和掌握竞争对手、市场薪酬状况与变化,可以帮助企业确定或调整薪酬水平,使企业的薪酬水平不与外界脱节。大多数公司一年调整一次,依据即为市场工资率。

②构建或评价薪酬结构。通过市场薪酬调查来检验本企业职位评价的结果并构建市场薪

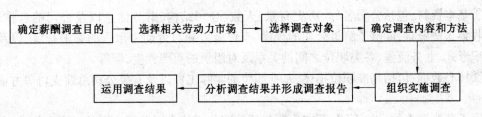

图8.3 薪酬调查的步骤

酬曲线,如果组织内部职位评价形成的职位结构与外部市场形成的薪酬结构不协调,就需要合理构建和调整企业薪酬结构,这是薪酬调查的最重要的目的之一。

③控制人工成本。调整企业的薪酬水平以便与市场相适应,避免向员工支付过高或过低的薪酬。

④解决与薪酬有关的人事问题。如果员工的辞职率上升与薪酬有关,那么对竞争对手进行薪酬调查是非常必要的。

⑤评价竞争对手的劳动成本。一些企业,特别是那些竞争激烈的企业,常常运用市场的薪酬数据来对竞争对手的产品定价和生产制造进行财务分析,以便在竞争中获得竞争优势。

2. 薪酬调查相关市场的选择

相关劳动力市场主要包括以下几类企业:

①与本企业竞争从事相同职业或具有同样技术员工的企业。

②与本企业在同一地域范围内的企业。

③与本企业在同类产品或服务上竞争的企业。

④与本企业薪酬结构相同的企业。

⑤与本企业规模相同的企业。

⑥在本行业中做得最好的企业。

确定好薪酬调查相关劳动市场后,还要考虑对多少企业进行调查。如果相关市场中的企业数量较少,可以考虑全面调查,反之,则要确定一些有代表性的样本进行调查,或随机抽样调查。

3. 薪酬调查职位的选择

一般来说,薪酬调查仅选择基准职位,即指那些在所有的企业中性质和内容相似的职位,这些职位在不同企业之间具有可比性。具体来讲,基准职位具有如下特征:

①职位内容相对稳定、众所周知且得到广泛认可。

②能胜任该职位的人的市场供求相对稳定,并最近不会有大的变化。

③这些职位能代表当前所研究的完整的职位结构。

④这些职位上现有相当数量的劳动力被雇用。

4. 确定调查内容

一般来讲,薪酬调查主要包括下面一些内容:

①基本资料:包括公司名称、历史背景、人数、公司结构、财务信息以及公司的合作者等。通过收集这些资料,能够了解该公司的规模、支付能力和对劳动力市场的影响程度,以及公司的组织形式、业务流程、各类职位之间的关系及对组织的重要程度,等等。

②核心数据:包括基准职位描述、基准职位的实际工资以及有关公司总薪支付等方面的信息。

由于薪酬调查的目的不同、调查中所包括的职位或技术以及调查者的知识和经验不同,薪酬调查的内容会有所区别,并非包括上述所有内容。

5. 选择薪酬调查方法

企业的薪酬调查可以采取自行调查、委托外部专业调查公司或顾问进行、购买薪酬调查数据以及获取公共数据等多种方式进行。调查方法的选择要适合自己的需要和实际情况。实际开展调查和采集薪酬数据时,常常采用邮寄调查问卷和访谈(面谈或电话)两种基本方法。

6. 实施调查

编制调查计划,配备人、财、物力,实际开展薪酬调查,采集所需的资料数据。

7. 分析调查结果并形成薪酬报告

本阶段的主要工作是,在对调查数据进行校验整理的基础上,得出被调查的劳动力市场的薪酬分布情况,并形成薪酬报告。薪酬报告的主要内容包括以下三点:

①基准职位的薪酬报告,如基工薪酬、可变薪酬、福利薪酬等的信息。
②其他薪酬信息,如薪酬结构信息、组织数据与市场数据的比例等。
③薪酬政策、人才政策及其实施状况。

8. 运用调查结果

市场薪酬调查结果对企业的主要用途有:

①与本企业薪酬对比,探察不同职位与市场薪酬的差异。
②公平地反映和掌握市场上薪酬行情,作为有关决策的参考和依据。
③作为企业一些职位计薪的重要参考,把内部薪酬结构与外部市场薪酬率结合起来。
④作为本企业薪酬调整的依据,提高人才招聘和人才保留的竞争力。
⑤用于解释和支持本企业薪酬政策的公平性与合理性,协调内部分配关系和劳动关系。

第三节 基本薪酬设计

在薪酬体系和薪酬水平确定之后,基本薪酬设计主要任务是薪酬结构的设计。

一、薪酬设计原则

企业要发挥薪酬的重要职能,采取有效的薪酬管理,其薪酬设计应具备公平性、竞争性、激励性、经济性、合法性等原则。

(一) 公平性原则

分配必须公平这是薪酬设计的最重要原则。这里的公平主要体现在三个层次:外部公平、内部公平、个人公平。

1. 外部公平

外部公平是指企业之间同等职位薪酬水平相比较的公平性问题,具体来讲是指企业的薪酬应与同行业或同一地区或同等规模的不同企业中类似的岗位的薪酬达到基本一致。

2. 内部公平

内部公平是指企业内部不同职位或技能之间薪酬水平相比较的公平性问题。具体来讲是指同一企业内部中不同岗位所获得薪酬应正比于各自的贡献。它强调的是一个企业内部不同工作之间、不同技能水平之间的薪酬水平应相互协调,这意味着企业内的薪酬水平相对高低应以工作的内容为基础或是以工作所需要的技能复杂程度为基础,根据工作对企业整体目标实现的相对贡献为基础,对事不对人。

3. 个人公平

个人公平是指同一企业中相同岗位工作的人获得的薪酬水平相比较的公平性问题。具体来讲是指组织内同样工作岗位的员工,由于他们的工作绩效、技能、资历等贡献存在差异,所分配到的报酬也应当有所差异的公平性问题。

(二) 竞争性原则

竞争性是指企业的薪酬要能在社会上或人才市场上具有吸引人才的作用,能够战胜其他企业,招聘到所需要的人才。企业可根据自己的薪酬战略、财力水平、所需人才可获得性的高低、所想留住人才的市场价格等具体条件决定到底给员工何种市场水平的薪酬;但要具有竞争力,企业的薪酬水平至少不应低于市场平均水平。一般说来,在同行业中处于领先水平的企业,其薪酬水平也处于领先水平。另外,一些企业也可以采用"市场相平衡"的薪酬策略。同时,企业的薪酬战略还必须与企业的发展阶段相适应。

(三) 激励性原则

激励性是指薪酬系统对员工要有强烈的激励作用。在企业内部各类、各级职务的薪酬水准上,适当拉开差距,真正体现按劳分配的原则。在国有企业中,尤其要克服过去那种平均主义"大锅饭"的现象,根据职位对企业的重要性程度,根据员工个人绩效,在员工收入上适当拉开差距。

(四) 经济性原则

一般来说,薪酬系统要具有竞争性与激励性,使员工感到安全,但也应该接受成本控制,也就是在成本许可的范围内制定薪酬,因此,它不能不受经济性的制约。员工的报酬是企业生产成本的重要组成部分,过高的薪酬水平必然会导致人力成本的上升,企业利润的减少。所以,如何设计一个既有激励性又可确保企业正常运作的薪酬结构是每一个管理者与决策者应认真思考分析、正确决策的重大课题。

（五）合法性原则

企业薪酬分配制度必须符合国家的有关政策与法律。为了维持社会经济的持续稳定发展，维护劳动者应取得合法的劳动报酬和必须拥有的劳动权益，我国政府颁布了一系列法规文件。如《中华人民共和国劳动法》《中华人民共和国劳动合同法》《中华人民共和国最低工资规定》《中华人民共和国工资与支付暂行规定》等，这些法律法规对薪酬确定、薪酬水平、薪酬支付等方面明确地提出了一系列薪酬分配与管理原则或相关法律政策规定。

二、基本薪酬结构设计

如前所述，根据员工基本薪酬价值依据的不同，基本薪酬结构有三种类型：职位薪酬体系结构、技能薪酬体系结构和能力薪酬体系结构。由于目前职位薪酬体系结构是使用面最广、使用历史最悠久的一种薪酬结构，因此，本书主要以职位薪酬体系的薪酬结构为例，讨论薪酬设计的具体操作过程与主要方法。

（一）基本薪酬结构设计流程

基本薪酬结构设计是薪酬结构设计的一项重要内容，其流程可大致分为以下几个步骤（如图8.4所示）。

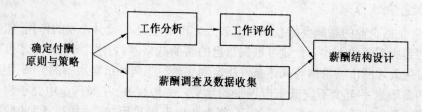

图8.4　基本薪酬设计流程

1. 确定付酬原则与策略

这一步的目的就是确定基本薪酬结构设计的指导思想和方针政策，对后面的环节起重要的指导作用。其内容包括对员工人生观的正确认识；对职工总体价值的评价；对管理者及高级专业人才的正确评价；有关工资分配的政策与策略；工资、奖金、福利等费用的分配比例等。

2. 工作分析

这一步是薪酬结构设计的依据。它是采用一定技术方法，全面调查和分析组织中各种工作任务、职能责任等情况，在此基础上对各种工作性质及其特征进行描述，并对担任工作所需具备的资格条件进行规定，形成所有职务的说明与规定等文件。

3. 工作评价

这是薪酬结构设计的依据，是保证薪酬内在公平的关键一步。工作评价的目的就是要将工作岗位的劳动价值、劳动者的劳动贡献与工资报酬三者有机地结合起来，通过对职务劳动价值的量的比较,来确定企业的工资结构,以达到薪资的内部公平性。

4. 薪酬调查及数据收集

这一步工作是要通过调查,收集市场和竞争对手的有关信息,分析和判断其他企业所支付工资或薪酬的状况,从而为薪酬水平定位和薪酬结构设计提供参考数据。本企业薪酬历史和现状调查评估也属这一范畴。

5. 薪酬结构设计

薪酬结构设计是由工资结构线设计和工资分级定薪两个步骤组成。工资结构线是一个企业的工资结构的直观表现形式,它显示出企业内各个职务的相对价值与其对应的实付工资之间的关系;工资分级定薪是指在工作评价后,企业根据工资结构线,将众多类型的职务工资归类并合成若干等级、形成一个工资等级系列,从而完成薪酬结构的技术设计。

(二) 工作评价的方法

工作评价也称职位评价、岗位评价、职务评价,它是指采用一定的方法对企业内部各种职位或工作岗位的相对价值做出评定,以作为员工等级评定和薪酬分析的依据,它是为本企业系统地确定各职位相对价值的一项技术或过程。工作评价的方法很多,常用的方法有排序法、分类法、要素计点法、因素比较法。

1. 排序法

这是最简单的工作评价方法。这种方法以工作说明书中所规定的工作内容和工作规范为依据,把企业的所有工作两两比较,根据其价值大小或重要性的高低排出顺序或等级,参照工作的重要性确定工资额。一般要求评价人员考虑以下因素:各工作量及工作岗位的困难程度,承担责任、管理和工作的层次与范围,所需技术专业水平和工作条件优劣等因素。综合权衡各职务的轻重程度并排定先后次序后,将其划入不同的工作工资等级内。

排序法是一种比较主观的评价方法,一般包括三种基本方法:直接排序法、交替排序法及配对比较法。这里的基本方法与绩效考核中的排序法相似,不同的是绩效考核中关注的是员工的工作绩效,而工作评价法中排列的对象是工作本身,因此这里不再赘述了。

排序法简单易行,适用于职位少、管理程序简单的工作,如科室的工作等。它的缺点是没有具体的评价标准,主观性强,评价人员之间的价值判断差异大。另外,只能得出相对价值,不能确定价值差异的大小,因而很难据此确定具体工资数。

2. 分类法

分类法是排序法的改进。与排序法不同之处在于,分类法需预先制定供参照用的等级标准,再将各待定级的职位与之比较来确定该职位的相应级别。分类法的主要特点为:各种级别及其结构在职位被排列之前就建立起来。对所有职位的评估只需参照级别的定义把被评估的职位套进合适的级别里面。

实施分类法的步骤如下:

①按照岗位性质把企业所有岗位分为几个不同的类型,如管理型、技术型、生产型和服务

型等。

②按照同类别职位的基本特征差异分为不同的级别。

③为各种工作类别中的各个级别进行定义,定义内容包括工作内容、责任程度、技能要求等。

④确定不同类型、不同等级岗位之间的相对价值关系。例如:主管级职位与专业2级的相对价值相当,可被放到同一工作等级内。

⑤将各种工作与确定的标准进行对照,然后将它们定位在合适的工作类别中的合适级别上。

分类法的优点是简单、费用少、容易理解,不需要技术上的帮助。相对于排序法,分类法更准确、客观。它的缺点是很难清楚地定义等级,因而造成主观地判断职位的等级,使其准确度较差。当一个单位较小、工作不太复杂或种类不多,以及受到时间和财力的限制不能采用其他方法时,可以采用分类法。

3. 要素计点法

要素计点法又称计点法、点数法或薪点法,它是一种定量的工作评价方法,也是目前国外企业中应用最普遍的一种工作评价方法。该方法首先是选定职位的主要影响因素,并采用一定点数(分值)表示每一因素,然后按预先规定的衡量标准,对现有职位的各个因素逐一评比、估价,求得点数,经过加权求和,得到各个职位的总点数,最后根据每一个职位的总点数大小对所有职位进行排序。具体操作如下:

(1)选择并确定"付酬因素"

这些因素的确定一般视职位本身性质以及公司的经营策略而定,不同的经营策略、不同类型的工作会有不同的付酬因素。如,公司的经营策略为向消费者提供价格低廉、购买方便的日常用品,那么成本压缩、顾客关系等因素就会被列为"付酬因素"。付酬因素一般可以归为四类:工作责任、努力程度、知识技能、工作环境。这些是一级因素,一级因素又可以分解为二级因素、三级因素。如表8.3所示,知识技能可以分解为学历水平、工作经验、工作能力,三个二级子因素,也可继续分解为三级子因素。

(2)确定各付酬因素的权重

各付酬因素在付酬因素评价体系中的权重以百分比的形式表示,代表了不同付酬因素对企业价值的贡献程度。首先确定一级付酬因素的权重,然后确定分配给每个二级付酬因素的权重。

(3)确定因素等级并给出定义

一般的,付酬因素细分成4~6个不同的等级(表8.3中的各因素分为5个等级),同时应对评价要素进行清晰、简明的定义。定义越清楚、具体,分级偏差越少,评价越准确。

表 8.3 付酬因素与分值分配表

付酬因素	总权重/%	子因素		子因素权重/%	分值	级数	等级				
							1	2	3	4	5
工作责任	40	指导监督		10	100	5	20	40	60	80	100
		风险控制		8	80	5	16	32	48	64	80
		内外协调		6	60	5	12	24	36	48	60
		岗位权限		8	80	5	16	32	48	64	80
		工作决策		8	80	5	16	32	48	64	80
知识技能	35	学历水平		5	50	5	5	10	20	35	50
		工作经验		5	50	5	10	20	30	40	50
		工作能力	决策能力	5	50	5	10	20	30	40	50
			协调能力	4	40	5	8	16	24	32	40
			应变能力	6	60	5	12	24	36	48	60
			创新能力	10	100	5	20	40	60	80	100
努力程度	20	工作负荷度		5	50	5	10	20	30	40	50
		工作复杂性		5	50	5	10	20	30	40	50
		工作压力		5	50	5	10	20	30	40	50
		工作单调性		5	50	5	10	20	30	40	50
工作环境	5	工作时间		1	10	5	2	4	6	8	10
		工作地点		2	20	5	4	8	12	16	20
		职业危害		2	20	5	4	8	12	16	20

合计:总分值为 1 000 点
以知识技能下的学历水平子要素为例进行内涵界定。
要素定义:本因素是衡量承担工作职位所必须具备的学历水平或相当于同等学力的水平。
等级　　等级定义
1　　高中毕业或相当于同等学力水平
2　　大中专毕业或相当于同等学力水平
3　　大学本科毕业或相当于同等学力水平
4　　硕士研究生或相当于同等学力水平
5　　博士研究生或相当于同等学力水平

(4)确定各因素及各因素不同等级的点值

确定付酬因素评价体系的总分值的原则是:区分足够的评价因素,并将组织内不同职位价值区分开来。一般情况下,企业的职位越多,分值就应该越多。如表8.3总分值就是1 000点,每个因素的最高分可以很容易地通过系统中的总分值乘以相应的权重计算出来,如"工作责任"的最高点值为400点。确定总分值、因素及子因素的分值后,就可以给因素中的等级赋值,如表8.3中,指导监督子因素的等级点值为20~100。

(5)评价待评职位。通过上述四个步骤,仅仅是为我们所想作的职位评价提供了一套标准或者说一个"尺子"。依据这个"尺子"我们就可以评价每一个职位的分值,并按分值高低形成点值序列,划分职位等级。

要素计点法的优点在于,首先其评价更为精确,因而评价结果更容易被员工所接受,而且运用可比性的点数可以对不相似的职位进行比较;其次,在评价过程中付酬因素的权重有所差异,强调了组织认为有价值的那些要素,反映了组织独特的需要和文化。而缺点则表现为,评价方案的设计和应用耗费时间,对于职位分析有较高要求;另外,在付酬要素的界定、等级定义以及分值权重确定等方面也都存在一定的主观性。

4. 因素比较法

因素比较法是一种量化的工作评价方法,与工作排序法比较相似,因此可以将它看做改进的工作排序法。因素比较法与工作排序法的第一个重要区别是排序法只从一个综合的角度比较各种工作,而因素比较法是选择多种报酬因素,然后按照每种因素分别排列一次。因素比较法与工作排序法的第二个区别是因素比较法是根据每种报酬因素得到的评估结果设置一个具体的报酬金额,然后计算出每种工作在各种报酬因素上的报酬总额并把它作为这种工作的薪酬水平。其具体操作步骤如下:

①选择付酬因素。因素比较法与要素计点法在选择付酬因素上有相似之处,都是根据企业特点和职位类型找出付酬因素。在企业中通常选用以下几种付酬因素:智力、体力、技能、责任、工作条件。

②选择典型职位。典型职位应具有以下特征:能够代表所研究职位系列的绝大多数职位;许多组织中普遍存在的,广为人知的职位;工作内容相对稳定的职位;市场工资率公开的职位。

③依次按各付酬因素将各典型职位从相对价值最高到最低排出顺序,各职位在不同因素中的排序是不同的。

④为各典型职位按各付酬因素分薪资额,即将典型职位薪资额按比重分配于各因素内,确定每个付酬因素的薪资额。

⑤比较按薪资额及按各因素价值排出的两种排序结果,如果出现两者不一致,需重新排序,若仍无法符合逻辑地使二者一致,该典型职位需予以撤换。

⑥对照因素比照表,对待评职位进行比较评价,确定非典型职位在各付酬因素上相应的薪酬金额,并将其相加汇总,即可得到非典型职位的工资水平。

因素比较法的示例如表8.4所示。

表8.4 因素比较法举例

付酬要素 小时工资率/元	智力	体力	技能	责任	工作条件
1.50	工作甲				工作乙
2.00	工作A	工作丙		工作A	
2.50		工作B	工作A		工作甲
3.00	工作乙	工作A	工作甲	工作B	工作B
3.50		工作乙	工作丙	工作甲	工作丙
4.00			工作B	工作丙	
4.50			工作乙		
5.00	工作B	工作甲		工作乙	
5.50	工作丙				
6.00					工作A

①设已确定付酬因素为:智力、体力、技能、责任、工作条件共五项。
②选择基准职位为:工作甲、工作乙、工作丙。
③确定各基准职位的小时工资:

工作甲 = 1.50+5.00+3.00+3.50+2.50 = 15.50 元
工作乙 = 3.00+3.50+4.50+5.00+1.50 = 17.50 元
工作丙 = 5.50+2.00+3.50+4.00+3.50 = 18.50 元

④确定非基准职位工作A和工作B在各种付酬要素上的评价结果。
⑤确定非基准职位的小时工资:

工作A = 2.00+3.00+2.50+2.00+6.00 = 15.50 元
工作B = 5.00+2.50+4.00+3.00+3.00 = 17.50 元

因素比较法是最系统也是较完善的一种职务评价方法。它的优点在于可靠性高,由工作说明直接求得具体的价值金额,每一个因素没有赋值上下限,较灵活。但因素比较法的缺点是开发初期复杂,难度大,需要专家指导,故成本是几种方法中最高的、应用最不普遍的一种。

【应用举例8.1】

联想的岗位评估

以前,联想是大事业部制的管理体制,奖励权力完全由各部负责,逐渐形成各自的工薪体系。整个集团并没有一套公正、科学、合理的工薪管理方法,一些大事业部在给员工定薪上存在随意现象。今后联想要发展,需要强调集中管理,在人员调动、干部轮岗乃至建立内部的人才市场等方面都需要统一的薪酬标准。从深层次讲,作为工资体系代表着公司核心价值观反映,代表作为统一企业文化的形象,因此,工资标准应该统一。

杨元庆认为统一工薪可以增强人才竞争力,可以增强联想在人才市场上的竞争力,更重要的是增强企业的竞争力。市场上存在的企业往往不是由最高素质人才组成的企业,而是经营管理水平最高,在各个方面、环节上(包括人力资源成本)控制非常得力的企业。联想要在这方面进入一种良性循环。

1. 统一薪酬先定工资

联想这次统一薪酬,一是形成统一的、合理的结构,二是确定一个统一的定薪方法,三是确定统一的调薪原则。

统一薪酬是一件长期的带有阶段性的工作。员工收入的工资、年终奖励、员工持股和福利这四大块中,最首要的是如何定工资。根据CRG公司(国际人力资源顾问公司)的人力资源3P理论(职位工资、个人技能工资、业绩工资),联想第一步先把职位工资定下来。

职位工资的主要定薪方法是进行岗位评估(量化评估),采取量化评估的好处是能够向员工解释清楚,达到公平、公开的目的,以后员工的工资可以公开化。岗位评估可以实现高要求高收入,低要求低收入。为此,联想曾跟许多咨询公司联系,最终选择了CRG公司的国际职业评估体系作为评估岗位的基本工具。具体讲,CRG岗位评估方法是一个量化的评估方法,它从3个方面、7个要素、16个纬度来综合评价一个职位价值的大小,最后用总分数幅度,制定出职位级别。3个方面是职责规模、职责范围和工作复杂程度,7个要素是对企业的影响、管理监督、责任范围、沟通技巧、任职资格、解决问题难度和环境条件。

2. 怎么进行岗位评估

联想的岗位比较多,如果全方位进行岗位评估,由于评估人对评估方法把握尺度不同,并且各单位绩效考核进度不一样,都可能使评估工作出现大的偏差。因此,只能采用典型岗位典型评估的方法。此方法是由联想薪酬领导小组与各大事业部评出该部的典型岗位,其他岗位比照典型岗位进行评估。例如,一个部门有10个人,只要定出3个不同层次的职位,其他的人与这3个职位相比较后安插。

典型岗位设置有三个原则:够用(过密就不能起到框定的作用)、适用(上岗人员跟岗位要求基本一致)、好用(岗位可以有横向可比性)。联想最后选出100多个典型岗位进行评估,全是由一个领导小组和各事业部进行评估,这就保证了公平性。

岗位评出以后,能使一个群体的每个人都了解各自的岗位和工作职责。例如,研发人员与行政经理这两个跨度很大的岗位,两个岗位谁的工资高,谁的工资低,没有岗位评估是说不清楚的。岗位量化评估就很容易建成一个可比关系,都是用7个因素评估,比较各自的优势项目,把各自的评分相加,谁的分高谁的工资就高。人们会明白在哪些方面行政经理比研发人员高,高多少,哪些方面研发人员比行政经理高,高多少,最后两者差多少,会有一个相对公平。联想也会根据市场情况与CGR公司对各因素设的分数进行调整,当然有些因素设定的时候跟企业文化管理理念有关,公司看重什么因素,该因素的所占的比例就会重一些。

(资料来源:张丽华,王蕴.薪酬管理[M].北京:科学出版社,2009.)

(三) 薪酬结构设计

1. 工资结构线的设计

(1) 基于工作评价的工资结构线

工资结构线是一个企业薪酬结构的直观表现形式,它显示出企业内各个职务的相对价值与其对应的实付工资之间的关系。典型的工资结构线如图8.5所示。图中横坐标表示职位评价分数(点数),纵坐标则表示与一定点数所对应的平均工资率。

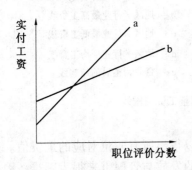 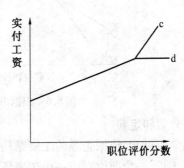

图8.5 工资结构线

因为组织内工资分配应遵循内部公平性原则,谁的贡献大,谁对企业价值大,谁的薪酬就高,故工资结构线会呈直线线性关系。

图8.5中,a与b两条工资结构线都是单一的直线,区别在于斜率不同,a线较陡直,斜率较大,而b线较平缓,斜率较小,说明该企业的工资值严格正比于职位的相对价值,但采用a结构线的企业偏向于拉大员工收入差距,而采用b结构线的企业则相反。

c与d两条工资结构线则都是折线。c线后段斜率增大,d线后段斜率减小。采用c线的企业可能是为了吸引和激励高层次人才,采用d线的企业则是倾向于缩小工资差距,培养团队精神。现实生活中,由于各企业可能有其各自不同的特殊考虑,工资结构线往往被设计成曲线,表现出非线性的特征。不同的设计体现了不同的企业文化与管理价值观。

(2) 根据市场状况调整企业工资结构线

传统的工资结构线往往只考虑内部公平性原则,但随着企业间人才争夺的激烈,真正合理的工资结构设计必须考虑外部竞争性,即与地区或行业最低、最高工资线比较,从而调整本企业的工资制度,这是工资结构线设计的另一个方面。

如图8.6所示,我们可在同一坐标图上,分别画出通过工作评价绘出的工资结构线a,地区或行业最高工资线b,地区或行业最低工资线c,并由这两条线确定地区或行业平均工资线d。将这几条线汇总在一张表上,方便进行本企业工资制度的评价,从中能发现本企业的工资在市场上所处的地位及其竞争力的强弱。在分析的基础上,再结合企业自身的管理价值观、竞争策略、付酬实力与盈亏状况等因素,进行综合考虑,便可对已有工资结构线进行针对性调整。

这样得出来的结构线是兼顾了对内、外在公平性等因素的全面考虑，并且绘出调整后的结构线 e。

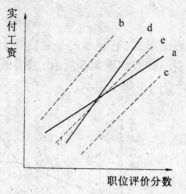

a— 企业经职位评价线
b— 地区/行业最高工资线
c— 地区/行业最低工资线
d— 地区/行业平均工资线
e— 企业调整后的结构线

图 8.6　根据市场状况调整工资结构线

2. 工资分级和定薪

从上述分析可知，依据企业的工资结构线便可以得出所有职位对应的工资值。这在理论上虽然合理，但每一个职位对应一个工资值给工资的发放与管理带来很大困难。因此在实际中总是将相近的工资合并组合成若干等级，形成一个工资等级系列。通过工资等级的划分与薪幅的确定，可具体确定每一职务具体的薪资范围，前者决定了职级数的多少与职级划分的区间宽窄，后者确定了每个等级内工资变动的范围。工资等级结构举例如表 8.5 所示。

表 8.5　工资等级结构举例

薪资等级	工作评价点值范围		月薪资浮动范围		
	最低	最高	最低	中间值	最高
1	100	150	1 740	2 170	3 610
2	150	200	2 648	3 310	3 971
3	200	250	3 555	4 444	5 333
4	250	300	4 463	5 579	6 694
5	300	350	5 370	6 713	8 056

（1）工资等级的划分

工资等级的划分是整个工资制度建立过程中不可缺少的环节，即把经工作评价而获得的相对价值相近的一组职务，编入同一等级。职务划分的区间宽窄及职级数多少没有硬性规定，原则是职级数量足以使不同难度的工作有所区分，但数量不能太大，否则会使两个相邻等级的区别不明显。工资等级划分的区间宽窄及多少将取决于诸如结构线的斜率、职务总数的多少及组织的工资管理政策和晋升政策等因素。

目前,为了适应组织结构扁平化的发展趋势,缓解员工的资历与晋升之间的矛盾,强化对员工的激励,在工资等级数目的确定上,倾向于数目减少,即工资等级结构的宽带化,每个等级之间的工资幅度拉宽,同一工资等级内的工资差距拉大。

(2)薪幅的确定

薪幅即工资幅度,也称工资区间,是指在某一工资等级内部允许工资变动的最大幅度。薪幅的确定主要取决于企业雇主的意愿,有的企业采用多级别、窄薪幅;而有的企业则采取少级别、宽薪幅的宽带工资制。在确定每个职位等级薪幅时,首先确定薪幅的中值(中点)。中值通常代表该等级职位在外部劳动力市场上的平均工资水平,可以通过外部市场薪酬调查数据和内部工作评价数据以回归的方式确定下来。接下来,要确定工资变动比率。工资变动比率一般为20%~50%,上下部分的工资变动比率为10%~25%。随着宽带薪酬的引入,上、下部分的比率逐渐增加到30%~50%。在设计工资等级区间时,各等级的工资变动比率不同,一般而言,等级越高,对特定职位的任职要求就越高,工资变动比率随之增加。

第四节 激励薪酬的设计

激励薪酬可以按多种标准进行分类,按激励是否具有长效性可分为短期激励薪酬与长期激励薪酬;按涉及的员工是个人还是群体,可分为个人激励薪酬和组织激励薪酬。本书将这两种常见分类形式综合起来介绍激励薪酬的设计。

一、个人激励薪酬

个人激励薪酬是根据员工个人的绩效为依据而支付的薪酬。它是最古老的一种奖励制度,常见的形式有以下几种。

(一)计件工资

计件工资是最简单和最古老的激励薪酬形式。它是按工人生产合格产品的数量和预先规定的计件单价(也称工资率)来计算员工劳动报酬的一种工资形式。这种薪酬形式主要适用于一线生产工人,计件制下工人不再领取固定工资,其工作报酬按下列公式计算:

$$工资数额 = 计件单价 \times 合格产品的数量$$

计件工资又细分为以下两种:

1. 直接计件工资制

直接计件工资制的工资率在任何产量水平都是一个常量,即报酬正比于产量。例如,某企业规定员工的工资率为4元/件,则员工生产10件的工资为40元,生产20件的工资为80元。这种计件制的优点是易计算,易于为员工所理解,缺点是个人和团队的绩效水平不易控制。

2. 差别计件工资制

这种计件工资制的工资率随着产量水平的变化而变化,是一个变量。差别计件工资制又包括泰勒制和梅里克制两种形式。

泰勒制的特点是两档工资率,即设定一个标准产量 S,在标准产量内实行低档工资率 R_L,超过这一产量水平后,实行高档的工资率 R_H。按照这种工资制度,一个工人的实际收入 E 为:

$$E = \begin{cases} N \times R_L, & N \leqslant S \\ N \times R_H, & N > S \end{cases}$$

梅里克制与泰勒制的基本原理相同,但它实行的是三档工资率,即设定一个标准产量 S,当实际产出低于标准产量的 83% 时,实行低档工资率 R_L;当实际产出介于标准产量的 83% 和 100% 时,实行中档工资率 R_M;当实际产出高于标准产量时,实行高档工资率 R_H。按照这种工资制度,一个工人的实际收入 E 为:

$$E = \begin{cases} N \times R_L, & N \leqslant S \times 83\% \\ N \times R_M, & S \times 83\% < N \leqslant S \\ N \times R_H, & N > S \end{cases}$$

计件工资制简单易行,但只从产品数量上反映劳动成果,对于优质产品、原材料节约、安全生产等方面的超额劳动难以体现,在使用上也有其局限性,对于个人贡献难以区分和衡量的工作,或者员工无法对其产出施加控制的工作,都不适合计件工资制。

(二)计时工资

计时工资是根据员工单位产出消耗的时间和相应的工资率支付的薪酬。根据工资计算办法的不同,工时制又可以分为两种形式:

1. 标准工时制

在这种工资制度下,企业首先确定正常技术水平和熟练程度下工人完成某项工作任务所需要的时间,即标准工时,然后再确定完成这种工作任务的标准工资率,最后根据这个标准工资率来统一支付工人工资。当某个熟练工人能够在标准工时内完成某件工作时,那么他的工资仍然按照标准工时乘以该工作的小时工资率来计算。例如,通过时间研究确定执行某项任务需要的标准时间为 0.4 小时,已知标准工资是每小时 8 元,完成这项任务的员工就能获得 3.2 元,而不论该员工需要 0.4 小时还是 0.2 小时还是 0.5 小时,只要完成此项任务,他能获得的报酬就是 3.2 元。

标准工时制类似于"任务包干"制度。其重点在于激励员工提高劳动效率,节约劳动时间。但是对企业来说,无论工人实际使用时间是多少,只要完成这项任务就按标准工时发放相应的报酬。

2. 差别工时制

这种工资制度的设计思想是将节约工时与节约劳动成本结合起来,具体又包括哈尔希 50-50 奖金制和罗恩制两种形式。

哈尔希 50-50 奖金制首先确定某项工作的时间限额以及相应工资率,如果工人能够以低于限额的时间完成工作,节约的时间引起的成本的节约在员工和雇主之间进行五五分配。

罗恩制与哈尔希 50-50 奖金制类似,但在罗恩制下,工人获得的节余分摊比例随着工时节约比例的增加而增加。例如,某项工作的标准工时为 10 小时,如果实际耗时 7 小时,工人可提取成本节余的 30% 作为奖金,如果实际耗时 6 小时,工人可提取成本节余的 40% 作为奖金。

(三)佣金制

佣金制是直接按销售额的一定比例确定销售人员的报酬,它是根据业绩确定报酬的一种典型形式,主要用于销售人员的工资支付制度。佣金制的优点是由于报酬明确同业绩挂钩,销售人员会努力扩大销售额,促进企业市场份额的迅速扩大;另外,佣金制由于计算简单,易于为销售人员理解,管理和监督成本较低。这种工资制度的缺陷是容易导致销售人员只注重扩大销售额,而忽视培养长期顾客,不愿推销难以出售的商品。而且,由于市场的风险性,有可能形成销售人员的工资忽高忽低。

佣金制分直接佣金制、混合佣金制和超额佣金制等基本形式。最基本的一种是直接佣金制,即佣金等于销售量(或销售率)与佣金率的乘积。混合佣金制,即销售人员的工资是按基本薪金加佣金的组合方式支付。这两类佣金制中的佣金率,通常是以销售量或销售额为基础,也可以是基于销售增长率或既定时间内建立联系的新客户数目。超额佣金制,即销售人员必须完成一定的定额后才开始有收入,即销售人员的薪酬等于实际销售量与产品定额的差与佣金率的乘积。

(四)绩效加薪

绩效加薪是企业等用人组织出于对员工已经取得的成就和过去工作行为的认可,在其原有基本工资之外另行增加的定期支付的固定数额的现金薪酬。绩效工资实质上是员工的基本工资随着其业绩的变化而调整或增加的部分,所以也有人把它归入基本工资范畴。绩效加薪一旦确定,就会永久地增加到基本薪酬之上,第二年的绩效工资会在上一年已经加过薪的基本薪酬的基础上再加薪,这样绩效工资会产生一种累积作用。

(五)一次性奖金

一次性奖金是向高绩效员工支付的一次性报酬。不应把奖金与绩效加薪混淆。绩效加薪是基于绩效的报酬,但它具有连续性,一旦确定就永久地加到基础薪酬上。一次性奖金则往往是当年有效,组织对此不承担长期义务。其优势在于,在保持绩效和薪酬挂钩的情况下,减少了因基本薪酬的累积效应所引起的固定薪酬成本的增加。

二、组织激励薪酬

组织激励薪酬是基于员工所处的团队、部门甚至整个组织的业绩进行奖金分配的一种方式,近年来引起了广泛的关注。与个人激励薪酬相比,它有很多优势:首先,由于业务是相互依存的,有时难以把个人绩效分离出来进行评价。其次,从组织层面来看,组织目标相对稳定而个人的奖励标准可能需要针对环境的变化而经常性调整;最后组织奖励薪酬有利于引导员工间的合作,提高他们对于企业整体利益的关注。

组织激励薪酬主要有三种类型:第一种是利润分享计划,第二种是收益分享计划,第三种是股票所有权计划。

(一)利润分享计划

利润分享计划是将员工的薪酬收入与企业的利润收入联系起来的一种组织奖励模式。根据这一计划,所有员工或者某些特定群体按照一个已设计好的比例分享所创造的利润,员工根据公司整体业绩获得年终奖或股票,或者以现金或延期支付的方式得到红利。

利润分享计划将员工的薪酬与组织的整体绩效联系起来,有利于增强员工在组织中的责任感、身份感和使命感,引导他们更多地关注组织财务绩效目标的实现,而且,利润分享计划所支付的报酬不计入基本薪酬,有助于灵活地调整薪酬水平。

(二)收益分享计划

收益分享计划实际上是将由于成本节约而带来的收益(或利润)在员工和企业间分摊的一项计划。由于多数员工认为收益分享计划所关注的成本、质量和效率指标比利润指标更容易被他们自己所能控制,因此以成本节约作为激励因素相对更能取得他们的配合。收益分享计划包括斯坎伦计划和拉克计划两种形式。

1. 斯坎伦计划

它是斯坎伦于1937年开发出来的一种致力于减少劳动成本的员工参与计划。操作步骤如下:

①确定收益增加的来源,通常用生产率的提高、成本节约、次品率下降、客户投诉率下降等。

②将这些来源的收益增加额加总,得到收益增加总额。

③确定收益增加净额和可分配收益总额。计算出收益增加总额之后,企业还必须进行各种提留,得到收益增加净额,并在此基础上确定可用于分配收益比例和收益总额。

④用可分配收益总额除以工资总额,得出收益分配率。然后用员工个人工资额乘以单价,就可以得到该员工分享的收益总额。

2. 拉克计划

它是拉克于1933年提出的一种收益分享计划。它与斯坎伦计划除确定红利额的公式之外完全一样。它的基本假设是员工的工资总额保持在一个固定的水平上,然后根据公司过去几年的记录,以其中工资总额占生产价值(或净产值)的比例作为标准比例,确定奖金的数额。

(三)股票所有权计划

让员工部分地拥有企业的股权可以将员工的利益与企业整体绩效结合起来,同时也可以克服利润分享计划和收益分享计划中的短期化行为。目前比较常见的股票所有权计划主要有:现股计划、期股计划和期权计划。

(1)现股计划就是指企业通过奖励的方式向员工直接赠与企业的股票,或者参照股票当前的市场价格向员工出售企业的股票,使员工立即获得现实的股权。这种计划一般要求员工在一段时间内不能出售所持股票,这样可以促使员工更加关心企业的长远发展。

(2)期股计划是指企业和员工约定在未来某一时期,员工要以一定的价格购买一定数量的企业股票。购买价格一般参照股票当时价格来确定,这样,如果未来股票价格上涨,员工按照约定价格买入股票,就可以获得收益;如果未来股票价格下跌,员工也会有损失。

(3)期权计划是指企业给予员工在未来某一时期以一定价格购买一定数量公司股票的权利,但是到期可以行使这项权利,也可以放弃这项权利,购买价格一般也要参照当时价格确定。

【应用举例8.2】

B 公司的股票期权计划

B 公司是一家在境外注册的高科技企业,在注册时就预留了一定数量的股票计划用于股票期权激励。目前公司处于发展时期,但现金比较紧张,已经连续几个月没有发放奖金,公司面临人才流失的危机。在这样的背景下,某咨询公司为 B 公司设计了一套面向公司所有员工实施的股票期权计划。

主要内容如下:

(1)授予对象:这次股票期权计划首次授权的对象为 2003 年 6 月 30 日前入职满一年的员工。

(2)授予价格:首次授予期权的行权价格为 0.01,被激励员工在行权时只是象征性出资。以后每年授予的价格参照每股资产净值确定。

(3)授予数量:拟定股票期权发行最大限额为 1 460 500 股,首次发行 730 250 股。期权的授予数额根据公司相关分配方案进行,每年可授予一次。首次授予数额不高于最大限额的 50%;第二年授予数额不高于最大限额的 30%;第三年授予数额不高于最大限额的 20%。

(4)行权条件:员工获授期权满一年进入行权期,每年的行权许可比例是:第一年可行权授予总额的 25%,以后每年最多可行权授予总额的 25%。公司在上市前,暂不能变现出售股票,但员工可在公司股票拟上市而未上市期间内保留或积累期权的行权额度,待公司股票上市之后,即可以变现出售。如果公司三年之后不上市,则要求变现的股票由公司按照行权时的出资额加上以银行贷款利率计算的利息回购。

(资料来源:经邦研究所.股权激励案例4种[J].中外管理,2004(5).)

第五节 福利薪酬的设计

一、福利的概念和作用

福利分为社会福利和组织福利。社会福利是指国家、社会兴办的文化、教育、卫生事业,以及各种救济、扶贫、生活补贴、福利设施等;组织福利也称员工福利,它是薪酬构成中的一个重要组成部分,它是组织为满足劳动者的生活需要,在工资收入之外,向员工本人及其家属提供的货币、实物及一些服务形式。员工福利不以员工对企业的相对价值或贡献为基础,是基于员工的组织成员身份而发放的,它具有均等性、集体性、补充性、全面性等特点。本书所研究的主要是员工福利,以下简称福利。

良好的福利对于企业发展有重要意义。通过采用灵活的福利形式,可以弥补工资满足人们需要比较单一的不足,能够满足员工多方面的需求,从而有利于留住员工,有助于降低运营成本和提高生产率。它能够显示企业的实力、管理水平以及对人的关心程度,可以增强企业对人才的吸引力,从而增强人才竞争优势。福利还可以让员工和企业合理避税,从而在相同的支付成本下提高员工的实际收益,有利于企业节约成本开支。此外,企业还可以通过良好的员工福利给付,获得社会声望和政府的信任和支持,提高企业的形象。

二、福利薪酬的类型

员工福利从不同的研究需要出发,可以采用不同的分类:根据福利的享受对象可以分为集体福利和个人福利;根据福利的表现形式分,有经济性福利和非经济性福利;根据福利的性质分为法定福利和企业自主福利。以下介绍法定福利和企业自主福利。

(一)法定福利

法定福利是组织依据国家有关法规必须为员工提供的福利,它为员工提供了工作和生活的基本保障。当员工退休或遭遇失业、疾病、伤残等特殊困难时给予及时救助,提高员工生活保障和防范风险的能力。

1. **养老保险**

养老保险是指国家通过立法,使劳动者在达到国家规定的解除劳动义务的劳动年龄时或在因年老而丧失劳动能力时,可以获得物质帮助以保障晚年基本生活需要的保险制度。养老保险是社会保险体系的核心,影响面大、社会性强,直接关系到社会的稳定和经济的发展,因此各国政府都特别重视。

2. **医疗保险**

医疗保险是为补偿因疾病所带来的医疗费用的一种保险,是国家、企业对职工在因病或非因公负伤而暂时丧失劳动能力时,给予假期、收入补偿和提供医疗服务的一种社会保险制度。基本医疗保险包括职工基本医疗保险、城镇居民基本医疗保险和新型农村合作医疗。

3. **失业保险**

失业保险是指国家和企业对因非主观意愿、暂时丧失有报酬或有收益的工作的员工,支付一定的经济补偿,以保障其失业期间的基本生活,维持企业劳动力来源的社会保障制度。失业保险待遇由失业保险金、医疗补助金、丧葬补助金、抚恤金、职业培训和职业介绍补贴等构成,目的在于保障非自愿失业者的基本生活,促使其重新就业。

第八章　薪酬管理

4. 生育保险

生育保险是妇女劳动者因生育子女而暂时丧失劳动能力时,由社会保险机构给予必要的物质保证,以保证母亲和孩子的基本生活及孕产期的医疗保健需要的一种社会保险。生育保险待遇包括医疗费用和生育津贴。

5. 工伤保险

工伤保险又称职业伤害保险,是由国家或者社会给予因工伤、接触职业性有毒物质等而造成伤残、死亡等暂时或永久丧失劳动能力的劳动者及其家属提供物质帮助的一种社会保险制度。

以上五种保险中,除生育保险和工伤保险不需个人缴纳保险费外,其他三种保险需由用人单位和员工按国家和地区规定的缴费标准共同缴纳保险费。

6. 住房公积金

住房公积金是单位及其在职职工缴存的长期住房储金,是住房分配货币化、社会化和法制化的主要形式。单位和职工个人必须依法履行缴存住房公积金的义务。职工个人缴存的住房公积金以及单位为其缴存的住房公积金,实行专户存储,归职工个人所有。住房公积金应当用于职工购买、建造、翻建、大修自住住房,任何单位和个人不得挪作他用。

7. 公休假日和法定假日

目前我国实行每周休息两天公休日制度,同时规定了元旦、春节、国际劳动节、国庆节、清明节、端午节、中秋节共11天法定假日。在公休假日和法定假日加班的员工应分别享受相当于基本工资双倍和三倍的加班工资。

8. 带薪休假

带薪休假是指员工工作满一年的时期后,可以带薪休假一定的时间。

(二) 企业自主福利

企业自主福利是企业根据自身的管理特色、财务状况和员工的内在需求,向员工提供的各种补充保障计划以及各种服务、实物、带薪休假等。例如,企业提供的补充医疗计划、带薪休假、过节费、加班费、住房补贴、交通补贴、购物券等。

除了上述传统的福利类型外,最近几年,一些新型的企业自主福利出现并开始流行,典型的类型有企业年金、健康福利项目、生活周期福利、员工援助计划等。以下对这几种典型的福利类型进行简单介绍。

1. 企业年金

企业年金是社会基本养老保险制度的重要补充,是指企业及其员工在依法参加基本养老保险的基础上,自愿建立的补充养老保险制度,可以说它是补充性的第二养老金计划。企业年金可以由雇主一方缴纳,也可以由雇主和员工双方缴纳,但企业是主要的出资人。在市场经济中,企业年金是企业薪酬福利的一个重要组成部分,从企业层面来说,它是企业吸引人才、留住人才和提高员工积极性、提高劳动效率的重要手段;从员工个人的层面来说,能够极大地改善员工退休后的生活,帮助员工合理合法地减少税收。企业年金在国外已经是非常流行的养老补充方式,但在中国还是新生事物。

2. 住房或购房支持计划

该计划指企业为了使员工有一个较好的居住环境而提供给员工的一种福利。主要包括以下几种:根据企业薪酬级别及职务级别确定每个人的贷款额度,在向银行贷款的规定额度内和规定年限内,贷款部分的利息由企业逐月支付;按资历、工龄等给予员工一定的住房津贴;企业购买或建造住房后免费或低价租给或卖给员工居住;全额或部分报销员工租房费用等。

3. 员工援助计划

员工援助计划(Employee Assistance Program,EAP)是为组织机构设立的一套服务计划,它同时为企业的组织结构、管理人员及员工(通常包含他们的家属)提供有关心理与行为健康方面的"组织管理咨询"、"管理者咨询"以及"员工心理辅导"等服务。通过专业人员的调查与诊断、建议与指导、教育与培训、咨询与辅导等形式,帮助员工解决各种心理和行为问题,提高个人绩效和生活质量,同时提升组织整体效能。发达国家多年实践证明,员工援助计划(EAP)不仅是解决职业心理健康问题的最优方案,而且是提升员工心理健康水平、提高生活质量和工作效率的最有效途径。但要注意的是,员工援助计划的使用应该是秘密的,以使员工不会因为害怕受到影响而对是否使用它产生犹豫。

4. 生活周期福利

这种福利主要基于一个人的特定生活阶段,包括儿童看护和老年看护。提供儿童看护的企业,员工可以把他们的孩子放在日托中心,看望他们并与其共进午餐,然后下班后领走孩子。老年看护有几种不同的形式,最普遍的一种是转诊服务,提供给那些父母有残疾或需要经常性看护的员工使用;另一种形式是长期的健康看护保险,提供家庭看护。

三、弹性福利

传统福利所带来的问题是,组织提供的福利并不适合每个员工,在这种情况下,企业支出的福利成本可能很高,但提供的福利对员工没有或很少价值。

弹性福利又称自助式福利,是指员工根据自己的需要,从那些具有一定的雇主缴费基础不同类型和水平的福利项目中进行选择,从而建立自己的一揽子福利计划。其基本思想是当员工能够选择的时候,同样数量的福利支出产生的效应是最大的。但这种选择会受两个方面的制约:一是企业必须制定总成本约束线;二是每种福利组合中必须包括一些非选择性项目,如法定福利。在上述两个因素的限制下,企业员工可以挑选项目。

(一)弹性福利的设计

弹性福利相对于一般传统的福利而言,技术性和精确性要求更强,其设计必须遵循一套合理有效的步骤。弹性福利的设计流程如图8.7所示。

图 8.7　弹性福利的设计流程图

1. 开展福利调查

不同的员工对于福利项目的组成有不同的要求,因此,一方面要进行内部调查,即了解员工对福利项目的需求构成。企业可以针对不同的需求制定不同的项目,满足员工的需求。另一方面是外部调查,目的是确定福利支付水平,以保证外部竞争性。

2. 确定员工福利限额

福利额度确定的主要依据是资历和绩效考核,也可按照工资的一定比例确定福利的额度,这样做的前提是工资体系要完善。

3. 确定福利项目价格

对某些可衡量的实物或服务的定价,根据项目的现实价格定价即可。对于不能衡量的项目,比如对带薪假期的衡量,可以用他这期间的工资额加上因不工作造成的损失定价。

4. 员工选择福利项目

公司公布福利项目的种类和价格,由员工进行挑选,做预先登记,隔一段时间再提供福利项目。过程中会不可避免地发生员工购买力不足和员工储蓄情况。购买力不足是指员工无力购买福利项目,公司可以考虑实行分期付款,实行预支。但是,预支会不可避免地占用公司大笔资金,所以应该尽量平衡预支。不过,预支可以使员工长期为公司服务,有利保持其忠诚度。储蓄是指员工暂时不选择买,储蓄到一定金额后再选择福利项目。

(二) 弹性福利的类型

1. 附加型

这是最普及的一种形式,是在现有的福利计划之外,再提供其他不同的福利措施或扩大原有福利项目的水准,让员工去选择。

2. 核心加选择型

由"核心福利"和"弹性选择福利"所组成,前者是每个员工都可以享有的基本福利,不能自由选择;后者可以随意选择,并附有价格。

3. 弹性支用账户

这是比较特殊的一种,员工每一年可从其税前总收入中拨取一定数额的款项作为自己的"支用账户",并以此账户去选择购买雇主所提供的各种福利措施。拨入支用账户的金额不需扣缴所得税,不过账户中的金额如未能于年度内用完,余额就归公司所有;既不可在下一个年度中并用,亦不能够以现金的方式发放。

4. 福利套餐型

是由企业同时推出不同的福利组合,每一个组合所包含的福利项目或优惠水准都不一样,员工只能选择其中一个的弹性福利制。

5. 选高择抵型

一般会提供几种项目不等、程度不一的福利组合供员工选择,以组织现有的固定福利计划为基础,再据以规划数种不同的福利组合。这些组合的价值和原有的固定福利相比,有的高,有的低。如果员工看中了一个价值较原有福利措施还高的福利组合,那么他就需要从薪水中扣除一定的金额来支付其间的差价。如果他挑选了一个价值较低的福利组合,他就可以要求雇主发给其间的差额。

【应用举例8.3】

上海贝尔公司的福利制度

上海贝尔公司始终把员工看成公司的宝贵资产,并为拥有一支高素质的员工队伍而自豪。公司每年召开的董事会,都有相当多的时间用于专题讨论员工培训、奖金分配、工资调整和其他福利等问题。上海贝尔公司把以人为本的经营方略体现在了公司的福利政策上。

(一)创造国际化发展空间

据上海贝尔公司总裁谢贝尔先生介绍,随着上海贝尔公司的发展和中国市场体系日益与国际接轨,公司在福利管理方面日趋成熟,其中重要的一条就是真正做到了福利跟随战略,公司主动设计出别具特色的福利政策,来营建自身的竞争优势。

为了让员工真正进入国际化的社会,上海贝尔公司的各类技术开发人员、营销人员都有机会前往公司设在欧洲的培训基地和开发中心接受多种培训,也有相当人数的员工能获得在海外的研究开发中心工作的机会,少数有管理潜质的员工还被公司派往海外的名牌大学深造。如果一个企业能提供各种条件,使员工的知识技能始终保持在国际前沿水平,还有什么比这更能打动员工的心。

(二)力推自我完善

谢贝尔认为,公司的福利政策应该是公司整体竞争战略的一个有机组成部分。为员工提供一个自我发展、自我实现的优良环境,是公司福利的目的。

从发展的远景规划,以及对员工的长期承诺出发,公司形成了一整套完善的员工培训体系。高等院校毕业的本科生和研究生进入上海贝尔公司后,必须经历为期一个月的入职培训,随后是为期数月的上岗培训;转为正式员工后,根据不同的工作需要,对员工还会进行专业技能和管理技能的在职培训。

此外,还鼓励员工接受继续教育,为读MBA和博士、硕士学位的员工负担学习费用。新近成立的上海贝尔公司不但提高了公司对各类专业人士的吸引力,也极大地提高了在职员工的工作满意度和对公司的忠诚度。

(三) 培育融洽关系

上海贝尔公司的福利政策始终设法去切实反映员工变动的需求。公司员工队伍的年龄结构平均仅为28岁。大部分员工正值成家立业之年,购房置业是他们生活中的首选事项。在上海房价高涨的情况下,公司及时推出了无息购房贷款的福利项目。而且在员工工作满规定期限后,此项贷款可以减半偿还,既替年轻员工解了燃眉之急,也使资深员工得到了回报,当公司了解到部分员工已有住房,有意于购置私家轿车时,公司也为这部分员工推出购车的无息专项贷款。公司如此善解人意,员工当然投桃报李,对公司的忠诚度得以大幅度提升,加深了员工和公司之间长期的心灵契约。

公司与员工的沟通是公司福利工作的一个重要组成部分,详尽的文字资料和各种活动使员工对公司的各项福利耳熟能详,同时公司也鼓励员工在亲朋好友间宣传上海贝尔良好的福利待遇。公司在各类场合也是尽力详尽地介绍公司的福利计划,使各界人士对上海贝尔优厚的福利待遇有一个充分的了解,以增强公司对外部人才的吸引力。

(资料来源:李小勇.100个成功的人力资源管理[M].北京:机械工业出版社,2004.)

本 章 小 结

本章较为系统的阐述了薪酬管理的基本理论和方法。对薪酬的概念、构成及功能予以剖析,介绍了薪酬管理的内容及战略性薪酬管理的含义和特征,给出了薪酬体系的定义和几种常见薪酬体系的特征及适用范围,阐述了薪酬水平定位,逐一介绍了基本薪酬、激励薪酬、福利薪酬的设计,详细论述了工作评价的方法,简要介绍了薪酬的预算、控制及调整的方法。

首先,对薪酬的概念予以剖析。薪酬有广义和狭义之分,狭义的薪酬作为本书的研究对象,是指员工因为雇佣关系的存在而从雇主那里获得的所有各种形式的经济收入以及有形服务和福利,它包括直接薪酬和间接薪酬两大部分。从员工角度看,薪酬具有维持和保障功能、激励功能和社会信号功能,从企业角度看,薪酬具有增值功能和成本控制功能。

其次,介绍了薪酬管理的内容及战略性薪酬管理的特征,使学生对薪酬管理有一个整体的认识。薪酬管理的内容包括薪酬体系决策、薪酬水平定位、薪酬结构设计、薪酬控制与调整四个方面。战略性薪酬管理是指在作薪酬决策时要对环境中的机会及威胁做出适当的回应,并且要配合或支持组织的全盘的、长期的发展方向以及目标。它具有战略性、灵活性、激励性、创新性和沟通性的特征。

再次,给出了薪酬体系的含义及三种常用的薪酬体系。

薪酬体系是薪酬结构的灵魂,薪酬结构是薪酬体系的外在表现形式。研究薪酬问题时,表面上似乎研究的是薪酬结构,实际上离不开薪酬体系。

职位薪酬体系是应用最广泛的薪酬体系,能保证真正意义上的同工同酬、操作简单、成本低、能激励员工提高自身技能和能力,它适用于外部环境相对稳定,内部职位级别相对多的企业。

技能薪酬体系有利于提高员工技能、促进人员流动、增强企业灵活性，有利于员工对工作流程的全面了解和管理决策的参与，有利于稳定优秀专业人才安心本职工作，此薪酬体系适用于员工技能与组织绩效相关性较强的企业。

能力薪酬体系，是一种以员工的绩效能力为基础的基本薪酬决定体系，这种薪酬体系与技能薪酬体系的优点与不足大体相同，只是适用范围有所区别，它更适用于白领员工，特别是知识工作者。

第四，阐述了如何进行薪酬水平的定位。企业薪酬水平定位首先要确定自身薪酬水平的策略类型，主要的策略类型有市场领先策略、市场跟随策略、市场拖后策略和混合策略。薪酬水平定位决策的基本工具就是市场薪酬调查，薪酬调查的步骤：①确定薪酬调查的目的；②薪酬调查相关市场的选择；③薪酬调查职位的选取；④确定调查内容；⑤选择薪酬调查方法；⑥实施调查；⑦分析调查结果并形成薪酬报告；⑧运用调查结果。

最后，本章重点介绍了基本薪酬、激励薪酬和福利薪酬的设计。

基本薪酬设计，首先阐述了薪酬设计的原则，即公平性原则、竞争性原则、激励性原则、经济性原则、合法性原则，然后概要介绍了薪酬设计的流程，即确定付酬原则与策略、工作分析、工作评价、薪酬调查及数据收集、薪酬结构设计，其中重点介绍了工作分析的方法（排序法、分类法、要素计点法、因素比较法）和薪酬结构设计。

激励薪酬设计，按照个人激励薪酬和组织激励薪酬两方面介绍，个人激励薪酬主要包括的类型有计件工资、计时工资、佣金制、绩效加薪、一次性奖金，组织激励薪酬的类型主要包括利润分享计划、收益分享计划、股票所有权计划。

福利薪酬设计，分别介绍了法定福利和企业自主福利，重点介绍了弹性福利。

引 例 分 析

在章首引导案例中谈到，ML公司根据2000年企业发展战略的需要，把2000～2001年定为管理改革年。改革的重点是人事管理改革，人事管理改革的首要任务是薪酬改革。公司为了完成这项具有战略意义的薪酬改革任务，还聘请了曹博士专门负责这项研究和设计工作，现在，我们看看曹博士用薪酬理论是怎样来设计薪酬改革方案的，即他的改革思路和框架是什么？他是怎样开展具体工作的？

（一）曹博士薪酬方案的改革思路

根据会上公司各位领导所定的公司改革精神，曹博士领导的小组经过反复思考和讨论，提出了公司薪酬改革四步走的想法：首先是设计调查工具，并进行前期的调查和分析，找出现行薪酬管理的问题及其症结；其次根据公司所决定的薪酬改革目标与原则，拟订改革的基本思路；再次是根据公司的实际情况，设计薪酬改革的具体方案和实施原则；最后是培训、推行和调整……

(二)曹博士开展薪酬改革的步骤

曹博士根据改革四步走的思路,工作安排如下:

第一,开展公司内薪酬现状的调研和诊断工作。

调查诊断的内容包括公司的业务流程、组织结构、岗位设置、人力资源管理制度、薪酬管理实践以及薪酬水平等。在调查诊断方式上,根据需要,曹博士采用了文献收集分析、访谈、人力资源指数问卷调查和薪酬管理有效性问卷调查。经过一个月的艰苦工作,薪酬改革小组对现行薪酬管理制度和现状提出了如下四个方面的看法:

(1)薪酬管理政策缺乏透明度,员工对现行薪酬制度、政策和实践知之甚少,甚至还存在许多误解。薪酬制度和政策对员工行为的导向作用因此大大削弱。其中原因主要在于公司信息沟通不畅。

(2)公司的现行岗位工资制度存在着明显的缺陷,过于重视个人的学历与工龄,且对岗位重要性和复杂性的评价存在严重的不公平特征。这一状况极大地制约了薪酬管理功能的充分发挥。

(3)现行薪酬制度的激励功能较弱,没有长期性激励措施,绩效工资制度中只设计了负激励机制。长此以往,不利于员工积极性和创造性的充分发挥。

(4)公司缺乏科学合理的个人业绩评价体系。具体表现在评价标准不明确、评价方式单一、评价过程是暗箱操作。员工对评价过程和评价结果都明显不满。由于员工收入的60%与绩效直接挂钩,所以,这种状况极大地影响了现行薪酬制度的实施效果。

第二,提出了薪酬改革的总体思路和框架。

根据公司2000年发展战略,为了增进公司薪酬管理的公平性和激励功能,将根据员工不同工作岗位和员工不同的工作性质,应实行不同的工资制度。

第一种是对管理人员、生产人员和辅助人员实行岗位结构工资制度;

第二种是对技术人员实行技能工资制度;

第三种是对销售公司的所有销售人员实行业绩工资制度;

第四种是对公司特殊外聘人员实行契约工资制度;

第五种是对在公司实习、见习的人员实行实习工资制度;

第六种是对公司临时性人员实行临时工工资制度。

第三,制定薪酬改革方案应开展的工作。

(1)根据组织发展规划、业务流程和管理流程,重新明确各个部门的责任范围、岗位设置及岗位职责,为岗位结构工资制度的调整奠定科学的基础。

(2)按照如下步骤对公司岗位工资制度进行系统地修正:

以岗位说明书为依据,根据岗位职责、劳动强度、岗位技能、劳动条件等指标重新评定岗位等级幅度,使岗位等级的划分更加合理;在新确定的岗位等级幅度基础上,根据员工学历、工龄、工作表现三个指标决定每个岗位员工的具体工资等级;制定公司员工岗位等级浮动的专门制度和实施细则,利用岗位工资等级浮动来发挥工资的激励功能。

(3)为了充分调动公司技术人员在生产、管理、技术开发方面的积极性,对技术人员单独实施技能工资制度。具体步骤如下:公司根据技术人员的技能高低评定技术人员的技能等级,并确定相应的技能等级升迁制度。根据公司对技术人员的倾斜政策及其他岗位工资水平确定不同技能等级的工资水平。

(4)对销售人员实行"基本工资+业绩工资"的工资结构,并在调研基础上修改完善销售人员现行薪酬管理制度,充分调动销售人员的积极性。

(5)鉴于公司高层管理者的特殊职责和工作性质,将对其薪酬结构进行单独考虑并制定专门的"股票期权奖励制度",从而既使公司经营者的行为长期化,又充分发挥薪酬管理的约束和激励功能。

(6)制定"员工股权奖励制度",奖励部分对公司作出了特殊贡献的员工。同时,根据各方面员工的特殊需求,设计制定一系列员工奖励制度,健全公司的正向激励机制。这样,既能够发挥薪酬的激励功能,又有助于公司留住关键人才。

(7)对于公司引进的特殊人才、临时性工人等特殊群体,采取特殊的工资制度。

(8)根据各个岗位的基本职责,制定各个岗位员工的业绩评价标准,设计公开的、多侧面的业绩评价方式,尽力完善公司个人业绩评价标准,为薪酬管理提供科学合理的依据。

(9)设计实施旨在加强组织内部沟通和员工参与管理的制度和方式,加强公司在薪酬管理方面的透明度。

第四,开展培训、推行和调整。

(略)

(三)方案可行性及应注意的问题

(略)

【案例演练】

朗讯科技公司是美国通信业巨擘。北京朗讯科技光缆公司是美国朗讯科技光缆公司在华设立的分公司之一,主要生产制造通讯光缆。现该公司产品在中国国内光缆市场所占份额雄踞市场第二位,其成绩的取得不但有其先进科技产品依靠的优势因素,更有其卓越的管理制度和激励机制来吸引和保留优秀人才的因素。该公司的薪酬机制有其独特之处。

(一)该公司的薪酬结构

(1)工资。工资体系共有十个级别,除十级外(副总经理级),每个级别都有 A、B 两个等级,而每个等级又有最高和最低工资。工资从一级到十级的差别为 20 多倍。工资标准不固定,而是随着所在地区薪资行情的变动而做相应修订,总体水平要比国有企业同类售货员的行情高出许多。

(2)奖金。奖金分为两种类型:一为常规半年奖、年底奖。奖金发放根据公司经济效益和对员工个人绩效评估后而定。二为非常规季节奖、随机奖。这两种奖金根据上级对员工的工作表现而定,每次获奖名额不超过员工总额的10%,奖金一般相当于员工半个月到一个月的工资水平。

(3) 其他福利。公司除支付按当地政府规定的社会保险外,另外还为员工购买人身意外保险和个人财产商业保险、门诊医疗商业保险等,并且每年还在员工住房、教育、培训疗养、旅游、工会活动等基金领域做出预算开支,供员工福利消费。

(4) 股权认购和股权奖励。股权认购为每个员工认购公司股票100股。而股权奖励只发给不超过员工总数5%的优秀员工,具体数目不定。无论是股权认购还是股权奖励,都不用员工自己掏腰包,而是由公司将股权在名义上赠给员工,但不能出售,必须等到三年后才可出售归自己。

(二) 公司薪酬运作及其特点

(1) 底薪调整。为保持竞争优势,公司每年由人力资源部单独组织一次相关外部企业的薪酬调查,并对调查结果进行系统分析比较,其调查内容主要有:①当地物价指数的变动。它有时可以左右公司决定是否马上调薪。②当地所有企业年度平均增资水平。③各相关公司的最高增薪和最低增薪水平情况。④各相关公司各职位的全部薪酬水平情况;最高及最低水平变化。⑤各相关公司各职位的薪酬结构比例。⑥当地各相关公司和全国同本行业公司的总体人员流失率情况,经理、专业技术人员流失情况。

(2) 员工职务晋升增薪。经理人员可以参照公司的工资级别提出员工晋升增资建议。通常是逐级晋升,但有时业绩异常优秀的员工也有连升三级的。正常晋升增资的幅度为10%~25%,越级晋升的幅度为25%~40%。

(3) 员工招聘时的定薪。决定招聘新员工定薪的因素有学历、经验、专长、经历。①学历。刚毕业本科生工资在专业管理人员最低一级。刚毕业研究生学历相应高出15%。②经验。有两年以上工作经验的本科生比没有经验的高出20%,有两年经验的研究生比没有经验的同类人员高出30%。③专长。如果在招聘时发现一个人能发挥的作用将大于其他员工时,则公司可提供超出规定的工资级别,极有可能会高于在相同岗位上已经工作了几年的员工工资。④经历。新员工在不同行业、不同领域、不同公司工作过,特别是在著名企业工作过,其工资定级会被公司着重考虑。

(4) 工资的正常晋升,半年奖、年底奖的发放与绩效评估。这三类薪酬是严格按照员工半年和一年度的绩效评估结果决定。公司在员工的绩效评估中采取矩阵式正态公布法,共分5个档次:①"不能接受";②"勉强接受";③"基本完成任务";④"完成任务";⑤"超额完成任务"。硬性规定必有5%的员工考核结果落在第一类,10%的员工考核结果落在第五类,其余的则以不同的百分比分布在其他三类中。落在"不能接受"类的员工不能发奖金,而且要限定3个月内改进,如没有明显的改进,将会面临被公司"请走"的危险。落在"勉强接受"类的员工发奖幅度最低,工资部分不能有所增长。落在"基本完成任务"类的员工发奖幅度为标准额,其年度工资的晋升,也是按公司反复测算的标准额增薪。落在"超额完成任务"类的员工其奖金和工资晋升幅度最高,有时比平均增幅高出一倍以上。

(资料来源:王惠忠.企业人力资源管理[M].上海:上海财经大学出版社,2004.)

思考题:
1. 你认为朗讯科技公司的薪酬机制有什么特点?
2. 你认为朗讯科技公司的薪酬机制和其市场竞争力有什么相关性?
3. 朗讯科技公司的薪酬机制对你有什么启示?

练 习 题

一、单项选择题

1. 常见的薪酬体系有三种,其中( )是目前我国企业最常用的薪酬体系。
   A. 职位薪酬体系　　B. 技能薪酬体系　　C. 能力薪酬体系　　D. 绩效薪酬体系
2. 狭义的薪酬中不包括( )。
   A. 奖金　　　　　　　　　　　　　　B. 养老保险
   C. 挑战性的工作机会　　　　　　　　D. 股票期权
3. 薪酬构成中与员工绩效直接挂钩的部分是( )。
   A. 基本薪酬　　　　　　　　　　　　B. 可变薪酬
   C. 福利　　　　　　　　　　　　　　D. 长期激励
4. 下列哪项属于员工福利( )。
   A. 工作环境　　　　　　　　　　　　B. 个人发展机会
   C. 家庭理财咨询服务　　　　　　　　D. 利润分享
5. 反映企业支付薪酬的内部一致性的是( )。
   A. 薪酬数量　　　　　　　　　　　　B. 薪酬形式
   C. 薪酬水平　　　　　　　　　　　　D. 薪酬结构
6. 薪酬市场调查的目的是确保员工薪酬的( )。
   A. 程序公平　　　　　　　　　　　　B. 外部公平
   C. 人际公平　　　　　　　　　　　　D. 内部公平
7. 薪酬管理的内容不包括( )。
   A. 工资总额管理　　　　　　　　　　B. 薪酬水平管理
   C. 企业经济效益　　　　　　　　　　D. 薪酬结构设计
8. 宽带薪酬等级结构比较适合( )的企业。
   A. 等级较多　　　　　　　　　　　　B. 组织结构扁平
   C. 组织结构比较陡峭　　　　　　　　D. 岗位比较多
9. 关于福利,表述错误的是( )。
   A. 采用灵活的福利形式,可以弥补工资满足人们需要比较单一的不足。

B. 福利能够显示企业的实力、管理水平以及对人的关心程度,可以增强企业对人才的吸引力,从而增强人才竞争优势。

C. 企业自主福利必须完全由企业负担。

D. 企业还可以通过良好的员工福利给付,获得社会声望和政府的信任和支持,提高企业的形象。

二、多项选择题

1. 在薪酬调查时一般选择(　　)企业。
   A. 竞争对手　　B. 同行业同地区企业　　C. 国外企业
   D. 市场水平比较高的企业　　　　E. 刚成立的管理不规范的企业

2. 常见的薪酬水平定位策略主要包括(　　)。
   A. 市场领先策略　　B. 市场跟随策略　　C. 市场拖后策略　　D. 混合策略

3. 薪酬设计时必须要遵循一定的原则,这些原则包括(　　)。
   A. 公平原则　　B. 竞争性原则　　C. 激励性原则
   D. 经济性原则　　E. 合法性原则

4. 在下列薪酬方式中属于个体激励的是(　　)。
   A. 计件制　　B. 利润分享计划　　C. 工时制
   D. 绩效工资　　E. 股票所有权计划

5. 薪酬体系设计的基础是(　　)。
   A. 工作分析与评价　　B. 薪酬调查　　C. 福利政策
   D. 工资标准　　E. 人工成本核算

三、简答题

1. 简述薪酬的功能。
2. 简述薪酬管理应遵循的基本原则。

四、论述题

1. 论述企业常见的几种薪酬体系及其优缺点。
2. 论述弹性福利的设计步骤。

第九章

Chapter 9

劳动关系管理

【引导案例】

原告：张天佑

被告：石家庄天巧造纸厂

原告是智力四级残疾人，1992年3月开始在被告单位（国营企业）做计划外临时工。2000年1月，原告与被告签订了为期一年的劳动合同，期满后又续订了为期五年的劳动合同。在合同履行期间原告多次因病住院，有证据的住院天数就达411天，加上原告是智力残疾人，不能胜任岗位工作，合同期满后被告未与原告再续订劳动合同，但也未及时办理合同终止手续，而是安排原告做临时工工作，仍给原告发放合同制工人工资至2006年5月，同年6月开始改发放临时工工资。2008年6月，被告终止了与原告的临时工关系。原告不服，向石家庄市劳动仲裁委员会申请仲裁，要求与被告续订劳动合同。该仲裁委员会认为被告于合同期满后依法终止合同并无不当，同时裁决由被告妥善解决终止劳动合同后原告的有关待遇。原告不服仲裁裁决，向石家庄市某区人民法院提起诉讼，要求与被告续订劳动合同，并要求从2006年1月1日起至补签劳动合同生效时止，由被告赔偿由于其单方解除一切劳动关系而造成的经济损失，含应调资而没有调资及劳保福利等方面的损失。

被告石家庄天巧造纸厂答辩称：劳动合同期满而解除合同是合法的。因原告是智力残疾人，不能胜任岗位工作，因此不同意与原告续订劳动合同。终止合同后原告的有关待遇可依法予以完善。原告关于赔偿的主张依据的是劳动部劳部发（1995）223号文，该文关于赔偿的规定指的是招用后故意不订立劳动合同的情况，我厂与原告之间并非这种情况，因此不应承担经济赔偿责任。

（资料来源：案例互动.管理@人［EB/OL］.中国人力资源开发网，2008，10.）

上述"引导案例"给出了张天佑与石家庄天巧造纸厂之间的劳动纠纷,张天佑能否同石家庄天巧造纸厂续订劳动合同?石家庄天巧造纸厂是否需要从2006年1月1日起至补签劳动合同生效时止,赔偿由于其单方解除一切劳动关系而造成的经济损失,含应调资而没有调资及劳保福利等方面的损失吗?解决这些问题所涉及的理论知识和技能正是本章要讲述的内容。

【本章主要内容】
①劳动关系的含义、特征、内容及与劳务关系的区别;
②劳动合同的定义、内容及签订、履行、变更、解除、终止和续订;
③集体合同的含义、特征及内容;
④劳动合同与集体合同的区别;
⑤劳动争议产生的原因及处理的程序。

第一节 劳动关系管理概述

一、劳动关系的含义

劳动关系又称为雇佣关系,在《中华人民共和国劳动法》中,对劳动关系作了明确的界定,是指劳动者与所在单位之间在劳动过程中发生的关系。《劳动法》从法律的角度确立和规范劳动关系,是调整劳动关系以及与劳动关系有密切联系的其他关系的法律规范。

对劳动关系概念的界定有广义和狭义之分:

从广义上讲,生活在城市和农村的任何劳动者与任何性质的用人单位之间因从事劳动而结成的社会关系都属于劳动关系的范畴。

从狭义上讲,现实经济生活中的劳动关系是指依照国家劳动法律法规规范的劳动法律关系,即双方当事人是被一定的劳动法律规范所规定和确认的权利和义务联系在一起的劳动关系。其权利和义务的实现,是由国家强制力来保障的。

二、劳动关系的性质、特征及类型

(一)劳动关系的性质

劳动关系的实质是双方合作与冲突的统一,劳动关系既是经济关系,也是社会关系。具体来说,劳动关系的性质主要有:

1. 劳动关系具有经济利益关系的性质

在劳动关系中,员工向用人单位让渡自己的劳动力,用人单位向员工支付劳动报酬和提供福利。显然,劳动关系在这里反映的是用人单位与员工之间的经济利益关系。正是由于这种经济关系和社会关系的性质,使得在一定社会环境下的心态、期望、行为特征等各异的劳动者与管理理念、管理文化等不同的用人单位之间形成了合作与潜在的冲突,可以说合作与冲突贯穿于劳动关系的始终。

2. 劳动关系兼有人身让渡关系的性质

在一个组织中,员工与用人单位之间从本质上说并不是一种人身让渡关系,但由于要建立劳动关系,而劳动关系又是一种权利和义务相结合的契约关系,这种契约关系的主要内容是用人单位与员工之间以支配和服从为特征的双向关系。从这一意义上,劳动关系可以被看成是一种人身让渡关系。当然,这种人身让渡关系是外在的、有条件的,其本质是劳动力让渡关系的载体,劳动者并没有失去人身自由。

3. 劳动关系还具有对等关系的性质

劳动关系的对等性质表现在两个方面:第一,劳动关系是在平等协商的基础上建立起来的。第二,劳动关系的建立一般以劳动合同的签订为保证,而在劳动合同中,劳动关系双方都应对自己的权利和义务进行全面平等的规定。

(二)劳动关系的特征

1. 劳动关系的一般特征

(1)劳动关系是一种劳动力与生产资料的结合关系

劳动关系的本质是强调劳动者将其所有的劳动力与用人单位的生产资料相结合,这种结合关系从用人单位的角度观察就是对劳动力的使用,将劳动者提供的劳动力作为一种生产要素纳入其生产过程。在劳动关系中,劳动力始终作为一种生产要素而存在,而非产品。

(2)劳动关系是具有显著从属性的劳动组织关系

劳动关系一旦形成,劳动关系的一方——劳动者,要成为另一方——所在用人单位的成员。所以,虽然双方的劳动关系是建立在平等自愿、协商一致的基础上,但劳动关系建立后,双方在职责上则具有了从属关系。用人单位作为劳动力使用者,要安排劳动者在组织内和生产资料结合;而劳动者则要通过运用自身的劳动能力,完成用人单位交给的各项生产任务,并遵守单位内部的规章制度。

(3)劳动关系是人身关系

由于劳动力的存在和支出与劳动者人身不可分离,劳动者向用人单位提供劳动力,实际上就是劳动者将其人身在一定限度内交给用人单位,因而劳动关系就其本质意义上说是一种人身关系。但是,由于劳动者是以让渡劳动力使用权来换取生活资料,用人单位要向劳动者支付工资等物质待遇。就此意义而言,劳动关系同时又是一种以劳动力交易为内容的财产关系。

2. 劳动关系的法律特征

《劳动法》中所规范的劳动关系,主要包括以下三个法律特征:

①劳动关系是在现实劳动过程中所发生的关系,与劳动者有着直接的联系。

②劳动关系的双方当事人,一方是劳动者,另一方是提供生产资料的劳动者所在单位。

③劳动关系的一方劳动者,要成为另一方所在单位的成员,要遵守单位内部的劳动规则以及有关制度。

(三)劳动关系的类型

1. 按实现劳动过程的方式来划分

(1)直接实现劳动过程的劳动关系

即用人单位与劳动者建立劳动关系后,由用人单位直接组织劳动者进行生产劳动的形式,当前这一类劳动关系居绝大多数。

(2)间接实现劳动过程的劳动关系

即劳动关系建立后,通过劳务输出或借调等方式由劳动者为其他单位服务实现劳动过程的形式,这一类劳动关系目前居少数,但今后会逐年增多。

2. 按劳动关系规范程度划分

(1)规范的劳动关系

是指依法通过订立劳动合同建立的劳动关系。

(2)事实劳动关系

是指未订立劳动合同,但劳动者事实上已经成为企业、个体经济组织的成员,并为其提供有偿劳动的情况。

(3)非法劳动关系

是指不符合法律规范而形成的劳动关系。如:招用童工和无合法证件人员;无合法证、照的用人单位招用劳动者等情形。

3. 按劳动关系的具体形态来划分

分为正常情况下的劳动关系;停薪留职形式;放长假的形式;待岗形式,下岗形式;提前退养形式,应征入伍形式等。

4. 按用人单位性质来划分

分为国有企业劳动关系;集体企业劳动关系;三资企业劳动关系;私营企业劳动关系。

三、劳动关系的内容

(一)劳动关系构成要素

1. 主体

劳动关系的主体是劳动法律关系的参与者,包括劳动者、劳动者的组织(工会、职代会)和用人单位。

2. 客体

劳动关系的客体是主体的劳动权利和劳动义务共同指向的事物。如劳动时间、劳动报酬、安全卫生、劳动纪律、福利保险、教育培训、劳动环境。

3. 内容

劳动关系的内容是主体双方依法享有的权利和承担的义务。员工与组织之间在工作时间、休息时间、劳动报酬、劳动安全卫生、劳动纪律与奖惩、劳动福利保险、职业教育培训、劳动环境等方面的具体事项。

(二)劳动关系的基本内容

劳动关系的内容是指劳动关系主体依法享有的权利和承担的义务,主要包括:

1. **劳动者的权利和义务**

(1)劳动者的权利

根据我国《劳动法》第三条规定,劳动者依法享有的权利主要有:劳动者享有平等就业和选择职业的权利、取得劳动报酬的权利、休息休假的权利、获得劳动安全卫生保护的权利、接受职业技能培训的权利、享受社会保险和福利的权利、提请劳动争议处理的权利以及法律规定的其他劳动权利。

(2)劳动者的义务

劳动者应履行义务有:保质、保量地完成生产任务和工作任务;学习政治、文化、科学技术和专业知识等;遵守用人单位的劳动纪律和规章制度;保守国家和企业的秘密。

2. **用人单位的权利和义务**

(1)用人单位的权利

①录用职工方面的权利。主要是有权按国家规定和本单位需要择优录用职工,可以自主决定招工的时间、条件、数量、用工形式等。

②劳动组织方面的权利。主要是有权按国家规定和实际需要确定机构、编制任职资格条件;有权任免、聘用管理人员和技术人员,对职工进行内部调配和劳动组合,并对职工的劳动实施指挥和监督。

③劳动报酬分配方面的权利。主要是有权按国家规定确定工资分配办法,自主决定晋级增薪、降级减薪的条件和时间等。

④劳动纪律方面的权利。主要是有权制定和实施劳动纪律;有权决定对职工的奖惩。

⑤决定劳动法律关系存续方面的权利。主要是有权与职工以签订协议方式续订、变更、暂停或解除劳动合同;有权在具备法定或约定条件时单方解除劳动合同。

(2)用人单位的义务

用人单位应履行的义务有:支付劳动报酬的义务;保护职工的义务;帮助职工的义务;合理使用职工的义务;培训职工的义务;必须执行劳动法规、劳动政策和劳动标准的义务;接受国家劳动计划的指导,服从劳动行政部门以及其他有关国家机关的管理和监督的义务。

四、劳动关系与劳务关系的联系与区别

(一)劳动关系与劳务关系的联系

劳动关系与劳务关系之间的共同之处是一方提供的都是劳动行为。当劳务关系的平等主

体是两个,而且一方是用人单位,另一方是自然人时,它的情形与劳动关系很相近,从现象上看都是一方提供劳动力,另一方支付劳动报酬,这是它们相联系的一面。

(二)劳动关系与劳务关系的区别

在劳动关系调整工作中,时常遇到劳动关系与劳务关系并存的情况,弄清两者的区别,对于做好劳动人事工作,正确适用法律、妥善处理各类纠纷,显得特别重要。从整体上看,劳动关系与劳务关系的区别主要有:

1. **主体不同**

劳动关系的主体是确定的,即一方是用人单位,另一方必然是劳动者。而劳务关系的主体是不确定的,可能是两个平等主体,也可能是两个以上的平等主体;可能是法人之间的关系,也可能是自然人之间的关系,还可能是法人与自然人之间的关系。

2. **关系不同**

劳动关系两个主体之间不仅存在财产关系即经济关系,还存在着人身关系,即行政隶属关系,也就是说,劳动者除提供劳动之外,还要接受用人单位的管理,服从其安排,遵守其规章制度等。劳动关系双方当事人,虽然法律地位是平等的,但实际生活中的地位是不平等的,这就是我们常说的用人单位是强者,劳动者是弱者。而劳务关系两个主体之间只存在财产关系,或者说是经济关系,即劳动者提供劳务服务,用人单位支付劳务报酬,彼此之间不存在行政隶属关系,而是一种相对于劳动关系当事人主体地位更加平等的关系。

3. **劳动主体的待遇不同**

劳动关系中的劳动者除获得工资报酬外,还有保险、福利待遇等;而劳务关系中的自然人,一般只获得劳动报酬。

4. **适用的法律不同**

劳动关系适用《劳动法》,而劳务关系则适用《合同法》。

5. **合同的法定形式不同**

劳动关系用劳动合同来确立,其法定形式是书面的。而劳务关系须用劳务合同来确立,其法定形式除书面的以外,还可以是口头和其他形式。

第二节 劳动合同与集体合同管理

一、劳动合同的基础知识

劳动者的能力转让通过劳动合同确立,建立和实施劳动合同管理制度,是确保劳动力转让合理进行的重要环节,国家为此制定了专门的政策法规。

(一)劳动合同的含义

劳动合同是指劳动者与用人单位之间为确立劳动关系,依法协商达成的双方权利和义务的协议,劳动合同是确立劳动关系的法律形式。劳动合同与每一个劳动者息息相关,是每一个劳动者与用人单位发生劳动关系时都必须签署的协议。

2007年6月29日第十届人民代表大会常务委员会第二十八次会议通过,自2008年1月1日起施行的《劳动合同法》是我国第一部较完整的调整劳动合同关系的法律。该法的颁布和施行,对我国的用人单位和劳动者依法保护自己的合法权益提供了更完整的法律依据。

(二)劳动合同的法律特征

劳动合同是一种特殊的合同,除有一般合同的特征外,有其自身的法律特征:

1. 劳动合同主体的特定性

劳动合同的主体是特定的,必须一方是具有法人资格的用人单位或能独立承担民事责任的经济组织和个人;另一方是具有劳动权利能力和劳动行为能力的劳动者。

2. 劳动合同的标的性

劳动合同的标的是劳动者的劳动行为,以劳动行为作为劳动合同标的,要求劳动者按照用人单位的指示提供劳动,劳动者提供劳动本身便是劳动合同的目的。

3. 劳动合同的试用性

劳动合同一般有试用期限的规定:我国《劳动法》第21条和《劳动合同法》第17条、第19条的规定,劳动合同可以约定试用期,但试用期最长不得超过6个月。

4. 劳动合同的管理性

劳动者和用人单位在履行劳动合同的过程当中,存在着管理关系,即劳动者一方必须加入到用人单位一方中去,成为该单位的一名职工,接受用人单位的管理。从劳动者方面看,对内享受和承担本单位员工的权利和义务,对外依法以本单位的名义从事经营活动;从用人单位方面看,有权利也有义务组织和管理本单位员工,把他们的个人劳动组织到集体劳动中去。

5. 劳动合同内容的法定性与协商性

合同的基本要义在于当事人双方的合意,这在劳动合同中也是一样的。有所不同的是,劳动合同的内容具有更多的法定性。劳动合同的性质决定了劳动合同的内容在法定条款基础上经协商确定,是法定与协商相结合的协议,即劳动合同的许多内容必须遵守国家的法律规定,如工资、保险、保护、劳动安全等,而当事人之间对合同内容的协商余地较小。

6. 劳动合同履行中的从属性和非强制性

劳动者实施劳动行为时,必须服从用人单位的时间安排,必须按照用人单位的要求完成其劳动过程,必须接受用人单位的指示。但需强调的是,劳动者的人身不能强制。

7. 劳动合同权利义务的延续性

劳动合同权利义务的延续性渊源于劳动者劳动力再生产的自然属性。这种延续性表现在两个方面:一是在劳动合同的有效期内,劳动者即使未向用人单位提供劳动,在一定条件下对用人单位仍有劳动报酬的请求权,用人单位仍有支付劳动报酬的义务;二是在劳动合同终止或解除后,用人单位仍对劳动者负有相应的责任。

8. 劳动合同的第三方性

在特定条件下,劳动合同往往涉及第三人的物质利益,即劳动合同内容往往不仅限于当事人的权利和义务,有时还需涉及劳动者的直系亲属在一定条件下享受的物质帮助权。如劳动者死后遗属待遇等。

(三) 劳动合同的内容

劳动合同的内容是指当事人双方达成的劳动权利义务的具体规定,具体表现为劳动合同条款。根据《劳动法》第 19 条规定,劳动合同应当以书面形式订立,并包括法定条款和商定条款。

1. 法定条款

劳动合同的法定条款又称必备条款,是指法律规定的劳动合同必须具备的内容。《劳动合同法》规定劳动合同应当具备以下条款:

(1) 用人单位的名称、住所和法定代表人或者主要负责人

该条款的作用在于明确劳动合同中用人单位一方的权利义务主体和资格。用人单位是指中华人民共和国境内的企业、个体经济组织、民办非企业单位等组织,这些单位可以与劳动者签订劳动合同。

(2) 劳动者的姓名、住址和居民身份证或者其他有效身份证件号码

该条款有利于明确劳动者的资格,利于用人单位鉴别劳动者的国籍、性别、年龄,防止招用未满 16 周岁的劳动者以及谨慎与退休人员签订劳动合同。劳动者以欺诈手段入职的,如虚报年龄、学历等,可导致劳动合同无效的法律后果。因此,用人单位在招用劳动者时,应核实劳动者个人资料的真实性,以防止无效合同的出现。

(3) 劳动合同期限

劳动合同期限是双方当事人相互享有权利、履行义务的时间界限。签订劳动合同主要是建立劳动关系,但建立劳动关系必须明确期限的长短,劳动合同期限可分为固定期限、无固定期限和以完成一定工作任务为期限三种。劳动合同期限与劳动者的工作岗位、内容、劳动报酬等都有紧密关系,更与劳动关系的稳定紧密相关。

(4) 工作内容和工作地点

工作内容是指工作岗位和工作任务或职责。这一条款是劳动合同的核心条款之一,是建立劳动关系极为重要的要素。工作地点是劳动合同的履行地,是劳动者从事劳动合同中所规定的工作内容的地点,它关系到劳动者的工作环境、生活环境以及劳动者的就业选择,劳动者有权在与用人单位建立劳动关系时知悉自己的工作地点,所以这也是劳动合同中必不可少的内容。

(5) 工作时间和休息休假

工作时间是指由国家法律规定的、在正常情况下、一般劳动者从事工作的时间。休息休假

是指劳动者按规定不必进行工作,而自行支配的时间。休息休假的权利是每个国家公民的法定权利。《劳动法》第38条规定:"用人单位应当保证劳动者每周至少休息1日。"

(6)劳动报酬

劳动报酬是指劳动者与用人单位建立劳动关系后,因提供了劳动而取得的收入。法律规定用人单位应当以货币形式向劳动者支付劳动报酬。劳动报酬是满足劳动者及其家庭成员物质文化生活需要的主要来源,也是劳动者付出劳动后应该得到的回报,一般以工资为主要表现形式。

(7)社会保险

社会保险是政府通过立法强制实施,由劳动者、劳动者所在的工作单位或社区以及国家三方面共同筹资,帮助劳动者在遭遇年老、疾病、工伤、生育、失业等风险时,防止收入的中断、减少和丧失,以保障其及其亲属基本生活需求的社会保障制度,一般包括医疗保险、养老保险、失业保险、工伤保险和生育保险。社会保险由劳动者、劳动者所在用人单位以及国家三方共同筹资。由于社会保险由国家强制实施,因此成为劳动合同不可缺少的内容。如果劳动者不愿缴纳社保,用人单位可以不予录用;如果用人单位未为劳动者参保,劳动者可以用人单位不缴社保为由,解除劳动合同并要求经济补偿。

(8)劳动保护、劳动条件和职业危害防护

劳动保护是指用人单位为了防止劳动过程中的安全事故,采取各种措施来保障劳动者的生命安全和健康。劳动条件是指用人单位为使劳动者顺利完成劳动合同约定的工作任务,为劳动者提供必要的物质和技术条件等。职业危害是指用人单位的劳动者在职业活动中,因接触职业性有害因素,如粉尘、放射性物质和其他有毒、有害物质等而对生命健康所造成的危害。《职业病防治法》第30条的规定:"用人单位与劳动者订立劳动合同时,应当将工作过程中可能产生的职业病危害及其后果、职业病防护措施和待遇等如实告知劳动者,并在劳动合同中写明,不得隐瞒或者欺骗。"因此,用人单位应当按照有关法律、法规的规定严格履行职业危害防护的义务。

(9)法律、法规规定应当纳入劳动合同的其他事项

为解决今后出现的新问题,保持法律的稳定性,避免朝令夕改,适应时代变化而规定的兜底条款。避免遗漏了其他法律法规中的有关规定,同时也为今后法律法规制定相应规定预留接口。除以上条款外,当事人可以协商约定其他内容。

2. 商定条款

商定条款又称约定条款或补充条款,即劳动合同当事人在法定条款之外,根据具体情况,经协商可以约定的条款。主要有:

(1)试用期条款

用人单位可以根据劳动合同期限的长短与劳动者约定1至6个月的试用期。《劳动合同法》明确规定:试用期包含在劳动合同期限内,劳动合同仅约定试用期的,试用期不成立,该期

限为劳动合同期限;同一用人单位与同一劳动者只能约定一次试用期;劳动合同期限三个月以上不满一年的,试用期不得超过一个月;劳动合同期限一年以上不满三年的,试用期不得超过二个月;三年以上固定期限和无固定期限的劳动合同,试用期不得超过六个月;劳动者在试用期的工资不得低于本单位相同岗位最低档工资或者劳动合同约定工资的百分之八十,并不得低于用人单位所在地的最低工资标准;用人单位违法约定的试用期已经履行的,由用人单位以劳动者试用期满月工资为标准,按已经履行的超过法定试用期的期间向劳动者支付赔偿金。

(2) 培训条款

用人单位为劳动者提供专项培训费用,对其进行专业技术培训的,可以与该劳动者订立协议,约定服务期。

(3) 保守商业秘密条款

用人单位与劳动者可以在劳动合同中约定保守用人单位的商业秘密和与知识产权相关的保密事项。

(4) 竞业限制条款

竞业限制条款是用人单位用来保护商业秘密的重要手段。对负有保密义务的劳动者,用人单位可以在劳动合同或者保密协议中与劳动者约定竞业限制条款,并约定在解除或者终止劳动合同后,在竞业限制期限内按月给予劳动者经济补偿。劳动者违反竞业限制约定的,应当按照约定向用人单位支付违约金。《劳动合同法》对竞业限制作出的明确具体的规定,较为清晰合理,对用人单位与员工双方都会起到制约和保护的双重作用。

(5) 补充保险

用人单位与劳动者在劳动合同中约定的法定社会保险之外的保险。

(6) 福利待遇

用人单位与劳动者在劳动合同中约定的工资以外的利益。

(7) 廉洁条款

廉洁条款,就是禁止某些具有特定身份或把持重要岗位的人做出某些损害用人单位行为的条款。我国劳动法规定,劳动合同应当以书面形式订立。即不承认口头劳动合同是劳动关系建立的法律形式。

【应用举例9.1】

劳动合同书样本(节选)

甲方(企业)

单位名称:

单位住所:

注册类型:有限责任公司

法定代表:

乙方(职工)＿＿＿＿＿＿＿＿＿＿＿＿＿＿＿＿＿
姓　名：＿＿＿＿＿＿＿＿＿＿＿
性　别：＿＿＿＿＿＿＿＿＿＿＿
出生年月：＿＿＿＿＿＿＿＿＿＿＿
文化程度：＿＿＿＿＿＿＿＿＿＿＿
身份证号：＿＿＿＿＿＿＿＿＿＿＿
联系方式：＿＿＿＿＿＿＿＿＿＿＿
合同履行地：＿＿＿＿＿＿＿＿＿＿＿

甲、乙双方根据《中华人民共和国劳动法》及有关法律、法规规定,在平等自愿、公平公正、协商一致、诚实信用的基础上,签订本合同。

一、劳动合同期限

甲乙双方约定按下列＿＿＿＿种方式确定"劳动合同期限":

A.有固定期限的劳动合同自＿＿＿＿年＿＿＿＿月＿＿＿＿日起至＿＿＿＿年＿＿＿＿月＿＿＿＿日止,其中试用期自＿＿＿＿年＿＿＿＿月＿＿＿＿日起至＿＿＿＿年＿＿＿＿月＿＿＿＿日止。

B.无固定期限的劳动合同自＿＿＿＿年＿＿＿＿月＿＿＿＿日起,其中试用期自＿＿＿＿年月＿＿＿＿日起至＿＿＿＿年＿＿＿＿月＿＿＿＿日止。

二、工作内容及要求

(一)乙方根据甲方要求,经过协商,从事＿＿＿＿工作。甲方可根据工作需要和对乙方业绩的考核结果,按照合理诚信原则,变动乙方的工作岗位,乙方服从甲方的安排。

……

三、工作时间和休息休假

甲乙双方在工作时间和休息方面协商一致,平均每周工作40小时,甲方实行每天8小时工作制。甲方严格遵守法定的工作时间,控制加班加点,保证乙方的休息与身心健康,甲方因工作需要必须安排乙方加班加点的,应与工会和乙方协商同意,依法给予乙方补休或支付加班加点工资。

四、劳动保护和劳动条件

(一)甲方对可能产生职业病危害的岗位,应当向乙方履行如实告知的义务,并对乙方进行劳动安全卫生教育,防止劳动过程中的事故,减少职业危害。

……

五、劳动报酬

甲方应当每月至少一次以货币形式支付乙方工资,乙方在法定工作时间内提供了正常劳动,甲方向乙方支付的工资不得低于当地最低工资标准。

（一）甲方承诺每月 10 日为发薪日。
（二）乙方在试用期内的工资为每月_____元。
……

六、社会保险和福利
（一）双方依法参加社会保险，按时缴纳各项社会保险费，其中依法应由乙方缴纳的部分，由甲方从乙方工资报酬中代扣代缴。
（二）甲方应当将为乙方缴纳各项社会保险费的情况公示，乙方有权向甲方查询其各项社会保险的缴费情况，甲方应当提供帮助。

七、劳动纪律
甲方制定的劳动纪律应当符合法律、法规、政策的规定，并向乙方公示，乙方必须遵照执行。甲方有权按照以上规定给予奖励和处罚。

八、商定条款
经甲乙双方协商一致，同意选择_____条商定条款。
A、乙方工作涉及甲方商业秘密的，甲方应当事前与乙方依法协商约定保守商业秘密或竞业限制的事项，并签订保守商业秘密协议或竞业限制协议。
……

九、劳动合同终止的条件
经甲乙双方协商约定，出现下列情形之一的，可以终止劳动合同：
1. 劳动合同期满的；
2. _____；
3. _____。

十、违反劳动合同的责任
（一）劳动合同一经订立，即具有法律约束力，双方应当依法执行劳动合同的履行、变更、中止、解除、终止、续订以及解除劳动合同经济补偿金的规定。
……

十一、劳动争议处理
（一）甲乙双方因履行本合同发生劳动争议，可以协商解决。
……

十二、其他
（一）劳动合同期内，乙方户籍所在地址、现居住地址、联系方式等发生变化，应当及时告知甲方，以便于联系。
（二）本合同未尽事宜，均按国家有关规定执行，国家没有规定的，通过双方平等协商解决。

（三）本合同不得涂改。
（四）本合同一式两份，甲乙双方各执一份。
（五）本合同于_____年_____月_____日生效。

甲方签名（盖章）：　　　　　　　　　　乙方签名（盖章）：
签章日期：　　　　　　　　　　　　　　签名日期：

（资料来源：http://www.lawtime.cn.）

二、劳动合同的签订

（一）劳动合同的签订原则

用人单位与劳动者订立劳动合同，应遵循以下原则：

1. 平等自愿原则

平等自愿原则是指劳动者和用人单位在法律上处于平等地位，平等地决定是否签订劳动合同，决定合同的内容。任何一方都可以拒绝与对方签订合同，任何一方不得强迫对方与自己签订合同。当事人地位的平等性，要求双方订立劳动合同时不得享有任何特权，只能出于其内心意愿。

2. 协商一致原则

协商一致原则要求当事人双方就劳动合同主要条款必须达成一致意见，只有这样劳动合同才能成立。也就是说，关于劳动合同的内容，任何一方不得自己擅自修改合同，有弄虚作假的欺骗行为，否则合同无效。

3. 符合法律原则

符合法律原则是指劳动合同的订立不得违反法律法规的规定。这里所说的法律法规，既包括现行法律法规，也包括以后颁布实行的法律法规；既包括劳动法律法规，也包括民事经济方面的法律法规。这是劳动合同受到法律保护的基本条件，也是把劳动关系纳入法制轨道的根本途径。

（二）劳动合同的签订程序

劳动者与用人单位签订劳动合同时，不仅要遵守一定的原则，而且要符合一定的程序，以保证合同内容的合法性和有效性，不符合程序的劳动合同没有法律效力。其具体程序如下：

1. 双方要约和承诺

在签订劳动合同时，劳动者或用人单位提出签订劳动合同的建议，这是劳动合同的要约；如果用人单位通过招工简章提出招聘要求，劳动者接受建议并表示同意，则为承诺。一般由用人单位提出和起草合同草案，提供协商文本。在协商过程中，双方充分表达其意愿和要求，经过讨论、研究，最后达成一致意见。

2. 双方签字或盖章

用人单位在劳动合同上要盖法人章,必要时可书面委托所属有关部门代为盖章,或由法定代表人、受委托人代为签字。劳动者应自己签字或盖章,遇有极特殊的情况,如本人因故出远门而合同又必须及时订立,也可书面委托他人代签。

3. 合同的审核和鉴证

为保证合同的有效性,可以送交劳动行政部门进行审核和鉴证。劳动合同的鉴证是劳动行政部门依法审查、证明合同真实性、合法性的一项行政监督服务措施。劳动合同签订之日起,15 日内可将劳动合同送到劳动行政部门鉴证。

三、劳动合同的履行

(一)劳动合同履行的含义

劳动合同履行指的是劳动合同双方当事人按照劳动合同的约定,履行各自的义务,享有各自的权利。劳动合同的履行不是一方所能完成的,必须由当事人双方共同努力。只有当事人双方都履行自己的义务时,才能保证劳动合同得以全面履行。

(二)劳动合同履行的内容

①用人单位与劳动者应当按照劳动合同的约定,全面履行各自的义务。

②用人单位应当按照劳动合同的约定和国家规定,向劳动者及时足额支付劳动报酬。用人单位拖欠或者未足额支付劳动报酬的,劳动者可以依法向当地人民法院申请支付令,人民法院应当依法发出支付令。

③用人单位应当严格执行劳动定额标准,不得强迫或者变相强迫劳动者加班。用人单位安排加班的,应当按照国家有关规定向劳动者支付加班费。

④用人单位变更名称、法定代表人、主要负责人或者投资人等事项,不影响劳动合同的履行。用人单位发生合并或者分立等情况,原劳动合同继续有效,劳动合同由继承其权利和义务的用人单位继续履行。

(三)劳动合同履行的原则

1. 实际履行原则

实际履行原则是指合同双方当事人要按照合同规定的标的履行自己的义务和实现自己的权利,不得以其他标的或方式来代替。该原则要求劳动者一方要给管理者提供自己一定数量和质量的劳动,以保证企业生产经营活动的正常开展;管理者一方要为劳动者支付必要的劳动报酬和提供必要的劳动条件等,以保障劳动者正常的生活和工作需要。

2. 亲自履行原则

亲自履行原则是指双方当事人要以自己的行为履行合同规定的义务和实现合同规定的权利,不得由他人代为履行,这就是说,劳动者的义务只能由劳动者自己去履行,管理者的义务只能由管理者去履行，双方当事人权利的实现也是这样，只能依靠自己。该原则要求合同双方当事人要以自己实际行为去完成合同规定的任务，实现合同约定的目标，当事人要将合同规定的内容融入自己的日常活动合同中去。

3. 正确履行原则

正确履行原则是指当事人要按照合同签订的内容，原原本本的全面履行，不得打折扣，不得改变合同的任何内容和条款。只有当事人按照合同规定的标的或方式来代替，才算是合同的正确履行；也只有当事人自己亲自履行合同的内容和条款，才称得上是合同的正确履行；也只有当事人履行合同的全部条款，即按照合同约定的标的及其种类、数量和质量履行，又按照合同约定的时间、地点和方式等履行，才算是合同的全面和正确履行。这就是说，正确履行的原则要求，合同当事人履行合同既要实际履行，又要亲自履行，同时还要全面履行。

4. 协作履行原则

协作履行原则是指双方当事人在合同的履行过程中要发扬协作精神，要互相帮助，共同完成合同规定的义务，共同实现合同规定的权利。在合同的履行过程中，双方当事人要相互关心，并进行必要的相互检查和监督；遇到问题，双方都要寻找解决问题的办法，提出合理化建议。在合同没有得到正确的履行或发生不适当履行时，任何一方违约，另一方都要帮助竭力纠正。

四、劳动合同的变更

劳动合同依法签订后，其内容条款立即生效，当事人不得擅自变更，如果当事人都愿意调整合同条款，可以按照法定程序进行合同变更。

（一）劳动合同变更的含义

劳动合同变更指劳动合同当事人就已订立的合同条款达成修改补充协议的法律行为。一般来说，劳动合同依法成立就具有法律约束力，双方当事人必须严格依照合同条款履行自己的义务，不允许任何一方擅自变更合同。但由于客观情况千变万化，常会产生使劳动合同执行困难和不可能实现的情形，这就需要对原合同内容做出修改。通过双方当事人的再次协商，对原合同的条款做部分修改、补充或删除，使原合同适应变化发展的新情况，能保证合同的继续履行。因此，劳动合同的变更是原有合同关系的派生，是原来已存在权利义务关系的发展，经双方协商同意依法变更后的劳动合同继续有效。

（二）劳动合同变更的条件

发生下列情形之一的，用人单位应当与劳动者协商变更劳动合同：
① 用人单位迁移、被兼并、资产转移的。
② 改制后的企业，用人单位的名称发生变化的。
③ 订立劳动合同时所依据的法律、法规和规章已修改或失效的。

④劳动合同约定的工作内容、劳动条件、劳动标准发生变化的。
⑤需要调整劳动报酬的。
⑥其他需协商变更的。

(三)劳动合同变更的程序

劳动合同变更的具体程序如下:

1. 提出要求

一方向对方提出变更的要求和理由。劳动合同当事人一方要求变更劳动合同时,应当将变更内容书面通知另一方,并同时写明另一方应在 15 日内就是否同意变更给予书面答复,逾期不答复的,则视为不同意变更劳动合同。

2. 做出答复

在规定的期限内给予答复:同意、不同意或提议再协商。

3. 签订变更协议

在变更协议上签字盖章后合同即生效。

【应用举例9.2】

劳动合同变更书

经甲乙双方平等自愿、协商同意,对本合同做以下变更:

1. _____。
2. _____。
3. _____。

甲方(盖章)　　　　　　　　　　乙方(签章)

　　　　　　　　　　　　　　　　法定代表人
　　　　　　　　　　　　　　　　或委托代理人(签章)
　　　　　　　　　　　　　　　　　　年　　月　　日

五、劳动合同的解除

劳动合同如果不再适用,在当事者协商同意的基础上,可以按照法定程序解除,对于由此产生的损失,责任方要给予对方经济补偿。

(一)劳动合同解除的含义

劳动合同解除是指劳动合同订立后,尚未履行或尚未全部履行以前,由于某种原因导致劳动合同一方或双方当事人提前中断劳动关系的法律行为。劳动合同的解除包括以下几层含义:

①被解除的劳动合同为有效劳动合同。无效劳动合同自订立时起就没有法律效力,谈不上合同解除问题。

②解除劳动合同的法律行为,只能发生在劳动合同依法订立之后、尚未履行完毕之前。

③劳动合同解除必须具备法律规定的条件。劳动合同一旦生效,即具有法律约束力,非依法律规定,当事人不得随意解除劳动合同。

④劳动合同解除的实质是提前终止双方当事人的权利义务关系。合同解除以前,双方当事人的行为有效,无需"恢复原状";但双方当事人的权利义务关系到此结束,不再继续到"期限届满"。

(二)劳动合同解除的方式

劳动合同的解除分为法定解除和协商解除两种。根据《中华人民共和国劳动法》的规定,劳动合同既可以由单方依法解除,也可以双方协商解除。

1. 双方协商解除

双方协商解除是指劳动合同双方当事人通过协商达成协议解除劳动合同,法律上不加以限制。一般来讲,经双方协商解除劳动合同的,当事人之间便不会发生劳动争议。但如果解除发起人为用人单位,用人单位应按照法律法规的规定,给劳动者办理社会保险的转移手续,以及给予经济上的补偿。

2. 用人单位单方解除

用人单位单方解除劳动合同,又称为辞退或解雇,必须符合法定条件并按照法定程序进行。解除行为可分为三类:

(1)过错性辞退

即劳动者一方当事人存在主观过错行为,用人单位有权解除劳动合同,而无须征得他人意见,也不必履行特别程序,更不存在经济补偿问题。主要表现为:在试用期间被证明不符合录用条件的;严重违反劳动纪律或者规章制度的;严重失职,营私舞弊,对用人单位造成重大损害的;被依法追究刑事责任的。

(2)非过错性辞退

即用人单位有权解除劳动合同,但必须提前30日以书面形式通知劳动者本人。主要形式为:患病或者非因工负伤,医疗期满后不能从事原工作也不能从事用人单位另行安排的工作的;劳动者不能胜任工作,经过培训或者调整工作岗位仍不能胜任工作的;劳动合同订立时所依据的客观条件发生重大变化,致使原劳动合同无法履行,经当事人协商不能就变更劳动合同达成协议的。上述三种情况并非劳动者过错所致,但用人单位可以从组织角度解除合同。在这种情况下,劳动者的生存条件可由社会保障制度予以解决,如失业保险和疾病保险等。

(3)经济性裁员

用人单位濒临破产进行法定整顿期间或用人单位生产经营状况发生严重困难确实需要裁减人员的,应当提前30日向工会或者全体职工说明情况,听取工会或者职工的意见,并向劳动行政部门报告。用人单位出现上述情况裁减人员时,往往涉及很多劳动者,事关重大,所以必须严格符合法定条件和法定程序。

3. 劳动者单方解除

劳动者单方解除劳动合同即通常所称的"辞职"。依照我国劳动法的规定,劳动者单方实施解除劳动合同的行为,有一般性辞职和特殊性辞职两种情况:

(1)一般性辞职

劳动者解除劳动合同时必须提前30日以书面形式通知用人单位,这是法律赋予劳动者的一种权利,即辞职权。也就是说劳动者出于本人意愿,可以以任何理由向单位提出解除劳动合同,而与用人单位的行为无任何关系。但如果违反了劳动合同,则要依法承担法律责任,如果劳动者不辞而别,则应承担相应的法律责任。

(2)特殊性辞职

劳动者因用人单位违法或违反劳动合同行为的,可以随时通知用人单位解除劳动合同。主要情形为:在试用期内的;用人单位以暴力、威胁或非法限制人身自由的手段强迫劳动的;用人单位未按照劳动合同约定支付劳动报酬或提供劳动条件的。在上述情况下,法律规定可以随时解除劳动合同,没有时间上的限制。

(三)劳动合同解除的注意事项

在解除劳动合同时,有以下几点注意事项:
①从违纪开始到做出处理的时间间隔不能超过处理时效。
②以开除形式解除劳动合同,应征得工会的意见。
③被限制人身自由、且未被法院做出终审判决期间不得解除劳动合同。
④违纪造成损失的依据可以是国家的法律法规,也可以是用人单位的公示过的规章制度。

(四)劳动合同解除的程序

劳动合同解除程序是指双方当事人在解除劳动合同时,应当依法办理的手续或遵循的步骤。解除劳动合同的程序主要有以下两种:

1. 提前书面通知

除了用人单位对劳动者的过错性辞退,以及劳动者因用人单位违法或违反劳动合同而解除劳动合同之外,劳动法律法规一般规定,用人单位和劳动者解除劳动合同要提前30天以书面形式通知对方。

2. 征求工会意见

《劳动法》规定,用人单位进行经济性裁员时,要听取工会或者职工的意见。用人单位解除劳动合同,工会认为不适当的,有权提出意见。如果用人单位违反法律、法规或者劳动合同,工会有权要求重新处理;劳动者申请仲裁或者提起诉讼的,工会应当依法给予支持和帮助。

（五）劳动合同解除的经济补偿

劳动合同解除的经济补偿是指用人单位在协议解除劳动合同或者非过错性辞退、经济性裁员情况下，依法向劳动者支付一定数额的经济补偿，以帮助劳动者解决生活困难。实行解除劳动合同经济补偿制度，是为了使劳动者在被解除劳动合同之后、寻找到新的工作之前，维持其基本生活开支的保障，使患病者有能力继续医治疾病。

经济补偿一般包括两方面：一是生活补助费；二是医疗补助费。其具体补偿办法如下：

①经双方当事人协商一致、由用人单位解除劳动合同的，用人单位应根据劳动者在本单位劳动年限，每满1年发给相当于1个月工资的经济补偿金，最多不超过12个月。工作时间不满1年的按1年的标准发给经济补偿金。

②劳动者患病或者非因工负伤，经劳动鉴定委员会确认不能从事原工作，也不能从事用人单位另行安排的工作而解除劳动合同的，用人单位应根据劳动者在本单位劳动年限，每满1年发给相当于1个月工资的经济补偿金，同时还应发给不低于6个月工资的医疗补助费；患重病或绝症的，还应增加医疗补助费。患重病的增加部分不低于医疗补助费的50%；患绝症的增加部分不低于医疗补助费的100%。

③劳动者不能胜任工作，经过培训或者调整工作岗位仍不能胜任工作，由用人单位解除劳动合同的，用人单位应按其在本单位工作的年限，工作时间每满1年发给相当于1个月的经济补偿金，最多不超过12个月。

④劳动合同订立时所依据的客观情况发生重大变化，致使原劳动合同无法履行，经当事人协商不能就变更劳动合同达成协议，由用人单位解除劳动合同的，用人单位按劳动者在本单位工作年限、工作时间每满1年发给相当于1个月工资的经济补偿金。

⑤用人单位濒临破产进行法定整顿期间，或者生产经营状况发生严重困难，必须裁减人员的，由用人单位按被裁减人员在本单位工作的年限支付经济补偿金，在本单位工作的时间每满1年发给相当于1个月工资的经济补偿金。6个月以上不满一年的，按1年计算；不满6个月的，向劳动者支付半个月工资的经济补偿。劳动者月工资高于用人单位所在直辖市、社区的市级人民政府公布的本地区上年度职工月平均工资3倍的，向其支付经济补偿的标准按职工月平均工资3倍的数额支付，向其支付经济补偿的年限最高不超过12年。

上述经济补偿金的工资计算标准，是按企业正常生产情况下劳动者解除合同前12个月的月平均工资。除双方协商，劳动者不能胜任工作解除劳动合同者外，劳动者的月平均工资低于企业月平均工资的，按企业月平均工资的标准支付。用人单位解除劳动合同后，未按规定给予劳动者经济补偿的，除足额发给经济补偿金外，还必须按该经济补偿金数额的50%支付额外经济补偿。

【应用举例9.3】

解除劳动合同通知书

_____（员工工号：_____）：

你与××公司于_____年_____月_____日签订/续订的劳动合同,因下列第_____项原因,根据《××公司劳动合同制实施办法》第_____条第_____款的规定,决定从_____年_____月_____日起解除劳动合同。

1. 员工患病或者非因工负伤,医疗期满后,不能从事原工作也不能从事由用人单位另行安排的工作;

2. 员工患病或者非因工负伤超过规定医疗期仍不能上班工作;

……

经济补偿为_____元,医疗补助费为_____元。

请你于劳动合同解除之日前一周内到所在单位劳动人事部门办理劳动合同解除手续,逾期不办理手续者责任自负。

特此通知。

××公司(盖章)
年 月 日

六、劳动合同的终止和续订

(一)劳动合同的终止

劳动合同的终止是劳动力转让关系的结束,以法定或者约定的条款为依据。

1. 劳动合同终止的含义

劳动合同的终止是指劳动合同依法生效后,因出现法定情形和当事人约定情形导致劳动合同效力消灭,当事人之间的权利义务关系终止。

2. 劳动合同终止的条件

劳动合同终止的条件有以下几种:

(1) 合同期限已满

定期劳动合同在合同约定期限届满后,除非双方依法续订或依法延期,否则合同即行终止。

(2) 合同目的已经实现

以完成一定工作为期限的劳动合同,在其约定工作完成以后,或其他类型劳动合同在其约定条款履行完毕以后,合同自然终止。

(3) 合同约定的终止条件出现

劳动合同对企业劳动合同约定的终止条件出现以后,劳动合同就此终止。

(4) 当事人死亡

劳动者一方死亡,合同即行终止;雇主一方死亡,合同可以终止,也可以因继承人的继承或转让第三方而使合同继续存在,这要依实际情况而定。

(5) 劳动者退休

劳动者因达到退休年龄或丧失劳动能力而办离退休手续后,合同即行终止。

(6) 企业不复存在

企业因依法宣告破产、解散、关闭或兼并后,原有企业不复存在,其合同也告终止。

【应用举例9.4】

终止劳动合同通知书

_____：

我们双方于____年____月____日签订的劳动合同将于____年____月____日期限届满(终止条件已出现),单位(本人)决定不再续订劳动合同,现根据《劳动法》第____条的规定,决定与你(单位)终止劳动合同,请你(单位)于____年____月____日前到_____部门(给予)办理终止劳动合同手续。

通知方(签名或盖章)
年　　月　　日

(二) 劳动合同的续订

1. 劳动合同续订的含义

劳动合同的续订是指合同期限届满,双方当事人均有继续保持劳动关系的意愿,经协商一致,延续签订劳动合同的法律行为。劳动合同期满后,用人单位应该确定是否与劳动者续订劳动合同。

2. 劳动合同续订的程序

①一般在合同到期前1个月左右,用人单位书面了解劳动者的意向。

②对有续订合同意向的员工,用人单位及时确定是否与其续订的意向。

③双方当事人协商要约和承诺,对原合同条款确定继续实施还是变更部分内容。

④协商一致后,双方签字或盖章。可以重新签一份,也可以填写续签合同单。

3. 劳动合同续订的条件

我国《劳动法》规定的劳动合同续订的具体情形如下:

①双方协商续订劳动合同。

②劳动者在同一用人单位连续工作满10年以上,当事人双方同意续延劳动合同的,如果劳动者提出订立无固定期限劳动合同,用人单位应当与劳动者订立无固定期限劳动合同。

③劳动者患职业病或者因工负伤并被确认达到伤残5~6级的,劳动者要求续订劳动合同的,用人单位应当续订劳动合同。

④劳动者在规定的医疗期内或者女职工在孕期、产期、哺乳期内,劳动合同期限届满时,用人单位应当将劳动合同的期限顺延至医疗期、孕期、产期、哺乳期期满为止。

【应用举例9.5】

劳动合同续订书

经甲乙双方平等自愿、协商一致,同意续订劳动合同,期限为_____,生效日期为_____年_____月_____日,终止日期为_____年_____月_____日。续订合同内容与原合同相同(或在原合同基础上变更如下)。

1. _____
2. _____

甲方:(签字或盖章)　　　　　　　乙方:(签字或盖章)
　年　　月　　日　　　　　　　　　年　　月　　日

七、劳动合同的管理

劳动合同的日常管理包括两项主要工作,即劳动合同鉴证制度和劳动合同履行情况检查制度。

(一)劳动合同鉴证制度

劳动合同鉴证是指劳动行政机关对劳动合同的签订、变更程序及其内容的合法性、真实性、完备性、可行性进行全面审查、核实、确认的法律行为。

在我国,鉴证是对劳动合同确立的劳动关系合法性的证明,是国家对劳动合同实施有效管理的一种办法。目前,我国除针对私营企业签订劳动合同规定必须鉴证外,对其他劳动关系尚未作出必须鉴证的规定,一般采取自愿原则。但为了保证劳动合同的合法有效,劳动合同签订后,应当到当地劳动行政机关办理鉴证劳动合同的手续。

1. 劳动合同鉴证的程序

(1)当事人申请

劳动合同签订后,当事人双方要亲自向劳动合同鉴证机关提出对劳动合同进行鉴证的口头或书面申请。

(2)鉴证机关审核

鉴证机关的鉴证人员按照法定的鉴证内容,对当事人提供的劳动合同书及有关证明材料进行审查、核实。劳动合同鉴证申请人应当按照有关规定向鉴证机关交付鉴证费。

(3)确认证明

劳动合同鉴证机关经过审查、核实,对于符合法律规定的劳动合同,应予以确认,由鉴证人员在劳动合同书上签名,加盖劳动合同鉴证章,或附上加盖劳动合同鉴证章和鉴证人员签名的鉴证。

2. 劳动合同鉴证审查的内容

(1)资格审查

主要是审查劳动合同关系双方的劳动行为能力和劳动权利能力以及各自的代表(或代理

人)的代理行为、权限是否有效、合法。

(2)行为审查

主要审查劳动合同关系双方签订合同的行为是否符合国家的有关规定，双方是否在完全平等、自愿的前提下签订合同，双方签订的合同有无损害第三者或社会公共利益的行为。

(3)内容审查

主要是审查劳动合同是否违反国家法律、法规和政策；审查劳动者年龄、身体状况是否具有履行合同的能力；审查用人单位的资产状况是否能支付劳动者全部劳动薪酬和社会保险福利费用；审查合同双方当事人权利和义务是否明确、公平等。

(二)劳动合同履行情况检查制度

劳动合同履行情况的检查制度包括三个方面，即经常性检查、定期检查和总结性检查。检查制度一般应根据劳动合同管理机关的职责有重点地进行。企业劳动合同的管理机构和工会组织要建立经常性的劳动合同检查制度，从而及时发现和解决合同履行过程中产生的问题，提高合同履约率，避免发生劳动合同的纠纷，并及时向主管部门报告检查和处理的结果。

八、集体合同

(一)集体合同的含义与特征

1. 集体合同的含义

集体合同又称团体协约，是指由工会(工人代表)代表职工一方与雇主及雇主组织之间就劳动者的劳动条件和劳动标准问题在谈判协商一致基础上签订的书面协议。

2. 集体合同的特征

集体合同除具备一般合同的共同特征外，还具有下列特征：

(1)集体合同当事人的特定性

集体合同有特定的当事人，当事人中至少有一方是由多数人组成的团体。特别是职工一方，必须由工会或职工代表参加，集体合同才能成立。集体合同当事人的特定性，是劳动法调整的集体合同区别于民法、经济法调整的民事合同和经济合同的重要特点之一。但是，正如法律关系的主体不能作为划分法律部门的标准一样，集体合同当事人的资格或身份，不能作为单一的区分合同类型的标准，它只是集体合同成立的一个条件，它必须与集体合同的其他特征同时并存。

(2)集体合同是当事人之间的劳动协议

首先，从集体合同的内容看，主要反映生产过程中的劳动关系。集体合同所规定的标准条件，主要是劳动条件，如工资标准、安全卫生、生活福利等。集体合同所规定的义务，不论是当事人双方共同承担的一般性义务，还是各自承担的特殊义务，都具有劳动的性质。其次，从当事人订立集体合同的目的看，企业订立集体合同的目的，是为了改善劳动组织关系，巩固劳动纪律,减少劳动纠纷,发挥职工的劳动积极性,提高劳动效率。工会与职工订立集体合同的目的,主要是为了在发展生产的基础上,改善职工的劳动条件和生活条件。可见,集体合同是劳动关系的准则。

(3) 集体合同的制约性

社会主义市场经济条件下的集体合同,既受国家劳动法律、法规调整的制约,又受国家宏观调控计划的制约,当事人在订立集体合同时,必须执行国家的宏观调控计划。集体合同的这一特征,是我国社会主义集体合同与资本主义国家集体合同的一个重要区别,同时也是我国集体合同与一般民事合同、经济合同的一个重要区别。

(二) 集体合同的协商与签订

集体合同是协调劳动关系、保护劳动者权益、建立现代企业管理制度的重要手段。在我国,集体合同主要是由代表劳动者的工会或职工代表与企业或事业单位签订。集体谈判是签订集体合同的前提,集体合同是集体协商的目的,签订集体合同必须要进行集体协商。可见,作为一种契约关系,集体合同是集体协商的结果。

(三) 集体合同的内容

集体合同的内容主要包括以下的四部分:

1. **劳动标准条件规范部分**

这是集体合同的核心内容,对个人劳动合同起制约作用。主要包括劳动报酬、工作时间、休息休假、保险福利、劳动安全卫生等。

2. **过渡性规定**

主要包括因集体合同履行发生纠纷的解决措施,优先招用被解雇的职工等。

3. **一般性规定**

关于集体合同本身的一般性规定,包括集体合同的有效期限,变更解除条件等。

4. **其他规定**

规定其他有关涉及员工合法权益的问题。

九、集体合同与劳动合同区别

集体合同盛行于现代各国,是因为在保护劳动者利益和协调劳动关系方面,集体合同具有劳动法规和劳动合同所无法取代的功能,集体合同与劳动合同相比存在着明显不同,主要有表现在:

(一) 主体不同

①劳动合同的主体为单个劳动者和用人单位。

②集体合同的主体为劳动者团体和用人单位或其团体,故又称团体协约或团体合同。

（二）目的不同

①订立劳动合同的主要目的是确立劳动者和企业的关系。

②订立集体合同的主要目的是为确立劳动关系设定具体标准，即在其效力范围内规范劳动关系，并作为单个劳动合同的基础和指导原则。

（三）内容不同

①劳动合同的内容只涉及单个劳动者的权利和义务，一般包括劳动关系的各个方面。

②集体合同的内容是关于企业的一般劳动条件标准的约定，以全体劳动者共同的利益和义务为内容，可以涉及劳动关系的各方面，也可以只涉及劳动关系的某一方。

（四）形式不同

①劳动合同在有的国家为要式合同，在有的国家则要式合同与非要式合同并存。

②集体合同一般为要式合同。

（五）法律效力不同

①劳动合同对单个的用人单位和劳动者有法律效力。

②集体合同对签订合同的单个用人单位或用人单位所代表的全体用人单位以及工会和工会所代表的全体劳动者都有法律效力。并且，集体合同的效力一般高于劳动合同的效力。

（六）原则不同

①劳动合同是平等自愿，协商一致。

②集体合同是平等合作，协商一致。

（七）格式不同

①劳动合同包括：法定条款、商定条款。

②集体合同包括：劳动条件标准部分、一般性规定、过渡性规定、其他规定。

（八）程序不同

①劳动合同双方签字后立即生效。

②集体合同签字后由政府劳动行政部门审批。

（九）期限不同

①劳动合同有定期、不定期的。

②集体合同只有定期的。

第三节　劳动争议处理

劳动争议是现实中较为常见的纠纷，国家机关、企业事业单位、社会团体等用人单位与职工建立劳动关系后,一般都能相互合作,认真履行劳动合同。但由于各种原因,双方之间产生纠纷也是难以避免的事情。劳动争议的发生,不仅使正常的劳动关系得不到维护,还会使劳动者的合法利益受到损害,不利于社会的稳定。因此,应当正确把握劳动争议的特点,积极预防劳动争议的发生。

一、劳动争议的含义

劳动争议又称劳动纠纷、人事纠纷,是指劳动法律关系双方当事人即劳动者和用人单位,在执行劳动法律、法规或履行劳动合同过程中,就劳动权利和劳动义务关系所产生的争议。

二、劳动争议的类型

(一)按劳动争议的主体划分

1. 个人劳动争议

个人劳动争议是劳动者个人与用人单位发生的劳动争议,即职工一方当事人人数为2人以下,有共同争议理由的劳动争议。

2. 集体劳动争议

集体劳动争议是指发生劳动争议的职工一方当事人达到法定的人数并且具有共同的争议理由。《企业劳动争议处理条例》规定,发生劳动争议的职工一方在三人以上,并有共同理由的,应当推举代表参加调解或者仲裁活动。

3. 团体劳动争议

团体劳动争议是指以工会组织为一方,代表职工与企业事业单位因签订和执行集体合同而发生的争议,这类争议目前在我国劳动争议处理程序的立法中尚未涉及到。

(二)按劳动争议的性质划分

1. 劳动权利争议

劳动权利争议是指关于运用法律规定和劳动标准性条件方面的矛盾,劳动者与用人单位因既定权利发生的争议。

2. 劳动利益争议

劳动利益争议是指因劳动者与用人单位的利益发生冲突而产生的争议,即要求新的权利方面的争执。

(三)按劳动争议的内容划分

①劳动合同争议。即因履行劳动合同、集体合同发生的争议。

②关于劳动安全、工作时间、休息休假、保险福利等方面的争议。因执行国家有关工作时间和休息休假、工资、保险、福利、培训、劳动保护的规定发生的争议等。

③关于劳动报酬、培训、奖惩等因适用条件的不同理解与实施而发生的争议。

（四）按照当事人国籍的不同划分

1. 国内劳动争议

国内劳动争议是指我国的用人单位与具有我国国籍的劳动者之间发生的劳动争议。

2. 涉外劳动争议

涉外劳动争议是指具有涉外因素的劳动争议，包括我国在国（境）外设立的机构与我国派往该机构工作的人员之间发生的劳动争议、外商投资企业的用人单位与劳动者之间发生的劳动争议。

三、劳动争议的内容和特点

（一）劳动争议的内容

根据《中华人民共和国企业劳动争议处理条例》第二条规定，劳动争议主要包括：

1. 因企业开除、除名、辞退职工和自动离职发生的争议

开除是用人单位对严重违反劳动纪律，屡教不改，不适合在单位继续工作的劳动者，依法令其脱离本单位的一种最严厉的行政处分。除名是用人单位对无正当理由经常旷工，经批评教育无效，连续旷工超过15天，或者1年以内累计旷工超过30天的劳动者，依法解除其与本单位劳动关系的一种行政处分。辞退是用人单位对严重违反劳动纪律、规章、规程或严重扰乱社会秩序但又不符合开除、除名条件的劳动者，经教育或行政处分仍然无效后，依法与其解除劳动关系的一种行政处分。辞职是劳动者辞去原职务，离开原用人单位的一种行为。自动离职是劳动者自行离开原工作岗位，并自行脱离原工作单位的一种行为。上述情况均导致劳动关系终止，也是产生劳动纠纷的重要因素。

2. 因执行国家有关工资、保险、福利、培训、劳动保护的规定发生的争议

工资是劳动者付出劳动后应得的劳动报酬。保险主要是指工伤、生育、待业、养老、病假待遇、死亡丧葬抚恤等社会保险。福利是指用人单位用于补助职工及其家属和举办集体福利事业的费用。培训是指职工在职期间的职业技术培训。劳动保护是指为保障劳动者在劳动过程中获得适宜的劳动条件而采取的各种保护措施。由于上述规定较为繁杂，又涉及劳动者切身利益，不仅容易发生纠纷，而且容易导致矛盾激化。

3. 因履行劳动合同发生的争议

劳动合同是用人单位与劳动者为确立劳动权利义务关系而达成的意思表示一致的协议。劳动合同纠纷在劳动合同的订立、履行、变更和解除过程中，都可能发生。

4. 法律、法规规定应当依本法处理的其他劳动争议

此外，根据劳动纠纷当事人是否为多数和争议内容是否具有共性来划分，劳动争议纠纷还可以分为集体劳动纠纷和人事劳动纠纷等。

（二）劳动争议的特点

企业劳动争议是发生在企业内部的劳动者与管理者之间的利益矛盾、利益争端或纠纷。

它与一般的民事纠纷或民事争议相比,具有以下几方面明显的特点:

1. 有特定的争议内容

只有围绕经济利益而发生的企业劳动权利和劳动义务的争议,才是企业劳动争议;凡是在企业劳动权利和劳动义务范围之外的争议,都不属于企业劳动争议。

2. 有特定的争议当事人

企业劳动争议的当事人即企业劳动关系的双方主体,即一方是企业管理者及其代表,另一方是企业劳动者及其代表。只要有劳动者及其代表与企业管理者及其代表之间通过集体合同或劳动合同建立了劳动关系,他们才有可能成为企业劳动争议的双方当事人。

3. 有特定的争议手段

争议手段是指争议双方当事人坚持自己主张和要求的外在表达方式。企业劳动争议的手段不仅包括劳动者的怠工、联合抵制等方式,也包括企业劳动关系双方主体经常使用的抱怨、旷工、工作周转、限制产量、意外事故以及破坏活动等方法。

四、劳动争议产生的原因

劳动争议的发生,说明劳动关系在运行过程中碰到了障碍,是劳动关系中存在的不稳定因素呈显性化、复杂化状态,是劳动关系这一矛盾诸方面运动的结果。引起劳动争议和影响劳动争议状况的原因是多方面的,主要有:

(一)根本原因

产生劳动争议的根本原因是劳动关系双方主体利益差异显现化。市场经济形成的劳动关系是一种微观利益格局。在市场经济条件下,雇主和雇员都是追求自身利益最大化的"经济人",双方的利益差别所导致的相互不满发展到一定程度,就会以劳动争议的形式表现出来。

(二)主体原因

产生劳动争议的主体原因是劳动关系当事人的法律意识、经营观念和职业道德水平差。从雇主一方看,主要表现为:法律意识淡薄,对劳动法律法规重视不够,不依法办事;没有树立正确的经营观念,过分追求短期经济效益;缺乏民主管理的意识和以人为本的观念。从劳动者一方看,主要表现为:部分雇员个人观念和意识跟不上,风险承受能力差;为谋私利,损害企业利益。

(三)管理原因

产生劳动争议的管理原因是企业人力资源管理和开发水平落后。伴随着劳动关系运行逐步走向市场化和国际化,企业人力资源管理一时难以适应以上变化。一方面缺乏成熟的人力资源管理技术和完善的工作流程实践,另一方面人事管理人员缺乏,且人员频繁更迭,工作效率不高就在所难免,这些都为企业劳动争议的产生埋下了伏笔。

（四）组织原因

产生劳动争议的组织原因是企业缺乏劳动关系的自我协调机制。主要表现在：劳动合同和集体合同的作用未充分发挥；工会的作用未充分发挥；企业调解委员会的作用弱化，这些导致大量劳动关系矛盾在现代企业制度不完善、缺乏自我协调机制的企业内部得不到调解，最终涌向劳动仲裁部门，形成劳动争议案件。

（五）市场原因

产生劳动争议的市场原因是劳动力供过于求，雇员处于相对弱势地位。劳动力市场供大于求，给雇主提供了选择劳动力的广泛空间和苛求劳动者的优势地位。在这样的市场环境下，劳动者选择余地却比较小，在订立劳动合同时缺乏讨价还价的能力，被迫放弃部分合法权益，接受一些不公正的待遇，这成为劳动关系正常发展的隐患。

（六）机制原因

劳动争议产生的机制原因是我国劳动争议处理制度不适应现实情况。我国目前处理劳动争议实行的是"一调一裁二审"的单轨制，并且将仲裁作为处理劳动争议的必经程序。从目前状况来看，存在着审理周期过长、衔接不顺畅、劳动争议仲裁受理范围狭窄、劳动仲裁工作缺乏必要的和有效的监督机制和纠错机制，以及劳动仲裁机构力量不足的问题。

（七）法制原因

产生劳动争议的法制原因是劳动法律体系建设尚不完善。与我国发展变化的劳动关系相比，劳动法制建设则显得滞后，这主要表现在：现有的劳动法律法规还不配套，已经颁布的劳动法律法规的某些内容已不适应现实发展的需要，现有的劳动法律法规中缺乏有效的监督和检查措施。

五、劳动争议的处理

（一）劳动争议的处理原则

1. 合法原则

合法原则是指企业劳动争议的处理机构在处理争议案件时，要以法律为准绳，并遵循有关法定程序。以法律为准绳，就是要求对企业劳动争议的处理要符合国家有关劳动法规的规定，严格依法裁决；遵循有关法定程序，就是要求对企业劳动争议的处理要严格按照程序法的有关规定办理，企业劳动争议处理的开始、进行和终结都要符合程序法的规定。

2. 公正和平等原则

公正和平等原则是指在企业劳动争议案件的处理过程中，应当公正、平等地对待双方当事人，处理程序和处理结果不得偏向任何一方。公正和平等原则要求企业劳动争议的任何一方当事人都不得有超越法律和有关规定以上的特权。

3. 及时处理原则

及时处理原则是指企业劳动争议的处理机构在处理争议案件时，要在法律和有关规定要求的时间范围内对案件进行受理、审理和结案，无论是调解、仲裁还是诉讼，都不得违背在时限方面的要求。及时处理原则就是要使双方当事人合法权益得到及时地保护。

（二）劳动争议处理的程序

劳动争议处理的程序包括以下四个阶段：

1. 协商

协商程序是指劳资双方在平等的地位上就彼此争议的问题和焦点进行协商，以求得问题的解决。协商是自愿行为，不是必须行为，不能强迫进行。

2. 调解

调解程序是指企业调解委员会对本单位发生的劳动争议的调解。调解程序并非是法律规定的必经程序，然而对于解决劳动争议却起着很大的作用，尤其是对于希望仍在原单位工作的职工，通过调解解决劳动争议当属首选步骤。劳动争议调解委员会处理劳动争议，应当自当事人提出申诉之日起30日结案，到期未结案则视为调解不成。

3. 仲裁

仲裁是指劳动争议仲裁机构依法对争议双方当事人的争议案件进行集中公断的执法行为。按规定，劳动争议的任何一方不愿调解、劳动争议经调解未达成协议时，均可向劳动争议仲裁委员会提出仲裁申请，并提交书面申请书。仲裁由劳动争议仲裁委员会召开会议，并根据少数服从多数的原则做出仲裁决定，仲裁决定做出后，应制作仲裁决定书，由劳动争议仲裁委员会成员署名，并加盖委员会印章，送达双方当事人。

4. 审判

从我国劳动争议仲裁来看，仲裁活动具有一定的行政性质，也有一定的群众性质，不是纯粹的司法活动，根据司法最终解决的法制原则，劳动争议的最终解决只能依靠国家司法机关，这也是许多国家所普遍遵循的原则。因此，我国劳动争议处理程序还包括人民法院的审判。

劳动争议当事人不服仲裁，可以在收到仲裁决定书之日起15日内向法院起诉，由法院依民事诉讼程序进行审理及判决。需强调的是，劳动争议当事人未经仲裁程序不得直接向法院起诉，否则人民法院不予受理。

法院审判劳动争议的最大特点在于它的处理形式严肃性与权威性及其法律效力。但审判毕竟是解决劳动争议的最后阶段，由于有调解和仲裁程序在前，所以，真正通过审判解决的劳动争议并不多。

企业劳动争议的法律诉讼一般由这样几个阶段组成：

（1）起诉、受理阶段

起诉是指争议当事人向法院提出诉讼请求，要求法院行使审判权，依法保护自己的合法权益。受理是指法院接收争议案件并同意审理。法院的受理与否是在对原告的起诉进行审查以后作出决定的。对决定受理的案件,法院要在规定的时间内通知原告和被告。对决定不受理的案件,法院也应在规定的时间内通知原告,并尽量说明理由。当然,对法院裁定为不受理的案件,原告可以上诉。

（2）调查取证阶段

法院的调查取证除了对原告提供的有关材料、证据或仲裁机构掌握的情况、证据等进行核实外,自己还要对争议的有关情况、事实进行重点的调查。法院的调查取证要尽可能对各种证据进行仔细、认真地收集和核实。

（3）进行调解阶段

法院在审理企业劳动争议案件时,也要先行调解。法院的调解也要在双方当事人自愿的基础上,法院不得强迫调解。法院调解成功的,要制作法院调解书。法院调解书要由审判人员、书记员签名,并加盖法院的印章,法院调解书在由双方当事人签收后,即具备了法律效力,当事人必须执行。法院调解不成或法院调解书送达前当事人反悔的,法院应当进行及时判决。

（4）开庭审理阶段

开庭审理是在法院调解失败的情况下进行的,这一阶段主要进行法庭调查、法庭辩论和法庭判决等活动。法庭调查主要是由争议当事人向法庭陈述争议事实,并向法庭提供有关证据;法庭辩论一般按照先原告后被告的顺序由双方当事人及其代理人对争议的焦点问题进行辩论;法庭判决是在辩论结束以后,由法庭依法作出判决,法庭判决要制作法庭判决书,法庭判决书在规定的时间内要送达当事人。

（5）判决执行阶段

法庭判决书送达当事人以后,当事人在规定时间内不向上一级法院上诉的,判决书即行生效,双方当事人必须执行。当事人不服一审判决的,有权向上一级法院上诉。

本 章 小 结

企业劳动关系的好坏关系到企业的经营运转和发展,只有建立和保持一种和谐、发展的劳动关系,企业才能获得健康的发展环境。因此,在人力资源管理中,企业必须尊重员工的权利,依法建立和完善劳动关系。本章较为系统地概括了劳动关系的含义、特征和内容,明确了市场经济体制下劳动关系的特征,详细论述了劳动合同的定义、内容及其签订、履行、变更、解除、终止和续订的程序,介绍了集体合同和劳动争议处理的基本内容和程序。

首先,从劳动关系的含义、性质、特征入手,分析了劳动关系的类型和内容,为后续研究劳动关系管理工作做了理论上的准备。

其次,系统论述了劳动合同与集体合同管理的内容。从劳动合同的基础知识分析入手,重点阐述了劳动合同的签订、履行、变更、解除、终止和续订;从集体合同的含义分析入手,介绍了集体合同的协商与签订、集体合同的内容,从多个角度区分了劳动合同与集体合同。

最后,讲解了劳动争议处理的问题。介绍了劳动争议的含义、内容、类型,根据劳动争议产生的原因,按照处理劳动争议问题时要遵循原则,分析了我国劳动争议处理的一般程序。

引例分析

引例是因劳动合同期满后,就原、被告之间是否应该续订劳动合同而引起的劳动争议案。

因劳动合同期限届满的,应立即终止执行,终止后是否续订劳动合同,得视生产和工作的需要,还必须双方同意。引例中被告在劳动合同期限届满后虽未及时与原告办理合同终止手续,但他们之间的劳动合同按法律规定已经终止,即原、被告之间的劳动合同是否终止,关键在于该劳动合同是否已经期限届满,而不是取决于双方当事人是否已经办理了终止手续。劳动合同终止后,原、被告之间相对于该劳动合同而形成的责任、权利和义务应随之消灭。在这种情况下,如果一方要求续订劳动合同,必须征得对方的同意,否则,不可能产生新的劳动权利义务法律关系。由此可见,原告要求续订劳动合同,必须征得被告的同意。鉴于双方劳动关系已经消灭,原告提出的所谓经济损失也是不存在的。

引例中原告属智力四级残疾人,从积极为残疾人创造就业机会的角度出发,只要其能胜任本职工作,用人单位就应当尽可能为其工作和生活提供方便。但是,从原告在履行劳动合同期间的情况看,五年时间的住院天数就达到411天,是明显不能胜任岗位的工作的。因此,原、被告之间不能续订劳动合同也在情理之中。据此,石家庄天巧造纸厂可按原告在劳动合同履行期间的工资标准给付原告6个月(按每年一个月)的生活补助费,此做法是符合法律规定的。

【案例演练】

陈雄是广州市城镇居民,1986年4月1日到光明饮料厂工作。陈雄入职后,光明饮料厂一直未与其签订劳动合同。1999年7月,光明饮料厂在为陈雄办理社会保险手续时,将陈雄参加工作的时间写成1998年7月,并把陈雄的职工性质归类为临时工,根据光明饮料厂提供的材料,广州市社会保险基金管理中心便将陈雄列入外地临时工的类别,社会养老保险的缴费日期从1998年7月开始。2000年11月15日,被诉人以"厂经营情况变更"为由书面通知陈雄解除劳动关系。陈雄对光明饮料厂未为其缴纳1998年7月前的社会养老保险费的做法不服,向劳动争议仲裁委员会申请仲裁,要求光明饮料厂补缴其1998年7月前的社会养老保险费,并赔偿其失业后不能享受失业保险待遇造成损失。

劳动争议仲裁委员会经审理后认为:申诉人(陈雄)在职期间,虽然被诉人(光明饮料厂)一直未与其依法签订劳动合同,但双方存在事实劳动关系,被诉人在1999年7月为申诉人办理社会养老保险登记时,擅自更改申诉人城市居民的身份,将申诉人列入外地临时工的类别。同时,由于被诉人未为申诉人参加社会失业保险,造成申诉人失业后不能享受失业保险待遇。经调解无效后,劳动争议仲裁委员会根据相关规定,裁决被诉人为申诉人补办1986年4月至1998年6月的社会养老保险手续。赔偿申诉人失业保险待遇损失4 400元。

(资料来源:http://www.233.com.)

思考题：
1. 在此案例中，劳动争议仲裁委员会的裁决是否正确？为什么？
2. 如果你是该企业人力资源部门的经理，你认为企业与员工建立劳动关系过程中应该注意些什么问题？

练 习 题

一、单项选择题

1. 劳动者与所在单位之间在劳动过程中发生的关系是（　　）。
   A. 双务关系　　　　B. 双方行为　　　　C. 劳动关系　　　　D. 生产关系
2. 职工的社会保险是在劳动合同的（　　）中约定的。
   A. 法定条款　　　　B. 一般性规定　　　C. 过渡性规定　　　D. 商定条款
3. 劳动者解除劳动合同时必须提前（　　）日以书面形式通知用人单位。
   A. 20　　　　　　　B. 30　　　　　　　C. 60　　　　　　　D. 10
4. 由工会（工人代表）代表职工一方与雇主及雇主组织之间就劳动者的劳动条件和劳动标准问题在谈判协商一致基础上签订的书面协议是（　　）。
   A. 劳动合同　　　　B. 劳务合同　　　　C. 销售合同　　　　D. 集体合同
5. 下列关于劳动合同的续订与变更，表述错误的是（　　）。
   A. 提出劳动合同续订要求的一方应在合同到期前15日书面通知对方
   B. 劳动者在同一用人单位工作满10年，双方同意续延劳动合同，劳动者有权提出订立无固定期限的劳动合同
   C. 订立劳动合同所依据的法规发生变化应变更相关的内容
   D. 提出劳动合同变更的一方应提前书面通知对方
6. 实行劳动合同制度是保障双方的（　　）的权益。
   A. 正当　　　　　　B. 有利　　　　　　C. 利益　　　　　　D. 合理
7. 劳动关系是双方合作与冲突的统一体，劳动关系既是经济关系，也是（　　）。
   A. 组织关系　　　　B. 社会关系　　　　C. 劳务关系　　　　D. 制约关系
8. 劳动合同订立后，尚未履行或尚未全部履行以前，由于某种原因导致劳动合同一方或双方当事人提前中断劳动关系的法律行为称为（　　）。
   A. 劳动合同的续订　B. 劳动合同的变更　C. 劳动合同的解除　D. 劳动合同的终止
9. 劳动争议处理的程序包括协商、调解、（　　）和审判。
   A. 强制　　　　　　B. 合作　　　　　　C. 仲裁　　　　　　D. 分解
10. 劳动争议当事人不服仲裁，可以在收到仲裁决定书之日起（　　）内向法院起诉，由法院依民事诉讼程序进行审理及判决。
    A. 7日　　　　　　B. 15日　　　　　　C. 30日　　　　　　D. 60日

二、多项选择题

1. 按劳动关系规范程度划分,劳动关系可以分为( )。
   A. 规范的劳动关系　B. 国有企业劳动关系　C. 非法劳动关系　　　D. 事实劳动关系

2. 劳动争议的处理原则是( )。
   A. 合法原则　　　　B. 公正原则　　　　　C. 平等原则　　　　　D. 及时处理原则

3. 在( ),用人单位不得解除劳动合同。
   A. 患职业病或者因工负伤并被确认丧失或部分丧失劳动能力的条件下
   B. 患病或者负伤,在规定的医疗期内
   C. 女职工孕期、产期内
   D. 用人单位濒临破产的情况下

4. 发生下列情形之一的,用人单位应当与劳动者协商变更劳动合同:( )
   A. 用人单位迁移、被兼并、资产转移的
   B. 改制后的企业,用人单位的名称发生变化的
   C. 订立劳动合同时所依据的法律、法规和规章已修改或失效的
   D. 需要调整劳动报酬的

5. 劳动者在( )时,依法享受社会保险待遇。
   A. 退休　　　　　　B. 患病　　　　　　　C. 因工伤残　　　　　D. 失业

三、改错题

劳动合同按照程序合法的原则一经签订,就具有法律效力。劳动合同的内容必须具有法定条款和商定条款。其中,法定条款包括工作内容、劳动报酬、补充保险等;商定条款包括试用期限、劳动保护、培训等。我国劳动法规定,劳动合同可以书面和口头两种形式订立。劳动合同可以约定试用期,但试用期最长不得超过12个月。
请指出上述描述中存在的5处错误,并予以改正。

四、简答题

1. 简述劳动关系的性质。
2. 简述劳动关系的构成要素。
3. 简述改善劳动关系的途径。
4. 试分析劳动合同与集体合同的区别。
5. 简述劳动争议产生的原因。

五、论述题

试分析劳动关系与劳务关系的联系与区别。

参考文献

[1] 李虹. 人力资源管理[M]. 北京:北京大学出版社,2005.
[2] 葛红岩,蔡黎明. 人力资源管理[M]. 上海:上海财经大学出版社,2006.
[3] 熊敏鹏. 人力资源管理[M]. 北京:机械工业出版社,2006.
[4] 陈维政,余凯龙,程文文. 人力资源管理[M]. 2版. 北京:高等教育出版社,2006.
[5] 董克用. 人力资源管理概论[M]. 2版. 北京:中国人民大学出版社,2003.
[6] 莫寰,张延平,王满四. 人力资源管理——原理技巧与应用[M]. 北京:清华大学出版社,2007.
[7] 姚裕群,文跃然. 人力资源管理教学案例精选[M]. 上海:复旦大学出版社,2009.
[8] 冯拾松. 人力资源管理[M]. 北京:高等教育出版社,2004.
[9] 姚裕群. 人力资源管理[M]. 3版. 北京:中国人民大学出版社,2007.
[10] 王蕴,孙静. 人力资源管理[M]. 北京:清华大学出版社,2008.
[11] 朱勇国,邓洁. 工作分析[M]. 北京:高等教育出版社,2007.
[12] 周亚新,龚尚猛. 工作分析的理论方法及运用[M]. 上海:上海财经大学出版社,2007.
[13] 赵永乐,邓冬梅,仲明明. 工作分析与设计[M]. 上海:上海交通大学出版社,2006.
[14] 李燕萍,余泽忠,李锡元. 人力资源管理[M]. 武汉:武汉大学出版社,2002.
[15] 姚裕群,姚春序,李中斌. 人力资源开发与管理概论[M]. 2版. 北京:高等教育出版社,2005.
[16] 卿涛,徐险峰,罗键. 人力资源管理[M]. 成都:西南财经大学出版社,2007.
[17] 姚月娟. 工作分析与应用[M]. 大连:东北财经大学出版社,2007.
[18] 董克用,叶向峰,李超平. 人力资源管理概论:[M]. 2版. 北京:中国人民大学出版社,2010.
[19] 赵应文. 人力资源管理概论:[M]. 北京:清华大学出版社,2009.
[20] 刘志彬. 人力资源管理:[M]. 2版. 北京:清华大学出版社,2009.
[21] 窦胜功,卢纪华,周玉良. 人力资源管理与开发:[M]. 2版. 北京:清华大学出版社,2008.
[22] 杨倩,行金玲,李明. 员工招聘:[M]. 西安:西安交通大学出版社,2007.
[23] 邵冲. 人力资源管理:[M]. 2版. 北京:中国人民大学出版社,2008.
[24] 张永,蔡文浩,曹洪军. 人力资源管理:[M]. 北京:科学出版社,2008.
[25] 葛正鹏. 人力资源管理:[M]. 北京:科学出版社,2007.
[26] 张德. 人力资源开发与管理:[M]. 3版. 北京:清华大学出版社,2007.
[27] 孙宗虎,邹晓春. 人力资源管理工作细化执行与模板[M]. 北京:人民邮电出版社,2011.
[28] 葛玉辉. 人力资源管理[M]. 2版. 北京:清华大学出版社,2008.

[29]刘文军,宋宏涛.西门子公司的人才培训[J].北京:中国劳动关系学院,2007.

[30]吴隽,田也壮.人力资源管理习题集[M].哈尔滨:哈尔滨工业大学出版社,2007.

[31]张卫星.人力资源管理[M].北京:北京工业大学出版社,2009.

[32]孟兴华,张伟东,杨杰.人力资源管理[M].北京:科学出版社,2008

[33]方振邦.绩效管理[M].北京:中国人民大学出版社,2003

[34]侯坤.绩效管理制度设计[M].北京:中国工人出版社,2004

[35]李玉萍,许伟波,彭于彪.绩效·剑[M].北京:清华大学出版社,2008

[36]付亚和,许玉林.绩效管理[M].上海:复旦大学出版社,2003

[37]武欣.绩效管理实务手册[M].北京:石油工业出版社,2002

[38]廖三余.人力资源管理[M].北京:清华大学出版社,2006

[39]陈树文,乔坤.人力资源管理[M].北京:清华大学出版社,2010

[40]闻效仪.绩效管理[M].北京:中国劳动社会保障出版社,2009

[41]陈胜军.人力资源管理概论[M].北京:对外经贸大学出版社,2009

[42]张爱卿,钱振波.人力资源管理理论与实践[M].北京:清华大学出版社,2008

[43]孙海法.现代企业人力资源管理[M].2版.广州:中山大学出版社,2010.

[44]张正堂.薪酬管理[M].北京:北京大学出版社,2007.

[45]林忠,金延平.人力资源管理[M].2版.大连:东北财经大学出版社,2009.

[46]孙健敏,冯静颖,穆桂斌.人力资源管理[M].北京:科学出版社,2009.

[47]张佩云,丁奕,万克勇,刘斌红.人力资源管理[M].2版.北京:清华大学出版社,2007.

[48]马新建等.人力资源管理[M].北京:石油工业出版社,2004.

[49]王明琴,宋国学,肖利哲.人力资源管理[M].北京:科学出版社,2009.

[50]冯光明,徐宁.人力资源管理[M].北京:北京理工大学出版社,2010.

[51]陈胜军.人力资源管理[M].北京:对外经贸大学出版社,2009.

[52]莫寰,张延平,王满四.人力资源管理——原理、技巧与应用[M].北京:清华大学出版社,2007.

[53]张一驰,张正堂.人力资源管理[M].2版.北京:北京大学出版社,2010.

[54]张丽华,王蕴.薪酬管理[M].北京:科学出版社,2009.

[55]钱振波,徐兆铭,王海燕,严力群.人力资源管理[M].北京:清华大学出版社,2004.

[56]张岩松,周瑜弘,李健.人力资源管理案例精选精析[M].2版.北京:中国社会科学出版社,2006.

[57]程延圆.劳动关系[M].2版.北京:中国人民大学出版社,2007.

[58]陈维政,李贯卿,毛晓燕.劳动关系管理[M].北京:科学出版社,2010.

[59]肖传亮.劳动关系管理[M].大连:东北财经大学出版社,2008.

[60]郭庆松.企业劳动关系管理[M].天津:南开大学出版社,2001.

[61] 赵永乐,薛琴,方江宁. 劳动关系管理与劳动争议处理[M]. 上海:上海交通大学出版社,2010.
[62] 孟兴华,张伟东,杨杰. 人力资源管理[M]. 北京:科学出版社,2008.
[63] 张爱卿,钱振波. 人力资源管理理论与实践[M]. 北京:清华大学出版社,2008.
[64] 董克勇. 人力资源管理概论[M]. 北京:中国人民大学出版社,2007.
[65] 李冰,李维刚. 人力资源管理[M]. 北京:清华大学出版社,2009.

读者反馈表

尊敬的读者：

您好！感谢您多年来对哈尔滨工业大学出版社的支持与厚爱！为了更好地满足您的需要，提供更好的服务，希望您对本书提出宝贵意见，将下表填好后，寄回我社或登录我社网站（http://hitpress.hit.edu.cn）进行填写。谢谢！您可享有的权益：

☆ 免费获得我社的最新图书书目　　　☆ 可参加不定期的促销活动
☆ 解答阅读中遇到的问题　　　　　　☆ 购买此系列图书可优惠

读者信息

姓名_____　□先生　□女士　　年龄_____　学历_____
工作单位_____　职务_____
E-mail_____　邮编_____
通讯地址_____
购书名称_____　购书地点_____

---

1. 您对本书的评价

   内容质量　□很好　□较好　□一般　□较差
   封面设计　□很好　□一般　□较差
   编排　　　□利于阅读　□一般　□较差
   本书定价　□偏高　□合适　□偏低

2. 在您获取专业知识和专业信息的主要渠道中，排在前三位的是：
   ①_____　　②_____　　③_____
   A. 网络　B. 期刊　C. 图书　D. 报纸　E. 电视　F. 会议　G. 内部交流　H. 其他：_____

3. 您认为编写最好的专业图书（国内外）

书名	著作者	出版社	出版日期	定价

4. 您是否愿意与我们合作，参与编写、编译、翻译图书？
   _____

5. 您还需要阅读哪些图书？
   _____

网址：http://hitpress.hit.edu.cn
技术支持与课件下载：网站课件下载区
服务邮箱　wenbinzh@hit.edu.cn　　duyanwell@163.com
邮购电话　0451-86281013　　0451-86418760
组稿编辑及联系方式　赵文斌（0451-86281226）　杜燕（0451-86281408）
回寄地址：黑龙江省哈尔滨市南岗区复华四道街10号　哈尔滨工业大学出版社
邮编：150006　传真 0451-86414049